Une Europe des affaires (XVIe-XVIIIe siècles)

Mobilités, échanges et identités

P.I.E. Peter Lang
Bruxelles · Bern · Berlin · New York · Oxford · Wien

Jean-Philippe Priotti & Bertrand Haan (dir.)

Une Europe des affaires (XVIe-XVIIIe siècles)

Mobilités, échanges et identités

Histoire des mondes modernes
Vol. 4

Cet ouvrage a reçu le soutien du Labex EHNE, de l'Université Paris-Sorbonne, de l'HLLI (Université du Littoral, EA 4030), du Centre Roland Mousnier (UMR 8596) et de la Bibliothèque interuniversitaire de la Sorbonne.

Illustration de couverture : Willem Blaeu, *Europa recens descripta*…, [Amsterdam], 1640.

Cette publication a fait l'objet d'une évaluation par les pairs.

Éditions scientifiques internationales
Bruxelles, 2018
1 avenue Maurice, B-1050 Bruxelles, Belgique
brussels@peterlang.com ; www.peterlang.com

ISSN 2406-7083
ISBN 978-2-8076-0825-2
ePDF 978-2-8076-0826-9
ePub 978-2-8076-0827-6
Mobi 978-2-8076-0828-3
DOI 10.3726/b14318
D/2018/5678/53

Information bibliographique publiée par « Die Deutsche Bibliothek »
« Die Deutsche Bibliothek » répertorie cette publication dans la « Deutsche Nationalbibliografie » ; les données bibliographiques détaillées sont disponibles sur le site <http://dnb.ddb.de>.

Table des matières

Partie II
Entre agents et groupes : émergence d'une culture commerciale

Présentation

S'assembler sans se confondre États, réseaux marchands et droits

Jean-Philippe Priotti

Dans *De l'esprit des lois*, Montesquieu affirme que l'Europe est une puissance économique fondée sur le commerce et sur une société civile unie par ses mœurs[1]. Selon lui, « le doux commerce » fait de l'Europe, par-delà ses frontières et ses clivages, l'espace de la civilisation. Quant à la nature de la politique européenne, modération, liberté et diversité doivent y prévaloir tant pour la conservation du citoyen que pour son esprit d'entreprise[2]. En ce sens, intimement liés, deux faits majeurs, l'un politique, l'autre économique, servent de contextes ou d'objets d'étude à la thématique européenne proposée : la naissance et la coexistence d'États modernes de différents types (États-nation fisco-militaires en gestation, empires et puissantes cités-États), ainsi qu'une expansion maritime et commerciale sans précédent qui connectait l'Europe aux trois autres parties du monde.

La plupart des territoires concernés ne présentaient pas d'unité politique réelle dans la mesure où ils étaient morcelés en un plus ou moins grand nombre de royaumes, vice-royaumes, principautés, duchés, seigneuries, etc., chacun d'eux ayant des droits propres. Sur un même

---

1 Céline Spector, « L'"esprit" de l'Europe : liberté, commerce et empire dans l'*Esprit des lois* de Montesquieu », dans Pierre-Yves Beaurepaire et Pierrick Pourchasse (dir.), *Les circulations internationales en Europe, années 1680-années 1780*, Rennes, Presses Universitaires de Rennes, 2010, p. 225-235 ; *Id.*, *Montesquieu et l'émergence de l'économie politique*, Paris, Champion, 2006 ; Gilbert Py, *L'idée d'Europe au siècle des Lumières*, Paris, Vuibert, 2004.

2 Hichem Ghorbel, « La liberté politique chez Montesquieu », p. 3-6 (www.dogma.lu/pdf/HG-MontesquieuLiberte.pdf) ; Bertrand Binoche, *Introduction à 'De l'Esprit des lois' de Montesquieu*, Paris, PUF, 1998 ; Céline Spector, *Montesquieu. Pouvoirs, Richesses et Sociétés*, Presses universitaires de France, 2004.

territoire, plusieurs souverainetés pouvaient donc coexister, celle du roi, celle du seigneur et/ou celle de la communauté des habitants. Corollaire à ces deux premiers points : les populations qui peuplaient ces territoires étaient souvent pluriethniques. Dans les empires espagnol, portugais et germanique, par exemple, il n'existait pas de coïncidence systématique entre l'identité du souverain et du gouvernement central, et celle des communautés d'habitants attachées aux droits et aux coutumes locaux de leur contrée d'origine. Ainsi, à la fin du XVIe siècle, Flamands, Napolitains, Basques et Portugais étaient gouvernés par un même souverain castillan, tandis qu'au XVIIIe siècle, comme le rappelle Guillaume Garner, le Saint-Empire était morcelé par de multiples frontières internes, séparant des villes d'Empire et des États territoriaux qui n'étaient pas pleinement « souverains » (voir son texte dans ce volume). Bien que de façon différente, l'Italie n'était pas étrangère à l'enchevêtrement de souverainetés : un souverain tel que le duc de Toscane pouvait être à la fois seigneur de son propre système féodal, vassal de l'Empire pour l'ensemble de son État et également soumis, pour la région de Sienne, à un seigneur, le roi d'Espagne, qui la lui avait concédée en sous-fief en 1557[3]. Le rattachement tardif de certains territoires à la couronne de France (1481 pour la Provence et 1532 pour la Bretagne, notamment), comme les guerres civiles qui avaient désolé le royaume au XVIe et au XVIIe siècle, ou encore la présence dans le Midi de royaumes indépendants, démontraient la fragilité voire l'inexistence d'une souveraineté pleine et entière sur l'ensemble du territoire[4].

Les États territoriaux les plus puissants militairement, riverains de l'Atlantique (l'Espagne, le Portugal, la France, l'Angleterre) – et qui devaient prendre à des époques diverses les rênes de l'expansion atlantique – étendirent leur influence sur des États plus petits, mais à forte concentration en capital et dotés d'une importante tradition marchande, bancaire et/ou maritime, dont ils polarisaient les énergies et utilisaient les réseaux internationaux[5]. Nombre de cités-États d'une péninsule Italienne

---

3 Delphine Carrangeot *et al.*, *Histoire de l'Italie du XVe au XVIIIe siècle*, Paris, Armand Colin, 2015, p. 121.

4 Denis Crouzet, *Les Guerriers de Dieu. La violence au temps des troubles de religion (vers 1525-vers 1610)*, Seyssel, Champ Vallon, 1990, 2 vol. ; Jean-Marie Constant, *C'était la Fronde*, Paris, Flammarion, 2016. En 1589, Henri IV devint roi de France et de Navarre.

5 Sur la croissance des pays européens les plus occidentaux, voir Daron Acemoglu *et al.*, « The Rise of Europe : Atlantic Trade, Institutional Change, and Economic Growth », *The American Economic Review*, 2005, 95/3, p. 546-579.

morcelée politiquement passèrent ainsi sous influence étrangère (France, monarchie espagnole), le commerce si profitable des Provinces-Unies (notamment avec la Baltique) étant, pour sa part, capté par l'Angleterre[6].

Dans ces relations d'interdépendance, circulaient des valeurs marchandes et politiques issues tout autant des empires que des monarchies et des républiques marchandes : culture électorale et représentative et culture autoritaire s'y mêlaient (pour le cas sévillan, voir le texte de José Manuel Díaz Blanco). C'était justement dans ces influences réciproques, dans la mixité des idéologies, que résidait un des principaux freins aux abus d'autorité. La dépendance des États territoriaux les plus puissants vis-à-vis de puissances d'argent ou de services militaires situés hors de leur contrôle direct amenaient les monarques à la modération. Puisqu'elle mettait en péril l'existence même des États, l'autonomie des financiers et des militaires était universellement crainte, que ces acteurs se trouvent à l'intérieur de leurs frontières comme à l'extérieur[7]. Les compétences commerciales et bancaires des patriciats urbains, et le potentiel armé de certains entrepreneurs de la guerre, n'étaient pas tout : les plus grands souverains d'Europe comptaient sur le capital social de leurs réseaux transnationaux[8]. Il en résultait une convergence d'intérêts entre les grands États territoriaux et les élites de républiques marchandes à l'empire commercial étendu et dont le pouvoir maritime et guerrier ne devait pas être négligé[9]. En échange de la protection des grands États territoriaux et de la promotion de membres de leur élite au moyen de titres, de gratifications diverses et d'un accès privilégié aux marchés se trouvant sur leur(s) territoire(s), les cités-États fournissaient des services bancaires et/ou militaires, ainsi que des sources d'information, éléments

---

[6] Élisabeth Crouzet-Pavan, *Les villes vivantes. Italie, XIIIe-XVe siècle*, Paris, Fayard, 2009 ; Renaud Villard, *Du bien commun au mal nécessaire. Tyrannies, assassinats politiques et souveraineté en Italie*, Rome, École française de Rome, 2008 ; Delphine Carrangeot *et al.*, *op. cit.* ; David Ormrod, *The Rise of Commercial Empires. England and the Netherlands in the Age of Mercantilism, 1650-1770*, Cambridge, Cambridge University Press, 2003.

[7] Voir à ce sujet Kirti N. Chaudhuri, *Asia before Europe. Economy and Civilisation of the Indian Ocean from the Rise of Islam to 1750*, Cambridge, Cambridge University Press, 1990, p. 90 *sq*.

[8] Jean-Philippe Priotti, « Gouverner et s'enrichir outre-mer. Entrepreneurs publics et privés dans la culture du pastel (Europe-Amérique, début du XVIe siècle) », *Revue Historique*, 2018, 686, p. 347-375.

[9] Sur les combinaisons théoriques entre puissances politiques et économiques, voir Charles Tilly, *Coercion, Capital, and European States, AD 990–1992*, Cambridge, Massachusetts, Basil Blackwell, 1990.

vitaux à tout projet de domination globale. Les interlocuteurs privilégiés de ces binômes interdépendants tendaient à établir un dialogue et à faire converger leurs intérêts sur la base d'une relation mutuellement bénéfique. L'organisation politique et la répartition du pouvoir à l'intérieur des différents territoires comme entre ceux-ci était donc largement polycentrique[10]. Pour être sommaires, on voit combien ces réflexions rendent difficile tout raisonnement fondé sur la catégorie « d'identité nationale » et tendent, au contraire, vers une grande complexité de l'enchevêtrement d'intérêts politico-économiques à l'échelle de chaque État comme à l'échelle européenne. Les prétentions universalistes de certains empires et États-nations, et la concurrence qui s'organisait autour du *leadership* européen et au-delà mondial, ne pouvaient se passer de ressources militaires et financières détenues par quelques-uns dans comme hors de leur(s) royaume(s). En effet, perpétuer une domination et maintenir un sentiment de supériorité requéraient des moyens colossaux. Quelle politique de grandeur de la monarchie espagnole, de la France et de l'Angleterre aux XVIe, XVIIe et XVIIIe siècles aurait pu être envisagée sans le soutien des puissances d'argent génoise pour la première, toscane pour la seconde et sans les capitaux hollandais pour la dernière ?

Parallèlement à ces convergences systémiques (et malgré la concurrence entre les principaux États), les souverains européens entendaient également maintenir entre eux, fussent-ils ennemis, des relations de courtoisie, voire d'amitié[11], par voie personnelle comme à travers des liens diplomatiques qui s'étaient étendus, à partir de Venise, dans toute l'Europe, depuis la seconde moitié du XVe siècle. L'existence d'ambassades rendait par ailleurs relative la cessation des relations commerciales entre opposants politiques (texte de Veronika Hyden-Hanscho) et promouvait au contraire, à travers la circulation d'objets de luxe et la diffusion de mœurs courtisanes et de l'étiquette, des processus d'imitation et une compatibilité entre les élites des différents royaumes, soutenus, au besoin, par des mariages entre

10 Pour l'Italie, voir Delphine Carrangeot *et al.*, *Histoire de l'Italie, op. cit.*, p. 120 ; pour l'Espagne et le Portugal, voir Pedro Cardim, Tamar Herzog, José Javier Ruiz Ibáñez et Gaetano Sabatini (dir.), *Polycentric Monarchies : how did early modern Spain and Portugal achieve and maintain a global hegemony ?*, Brighton, Sussex University Press, 2012.

11 Bertrand Haan, *L'amitié entre princes. Une alliance franco-espagnole au temps des guerres de Religion (1560-1570)*, Paris, Presses Universitaires de France, 2011.

les familles régnantes et gouvernantes[12]. Au XVIIIe siècle, l'éducation des élites et les convenances de la « bonne société » étaient similaires dans une bonne partie de l'Europe[13]. De même, l'activité commerciale s'intensifia entre les différents royaumes, de sorte que les consulats d'étrangers se multiplièrent à l'époque moderne. Les gouvernements d'origine et d'accueil y trouvèrent un terrain propice à l'extension de leur souveraineté et un levier pour leur politique internationale, même si ces consulats d'étrangers et leurs membres étaient dotés en principe de droits supranationaux (texte de Jean-Philippe Priotti). Outre les fonctions officielles qu'ils remplissaient, ils constituaient des pièces essentielles pour collecter de l'information économique et politique sur les autres pays européens, et favoriser le contrôle de leurs propres acteurs économiques à l'étranger (texte de Sylvain Lloret).

En Europe, la culture du politique comme celle de l'économie politique, sans perdre la spécificité de chaque territoire, était donc largement transnationale. Du milieu du XVIe siècle au début du XVIIe, après s'être inspiré de la politique bourguignonne, la monarchie hispanique constitua à son tour un modèle pour certains États européens : la France en particulier[14] (malgré la concurrence à laquelle se livraient les deux voisins pour la domination européenne), mais également la république de Gênes (voir le texte de Bastien Carpentier), qui fonda un lieu de Cour où se formaient des intérêts et une culture commune entre élites espagnole et génoise. Les standards gouvernementaux et sociétaux de la France allaient devenir pour l'Espagne et pour les autres royaumes européens un modèle aux XVIIe et XVIIIe siècles (pour le cas viennois, voir le texte de Veronika Hyden-Hanscho). Mais les influences voyageaient en tout sens, la théorie politique italienne, à travers l'œuvre de Machiavel notamment, pénétrant l'ensemble des élites européennes à l'époque moderne.

Si l'expansion outre-mer désenclavait comme jamais par le passé les différentes parties du monde, elle ne signifiait pas pour autant la dilution des caractéristiques européennes dans une société globale, loin s'en fallait. L'audace des découvreurs européens, la rencontre avec des hommes

---

12 Lucien Bély, *La société des princes,* Paris, Fayard, 1999, 2e et 3e parties.

13 Cité par Margrit Schulte-Beerbühl, « Introduction », dans Margrit Schulte-Beerbühl et Andreas Gestrich (éd.), *Cosmopolitan Networks in Commerce and Society, 1660-1914,* supplément n° 2 de *German Historical Institute London Bulletin,* 2011, p. 1-17, à la p. 10.

14 Jean-Frédéric Schaub, *La France espagnole. Les racines hispaniques de l'absolutisme français,* Paris, Seuil, 2003.

nouveaux et l'exploitation des terres outre-mer favorisèrent l'émergence d'une conscience de soi européenne qui se développa par comparaison avec les Sauvages, mais aussi entre les Sauvages et les Anciens, tout au long de l'époque moderne[15]. Le changement de la donne tout à la fois politique, socio-économique et culturelle, et ses répercussions dans le dernier tiers du XVIe siècle, peuvent être considérés comme un facteur important de la révolution de la condition et de la personnalité humaines des Européens qu'évoque Jean Rohou, pour le siècle suivant[16]. Le grand nombre de territoires que l'Occident européen dominait politiquement, le développement du commerce et de ses forces contradictoires furent décisif pour la transformation des mentalités. À l'instar des Grecs (même sous domination romaine), de l'Islam plus tard, les Modernes (à leur tête Castillans, Français et Anglais) ont forgé un complexe de supériorité, adossés à des valeurs universelles, considérant volontiers qu'ils étaient la civilisation même[17]. D'autres repoussoirs faisant prendre conscience aux Modernes de leur singularité étaient plus politiques. Ainsi, les philosophes du XVIIIe siècle considéraient communément l'empire ottoman et le reste de l'Asie comme l'aire du despotisme (Montesquieu et Rousseau en particulier).

D'un point de vue plus strictement commercial, les gouvernants des différents empires prônaient l'exclusif et un mercantilisme offensif. Les liens directs des pays concurrents avec l'outre-mer étaient pour l'essentiel écartés, ce qui nuisait à la multilatéralité de circulations similaires à celles en vigueur en Europe. *A contrario*, cela permettait à certaines puissances européennes coloniales d'intégrer de façon privilégiée des procédés de fabrication, des modes et organisations commerciales ultramarins qui ont abouti sur le long terme à d'authentiques révolutions[18]. Et le développement des commerces ultramarins contribuait à faire des

---

15 François Hartog, *Anciens, sauvages et modernes*, Paris, Galaade, 2005, en particulier p. 34-44.

16 Jean Rohou, *Le XVIIe siècle, une révolution de la condition humaine*, Paris, Seuil, 2002. L'auteur entend par condition humaine le système des rapports que les hommes entretiennent avec le monde, avec les autres, avec les pouvoirs, les forces et les valeurs transcendantes, et avec eux-mêmes. La pratique de ces rapports fait évoluer les hommes.

17 Sur ces questions, voir Paul Veyne, *L'empire gréco-romain*, Paris, Seuil, 2005, p. 304.

18 Giorgio Riello, *Cotton : The Fabric That Made the Modern World*, New York, Cambridge University Press, 2013 ; Ghulam A. Nadir, *The political economy of indigo in India, 1580-1930. A global perspective*, Leyde/Boston, Brill, 2016.

ports de l'Occident européen (chacun pour le territoire d'outre-mer qui le concernait) les points de convergence d'une grande partie des réseaux de commerce européens, facteur qui poussait à un certain degré d'homogénéisation des pratiques marchandes.

Tout comme le monde politique, l'économie commerciale s'organisait, plus qu'on ne l'a dit, autour de plusieurs pôles. Rouen était une réplique d'Anvers à l'ampleur de la place près ; trois-quarts de siècle après la découverte de l'Amérique, Bilbao soutenait encore la comparaison avec Séville en termes de trafic de marchandises ; Porto était aux côtés de Lisbonne une nouvelle tête de pont vers l'Europe et vers l'Amérique (voir le texte d'Amândio Barros dans ce volume). La présence de marchandises du monde entier dans des ports dits secondaires, comme ceux que nous venons de citer, ou encore à Saint-Malo, port mondial dès le XVIe siècle, qui organisait des circuits propres dans les îles britanniques et en Espagne, tout comme au Canada, en Afrique ou en Orient, peut constituer une autre base de réflexion[19]. Le caractère polycentrique et multilatéral du commerce européen se retrouve dans un cabotage national et international très actif, souvent sous-évalué[20]. De même, dans le nord de l'Europe à l'époque moderne, il existait plusieurs marchés importants pour la plupart des produits[21]. Multipolarité et encore interdépendance : les besoins en céréales de la Baltique aux Pays-Bas avaient de grandes conséquences sur la croissance des activités maritimes et sur l'organisation des échanges hollandais. Nombre de produits baltes étaient exportés vers la péninsule Ibérique. Et pour compenser ces exportations, les Pays-Bas importaient du sel et des vins de France et du Portugal[22]. L'Angleterre avait besoin, pour sa part, d'Amsterdam, de La Rochelle et de Cadix pour écouler ses pièces de draps, plus de 100 000 à la fin du XVIe siècle, la bonne santé économique de l'Angleterre dépendant tout à tour des exportations à

---

19 Jean-Philippe Priotti (éd.), *Saint-Malo, construction d'un pôle économique (années 1480-1650)*, publ. dans *Annales de Bretagne et des Pays de l'Ouest*, septembre 2018, numéro spécial.

20 Gérard Le Bouëdec (dir.), *Histoire du cabotage européen aux XVIe-XIXe siècle*, *Revue d'histoire maritime*, 2008, numéro spécial ; *Id.*, « Small Ports from the 16th to the early 20th century and the local economy of the French Atlantic coast », *International Journal of maritime history*, 2009, 21/2, p. 103-126.

21 Cité par Pierrick Pourchasse, « Les routes du commerce international dans le Nord de l'Europe, 1680-1780 », dans Pierre-Yves Beaurepaire et Pierrick Pourchasse (dir.), *Les circulations internationales en Europe, années 1680-années 1780*, Rennes, Presses Universitaires de Rennes, 2010, p. 139 *sq.*

22 *Ibid.*

destination du continent européen ou d'importations en provenant[23]. La recherche de travail était un autre facteur de mobilité entre ces différentes zones. Les Provinces-Unies étaient en la matière une zone fort attractive ; des ouvriers et des artisans allemands y étaient notamment employés. En Espagne, c'étaient les Français qui étaient attirés par les hauts salaires.

Autre facteur qui montre bien la fragilité de modèles de domination successive autour d'un seul pôle de commerce (notamment à partir des cycles vénitien, anversois, amsterdamois et londonien décrits par Fernand Braudel et repris dans la plupart des travaux jusqu'à aujourd'hui), l'économie commerciale s'organisait de façon privilégiée autour de binômes[24]. Bien qu'il ne s'agisse pas de nier la prééminence de certains pôles, la prise en considération de dynamiques synchroniques et des interactions entre centres économiques d'envergure différente est essentielle pour comprendre comment un port parvient à se hisser au-dessus des autres à une période donnée, tout comme l'est l'analyse des relations entre les grands hommes d'affaires et les acteurs de moindre importance auxquels ils sont liés : colporteurs, regrattiers, artisans, tout autant que détaillants ou grossistes.

L'économie commerciale tendait en outre à être contrôlée de façon croissante par les ports, ce qui ne veut pas dire qu'elle n'ait pas eu des relais continentaux, ni même que les pôles de l'intérieur fussent systématiquement dirigés depuis les ports, l'analyse des relations avec l'*hinterland* étant, comme on le sait, fondamentale pour expliquer l'essor d'un centre portuaire[25].

Mis à part la recherche de travail et la modification des circuits commerciaux, la religion constituait une des principales raisons des déplacements de groupes humains, des migrations juives ibériques aux XVe-XVIe siècles dans toute l'Europe, particulièrement méditerranéenne,

---

23 Annuellement, de 60 000 pièces à 70 000 pièces de drap à partir de 1565-1570 et entre 85 000 et 120 000 pièces entre 1580 et 1603, Roland Marx, *Histoire de l'Angleterre*, Paris, Fayard, 1993, p. 210 ; Robert Brenner, *Merchants and Revolution*, Princeton, Princeton University Press, 1993.

24 Cátia Antunes, *Globalisation in the Early Modern Period. The economic relationship between Amsterdam and Lisbon, 1640-1705*, Amsterdam, Aksant, 2004.

25 Voir les travaux pionniers de Maarten Prak, « Regions in Early Modern Europe », dans *Debates and Controversies in economic history. Proceedings Eleventh Economic History Congress*, Milan, Bocconi University, 1994, p. 17-55.

à celle des huguenots vers les Provinces-Unies et les îles britanniques, surtout au cours de la période 1685-1730[26]. Lorsqu'ils faisaient office de commerçants, ils organisaient depuis leur nouvelle implantation des réseaux ethniques qui transcendaient l'appartenance religieuse et luttaient contre les monopoles étatiques (texte de Filipa Ribeiro da Silva).

Une bonne partie de la population européenne vivait donc sous l'autorité d'un monarque étranger et le franchissement de frontières était un acte relativement courant pour nombre d'Européens. Près de chez lui, un individu pouvait se trouver confronté à des lois, à des obligations et aussi, le cas échéant, jouir de privilèges inconnus de lui dans sa contrée d'origine. L'extrême diversité des situations territoriales et sociétales à courte distance les unes des autres a sans doute été un moteur de l'efficacité des circulations commerciales et politiques à l'intérieur des différents territoires européens, ainsi qu'entre eux. Cette distance courte permettait de nouer des contacts répétés (parfois quotidiens) entre les marchands et d'échanger façon de voir et de faire avec des étrangers. Si la fréquence des contacts implique des effets durables sur les relations entre personnes et entre groupes de personnes, elle permet également de superposer divers types de liens entre étrangers au sein de territoires géographiquement proches, les liens marchands se doublant de liens de parenté, d'amitié, etc., qui apportaient plus de sûreté et de stabilité aux affaires traitées en commun. Ces relations trouvaient dans les consulats et dans les communautés marchandes des soutiens, des points de cristallisation pour le développement de leurs négoces. Pour les marchands, il s'avérait intéressant de tirer le meilleur parti de ces institutions sans se laisser trop contraindre par elles. De plus, ils savaient utiliser à des fins propres les conflits de juridiction entre les lois émanant du prince, de la communauté des habitants ou encore d'instances supra-nationales comme les consulats d'étrangers. Pour favoriser la promotion de leurs affaires, les marchands locaux comme les étrangers négociaient à différents niveaux du politique, avec les dirigeants de la cité comme avec ceux du gouvernement, ou encore à travers des liens personnels avec l'empereur (textes d'Yves Junot, de Guillaume Garner et de Jean-Philippe Priotti), ce qui renvoie aux stratégies individuelles et collectives des acteurs, ainsi qu'aux limites de leur capacité d'action.

---

26 La révocation de l'édit de Nantes a provoqué l'exil de 170 à 180 000 huguenots, Pierre-Yves Beaurepaire et Pierrick Pourchasse (dir.), « Introduction », dans *Id.*, *Les circulations internationales en Europe, années 1680-années 1780*, Rennes, Presses universitaires de Rennes, 2010, p. 7-15, à la p. 9.

Quelques précisions méthodologiques mêlant sociologie, économie et histoire donnent un cadre à l'étude de ces dynamiques complexes. Dans les années 1960-1980, à la suite de sociologues comme Fredrik Barth, on a surtout essayé de comprendre les relations entre les groupes à travers les notions d'intégration, d'assimilation et d'exclusion, les dynamiques collectives étant clairement privilégiées[27]. Plus récemment, grâce à la problématique des réseaux notamment, on s'est plus volontiers penché sur les relations interpersonnelles. À ce titre, il apparaît important de s'intéresser à quatre volets de l'interaction :

1/ l'interaction structurale (dont un des chefs de file est Mark Granovetter), qui analyse la structure de l'interaction en fonction de l'intensité des liens[28];

2/ la critique que Pierre Bourdieu a adressé à l'école interactionniste est tout aussi féconde, car les interactions dépendent aussi, en bonne part, de l'héritage culturel dont les acteurs sont dépositaires, lequel influence le résultat de l'interaction[29];

3/ troisième point : on ne peut pas effectuer une étude sociale de ce type sans prendre en compte les contraintes du contexte de l'action, culturel et institutionnel notamment, et les situations de blocage qu'elles engendrent[30];

4/ l'importance de la distance dans les relations sociales et inter-organisationnelles[31].

Si l'on veut comprendre ce qui façonne durablement les individus et les groupes d'individus, il est utile de considérer le relationnel et le culturel

---

27 Sur cette question, voir Fredrik Barth, « Les groupes ethniques et leur frontière » publié et traduit dans le livre de Philippe Poutignat et Jocelyne Streiff-Fenart, *Théories de l'ethnicité*, Paris, Presses universitaires de France, 2005 (1re éd. 1995), p. 202-249.

28 Essais de Mark Granovetter, *Le marché autrement. Les réseaux dans l'économie*, Paris, Desclée de Brouwer, 2000, introduction de Jean-Louis Laville, Benoît Levesque et Isabelle This-Saint Jean.

29 Pierre Bourdieu, *Les structures sociales de l'économie*, Paris, Seuil, 2000.

30 Sanjay Subrahmanyam, *Comment être un étranger : Goa-Ispahan-Venise, XVIe-XVIIIe siècle*, Paris, Alma, 2013.

31 Michel Grossetti, « Les effets de proximité spatiale dans les relations entre organisations : une question d'encastrements », *Espaces et Sociétés*, 2000, 101-102, p. 203-219 ; Mark Casson, « Networks in Economic and Business History : A theoretical Perspective », dans Margrit Schulte-Beerbühl et Andreas Gestrich (éd.), *Cosmopolitan Networks, op. cit.*, p. 17-49.

simultanément. Car ces deux éléments centraux de l'organisation d'une société que sont les systèmes de relations sociales et les systèmes de sens (la culture) sont interconnectés[32]. D'où la question particulièrement en vogue ces derniers temps de l'identité, qui donne naissance aux expressions de plus en plus usitées d'identité plurielle ou hybride, d'identités complexe, parfois ponctuelle. On évoque aussi des personnages protéiformes. Le sociologue Michel Grossetti envisage les personnes comme des agrégats d'identités tandis qu'Harrison White utilise plutôt le terme de paquets d'identités[33].

Le point essentiel qui ressort de ces appellations est le caractère transitoire des identités, qui provient des différentes institutions dans lesquelles les relations sociales sont tour à tour enchâssées. Les institutions sont constituées d'une pluralité de réseaux. S'agissant d'acteurs économiques, les institutions que traversent les réseaux d'affaires relèvent aussi bien de la parenté que du marché ou du gouvernement. À l'intérieur de ces institutions règnent une discipline. Sur le marché, par exemple, la réputation d'honneur et la réputation de richesse sont de mise, pour la parenté ce sera l'entraide, tandis que dans le gouvernement la discipline pourrait être la hiérarchie. Chaque discipline est soutenue par des échelles de valeur différentes, et le véhicule de ces valeurs est le langage. Le langage et les récits qui en découlent servent en réalité de transcripteur entre acteurs et actions[34]. L'identité peut être en la matière considérée comme une source d'action essentielle, car en passant d'une institution à l'autre (à travers les commutations qu'elle réalise entre les réseaux), l'identité contribue à créer un ordre relationnel et discursif. À un niveau supérieur, ces institutions, qu'elles soient politiques, sociales ou économiques, ont, elles aussi, une rhétorique (qui est la version collective des récits des acteurs), qu'il est également utile d'étudier, en particulier pour comprendre les logiques de fonctionnement entre niveaux micro et macro sociaux.

Ces réflexions ont toute leur place dans le cadre d'enquêtes sur le monde marchand afin d'essayer de mieux comprendre les soubassements socio-culturels qui font tenir ensemble le monde marchand européen.

---

32 Cité par Harrison White, *Identité et contrôle. Une théorie de l'émergence des formations sociales*, Paris, EHESS, 2011 (1re éd. en anglais 1992), p. 457.

33 Dans les lignes qui suivent, je m'appuie sur certaines des idées-force du texte d'Harrison White (*ibid.*).

34 *Ibid.*, p. 357.

Elles mènent à la considération d'aspects plus économiques, tels que la question de l'efficience ou de la performance économique, avec lesquels elles se combinent, approche socio-culturelle et approche économique étant plus complémentaires qu'antagoniques. En effet, les coûts de transaction, dont l'importance a été démontrée par Ronald Coase et Douglass North[35], ne sont pas une création *ex nihilo* et doivent être replacés dans le cadre plus large, social et culturel, que nous venons brièvement de présenter. La forme et l'efficacité des affaires étant étroitement liées à la teneur des relations socio-culturelles entre les acteurs en cas de succès comme en cas d'échec commercial (textes de Margrit Schulte-Beerbühl et de Jean-Philippe Priotti). Car il ne faudrait pas trop vite croire qu'en Europe, la majorité des acteurs économiques étaient capables de coopérer avec tout le monde et dans n'importe quelle situation, et qu'ils parvenaient à s'affranchir systématiquement de la soumission au groupe et des cadres institutionnels au sein desquels leurs affaires se déroulaient.

Dès lors que l'on quitte l'Europe, qu'il est nécessaire d'allonger la distance-temps qui sépare les acteurs, les relations sont confrontées à de nouvelles réalités, et les identités évoluent[36]. Même si les trajectoires marchandes en dehors d'Europe, comme le souligne Filipa Ribeiro da Silva dans ce volume, montrent l'importance du secteur privé, les empires et leurs monopoles ont conditionné les formes adoptées par le commerce, et indirectement poussé à ce que des groupes privés concurrents s'entraident et se répartissent des activités. Compte tenu de la lenteur des communications, de la faible intensité et fréquence des contacts entre l'Europe et l'outre-mer, ainsi que de l'importance des coûts de transaction que pouvaient supposer la mise en place de circuits propres, les activités extra-européennes privées n'ont pu s'auto-organiser que jusqu'à un certain

---

35 Au sujet des coûts de transactions, voir Ronald Coase, *Le coût du droit*, Paris, Presses universitaires de France, 2000, et Douglass C. North, *Institutions, Institutional Change and Economic Performance*, Cambridge, Cambridge University Press, 1990.

36 Dans son article sur la firme publié en 1937 (traduit dans Ronald Coase, *Le coût, op. cit.*), Ronald Coase s'interroge sur les raisons pour lesquelles la firme (les entreprises) est contrôlée de manière hiérarchique sans qu'il en soit de même pour l'ensemble de l'économie. Il répond à cette interrogation en considérant qu'avec des participants aux échanges de plus en plus éloignés ou spécialisés, les coûts en information et en coordination impliqués par leur organisation hiérarchique deviendraient excessifs. La firme est le meilleur moyen d'éviter le risque lié aux coûts de transaction. En effet, si une partie prend le contrôle d'une autre, et ainsi substitue une relation interne hiérarchique à une relation externe marchande, alors les coûts de transaction sont minimisés.

point et n'ont pas pu renverser complètement le système légal là où il avait cours. De plus, l'allongement des circuits et du retour sur investissement qui impliquait le recours à des agents établis outre-mer ne garantissait pas que la communauté d'intérêts perdure avec les Européens, de nouveau centres de commerce se développant, tenus par des élites qui ne devaient souvent pas leur réussite aux Européens. Margrit Schulte-Beerbühl rend compte de l'écart entre les caractéristiques culturelles des Européens et des Américains, et de la difficulté de les agencer pour qu'elles mènent au succès.

Partie I

Vers une économie politique européenne ?

Le palais des Doria à Fassolo comme outil de configuration de la monarchie hispanique (XVIe siècle)

Bastien CARPENTIER

Abstract

In 1528, Charles V drew the city of Genoa into its political fold as an allied republic of his empire. While preserving its freedom, Genoa became *ipso facto* an important component of this empire and then of the polycentric monarchy of the Habsburgs of Spain. As an anchor for important networks of Genoese bankers and merchant-warriors, the city also became a crossing point for Spanish political, economic and military actors who circulated in the various territories of the monarchy. The palace of Doria in Fassolo had been a major meeting point for the Genoese contractors and the imperial elites. The social bonds developed in this place strengthened the Spanish-Genoese alliance: it was at the same time a transit point, a residence and court space. Even if it was located in Liguria, Fassolo was a center of power of the Spanish monarchy. Thanks to this tangible and intangible instrument, we can measure the influence of entrepreneur networks on the logic of power in the polycentric monarchy of the Habsburgs.

Résumé

En 1528, Charles Quint attira la ville de Gênes dans son giron politique en tant que république alliée de l'empire. Tout en conservant sa liberté, Gênes devint *ipso facto* une composante importante de cet empire puis de la monarchie polycentrique des Habsbourg d'Espagne. Point d'ancrage d'importants réseaux de banquiers et de marchands-guerriers génois, la cité se convertit en outre en un lieu de passage obligé des acteurs politiques, économiques et militaires espagnols qui circulaient d'un territoire à l'autre de la monarchie. Dans cet article, il s'agit d'interroger l'enjeu de la rencontre des entrepreneurs génois et des élites impériales dans un même lieu : le palais des Doria à Fassolo. Au gré des échanges qui y ont été organisés, des liens sociaux se sont développés, renforçant l'alliance hispano-génoise. À la fois espace de transit, de résidence et de Cour selon les situations, Fassolo a été – en dépit du fait qu'il se trouvait en Ligurie –, un haut lieu de pouvoir de la monarchie hispanique. À travers l'observation de l'outil matériel et immatériel qu'était le palais, on peut mesurer l'incidence des réseaux d'entrepreneurs sur les logiques de pouvoir à l'œuvre dans la monarchie polycentrique des Habsbourg.

En 1521, le génois Andrea Doria acheta un palais dans le bourg ligure de Fassolo. Proche de Gênes et rapidement accessible depuis la porte de San Tommaso, Fassolo se trouvait néanmoins hors des murs de la cité[1]. Le palais, qui fut rapidement agrandi, devint un instrument politique important, tant pour la famille Doria que pour la dynastie des Habsbourg. Par l'observation à l'échelle locale de l'outil de pouvoir global qu'il était, il ne s'agit pas seulement d'étudier les logiques de fonctionnement d'un lieu de Cour à proprement parler, si singulier soit-il, mais surtout de comprendre comment un lieu, en tant qu'espace de rencontre, a pu aider à faire de la figure de l'entrepreneur génois un protagoniste de l'articulation territoriale de la monarchie hispanique.

La conception centralisatrice du pouvoir courtisan, selon laquelle le roi, la Cour et leur lieu de résidence sont considérés comme l'unique centre du pouvoir de l'État, nous semble erronée, du moins inadaptée au cas de la monarchie des Habsbourg où l'étendue et l'éclatement des territoires implique d'autres formes d'analyse. Le roi n'était pas la seule source de pouvoir. Ses ministres, officiers et agents disposaient eux aussi d'une certaine marge de manœuvre dans le gouvernement, et leur circulation d'un territoire à l'autre de la monarchie multipliait les lieux d'expression du pouvoir et les points de rencontre entre gouverneurs et gouvernés. Ainsi, dans la continuité de travaux interrogeant les logiques de fonctionnement des Cours vice-royales, la conception radiale de l'organisation politique de la monarchie a été reconsidérée : le pouvoir n'était pas concentré en un seul lieu, en une seule Cour[2]. La Cour était dupliquée, éclatée dans la somme des lieux où ses membres se trouvaient. Le contrôle royal découlait de plusieurs noyaux de pouvoir liés entre eux, qui quadrillaient le territoire et interagissaient avec une marge de

---

1 Face à la mer, le palais était directement atteignable par les galères, lesquelles pouvaient accoster à proximité ; on pouvait se rendre sur celles-ci en empruntant un tunnel.

2 À propos des Cours vice-royales de la monarchie hispanique et de la marge de manœuvre concédée aux agents des souverains dans l'activité diplomatique, voir Daniel Aznar, Guillaume Hanotin et Niels F. May (dir.), *À la place du roi. Vice-rois, gouverneurs et ambassadeurs dans les monarchies française et espagnole (XVIe-XVIIIe siècles)*, Madrid, Casa de Velázquez, 2014, et Manuel Rivero Rodríguez, *La edad de oro de los virreyes : el virreinato de la monarquía hispánica durante los siglos XVI y XVII*, Madrid, Akal, 2011.

manœuvre qui variait en fonction des situations : la configuration de la monarchie était polycentrique[3].

Un de ces principaux centres de pouvoir était à Gênes. Or, en sa qualité de république alliée mais jamais soumise ni formellement intégrée à la monarchie, la *Superba* restait hors du domaine des Habsbourg, qui n'y disposaient donc pas de Cour vice-royale[4]. Néanmoins, des liens informels relayaient l'autorité royale dans la ville (et au-delà) malgré l'absence de structures formelles de pouvoir. En 1528, la seigneurie de Gênes s'était affranchie de la domination du roi de France et avait intégré le système impérial Habsbourg en tant que république indépendante, emportée dans le giron du *condottiere* génois Andrea Doria[5]. Ce dernier, jusqu'alors amiral de François Ier, avait passé un accord avec Charles Quint qu'il servait désormais en tant que capitaine général de la mer, avec sa flotte personnelle de galères. Outre l'appât du gain et les perspectives de pouvoir, la volte-face de Doria avait été motivée par son entourage : son grand allié Adamo Centurione, l'un des principaux marchands-banquiers génois, avait des affaires en Espagne, et l'empereur avait promis aux Génois la liberté de commerce dans ses domaines[6]. Derrière Doria,

---

3 Pedro Cardim, Tamar Herzog, José Javier Ruiz Ibáñez et Gaetano Sabatini (dir.), *Polycentric Monarchies : how did early modern Spain and Portugal achieve and maintain a global hegemony ?*, Brighton, Sussex University Press, 2012.

4 S'il fait de la pluralité des centres de pouvoir espagnols un élément structurant de son étude, Manuel Rivero Rodríguez n'interroge pas le fonctionnement de ceux qui sont extérieurs à la monarchie mais liés à celle-ci. Voir « Court studies in the spanish world », dans Marcello Fantoni (éd.), *The court in Europe*, Rome, Bulzoni, 2012, p. 135-147. Le rôle des républiques marchandes alliées est en revanche pris en compte par José Javier Ruiz Ibáñez, « 'A thing not seen in Paris since its founding' : the spanish garrison of 1590 to 1594 », dans Pedro Cardim, Tamar Herzog, José Javier Ruiz Ibáñez et Gaetano Sabatini (dir.), *op. cit.*, p. 197-213, ainsi que par Manuel Herrero Sánchez, « Republican Monarchies, patrimonial Republics. The catholic Monarchy and the mercantile republics of Genoa and the United Provinces », dans *ibid.*, p. 181-196.

5 Sur le tour de force de 1528 et le système politique hispano-génois, voir Arturo Pacini, *I presupposti politici del « secolo dei genovesi ». La riforma del 1528*, Gênes, Società Ligure di Storia Patria, 1990, et Manuel Herrero Sánchez, Yasmina Ben Yessef Garfia, Carlo Bitossi et Dino Puncuh (dir.), *Génova y la Monarquía Hispánica (1528-1713)*, Gênes, Società Ligure di Storia Patria, 2011, 2 vol.

6 Pour une biographie d'Adamo Centurione, voir Giovanni Nuti, « CENTURIONE, Adamo », dans *Dizionario Biografico degli Italiani*, Rome, Istituto della Enciclopedia italiana, 1979, t. XXIII, p. 614-618. Concernant ses rapports avec Andrea Doria, voir Arturo Pacini, *La Genova di Andrea Doria*

c'était un pan complet de la société marchande locale qui avait soutenu son passage à l'acte. Plus que la collaboration entre Charles Quint et les Génois, le tour de force de 1528 scellait l'union de l'empire dynastique des Habsbourg et de l'empire commercial des entrepreneurs ligures que Doria représentait. Réseaux marchands et construction de l'État étaient étroitement liés.

L'alliance hispano-génoise reposait sur un tissu de coopérations, d'interdépendances et d'intérêts politico-économiques partagés entre les hommes d'affaire génois, auxquels s'ouvraient de nouveaux marchés, et les rois castillans, qui voyaient dans ces entrepreneurs la base sociale nécessaire à la concrétisation de leurs ambitions impérialistes. Les entrepreneurs génois, en encourageant la conclusion d'une alliance politique favorable à leurs intérêts commerciaux, se faisaient les artisans du développement de l'empire des Habsbourg et les agents de l'articulation de ses territoires[7]. Les alliances que l'union hispano-génoise activait allaient bien au-delà des seuls murs de la cité ligure, qui n'était que le point d'ancrage de nombreux réseaux aux ramifications étendues aux quatre coins de l'Europe et de la Méditerranée. Au début du XVIe siècle, des nations marchandes génoises opéraient en Castille, en Andalousie, sur les côtes catalanes, aux îles Canaries et aux Amériques, en France, aux Pays- Bas, dans le *Mezzogiorno* italien et même sur les côtes nord-africaines et dans le monde ottoman[8]. Par leurs interconnections et leurs implications dans l'économie et le gouvernement de leurs territoires de résidence, ces communautés marchandes génoises tissaient un réseau de centres de pouvoir connectés entre eux, que les Habsbourg comptaient utiliser pour coordonner les composantes territoriales de leur monarchie[9].

---

nell'Impero di Carlo V, Florence, Olschki, 1999, *passim*. Pour une étude des affaires de la famille en Espagne, voir Ildefonso Pulido Bueno, *La familia genovesa Centurión, mercaderes diplomáticos y hombres de armas, al servicio de España (1380-1680)*, Huelva, Universidad de Huelva, 2004.

7 Sur le rôle des entrepreneurs génois dans le développement de la monarchie des Habsbourg, voir Céline Dauverd, *Imperial ambition in the early modern Mediterranean. Genoese Merchants and the Spanish Crown*, Cambridge, Cambridge University Press, 2015, p. 25.

8 Bien que les travaux dédiés aux colonies marchandes génoises du début du XVIe siècle soient nombreux, rares sont ceux qui en dressent un tableau global et interrogent leurs logiques de fonctionnement.

9 À propos des diasporas marchandes et de leurs enjeux dans l'articulation des États aux échelles méditerranéenne et globale, voir Georg Christ, Franz-Julius Morche, Roberto Zaugg, Wolfgang Kaiser, Stefan Burkhardt et Alexander D. Beihammer (dir.), *Union in separation. Diasporic groups and identities in the*

En outre, la situation géographique de Gênes constituait un enjeu majeur pour les Castillans : la Ligurie était dans l'Europe des Habsbourg un carrefour vital à l'articulation des territoires, à la confluence de leurs voies de communications internes. Après 1528, c'était désormais par Gênes que passaient les *tercios* espagnols qui ralliaient les Pays-Bas *via* Milan, c'était par Gênes que transitaient les élites politiques amenées à se rendre de Madrid à Naples, Rome ou même Bruxelles, c'était par Gênes que l'on acheminait les capitaux destinés à l'effort de guerre et c'était aussi par Gênes que circulaient les courriers assurant la communication des informations nécessaires à l'administration de la monarchie[10]. Sur un même lieu, on retrouvait donc, juxtaposés, le carrefour naturel des territoires de la monarchie hispanique et le point de confluence des nombreux réseaux marchands qui œuvraient à son articulation territoriale. Tant par sa situation géographique que par son capital humain, Gênes était vite devenue un centre de pouvoir castillan majeur de la monarchie polycentrique des Habsbourg. Néanmoins, la cité demeurait en dehors du domaine impérial, et tout un pan de la société dirigeante locale, qui restait traditionnellement opposé à l'alliance, ne manquait pas de se poser en contre-pouvoir au sein des institutions. De plus, le tissu social que formait l'entrelacement des alliances entre castillans et marchands génois devait être continuellement renouvelé. Dans ces conditions, le roi devait disposer d'un outil permettant de dépasser les frontières géographiques, culturelles et juridiques qui maintenaient les Génois à distance du reste de la monarchie.

Outre l'ambassade espagnole présente à Gênes, le roi avait besoin d'un lieu affranchi de l'autorité de la République, d'un véritable centre de communication par lequel passeraient de nombreuses délégations d'origines diverses, qu'il souhaitait fédérer et fidéliser. Il lui fallait disposer

---

eastern Mediterranean (1100-1800), Rome, Viella, 2015 ; Francesca Trivellato, *The familiarity of strangers. The sephardic diaspora, Livorno and cross-cultural trade in the Early Modern Period*, New Heaven, Yale University Press, 2012 ; et Sanjay Subrahmanyam, *The Portuguese Empire in Asia, 1500-1700*, Londres, Longman, 1993.

10 Concernant la route maritime reliant Gênes à la péninsule Ibérique et les enjeux de la communication de l'information, voir Arturo Pacini, *Desde Rosas a Gaeta. La costruzione della rotta spagnola nel Mediterráneo occidentale nel secolo XVI*, Milan, Franco Angeli, 2013 ; et Bastien Carpentier, « Bénéficier des distances. Gênes, les Doria et la circulation des nouvelles de guerre entre Istanbul et Madrid (1584-1602) », dans Emilio Sola Castaño et Gennaro Varriale (dir.), *Detrás de las apariencias. Información y espionaje (siglos XVI-XVII),* Alcalá de Henares, Universidad de Alcalá, 2015, p. 175-192.

d'une étape où les élites du pouvoir impérial pouvaient séjourner, avant ou après leur traversée de la Méditerranée. Il lui fallait un espace de représentation politique à l'identité hispanique en pleine Ligurie. Il fallait créer, en ce centre européen, un lieu propice à l'entretien des rapports et des collaborations entre Espagnols et Génois, si vitaux aux affaires et aux ambitions de chacun. C'est dans le palais de Fassolo qu'Andrea Doria créa ce lieu.

Lieu de séjour, espace de pouvoir

Dans cette société génoise de marchands au long cours, le passage fréquent des élites politiques et militaires de la monarchie constituait un véritable enjeu de pouvoir. Pour les Génois, ces séjours créaient l'opportunité d'approcher plus facilement les élites dirigeantes et ainsi de vaincre les distances qui les séparaient de Madrid et de ses dynamiques courtisanes. Andrea Doria en avait profité pour connecter les intérêts des uns et des autres : ce *broker* avait développé son entregent, sur la base duquel il s'était constitué un véritable socle de pouvoir[11]. À sa mort en 1560, le palais avait été transmis à son héritier Giovanni Andrea Doria (1540-1606), qui allait l'utiliser en ce sens également : alors qu'il peinait à être investi de l'autorité qu'avait son grand-oncle et à contrôler son réseau social, il comptait mobiliser l'ensemble des outils dont il disposait pour faire de son éloignement de la Cour une force et de sa situation géographique un outil lui permettant de renforcer son pouvoir de médiation. Bien que sa flotte de galères constituât un outil majeur à cet effet, le palais de Fassolo, résidence principale de la famille dont il avait hérité en 1560, est devenu d'une utilité considérable. Giovanni Andrea y entreprit très tôt des travaux destinés à augmenter la capacité d'accueil du palais : l'aile Est fut agrandie et des chambres y furent construites en

---

11 Sur la figure du *broker*, voir Sharon Kettering, *Patrons, Brokers and Clients in Seventeenth Century France*, New York-Oxford, Oxford University Press, 1986, et Jeremy Boissevain, *Friends of Friends. Network, Manipulations and Coalitions*, Oxford, B. Blackwell, 1974.

1561 et en 1566[12]. Outre la famille et sa garnison de soldats, le palais put ainsi accueillir un nombre accru d'hôtes[13].

Lieu d'habitation, le palais était aussi conçu comme un espace de représentation. C'était une Cour hybride où la puissance espagnole comme celle de la famille Doria étaient magnifiées[14]. L'observation des programmes décoratifs engagés atteste de la reconfiguration de la stratégie représentative sous Giovanni Andrea Doria. Le *salone del naufragio*, espace d'accueil des ambassadeurs, avait été décoré d'une fresque mythologique (l'Énéide) et Giovanni Andrea décida, à la fin des années 1580, de la remplacer par une représentation de Lépante. Six grandes tapisseries (*La partenza da Messina della flotta cristiana, La navigazione lungo le coste calabre, Lo schieramento delle flotte e l'inizio della battaglia, La battaglia, La vittoria cristiana e la fuga di sette galee turche,* et *Il ritorno a Corfù della flotta*) y représentaient six phases de la bataille et étaient dominées par un aigle, symbole de la maison Doria[15]. La référence à Lépante renvoyait au souvenir d'une bataille au cours de laquelle les forces espagnoles, romaines, vénitiennes et génoises s'étaient ralliées sous une même bannière chrétienne, universaliste, et placées sous le commandement de l'amiral d'Espagne, lui-même secondé par Giovanni Andrea Doria. Le fait que Doria choisisse de remplacer la fresque de l'Énéide par une composition de tapisseries représentant Lépante atteste bien de sa volonté d'utiliser le palais, et sa fonction représentative, comme vitrine de la puissance castillane en Méditerranée et de la réussite de l'alliance des

12 L'architecte Giovanni Ponzella en fut le maître d'œuvre. Il effectua l'ensemble des travaux entrepris par les Doria à Gênes et dans leurs fiefs. Sur l'architecte du palais, voir Clara Altavista, *La residenza di Andrea Doria a Fassolo. Il cantiere di un palazzo di villa genovese nel Rinascimento*, Milan, Franco Angeli, 2013 ; Elena Parma Armani, *Villa del Principe Doria a Fassolo*, Gênes, Sagep, 1977 ; et Laura Stagno, *Palazzo del Principe. Villa di Andrea Doria*, Gênes, Sagep, 2005.

13 Archivio Doria Pamphilj (Rome), scaffale [désormais ADP] 75.4, Giovanni Andrea Doria à son épouse Zenobia Doria, Madrid, 30 avril 1584. Le palais avait été acheté au début du siècle par Andrea Doria à son proche collaborateur Filippo Lomellini. Voir Vilma Borghesi, *Vita del Principe Giovanni Andrea Doria scritta da lui medesimo incompleta*, Gênes, Piero Barboli Editore, 1997, p. XLV.

14 À propos de Fassolo, Laura Stagno parle de « *dimora-simbolo del casato* » (« Due principi per un palazzo. I cicli decorativi commissionati da Andrea e Giovanni Andrea I Doria a Perino del Vaga, Lazzaro Calvi e Marcello Sparzo per il Palazzo del Principe », *Ricerche di Storia dell'arte*, 2004, 82-83, p. 9-32).

15 Laura Stagno, *Palazzo del Principe, op. cit.*, p. 93-98. Pour les décorations entreprises par Andrea Doria, voir Piero Boccardo, *Andrea Doria e le arti. Committenza e mecenatismo a Genova*, Rome, Palombi, 1989.

Habsbourg et des Doria. En 1594, le Génois confirmait cette stratégie de communication en faisant bâtir, dans le cadre d'une extension de l'aile Ouest du palais, une nouvelle galerie destinée à servir d'espace majeur de représentation et d'accueil des Grands de passage. La fonction première de cette nouvelle galerie était l'exaltation de la dynastie, dont la mémoire évoquait systématiquement l'union hispano-génoise de 1528[16]. Dans cette *stanza lunga* (aussi appelée *galleria aurea*), la décoration des pièces glorifiait l'image de la famille et le culte de la personnalité d'Andrea Doria, qui y était représenté aux côtés de Giovanni Andrea et de son père Giannettino. Andrea y était sculpté vêtu d'une veste de *condottiere*, avec le pied droit écrasant la tête d'un Turc au sol[17]. Représenté ainsi, l'amiral n'était pas seulement génois ou chef de guerre, il était défenseur de la chrétienté et bras armé de Charles Quint en Méditerranée face à l'ennemi ottoman. Dans les lieux de pouvoir des Habsbourg hors de Castille, l'illustration de la puissance espagnole était une constante[18]. Dans un espace où circulaient les représentants de traditions culturelles et linguistiques diverses, l'image avait la vertu de parler à tous quand un texte n'était lisible que par certains. La représentation picturale était un moyen de communication universel, qui livrait des messages intelligibles par tous, en dépit des frontières linguistiques. En outre, à Fassolo, la communication visuelle ne visait pas qu'à glorifier la puissance castillane, mais bien à fabriquer une identité à la fois dorienne et pan-espagnole : l'image insufflait un récit créé pour fédérer, pour lier les mémoires espagnole et génoise dans l'interprétation d'un passé présenté comme commun. À Fassolo, le roi castillan imposait les symboles de sa domination en pleine Ligurie et les Doria signifiaient à tous combien leur médiation était un acte fondateur de l'alliance hispano-génoise. Giovanni Andrea Doria faisait du palais la principale vitrine de la puissance hispano-dorienne.

Destiné dès le plus jeune âge à devenir l'interlocuteur principal entre les Génois et les Castillans, Giovanni Andrea Doria avait été familiarisé

16 Laura Stagno, *Palazzo del Principe, op. cit.*, p. 59.

17 *Ibid.*, p. 57.

18 À propos du cas napolitain, voir Joan-Lluís Palos, *La mirada italiana. Un relato visual del imperio español en la corte de sus virreyes en Nápoles*, Valence, Publicacions de la Universitat de València, 2010 ; et Diana Carrió-Invernizzi, « Génova y España en la pintura histórica del Palacio Real de Nápoles del s. XVII », dans M. Herrero Sánchez, Y. Ben Yessef Garfia, C. Bitossi et D. Puncuh (dir.), *op. cit.*, t. II, p. 753-774.

à la culture, à la langue et au protocole castillans[19]. Fort de l'identité hybride à la fois castillane et génoise qu'il s'était forgée dès le plus jeune âge, il s'érigeait comme médiateur culturel et agent d'intégration au milieu social local pour ses hôtes qui, parfois, étaient amenés à séjourner à moyen ou long terme dans la cité ligure[20]. En outre, le Génois entendait profiter du palais et y assurer son précieux rôle d'hôte même lorsque le devoir l'appelait ailleurs. En décembre 1583, alors qu'il était à Madrid, Doria rappelait que sa maison était ouverte et disponible à l'accueil des agents espagnols, même en son absence[21]. Il lui fallait, pour ce faire, pouvoir compter sur les services d'une personne de confiance capable de le représenter et de le suppléer dans son système courtisan. Du temps d'Andrea Doria, sa femme Peretta Usodimare avait assumé ce rôle[22]. Sous

---

19 À propos des spécificités protocolaires et rituelles, voir John Adamson (éd.), *The Princely Courts of Europe 1500-1750. Ritual, Politics and Culture under the Ancien Régime 1500-1750*, Londres, Weidenfeld and Nicolson, 1999.

20 Sur l'éducation de Doria et ses rapports avec son précepteur Plinio Tomacelli, voir Vilma Borghesi, « Momenti dell'educazione di un patrizio genovese : Giovanni Andrea Doria (1540-1606) », *Archivio de la Società Ligure di Storia Patria*, 1996, 36/2, p. 191-213. Concernant les identités plurielles et hybrides de ces sociétés de frontière, voir Kapil Raj, « Go-Betweens, Travellers, and Cultural Translators », dans Bernard Lightman (dir.), *A Companion to the History of Science*, Hoboken, Blackwell, 2016, p. 32-57 ; Violet Soen, Yves Junot et Florian Mariage (dir.). *L'identité au pluriel. Jeux et enjeux des appartenances autour des anciens Pays-Bas, XIVe-XVIIIe siècles*, hors-série n° 30 de la *Revue du Nord*, 2014 ; Tamar Herzog, *Defining Nations. Immigrants and Citizens in Early Modern Spain and Spanish America*, New Haven/Londres, Yale University Press, 2003 ; Hastings Donnan et Thomas M. Wilson (éd.), *Borders, Frontiers of Identity, Nation and State*, Oxford/New York, Biddles, 1999. Pour les enjeux de la médiation culturelle, on renvoie à Peter Burke, *Hibridismo cultural*, Madrid, Akal, 2010 ; Diana Carrió-Invernizzi (dir.), *Embajadores culturales. Transferencias y lealtades de la diplomacia española de la Edad Moderna*, Madrid, UNED, 2016 ; et Akira Iriye, « Culture and Power : international relations as intercultural relations », *Diplomatic History*, 1979, 3, p. 119-128.

21 ADP 84.39, lettre de Giovanni Andrea Doria à Jorge Manrique, Madrid le 23 décembre 1583.

22 En 1547, Peretta Usodimare accueillit le prince Philippe à l'entrée du palais de Fassolo. Voir Laura Stagno, « Sovrani spagnoli a Genova : entrate trionfali e "hospitaggi" in casa Doria », dans Pietro Boccardo, José Luis Colomer et Clario Di Fabio (dir.), *Genova e la Spagna. Opere, artisti, committenti, collezionisti*, Milan, Silvana, 2002, p. 73-87. Sur le rôle des femmes dans les sociétés courtisanes et les réceptions diplomatiques, voir Laura Oliván, « "La condesa ya se ha vestido a la española y de incógnito ha ido a visitar a la reina" : Johanna Theresia de Harrach, valida y "embajadora" de Mariana de Austria », dans Gloria Franco Rubio et María Ángeles Pérez Samper (dir.), *Herederas de Clío : mujeres que han*

Giovanni Andrea Doria, ce fut son épouse Zenobia qui s'en chargea. En juin 1585, Giovanni Andrea l'informait de l'arrivée imminente à Fassolo de Pietro de' Medici, Luigi Dovara, Ferrante Gonzaga et du fils de Juan de Idiáquez[23]. À distance, il donnait à son épouse des consignes précises pour la répartition des chambres : Pietro de Médicis devait loger dans leurs propres appartements, Luigi Dovara dans la « chambre des histoires » (*camara dell'historie*), Ferrante Gonzaga dans les appartements de l'aile Est et le fils d'Idiáquez dans le *casotto*. Giovanni Andrea donnait aussi des indications précises sur l'aménagement et la décoration des chambres des hôtes : la chambre du fils d'Idiáquez devait être équipée d'un bon lit et richement décorée, à l'instar de celle de Pietro Medici, ornée de damas et de velours[24]. Maîtresse du palais, Zenobia devait connaître parfaitement le protocole que son mari était censé réserver à ses hôtes. Actrice de la médiation culturelle, elle devait à la fois agir en tant qu'amphitryon génois et épouse d'un Grand d'Espagne, avec l'ensemble des charges de représentation que cela supposait. En l'absence de son mari, c'est elle qui offrait les cadeaux de bienvenue aux hôtes, elle aussi qui facilitait leur intégration dans le tissu social local[25]. À la mort de Zenobia en 1590, il

---

impulsado la Historia, Madrid, Mergablum, 2014, p. 391-404 ; et Diana Carrió-Invernizzi, « Las virreinas en las fiestas y el ceremonial en la corte de Nápoles », dans Giuseppe Galasso, José Vicente Quirante et José Luis Colomer (dir.), *Fiesta y ceremonial e la corte de Nápoles en los siglos XVI-XVII*, Madrid, CEEH, 2013, p. 307-332.

23 Luigi Dovara et Ferrante Gonzaga, nobles de Mantoue, faisaient partie de l'élite guerrière et diplomatique qui avait servi les intérêts de Philippe II (Diana Toccafundi Fantapiè, « DOVARA, Luigi », dans *Dizionario Biografico degli Italiani*, *op. cit.*, t. XLI, p. 573-576 ; et Rafaele Tamalio, « GONZAGA, Ferrante », *ibid.*, t. LVII, p. 734- 744). Pietro de' Medici était le fils de Côme Ier, grand-duc de Toscane (Paola Volpini, « MEDICI, Pietro de' », *ibid.*, t. LXXIII, p. 161-165).

24 Doria demandait aussi à Zenobia de garder quelques chambres libres afin d'être en mesure d'y loger des hôtes dans l'urgence (ADP 93.37.3, lettre envoyée de Montserrat le 15 juin 1584). Sur les enjeux de la répartition des chambres, voir Hugh Murray Baillie, « Etiquette and the Planning of the State Apartments in Baroque Palaces », *Archaeologia*, 1967, 101, p. 169-199.

25 ADP 84.39, Giovanni Andrea Doria au duc d'Osuna, Gênes, 21 janvier 1583 ; ADP 84.40, Giovanni Andrea Doria à Diego de Córdoba, Madrid, 2 février 1584. Juan de Idiáquez témoignait lui aussi de la qualité de l'accueil des élites à Fassolo, où les hôtes étaient toujours « bien regalados » (ADP 81.50, lettres à Giovanni Andrea Doria, Monzón, 13 juillet 1585 et Madrid, 10 janvier 1587). Sur la pratique des cadeaux diplomatiques, voir Diana Carrió- Invernizzi, « Gift and diplomacy in seventeenth-century spanish Italy », *The Historical Journal*, 2008, 51/4, p. 881- 899 ; María Paz Aguiló Alonso, « Lujo y religiosidad : el regalo diplomático en el siglo XVII », dans Miguel Cabañas Bravo, Elizade Amelia

fallut lui trouver un successeur, un nouveau maître du palais. Comme la mère de Giovanni Andrea Doria, Ginetta Centurione, était trop âgée pour en assumer la responsabilité, Doria confia ce rôle à sa descendance : son fils Andrea II, qui avait souffert de troubles physiologiques l'empêchant d'entreprendre une carrière militaire, y fut assigné. Aux côtés de son épouse Giovanna Colonna, il devint – en l'absence de son père – le représentant principal de la famille à Fassolo et à Gênes, où un palais avait été acquis sur la *strada nuova* en 1590[26]. Loin de se contenter d'être un simple amphitryon au sens strict, Doria a fait de son palais une ressource, de l'accueil et de l'hospitalité, une forme de don immatériel, propice à l'activation d'une dynamique d'échange de services entre son hôte, l'entourage qu'il mobilisait à cet effet, et lui-même.

Enjeux de l'*hospitaggio*, enjeux d'une médiation

La fonction représentative de Fassolo a culminé lors des réceptions de membres de la maison des Habsbourg. Systématiquement, les Doria profitaient de ces *hospitaggi* pour renforcer leurs liens avec les membres de la *Casa Real*. La première visite royale à Fassolo fut celle de Charles Quint en 1533[27]. Durant cette visite, qui se fit moins de cinq années après la volte-face d'Andrea Doria, très peu de place fut laissée à l'improvisation : le cérémonial et la fonction représentative de l'accueil furent étroitement codifiés et orchestrés de manière à magnifier l'alliance entre les Habsbourg et les Doria[28]. À son entrée à Gênes le 27 mars, Charles Quint fut accueilli

---

López-Yarto et Wifredo Rincón García (dir.), *Arte, poder y sociedad en la España de los siglos XV al XX*, Madrid, CSIC, 2008, p. 49-62.

26 ADP 79.79, Giovanni Andrea Doria à Andrea II Doria, marquis de Torriglia, Madrid, 2 novembre 1593 et 13 avril 1594. Giovanna Colonna était la fille d'Anna Borromeo (sœur de Carlo) et de Marc'Antonio II Colonna. Pour une étude approfondie du marché immobilier génois, voir Giorgio Doria, « Investimenti delle nobilità genovese nell'edilizia di prestigio (1530-1630) », *Studi Storici*, 1986/1, p. 5-55, aux p. 15-16 ; et Ennio Poleggi, *Strada Nuova, una lottizzazione del Cinquecento a Genova*, Gênes, Sagep, 1972 [1968].

27 Lors de son précédant séjour en 1529, l'empereur avait été logé au palais ducal, le palais d'Andrea Doria à Fassolo n'étant pas encore terminé et ne pouvant remplir encore une une telle fonction (Laura Stagno, « Sovrani spagnoli a Genova », art. cit.).

28 Sur les entrées cérémonielles, voir James Ronald Mulryne, Maria Ines Aliverti et Anna Maria Testaverde (dir.), *Ceremonial Entries in Early Modern Europe. The Iconography of power*, Farnham, Ashgate, 2015 ; José Jaime García Bernal, *El fasto público en la España de los Austrias*, Séville, Université de Séville, 2006 ;

triomphalement par Andrea Doria, avant d'être convoyé par galère jusqu'au palais de Fassolo, richement orné pour l'occasion. Andrea Doria était ainsi présenté comme le bras droit de l'empereur dans la cité, dans un rôle différent de celui de l'ambassadeur[29]. La Cour n'étant pas encore sédentarisée à proprement parler, d'autres visites impériales suivirent : Charles Quint de nouveau en 1536, 1538, 1541, 1543 puis le jeune prince Philippe en 1548 y ont résidé, ce qui a renforcé les liens entre les Habsbourg et les Doria[30].

Peu habitué à sortir de Castille dès lors qu'il fixa sa Cour à Madrid (1561), Philippe II ne s'est jamais rendu à Gênes en tant que roi : sa seule visite eut lieu en 1548, alors qu'il n'était que prince. Néanmoins, nombre de ses proches parents furent amenés à y passer, et à séjourner à Fassolo. En 1571, son demi-frère Juan de Austria et les princes de Bohème Ernest et Rodolphe y logèrent. Dans ce lieu de Cour, un important banquet et des festivités furent célébrés pour l'occasion[31]. Tout a été mis en œuvre pour que les hôtes se sentent à la fois chez les Doria et dans un palais princier Habsbourg. Juan de Austria a gardé un excellent souvenir de la compagnie de l'épouse de Doria et de leurs fils, et s'estimait redevable du bon accueil dont il y avait bénéficié[32]. Ses différents séjours à Fassolo avaient permis le renforcement des liens avec Giovanni Andrea, qu'il allait par la suite considérer comme un ami[33].

Bonner Mitchell, *The Majesty of the State : Triumphal Progresses in foreign sovereigns in Renaissance Italy (1494-1600)*, Florence, Olschki, 1986.

29 À propos de la visite de 1533, voir Arturo Pacini, *La Genova di Andrea Doria, op. cit.*, p. 181 ; et surtout George L. Gorse, « An unpublished description of the Villa Doria in Genoa during Charles V's entry, 1533 », *The art bulletin*, 1986, 68/2, p. 319-322.

30 À propos du séjour du prince Philippe en 1548, voir Maria Ines Aliverti, « L'ammiraglio, il gato e l'orologio. La casa di Andrea Doria come teatro cerimoniale al tempo della visita di Filippo d'Asburgo (1548) », *Ricerche di Storia dell'arte*, 2004, 82-83, p. 117-152.

31 Laura Stagno, « Sovrani spagnoli a Genova », art. cit.

32 Lettre de Juan de Austria à Giovanni Andrea Doria, 4 mai 1574 (Alfonso Doria Pamphilj, *Lettere di Giovanni d'Austria a Giovanni Andrea Doria I*, Rome, Forzani, 1896, p. 57-60).

33 Bastien Carpentier et Jean-Philippe Priotti, « La forge instable d'une domination. Les Doria, Gênes et le gouvernement castillan (1560-1606) », dans Jean-Philippe Priotti (dir.), *Identités et territoires dans les mondes hispaniques (XVIᵉ-XXᵉ siècle)*, Rennes, Presses universitaires de Rennes, 2015, p. 75-96.

Outre les membres de la famille royale, Doria parvint à développer ses rapports avec les élites du gouvernement, généralement plus mobiles dans le cadre de leurs activités et amenées à séjourner davantage en Ligurie. C'est à Fassolo que Doria rencontra Juan de Idiáquez Olazábal (1540-1614), qui devint ensuite l'un des protagonistes du gouvernement de Philippe II. Le Basque y arriva en 1573 comme émissaire extraordinaire du roi chargé de gérer une crise politique interne[34]. À son arrivée, la mère (Ginetta) et l'épouse (Zenobia) de Giovanni Andrea l'accueillirent à Fassolo, à la demande du roi[35]. Bien qu'initialement destinée à être courte, son ambassade dura finalement cinq années, au cours desquelles il forgea avec Doria une amitié forte, qui détermina pour une bonne part l'ascension du Génois à la Cour. Des liens affectifs durables entre Idiáquez et la famille Doria s'ensuivirent. En atteste sa présence aux côtés de Zenobia, femme de Giovanni Andrea, peu après la mise au monde d'un de leurs enfants en 1574. Le Basque assista même au baptême de l'enfant[36]. À Gênes, Idiáquez bénéficia de l'aide de Doria pour constituer le réseau d'informateurs locaux nécessaire aux besoins de sa mission[37]. Les dynamiques d'échanges de service se développaient et les demandes et propositions de faveurs entre les deux hommes se multipliaient[38]. Le séjour d'Idiáquez se prolongea et, sur fond de complémentarité de ses intérêts avec ceux de Doria, la confiance s'est instaurée et l'alliance s'est

---

34 Sur la guerre civile génoise, voir Giorgio Doria, « Un quadriennio critico : 1575-1578. Contrasti e nuovi orientamenti nella società genovese nel quadro della crisi finanziaria spagnola », dans *Fatti e idee di storia economica nei secoli XII-XX. Studi dedicati a Franco Borlandi*, Bologne, Il Mulino, 1977, p. 377-394.

35 Philippe II à Zenobia Doria, Madrid, 26 septembre 1573, et Philippe II à Ginetta Doria Centurione, Madrid, 26 septembre 1573 (Rafael Vargas Hidalgo, *Guerra y diplomacia en el Mediterráneo. Correspondencia inédita de Felipe II con Andrea Doria y Juan Andrea Doria*, Madrid, Polifemo, 2002, p. 947 et 947-948.

36 ADP 75.11, Juan de Idiáquez à Giovanni Andrea Doria, Gênes, 10 juin 1574. Quelques années plus tard, Idiáquez se montrait même nostalgique du temps passé à Fassolo en compagnie de Zenobia (ADP 81.40, lettre à Giovanni Andrea Doria, 10 août 1577).

37 ADP 75.11, lettre de Juan de Idiáquez à Giovanni Andrea Doria, Gênes, 24 mai 1575.

38 En janvier 1576, le Basque recommande au Génois les services de deux protégés d'un de ses amis, dans le but d'étoffer son propre réseau clientélaire. L'un d'entre eux, Irarraga, est devenu l'un des principaux agents de Doria (ADP 75.11, lettre de Juan de Idiáquez à Giovanni Andrea Doria, Casale, 17 janvier 1576).

renforcée : tous deux évoquaient plus librement leurs affaires à travers une correspondance dense qui fonda ensuite les bases d'entreprises politiques et guerrières communes[39]. En habile courtisan, Juan de Idiáquez comprenait l'utilité de Fassolo comme outil clientélaire et recommandait son usage à Doria. En 1579, il le félicita d'avoir bien reçu Jorge de Manrique, futur membre du gouvernement. Celui-ci, qui avait fêté le carnaval à Gênes durant son séjour à Fassolo, ne tarda pas à renforcer ses liens avec Giovanni Andrea, qui peu après commença à le qualifier d'ami[40]. La même année, c'est le cardinal de Granvelle qui résida à Fassolo, avant de se rendre à Madrid. Peu après son arrivée à la Cour, il assuma un rôle de premier plan au gouvernement de la monarchie et valorisa les intérêts du Génois jusqu'à l'intégrer dans le commandement des flottes méditerranéennes[41]. À Fassolo, la distance éloignant Doria du roi et du gouvernement n'était pas une faiblesse mais une force grâce à laquelle il développait ses rapports avec les élites du pouvoir madrilène. La Cour n'était pas qu'à Madrid, elle était là où les principaux ministres du roi se trouvaient. Gênes était un centre de pouvoir de la monarchie et Fassolo était un lieu de Cour par intermittence.

En 1581, l'impératrice Marie, sœur de Philippe II et veuve de l'empereur Maximilien, passa à Gênes avec son fils avant de rallier l'Espagne par mer. Dès son entrée en territoire génois, elle fut reçue par des représentants de la République, qui l'accompagnèrent jusqu'au palais de Doria à Fassolo, où elle prit ses quartiers en attendant d'embarquer. C'est à Fassolo même qu'elle reçut la délégation diplomatique du sénat génois, qui envoya 68 femmes nobles à sa rencontre[42]. Le symbole était fort : le corps diplomatique de la République était relégué à un rôle secondaire et c'était Doria qui assumait le *leadership* du protocole de

[39] Idiáquez était, à l'instar du Génois, un entrepreneur de la guerre. Sur ses relations avec le milieu politico-guerrier, voir Jean-Philippe Priotti, « Maîtres du fer, seigneurs de la guerre. La formation d'un lobby militaro-politique en Espagne (1580-1630) », *Revista Internacional de Estudios Vascos*, 2012, 57/1, p. 62-88.

[40] ADP 81.40, Juan de Idiáquez à Giovanni Andrea Doria, Venise, 27 février et 14 mars 1579 ; ADP 84.40, Giovanni Andrea Doria à Jorge de Manrique, Pegli, 30 décembre 1584.

[41] Bastien Carpentier et Jean-Philippe Priotti, « La forge instable », art. cit.

[42] Antonio Roccatagliata, *Annali della Repubblica di Genova dall'anno 1581 al'anno 1607*, Gênes, Vincenzo Canepa, 1873, p. 8-11. Pour leur liste complète, voir Archivio Storico del Comune di Genova, ms. 1214 (Pallavicino), p. 73.

l'accueil, en tant que Génois mais aussi en tant que Grand d'Espagne. Quelques jours plus tard, l'impératrice embarqua sur une galère de Doria, que lui-même commanda jusqu'à Barcelone, où ils accostèrent le 18 octobre. Puis le Génois accompagna l'impératrice jusqu'à la Cour, qui était alors à Lisbonne[43]. Peu après, le roi chargea Doria de convoyer des proches de la famille royale entre Italie et Espagne. Il était question d'amener le duc de Savoie en Espagne pour son mariage avec l'infante Catherine-Michèle, puis de le raccompagner à Savone. Dans un premier temps, Doria chercha à repousser le voyage de quelques mois. Le but était d'éviter les dangers propres à la navigation hivernale mais aussi de pouvoir disposer de la galère réale – dont la construction était en cours d'achèvement – et surtout d'être en mesure de mieux préparer l'accueil et le voyage du duc et de l'infante[44]. Doria obtint gain de cause et le voyage se fit au printemps 1585[45]. En quelques années, le Génois est devenu à la fois l'hôte et le convoyeur principal des élites du pouvoir en transit en Méditerranée. Les exemples de 1581 et de 1585 en attestent : la dimension sociale des fonctions de l'accueil et du convoyage allaient de pair. Le temps de trajet et l'espace confiné de la galère forçaient au rapprochement et facilitaient le développement de rapports étroits[46]. À l'instar de l'hébergement, le convoyage constituait l'opportunité de renforcer les liens avec des élites parfois difficilement accessibles. Parfaitement conscient des enjeux que représentait le contrôle de Doria sur ces *hospitaggi* et convois, le chroniqueur génois Antonio Roccatagliata notait que c'était « de cette manière que les amitiés étaient maintenues et que les États étaient gardés » (*a questa maniera si mantengono le amistà e si conservano gli Stati*)[47].

---

43 ADP 81.40, Juan de Idiáquez à Giovanni Andrea Doria, Lisbonne, 30 juin et 9 octobre 1581.

44 AGS, Guerra y Marina, l. 167, f. 22, lettre de Giovanni Andrea Doria à Juan de Idiáquez, La Goulette le 19 octobre 1584 ; ADP 84.40, Giovanni Andrea Doria à Diego de Córdoba, Gaeta, 28 octobre 1584.

45 ADP 81.50, Juan de Idiáquez à Giovanni Andrea Doria, Saragosse, 25 février 1585, et Monzón, 1er juillet 1585.

46 Sur les enjeux de la proximité lors des voyages des membres de la *Casa real*, voir Manuel Lomás Cortés, « Renovar el servicio a la Monarquía tras la muerte del rey : Juan Andrea Doria y el pasaje de la reina Margarita (1598-1599) », dans Alicia Esteban Estríngana (éd.), *Servir al rey en la Monarquía de los Austrias*, Madrid, Sílex, 2012, p. 193-226.

47 Antonio Roccagliata, *Annali, op. cit.*, p. 8.

Parallèlement à l'accueil de membres de la famille royale, le Génois continuait d'héberger des ministres de Philippe II. Un des fils de Juan de Idiáquez y séjourna en janvier 1585, le comte de Miranda et le duc d'Osuna également en août 1586[48]. Ces séjours fréquents provoquaient parfois des tensions avec les représentants de la République, qui voyaient d'un mauvais œil le développement d'une véritable Cour espagnole en plein cœur de leur territoire. Le palais de Fassolo imposait dans Gênes un modèle de palais princier dont la symbolique et les logiques de fonctionnement devaient cohabiter avec celles de la République et pouvaient, le cas échéant, être sujettes à conflit. Doria semblait obligé de prévenir le sénat génois de l'arrivée de Grands d'Espagne chez lui. Du moins faisait-il en sorte, la plupart du temps, de ne pas attiser les tensions. La venue du duc de Terranova en 1593 en est l'exemple parfait : celui-ci s'attira les foudres des opposants des Doria en effectuant la visite protocolaire au sénat de la République après avoir séjourné plusieurs jours dans les palais de Doria de Fassolo et de Pegli, bourg côtier proche de Gênes où Doria avait une résidence d'été[49]. L'année suivante, alors que le fils du duc de Terranova se mariait au palais des Doria à Pegli, Giovanni Andrea fut accusé d'avoir refusé d'ouvrir les portes de son palais à la délégation de la République venue saluer les nouveaux mariés[50]. Doria agissait en véritable gardien d'un palais et d'une Cour ouverte aux sujets du roi d'Espagne, en plein territoire génois.

En 1599, l'épouse de Philippe III, la reine Marguerite d'Autriche, ainsi que son cousin Albert d'Autriche – marié depuis peu à l'infante d'Espagne Isabelle-Claire-Eugénie – furent de passage à Gênes afin d'embarquer pour l'Espagne[51]. La reine avait accosté à Sampierdarena et avait dans un premier temps été accueillie chez Giovanni Battista Lercaro, collaborateur de Doria et membre de la faction pro-espagnole de Gênes. Elle s'était ensuite rendue au palais de Fassolo, où un programme décoratif important avait été entrepris et de nouvelles chambres construites, dans l'unique but de recevoir et de loger davantage de convives dans les

48 Archivio di Stato di Genova [désormais AGS], Litterarum 1972, Giovanni Andrea Doria à la République de Gênes, Pegli, 9 janvier 1585, et Loano, 26 août 1586 ; Antonio Roccatagliata, *Annali, op. cit.*, p. 90 et 98.

49 Antonio Roccatagliata, *Annali, op. cit.*, p. 168-169.

50 *Ibid.*, p. 181-182.

51 Gabriel Andrés, « Relaciones de sucesos italianas y traducciones sobre el viaje triunfal de Margarita de Austria (1598-1599) », dans Alessanda Pasolini et Rafaella Pillo (dir.), *Cagliari and Valencia during the Baroque Age*, Valence, Albatros, 2016, p. 97-110.

meilleures conditions[52]. Giovanni Andrea Doria l'accueillit au palais où elle prit ses quartiers pendant la vingtaine de nuitées que dura son séjour. À Fassolo, elle reçut la visite d'ambassadeurs de princes italiens dans la *stanza grande*, comme s'il s'agissait de son propre palais[53]. Pour l'entrée de la reine dans la ville, les Doria avaient préparé le parcours en fonction de leurs propres intérêts et stratégies de représentation. À l'instar du prince Philippe en 1548 puis de l'empereur Maximilien, la reine Marguerite s'est rendue à la « place Doria » de Gênes et a visité la paroisse San Matteo, patronnée par la famille[54]. Au sein de la ville, cette visite marquait publiquement la continuité de l'alliance entre Habsbourg et Doria et affirmait sa primauté face aux prétentions de concurrents locaux[55]. À la fin de son séjour, la reine se rendit à Savone avec Doria, avant de prendre la mer sous son commandement[56]. Comme ce fut le cas lors du passage de l'impératrice Marie en 1581, ce convoyage fournit l'opportunité à Doria de se rapprocher de la reine ; il profita de cette occasion pour faire intégrer à ses fils Andrea II et Carlo le service de la monarchie et pour développer leurs liens avec les élites politiques d'une Cour en plein renouvellement en ce début de règne[57]. Pour Doria, l'enjeu

52 Antonio Roccatagliata, *Annali*, *op. cit.*, p. 226 ; Laura Stagno, « Due principi per un palazzo », art. cit.

53 Laura Stagno, « Sovrani spagnoli a Genova », art. cit.

54 Antonio Roccatagliata, *Annali*, *op. cit.*, p. 226-230. Lors de la venue de l'archiduc Maximilien et du prince Philippe en 1548, une réception avait été organisée sur la place, transformée pour l'occasion en lieu de représentativité fastueuse de la famille. Deux cents torches l'illuminèrent et des musiciens firent une représentation (Laura Stagno, « Sovrani spagnoli a Genova », art. cit.). Sur l'importance des paroisses comme espaces de représentation, voir Ennio Poleggi, « La topografia degli stranieri nella Genova di antico regime », dans Donatella Calabi et Paola Lanaro (éd.), *La città italiana e i luoghi degli stranieri (XIV-XVIII secolo)*, Rome, Laterza, 1998, p. 108-120. Sur le parcours triomphal de l'entrée de la reine à Gênes, voir Armando Fabio Ivaldi, « Scheda per un apparato genovese del 1599. L'arco trionfale per il passaggio di Margherita di Spagna e Alberto d'Austria », *La Berio*, 1979, 3, p. 43-52.

55 Sur les luttes factieuses internes à Gênes, voir Bastien Carpentier et Jean-Philippe Priotti, art. cit.

56 AGS, E. l. 1430, f. 86, Giovanni Andrea Doria à Philippe III, Savone, 19 février 1599, et Los Alfaques, 25 mars 1599.

57 Manuel Lomás Cortés, « Renovar el servicio », art. cit. ; Laura Stagno, « L'hospitaggio a Genova di Massimiliano re di Boemia e di altri Absburgo della linea imperiale », dans Pietro Boccardo et Clario Di Fabio (dir.), *Genova e l'Europa Continentale. Opere, artisti, committenti, collezionisti*, Gênes, Silvana, 2002, p. 73-87.

de cet *hospitaggio* et de ces convoyages était donc double : il s'agissait à la fois de transmettre les fondements de l'alliance Habsbourg-Doria à ses fils et de le faire savoir aux Génois, lesquels étaient les premiers destinataires de ces mises en scène et stratégies de représentation.

Le palais de Fassolo fonctionnait comme une Cour où l'ensemble des barrières géographiques et culturelles séparant les Génois des élites du pouvoir espagnol étaient réduites, voire abattues, le temps d'un séjour. Le secret des échanges, la proximité et parfois l'intimité y étaient favorisés, jalousement gardés dans un espace maîtrisé par Doria et ses proches. L'accès aux élites et les échanges étaient donc contrôlés. Aux yeux des nombreux marchands génois dont les activités étaient liées à la monarchie hispanique, la présence de ce palais princier aux portes de Gênes constituait un enjeu de taille[58]. En Castille, la personne royale et sa famille étaient difficilement accessibles, car isolées et protégées par un cérémonial rigoureux. Doria réussit à contourner cette difficulté lors des séjours des élites au pouvoir dans son palais de Fassolo. Aussi Doria profita-t-il de l'*hospitaggio* pour contrôler l'accès des Génois à ses hôtes. Dans cette république marchande où les hommes d'affaire étaient légion, ce pouvoir de médiation permettait à Doria de se faire maître d'une forme de distribution de grâce et de renforcer sa domination sociale locale[59]. Il se faisait ainsi maître d'un espace qui servait de passerelle entre la Cour madrilène et la cité ligure où, selon les mots de Grendi, le fils d'une maison noble de Gênes pouvait avoir la chance de converser avec les princes de l'Italie et de l'Empire, de jouer à la balle avec Pescara, grand général de Charles Quint[60]. Fassolo permettait aux Génois de développer leurs rapports avec les élites courtisanes espagnoles. Le palais servait ainsi de support à un processus lent de construction d'alliances, basé sur le partage du capital immatériel des acteurs impliqués[61]. Grâce à

---

58 Sur la Cour comme lieu d'observation privilégié des observateurs et des espions, voir Lucien Bély, « Espions et ambassadeurs à l'époque moderne », dans Béatrice Perez (dir.), *Ambassadeurs, apprentis espions et maîtres comploteurs en Espagne. Les systèmes de renseignement à l'époque moderne*, Paris, PUPS, 2010, p. 21-30.

59 Bastien Carpentier et J.-Philippe Priotti, « La forge instable », art. cit.

60 « Il rampollo di nobile casata genovese poteva aver la ventura di conversare con i principi d'Italia e dell'Impero, di giocare a palla col Pescara, gran generale di Carlo V » (Edoardo Grendi, *La Repubblica aristocratica dei genovesi. Politica, carità e commercio fra Cinque e Seicento*, Bologne, Il Molino, 1987, p. 162).

61 Sur le capital immatériel comme lien social et outil de pouvoir, voir l'introduction de Bartolomé Yun Casalilla (dir.), *Las redes del imperio. Élites sociales en la*

Fassolo, le roi castillan unifiait pour mieux régner. Il développait une élite transnationale composite à la culture politique, économique et guerrière en voie d'homogénéisation. Cette élite impériale dressait des ponts entre les systèmes normatifs de différentes sociétés et leurs cultures propres et donnait ainsi corps à une identité pan-espagnole en devenir, destinée à donner de la cohésion à la monarchie.

articulación de la Monarquía Hispánica, 1492-1714, Madrid, Marcial Pons, 2009, p. 11-35.

Entre Mars, Janus et Mercure : les marchands comme acteurs de la réconciliation des Pays-Bas espagnols (années 1570-1609)

Yves JUNOT

Abstract

In the Spanish Low Countries, the relative success of the pacification policy from 1579, paradoxically following the collapse of Philip II's authority, is the result of a combination of political actors operating at different scales. Associated with Catholic urban elites, merchants form one of the groups that drove the process of reconciliation with the Spanish monarchy and the fight against the Dutch rebels. The prolongation of the civil war until 1609 first dislocated the merchant elites, but generated then a dynamic of reconfiguration and redefinition of their loyalty to the Spanish monarchy and its policy toward the rebels. Commercial actors renewed the bonds of the urban and merchant *respublica* by adapting themselves to the constraints of the pact of reconciliation with the sovereign and to the continuation of a war which concerned more and more the economic field. Their commitments and practices contributed to the competitive recomposition of economic territories in the reconciled provinces and to the formation of groups of war contractors associating merchants with agents of the Spanish monarchy.

Résumé

Dans les Pays-Bas espagnols, la relative réussite de la politique de pacification à partir de 1579, suivant paradoxalement de peu l'effondrement de l'autorité de Philippe II, est le fruit d'une combinaison d'acteurs politiques agissant à différentes échelles du pouvoir. Les marchands, associés aux élites urbaines catholiques, forment l'un de ces groupes actifs dans le processus de réconciliation avec la monarchie hispanique et de réduction des rebelles hollandais. La prolongation de la guerre civile jusqu'en 1609, après avoir disloqué les élites marchandes, génère une dynamique de recomposition et de redéfinition de leurs fidélités à la monarchie hispanique face aux rebelles. Les hommes du commerce veillent à renouer les liens de la *respublica* urbaine et marchande en s'adaptant aux contraintes du pacte de réconciliation avec le souverain et à la poursuite d'une guerre qui investit de plus en plus le terrain de l'économie. Leurs engagements et leurs pratiques contribuent à la recomposition concurrentielle des territoires économiques dans les provinces réconciliées et à la formation de groupes d'entrepreneurs de guerre associant des marchands aux agents de la monarchie hispanique.

La Révolte des Pays-Bas espagnols, qui éclate en 1566 avec les violences iconoclastes des calvinistes, ouvre une longue guerre civile dans cet espace septentrional de la monarchie hispanique. Dans les années 1570, l'effondrement de l'autorité politique du souverain espagnol Philippe II entraîne la recherche de voies multiples de pacification dans lesquelles la définition des normes confessionnelles devient le nœud gordien. Alors qu'il n'y a, entre 1572 et 1576, que deux provinces (Hollande et Zélande) rebelles à Philippe II sur les 17 formant les Pays- Bas, seules deux lui restent encore loyales entre 1576 et 1579[1]. La Pacification de Gand, élaborée en 1576 par les états généraux des 17 provinces réunis à leur propre initiative, affirme un consensus centré sur le départ des troupes espagnoles des Pays-Bas et le report des lois jugées tyranniques, mais ne permet pas un règlement global de la question religieuse. Elle est suivie d'une reprise des violences confessionnelles et d'une poussée des calvinistes dans les grandes villes de Flandre et de Brabant. En réaction, en janvier 1579, les états provinciaux d'Artois, de Flandre wallonne et de Hainaut jettent les bases de l'Union d'Arras, une union catholique basée sur l'exclusivité de la foi romaine, l'obéissance due au roi, la conservation des privilèges locaux et la défense active contre « tous ceulx qui vouldroient attenter au contraire »[2]. Ils amorcent un processus séparatiste des provinces septentrionales qui se confédèrent à leur tour contre la monarchie hispanique : l'Union d'Utrecht se bâtit autour de la reconnaissance du culte public calviniste en Hollande-Zélande et de la paix de religion dans les autres provinces signataires. Les normes religieuses sont désormais définies, et les états généraux votent la déchéance de souveraineté de Philippe II en 1581. Les Provinces-Unies s'affirment dans une indépendance refusée jusqu'en 1648 par l'Espagne.

Philippe II, fort de l'appui des élites catholiques signataires de l'Union d'Arras, entame un efficace dialogue de réconciliation à l'adresse des

1 Geoffrey Parker, *Felipe II. La biografía definitiva*, Barcelona, Planeta, 2013, p. 690.

2 *Actes des États-Généraux 1576-1580,* éd. Louis-Prosper Gachard, Bruxelles, M. Hayez, 1866, t. II, p. 454-460.

territoires dissidents. Maniant la force militaire et la négociation, son représentant Alexandre Farnèse offre la cessation des hostilités, le pardon politique et l'oubli, assortis d'un délai raisonnable pour se mettre en conformité avec la norme catholique ou à défaut pour émigrer : plus de 70 villes sont réconciliées sur ce modèle entre 1578 et 1585[3]. Si cette « reconquête » farnésienne marque le pas après 1587, lorsque Philippe II réoriente les priorités de la monarchie hispanique vers l'Angleterre et la France, l'objectif d'une réconciliation complète des anciens Pays-Bas par la « réduction » à l'obéissance des Provinces-Unies n'est jamais abandonné par Madrid : la cession des Pays-Bas à l'infante Isabelle, fille de Philippe II, et à son époux l'archiduc Albert est réalisée dans cette optique de regagner les cœurs en 1598. Mais ni la fortune des armes, ni celle de la négociation ne permettent aux archiducs et à Philippe III de réaliser l'objectif, et la signature de la Trêve de 1609 constitue une reconnaissance implicite de la division entre Pays-Bas réconciliés et Provinces-Unies[4].

L'historiographie récente de ce conflit complexe met l'accent sur la plasticité et la capacité d'accommodation de la monarchie hispanique à des contextes locaux différents les uns des autres[5]. Le fonctionnement de cette monarchie composite, polycentrique et mondiale passe en effet par la mise en place de pactes plus ou moins formalisés avec les élites locales[6]. Dans les Pays-Bas espagnols, la relative réussite de la politique de pacification à partir de 1579, suivant paradoxalement de peu l'effondrement de l'autorité de Philippe II, est le fruit d'une combinaison d'acteurs politiques agissant à différentes échelles du pouvoir : le souverain, la noblesse provinciale et les élites urbaines bourgeoises, qui mettent ainsi

---

3 Violet Soen, « Reconquista and Reconciliation in the Dutch Revolt. The campaign of Governor-General Alexander Farnese (1578-1592) », *Journal of Early Modern History*, 2012, 16, p. 1-22 ; Monica Stensland, *Habsburg Communication in the Dutch Revolt*, Amsterdam, Amsterdam University Press, 2012, p. 97-99.

4 Bernardo José García García, « Entre Vervins y la tregua de Amberes. Estrategias de restauración de los Países Bajos meridionales (1598-1621) », dans Anne Dubet et José Javier Ruiz Ibáñez (dir.), *Las monarquías española y francesa (siglos XVI-XVIII), ¿Dos modelos políticos?*, Madrid, Casa de Velázquez, 2010, p. 85-94.

5 Fernando Bouza Álvarez, « La configuración de la Monarquía hispánica », dans David García Hernán (dir.), *Historia sin complejos : la nueva visión del Imperio Español*, San Sebastián de los Reyes (Madrid), Actas, 2010, p. 70-78.

6 José Javier Ruiz Ibáñez et Gaetano Sabatini, « Monarchy as Conquest : Violence, Social Opportunity, and Political Stability in the Establishment of the Hispanic Monarchy », *The Journal of Modern History*, 2009, 81, p. 501-536.

en œuvre le renouveau du catholicisme après une certaine inertie face aux violences militantes des protestants des années 1560[7].

La compréhension des processus de réconciliation dans la sortie des guerres civiles ne peut ignorer le rôle des hommes du négoce et pose la question circonstanciée de l'identité politique des milieux économiques. Les grands marchands, membres des bourgeoisies urbaines, sont acteurs potentiels du processus de réconciliation parce qu'ils forment un nœud de connexion entre les systèmes politiques et les systèmes commerciaux tant au niveau régional des Pays-Bas qu'à celui plus global de la monarchie hispanique et de son système impérial. Ils font vivre les systèmes manufacturiers et les réseaux d'échanges ; ils se rattachent (individuellement ou par leur réseau familial) aux échevinages et à la représentation politique des assemblées provinciales ; et ils sont aussi des interlocuteurs des institutions et des administrateurs de la monarchie hispanique[8]. Les relations entretenues entre les hommes du commerce, ceux des pouvoirs politiques locaux et les administrations de la monarchie participent à la configuration sociale, culturelle et politique d'un monde marchand, qui doit usuellement construire un réseau de confiance pour faire des affaires[9]. La guerre civile et la fragmentation de l'espace politique sont des facteurs de renforcement de l'acuité relationnelle des hommes du commerce et de l'affirmation ou de la redéfinition d'identités politiques. Les dynamiques de réconciliation deviennent révélatrices de leurs stratégies et de leurs pratiques d'identification, avec des comportements économiques et politiques convergents dans le cadre de la pacification, voire producteurs de ce cadre.

Ainsi, dans le cas de la Révolte des Pays-Bas, les luttes confessionnelles et la longue guerre civile, en disloquant les élites marchandes, génèrent une dynamique de recomposition et de redéfinition des fidélités envers la monarchie hispanique face aux rebelles, perdurant jusqu'à la trêve de

7 Violet Soen, *Vredehandel. Adellijke en Habsburgse verzoeningspogingen tijdens de Nederlandse Opstand (1564- 1581)*, Amsterdam, Amsterdam University Press, 2012 ; Judith Pollmann, *Catholic Identity and the Revolt of the Netherlands 1520-1635*, Oxford, Oxford University Press, 2011.

8 Yves Junot, *Les bourgeois de Valenciennes. Anatomie d'une élite dans la ville (1500-1630)*, Villeneuve d'Ascq, Presses Universitaires du Septentrion, 2009.

9 Jean-Louis Gaulin et Susanne Rau, « Présentation de l'Atelier doctoral 2011 'Cultures marchandes (Moyen Âge/Époque moderne)' », *Mélanges de l'École française de Rome. Italie et Méditerranée modernes et contemporaines*, 2013, 125/1, mis en ligne le 1er janvier 2013, consulté le 19 février 2015 (URL : http://mefrim.revues.org/1314).

1609. C'est pourquoi il faut analyser comment les hommes du commerce veillent à renouer les liens de la *respublica* urbaine et marchande en s'adaptant aux contraintes du pacte de réconciliation avec le souverain et à la poursuite d'une guerre qui investit de plus en plus le terrain de l'économie. Enfin, les résultats de ces engagements et pratiques doivent être évalués en termes de recomposition des territoires économiques et des groupes d'intérêts associant les marchands aux agents de la monarchie hispanique dans les provinces réconciliées.

Les marchands des Pays-Bas à l'épreuve des luttes confessionnelles et civiles

La signature d'unions antagonistes en 1579 marque la divergence des projets de société entre les provinces méridionales et septentrionales des anciens Pays-Bas. Le renouveau catholique qui s'opère au sud se nourrit d'éléments favorisant un réarmement intellectuel des élites urbaines qui ont choisi la réconciliation avec Philippe II, comme le rôle des refuges catholiques intérieurs et étrangers, l'action tridentine des ordres religieux et les débats sur les causes et les remèdes des guerres[10]. Au nord, la réintégration et la réhabilitation des protestants, qui ont connu l'expérience de l'exil à cause de la répression des Habsbourg, leur permet de former la nouvelle élite civique en Hollande et en Zélande, bien que la majorité de la société y reste catholique jusqu'au début du XVIIe siècle[11]. Cette fracture de 1579 traduit, sur chacun des territoires, la recomposition des élites dont l'origine remonte en fait à la répression des troubles de 1566.

Des réseaux marchands disloqués par la répression du Conseil des Troubles et par l'émigration

Les marchands sont en première ligne de ces repositionnements des élites urbaines. La répression du Conseil des Troubles, juridiction

[10] Judith Pollmann, *Catholic Identity*, *op. cit.*, p. 131.

[11] Yan Brailowsky, « Mis au ban de la Terre Promise ? La mythographie des exilés religieux sous le règne de Mary Tudor », dans Pascale Drouet et Yan Brailowsky (dir.), *Le bannissement et l'exil en Europe aux XVIe et XVIIe siècles*, Rennes, Presses Universitaires de Rennes, 2010, p. 16-30 ; Geert H. Janssen, « Exiles and the Politics of reintegration in the Dutch Revolt », *History*, 2009, 94/313, p. 36-52.

d'exception dirigée par le duc d'Albe au nom du souverain, a frappé sans ménagement entre 1567 et 1574 les élites calvinistes que la monarchie hispanique entend éradiquer, sans distinction avec le commun peuple, en punition d'un double crime de lèse-majesté divine et royale. Les hommes d'affaires qui ont versé publiquement dans la conduite de l'iconoclasme et de la rébellion armée contre le roi payent alors leurs engagements de leur vie ou du bannissement par contumace ainsi que de la confiscation systématique de leurs biens. À Valenciennes, dernière ville rebelle mise au pas au printemps 1567, cette répression lamine les réseaux marchands impliqués dans le commerce de transit entre la France et Anvers et dans la production et l'exportation des étoffes de laine. Une vingtaine des principaux négociants sont alors condamnés, et l'exil forcé des survivants et de leurs familles en Angleterre et dans les villes germaniques est rendu plus précaire à cause de la confiscation de leurs biens immobiliers, supports traditionnels du crédit dans les affaires. Le pardon général octroyé par Philippe II en 1574 permet le retour aux Pays-Bas d'une partie des exilés, qui obtiennent la restitution de leurs biens. Mais à Valenciennes, seuls quatre y reprennent à cette occasion le négoce auprès d'à peine une dizaine de marchands loyalistes de moindre envergure, ce qui signifie que la ville ne retrouve pas la capacité d'action commerciale de ses négociants d'avant 1566[12]. Et les violences politiques et confessionnelles, qui préludent à la formation de l'Union d'Arras en 1579, remettent rapidement en cause la difficile cohabitation des catholiques et des protestants. Elles préludent à une seconde vague de bannissements de ces derniers des villes wallonnes de Lille, Douai, Arras ou Valenciennes, qui ont signé la Paix d'Arras avec Philippe II[13]. Le modèle de réconciliation des villes généralisé par Alexandre Farnèse à partir de 1579, en autorisant le *jus emigrandi*, conforte aussi les départs « volontaires » après le temps des proscriptions. Les départs ne sont dès lors plus marqués publiquement du sceau de la dissidence confessionnelle et se confondent avec les migrations économiques. Cette purge finale des élites urbaines, opérée cette fois de manière interne par leur composante catholique au détriment des calvinistes, se reproduit dans toutes les villes de manufacture et de négoce réduites à l'obéissance du souverain. Anvers,

12 Yves Junot, *Les bourgeois de Valenciennes, op. cit.*, p. 163-168 ; Andrew Spicer, *The French-speaking Reformed community and their church in Southampton, 1567-c. 1620*, Londres, Huguenot Society of Great Britain and Ireland, 1997.

13 Alain Lottin, « Le bannissement des protestants de Lille après la Paix d'Arras (1579-1582) », *Revue du Nord*, 1984, 66/261, p. 481-498.

qui perd la moitié de ses habitants après la réconciliation avec Farnèse de 1585, est représentative de la réorganisation générale des réseaux marchands dans les lieux revenus sous la souveraineté hispanique : nombre d'hommes d'affaires basés à Anvers quittent l'estuaire de l'Escaut pour se repositionner à Londres, Nantes et Rouen, Hambourg, Embden et surtout à Amsterdam, qui réussit en 50 ans à devenir le nouveau nœud d'un réseau international intégrant avec succès les marchands étrangers[14]. La prise de Cambrai et son intégration aux Pays-Bas espagnols en 1595 amènent encore le départ des négociants en toile de confession calviniste qui transfèrent leurs activités à Saint-Quentin en France[15].

La protection négociée des réseaux marchands des villes réconciliées en pays rebelle

La nouvelle configuration territoriale qui émerge de la guerre civile avec la conclusion des Unions d'Arras et d'Utrecht en 1579 pose le problème des circulations marchandes à travers un espace politiquement et fiscalement fractionné et soumis aux contraintes de la guerre. Les villes wallonnes de l'Union d'Arras, dont l'économie repose sur la manufacture textile, font désormais partie d'un ensemble territorial s'étendant du Luxembourg à l'Artois, mais coupé de la Flandre et du Brabant (notamment des villes portuaires de la mer du Nord et de la métropole économique anversoise), tenus par les rebelles. D'autre part, les opérations militaires aux frontières des zones réconciliées et les législations élaborées de chaque bord en vue de lever de taxes et pénaliser le commerce de l'ennemi, mettent à mal les économies manufacturières urbaines fondées sur les échanges à moyenne et longue distance du commerce international.

C'est pourquoi les villes réconciliées entretiennent un dialogue actif avec le gouverneur général Farnèse, pour établir des conditions acceptables dans le commerce avec les territoires rebelles. Ce dialogue est porté par les échevinages urbains et les représentants des villes aux états provinciaux,

---

14 Oscar Gelderblom, *Zuid-Nederlandse kooplieden en de opkomst van de Amsterdamse stapelmarkt (1578-1630)*, Hilversum, Verloren, 2000 ; *Id.*, *Cities of Commerce. The institutional Foundations of International Trade in the Low Countries 1250-1650*, Princeton, Oxford, Princeton University Press, 2013, p. 1-3.

15 Yves Junot, « Les migrants, un enjeu ? Pacification religieuse et relance économique de part et d'autre de la frontière entre la France et les Pays-Bas espagnols (c. 1580-c. 1610) », dans *Religione e istituzioni religiose nell'economia europea 1000-1800*, dir. Francesco Ammannati, Florence, Firenze University Press, 2012, p. 779-791.

et transite par les agents locaux de la monarchie hispanique tels que les gouverneurs de place et de province. En février 1580, les états de Flandre wallonne adressent une requête au baron de Rassenghien, gouverneur de la province et indéfectible soutien de Philippe II depuis 1566, lui rappelant la réalité des échanges avec les provinces non réconciliées[16] :

> Les villes et plat pays de cette province sont pour la plupart fondés sur la manufacture de […] saitrie et draperie, dont les estoffes et laines s'amainent de diverses provinces et pays voisins, et la marchandise icy en fabricque se emmene pour la plus grande partye en Allemaigne, Italie, Ostland et aultres lieux, et comme la ville d'Anvers […] a du passé [esté] et magasin et lieu principal de tous ces pays bas, les marchans de ceste province ont de long temps accoustumé d'avoir en icelle ville d'Anvers bouticles et facteurs, voire aulcuns d'eulx y allans, partant pour certain temps pour y vendre leurdictes marchandises […], lequel train de marchandise a jusques à présent continué d'un costé et d'aultre par tollérance, en paiant certains droix et licence, à cause de quoy la plus grande partie du bien de grand nombre de marchans de ceste province consiste en deniers ou debtes estans et à eulx deues par marchans résidens audict Anvers, lesquelles jusques à présent ilz ont sans empeschement estés libres du costé dudict Anvers de faire venir en ceste ville ou bien s'en payer en recevant icy de Franchois ou aultres marchans estrangiers, deniers deus à manans d'Anvers.

Derrière cette présentation systémique des circuits internationaux d'exportation de la draperie légère et des modes de règlements financiers des réseaux de négoce de Lille, s'argumente l'opposition au placard de Farnèse du 4 février 1580, qui relance l'annotation et saisine « de tous biens meubles ou immoeubles droix et actions appartenans à ceulx qui ne sont réconciliez avecq Sa Majesté ». Cette mesure incitative à la politique de pacification de Philippe II, est une menace pour les négociants lillois, affectant les créances et les avoirs de leurs agents et clients à Anvers. Les états provinciaux relaient alors les effets pervers de la relance méthodique des confiscations imposées aux marchands non réconciliés, qui, se répercutant sur les manufacturiers donneurs d'ouvrage, entraînerait un arrêt des échanges textiles et financiers puis la ruine rapide de la draperie locale :

16 Correspondance des états de Lille-Douai-Orchies avec le gouverneur, juillet 1580, Bibliothèque municipale de Valenciennes [désormais BMV], ms. 1044 f. 9.

> Les marchands ordinairement achetans et entretenans le petit peuple estans par ce moyen appauvris, par faulte du retour de leurs deniers et debtes, n'auroit le moyen de faire nouveaulx achaptz [...] et sera causée ruine de grand nombre de marchans voires apparement de toute la province [...]. Laquelle cessation de traficque et négociation faict bien à considérer et peser, vue que d'icelle s'ensieuvra nécessairement la pauvreté et indigence d'un nombre infiny de milions d'ames entretenues de la manufacture et vivans la plus part au jour la vie, de sorte que le riche y estans n'a le moien d'entretenir le pauvre à riens faire quinze jours seullement [...].

Les marchands forment le moteur du système socio-économique manufacturier urbain. Ils participent, comme principaux donneurs d'ouvrages en ville, à la régulation sociale, et sont donc les partenaires naturels des échevinages sur qui reposent l'ordre public et l'assistance aux pauvres. En cas d'arrêt de l'activité manufacturière ou du commerce, les municipalités supportent la charge accrue des demandes de secours et les ouvriers migrent vers d'autres pôles de travail plus attractifs, y compris en Angleterre et dans les Provinces-Unies.

Ainsi, les marchands sont des acteurs reconnus de longue date de la *respublica* urbaine qui porte leur voix et développe un discours économique propre[17]. La stabilité politique, telle qu'elle est entérinée depuis 1579 entre Philippe II et les provinces de l'Union d'Arras, suppose une négociation permanente entre les acteurs politiques locaux et les représentants de la monarchie hispanique pour ajuster les aspects économiques des dispositifs de pacification des Pays-Bas catholiques. En 1580, le gouverneur de Lille répond favorablement à la requête de modération du placard de confiscation des créances des marchands trafiquant à Anvers. Les mesures de sanction contre les personnes et leurs biens liées à la restauration de l'autorité de la monarchie hispanique sont donc aisément aménagées au niveau local, au nom d'un intérêt commun aux provinces réconciliées (la prospérité retrouvée) et au souverain (la paix restaurée). La préservation des intérêts économiques urbains et des réseaux marchands est reconnue comme une des pierres d'angle du nouveau pacte entre les élites catholiques et la monarchie hispanique dans les Pays-Bas de l'après 1579.

---

17 Jan Dumolyn, « Our land is only founded on trade and industry. Economic discourses in fifteenth-century Bruges », *Journal of Medieval History*, 2010, 36, p. 374-389.

La promotion de la reconquête territoriale et le développement de la guerre commerciale : une action de concert entre élites du négoce et monarchie hispanique

Si les milieux du négoce parviennent à protéger, avec l'assentiment de Farnèse, leurs hommes et leurs affaires dans les ports tenus par les rebelles quand s'amorce la division du territoire, la question de la sécurité des villes réconciliées face aux menaces militaires et à l'insécurité des bandes irrégulières (huguenots et garnisons françaises au sud ; hommes du seigneur de Balagny, qui tient Cambrai, porte d'entrée aux Pays-Bas sur l'axe de l'Escaut entre 1581 et 1595 ; troupes des états généraux, Gueux et *vrijbuiters* au nord) prend une part de plus en plus pressante dans le dialogue entre les pouvoirs locaux de l'Union d'Arras et le gouverneur général. Ce sujet devient, jusqu'à la prise de Cambrai, un des champs d'application du pacte de réconciliation des élites catholiques, y compris marchandes, avec la monarchie hispanique. Le gouverneur du Hainaut ne se prive pas de le rappeler au roi en 1595 à l'issue d'une réunion des états de sa province pour le financement de la campagne contre Cambrai : « outre ce qu'il y alloit du service de Votre Majesté, c'estoit aussi pour leur conservation propre »[18].

La capacité des états provinciaux à une action politique autonome après la réconciliation avec le souverain s'exprime à propos de cet impératif d'assurer la sécurité du territoire, des hommes et des échanges. Farnèse exprime ses craintes à Philippe II en février 1581, à l'occasion d'une réunion des états du Hainaut qu'il préside, que les députés du Hainaut, de l'Artois et de la Flandre wallonne se joignent sans son consentement et correspondent les uns avec les autres, ressuscitant l'esprit des états généraux qui avaient élaboré la Pacification de Gand en 1576 sans le gré du souverain, en vue d'organiser eux-mêmes la défense contre les Français qui tiennent Cambrai[19]. Villes et états des provinces réconciliées insistent sur la nécessité de rouvrir les voies de commerce des villes manufacturières de l'intérieur avec les ports de Flandre pour assurer leur approvisionnement en matières premières d'Espagne comme la laine. La carte de la « reconquête » de Farnèse sur les villes rebelles

---

18 Lettre du prince de Chimay à Philippe II, du camp de Cambrai, 28 août 1595, Archivo General de Simancas [désormais AGS], Estado, leg. 595, n° 81.

19 Lettre de Farnèse à Philippe II, Mons, 8 février 1581, AGS, Estado, leg. 584, n° 28.

n'obéit pas à un agenda politique et militaire décidé par Philippe II mais il est le résultat des demandes pressantes des institutions locales et des groupes d'intérêt des Pays-Bas réconciliés, qui participent au financement des campagnes. La conservation des provinces épouse désormais le service du souverain. La prise de Tournai sur les états généraux en 1581 soulage Lille, la reconquête de la Flandre en 1583 rouvre l'accès aux ports de Dunkerque et Nieuport. Après la mort de Farnèse en 1592, la même ligne est poursuivie et permet l'intégration de Cambrai à la monarchie hispanique en 1595 (après un siège avorté en 1581) avec l'assistance des provinces de Hainaut, Artois, Flandre wallonne et Tournaisis, ou la reprise de Hulst (à la demande des échevins de Gand) en 1596 et d'Ostende en 1604 au détriment des Provinces-Unies.

Le mercantilisme est un autre terrain expérimental, aux Pays-Bas comme dans la péninsule Ibérique, de la participation des institutions municipales, provinciales et régionales à la politique régalienne, rendant impossible une régulation globale de l'économie à l'échelle de l'empire de Philippe II comme une adéquation claire entre la politique internationale du souverain et les intérêts économiques contrastés de cet empire composite[20]. Dès 1585, Philippe II impose en effet un embargo sur le commerce avec les rebelles des Provinces-Unies, dont les marchandises et les navires sont exclus des royaumes ibériques. Mais son application, abandonnée en 1590 et réactivée en 1598, est contournée tant par le régime des licences, droits d'entrée et de sortie perçus sur les marchandises échangées avec les « pays non réconciliés avec Sa Majesté », que par la fraude massive opérée par les marchands de tout bord sous couvert de faux passeports et de pavillons de pays tiers permettant aux Hollandais d'opérer jusque dans les ports de la péninsule. La loi douanière de Gauna, en vigueur de 1603 à 1605, entend rompre avec l'inefficacité de l'embargo total en instaurant des droits de 30 % sur toutes les marchandises ne procédant pas des territoires de la monarchie hispanique, mais elle suscite l'opposition de la France et des villes de la Baltique comme la grogne des marchands des Pays-Bas espagnols. Toutes ces mesures mercantilistes s'inscrivent dans une logique de guerre commerciale, qui vient compléter

[20] Regina Grafe, « Polycentric States : The Spanish Reigns and the "Failures" of Mercantilism », dans Philipp Stern et Carl Wennerlind (dir.), *Mercantilism Reimagined : Political Economy in Early Modern Britain and its Empire*, Oxford, Oxford University Press, 2014, p. 241-262.

ou pallier les opérations militaires qui marquent le pas après 1587[21]. Leur finalité est de « réduire » les provinces du nord, en empêchant la navigation hollandaise et sa pêche et en excluant les rebelles du juteux commerce avec l'Espagne pour ruiner leurs manufactures, diminuer les revenus de la République, l'empêcher de soutenir la guerre et provoquer une révolte générale contre ses dirigeants. Au-delà de la victoire morale et politique pour la monarchie hispanique, l'idée d'étouffer la croissance économique et démographique des Provinces-Unies est perçue par les promoteurs de la guerre commerciale comme le moyen de restaurer la prospérité des provinces réconciliées du sud.

Les aléas des mesures mercantilistes prises entre les années 1580 et la trêve de 1609, entre prohibition totale et liberté réglementée de commerce, témoignent à la fois des hésitations entre centres de pouvoir de la monarchie composite et de la concertation étroite avec les milieux liés au grand commerce maritime et à la guerre navale. L'élaboration de la législation du commerce des Pays-Bas et ses revirements tient en partie de l'influence des arbitristes, porteurs de projets concrets touchant à la navigation, au négoce, aux finances et à la guerre pour remédier à la situation économique malheureuse des Pays-Bas réconciliés[22]. Les multiples avis que reçoivent les administrations centrales des Pays-Bas et de la monarchie, les correspondances qui en découlent entre Madrid et Bruxelles, leur expertise externe auprès des professionnels du grand négoce et leur rejet fréquent témoignent d'une quête commune, partagée par les administrateurs du système impérial et les élites locales : servir le prince tout en conservant le « bien commun », définition générique de la *respublica*.

Les auteurs de projets arbitristes aux Pays-Bas procèdent de différents horizons : réfugiés loyalistes hollandais et officiers de l'Amirauté d'Anvers,

---

21 José Javier Ruiz Ibáñez, « *Bellum ómnium contra omnes*. Las posibilidades y contradicciones de la guerra económica por parte de la Monarquía Hispánica en la década de 1590 », *Studia histórica. Historia Moderna*, 2005, 27, p. 85-109 ; Miguel Ángel Echevarría Bacigalupe, « Un notable episodio en la guerra económica hispano- holandesa : el decreto Gauna, 1603 », *Hispania*, 1986, 162, p. 57-65.

22 *Id.*, « Arbitrismo y política económica, siglos XVI y XVII », dans Luis Antonio Ribot García et Luigi De Rosa (dir.), *Pensamiento y política económica en la época moderna*, Valladolid, Actas, 2003, p. 15-30 ; Yves Junot, « Poner término a la Revuelta de los Países Bajos. Los proyectos de lucha comercial como alternativa a la guerra contra las Provincias Unidas (1585-1609) », dans Juan Francisco Pardo Molero (dir.), *El gobierno de la virtud*, Madrid, Fondo de Cultura económica, 2017, p. 141-164.

Basques comme Gauna, qui inspire la loi éponyme, représentants de villes et négociants locaux ou étrangers. Parmi ces derniers, le négociant anversois Denis Lhermitte, proche de l'Amirauté, propose vers 1595 la prohibition du commerce – sauf sous le régime des licences – et des associations mercantiles avec les rebelles, ainsi que la création d'un registre pour éviter les fraudes et faciliter le commerce entre Pays-Bas et Espagne[23]. Un marchand italien anonyme promeut à Bruxelles en 1598 l'interdiction de la navigation, des licences et des passeports avec les rebelles[24]. En 1600 encore, Joos van Huele, marchand d'Anvers, dénonce la fraude à l'embargo des Hollandais dans les ports de Bilbao et San Sebastián et fournit un plan de lutte à la demande de l'ambassadeur espagnol à Bruxelles[25]. La position de Jean-Baptiste de Haverland, député de la ville de Tournai sur le commerce à la veille de la signature de la Trêve de 1609, tranche sur les précédentes en recommandant le maintien des passeports et licences, la liberté de commerce (« combien se trompent ceux qui méprisent telz moyens, desquelz les rebelles et ennemis de Sa Majesté font si grand gloire ») exceptée pour les marchandises manufacturées des rebelles imitant celles de Flandres[26]. Cet éventail de projets arbitristes élaborés par des hommes du négoce montre leur étroite association avec l'administration à Bruxelles et le Conseil d'État en Espagne dans la conduite dans le processus de pacification des Pays-Bas.

Renouer les liens au sein de la *respublica* marchande

Le chantier de la reconstitution ou de la recomposition des réseaux marchands basés dans les provinces réconciliées questionne l'exercice même du pacte de 1579. La réintégration des exilés et la capacité des groupes d'intérêts à s'accommoder aux règles de la guerre économique

---

23 Archives Générales du Royaume à Bruxelles [désormais AGR], Audience 1415/7.

24 Avis anonyme en italien sur la situation des Pays-Bas, novembre 1598, AGR, Audience 1472/12.

25 Lettre de Baltasar de Zúñiga au roi, Bruxelles, 26 octobre 1600, AGS, Estado, leg. 617, n° 100 ; et *Relación de lo que se declara y avisa a la real Magestad de España por un leal criado y vassallo suyo en 54 artículos tocantes a las fraudes [...] hecha en Amberes a 11 y 25 otubre de 1600* (*ibid.*, n° 215).

26 *Advertancia a S. A. Serma propuesta por Juan Batista de Hoverlande, deputado sobre el comercio de la villa de Tornay, Advis sur le faict du commerce des provinces obéissantes des Pays-Bas avecq les royaumes d'Espagne*, sans date, AGR, Audience 1456/4.

comme aux outils de contrôle et de régulation mercantiliste sont devenues des cas pratiques définissant les limites ou les opportunités offertes à la *respublica* marchande.

Les accommodements et les limites à la réintégration des absents et à l'accueil des réfugiés et étrangers

La réconciliation de 1579 éclaircit les conditions de retour des absents, fugitifs, bannis ou exilés depuis les violences de 1566, en suivant les modèles du pardon général du souverain en 1574 et de la Pacification de Gand des états généraux en 1576[27]. Une procédure individuelle est ouverte à tous ceux qui manifestent le désir de réintégrer les provinces déjà réconciliées ou qui s'engagent à quitter les provinces rebelles pour aller résider dans un État neutre non ennemi de Philippe II. C'est une main tendue par le roi qui projette sa souveraineté contestée au-delà des territoires effectivement sous son contrôle[28]. Mais la mesure est aussi prise en considération par les réseaux marchands des villes réconciliées présents dans les places de négoce tenues par les rebelles, en premier lieu à Anvers. En 1583, alors que Farnèse entame avec succès la reconquête de la Flandre et menace les républiques calvinistes de Gand et d'Anvers, les facteurs des grandes compagnies lilloises basés dans la métropole scaldienne sollicitent leur réconciliation individuelle pour être autorisés à « revenir sous obéissance de Sa Majesté » soit à Lille, soit hors des Pays-Bas, pour tirer bénéfice de la Paix d'Arras et repositionner leurs affaires : Mahieu de Fourmestraux, fils de Robert (bourgeois et marchand de Lille) et facteur de Pierre Delobel (marchand à Anvers), Anthoine Denis, fils d'Estienne (marchand et échevin de Lille) et facteur des Fourmestraux à Anvers, ou encore Grart Henniart, neveu d'Adrien (bourgeois, marchand et échevin de Lille) et retiré d'Anvers à Rouen « pour apprendre le faict et train de marchandise », obtiennent la même année le précieux sésame du Conseil privé après une enquête favorable des échevins de Lille, qui se portent garants de leur bonne conduite catholique et de leur non-adhésion aux factions des rebelles calvinistes anversois. Or, jusqu'à l'éclatement de la révolte, les marchands lillois sensibles à la nouvelle religion se transféraient pour leur

27 Yves Junot et Violet Soen, « Huir y volver durante la Guerra de Flandes (1566-1609) », dans José Javier Ruiz Ibáñez (dir.), *Expulsiones, exilios y retornos en los mundos ibéricos*, à paraître.

28 Yves Junot, « Pratiques et limites de la réconciliation après les guerres de religion dans les villes des Pays-Bas méridionaux (années 1570-années 1590) », *Revue du Nord*, 2012, 94/395, p. 336-340.

sécurité à Anvers et les membres du réseau Fourmestraux ont souscrit à hauteur de 100 000 florins à la tentative avortée d'achat de la liberté de conscience auprès de Philippe II en 1566[29]. Les récits biographiques qui ponctuent les requêtes en réconciliation des marchands de Lille à Anvers en 1583 gomment soigneusement d'éventuelles compromissions passées. Les individus s'y posent en fidèles catholiques qui ont fréquenté l'église jusqu'à l'interdiction du culte public par les autorités calvinistes et ne s'étendent pas sur leurs engagements politiques et religieux, justifiant leur présence à Anvers par la seule bonne marche de leurs affaires. Et le jeune âge des facteurs, envoyés par leurs familles à Anvers pour se former au grand commerce, est mis en avant pour construire ce profil loyaliste en terre rebelle, préalable nécessaire à leur promesse de se tenir sous l'ancienne religion et sous l'obéissance du souverain.

Le Conseil privé valide stratégiquement la plupart des demandes de réconciliation émanant des marchands vivant dans les villes en passe d'être réintégrées à la fidélité au roi, qu'il s'agisse des Tournaisiens en 1581 ou des Cambrésiens avant 1595. C'est un prélude individuel à une capitulation négociée des villes rebelles, qui permet d'anticiper le retour des marchands vers les territoires sous le contrôle du prince et de ressouder leurs réseaux. Cependant, la procédure associe étroitement les autorités locales catholiques, et par leur dialogue avec les autorités centrales se précisent les limites de la réconciliation appliquée à la *respublica* marchande. Ainsi, lorsque la reconquête d'Anvers se précise en 1584, des marchands flamands et anversois retirés à Calais demandent à s'établir en Artois à Saint-Omer, ville de commerce proche à la fois de la côte flamande et de la frontière française : ils sollicitent auprès des échevins du lieu une réconciliation individuelle, déclarant vouloir suivre le parti du roi. Or l'échevinage s'en remet à Farnèse pour savoir quelle conduite la ville doit tenir à leur égard. Farnèse tempère l'utilité économique potentielle de ces marchands en rappelant l'objectif premier de la pacification : il ne peut pas les accepter tous indifféremment, il ne peut « accepter que les bons qui n'ont jamais adhéré aux factions du prince d'Orange et de la religion dépravée », conformément à l'idée que les calvinistes simulateurs constituent un danger pour la société catholique

29 Lettres de réconciliation, AGR, Conseil Privé espagnol, 1420 ; Robert S. DuPlessis, *Lille and the Dutch Revolt. Urban stability in an era of revolution, 1500-1582*, Cambridge, Cambridge University Press, 1991, p. 186-188.

en reconstruction[30]. Les marchands réconciliés ne peuvent pas jouir de dérogation confessionnelle et doivent se fondre dans le moule commun du bon sujet catholique. L'autorisation de se réconcilier n'est plus la seule prérogative du souverain et de son représentant, elle est aussi l'expression de la volonté ou du refus, après enquête, des élites locales loyalistes, qui peuvent agir pour la défense du catholicisme comme pour celle de leurs propres intérêts économiques, acceptant ou excluant les exilés d'autres villes.

Au-delà du problème des retours d'exil, c'est aussi la question de l'accueil aux Pays-Bas des marchands naturels de pays étrangers qui est réévaluée par les nouvelles normes de la réconciliation. Si les communautés étrangères sont visibles, par leurs statuts particuliers et leur organisation en consulats ou nations à Bruges et à Anvers, du fait du rôle d'emporium de ces ports depuis la fin du Moyen Âge, la révolte des Pays-Bas est venue perturber l'organisation de leurs réseaux et entraîner le déclin des réseaux castillans en particulier[31]. Les autorités municipales d'Anvers ont pratiqué avant les troubles une relative tolérance vis-à-vis des marchands issus des États protestants, garantissant leur sécurité personnelle et professionnelle par rapport à la répression de l'hérésie[32]. Dans les villes réconciliées des Pays-Bas espagnols, les réseaux marchands étrangers sont recomposés par l'exil catholique, par les répercussions de la guerre civile et par les conflits internationaux opposant la monarchie hispanique à la France et à l'Angleterre. Saint-Omer accueille nombre d'Anglais à partir des années 1580 du fait de sa proximité géographique.

---

30 Archives Municipales de Saint-Omer [désormais AM Saint-Omer], correspondance du Magistrat, 5648 et 5585, 19 et 28 mars 1584.

31 Hilario Casado Alonso, « El papel de las colonias mercantiles castellanas en el imperio hispánico (siglos XV y XVI) », dans José Javier Ruiz Ibáñez (dir.), *Las vecindades de las Monarquías Ibéricas*, Madrid, Fondo de Cultura Económica, 2013, p. 355-369.

32 Guido Marnef, *Antwerp in the age of Reformation. Underground Protestantism in a commercial metropolis, 1550-1577*, Londres, Baltimore, The Johns Hopkins University Press, 1996, p. 19-22 ; *Id.*, « Charles V's Religious Policy and the Antwerp Market : a confrontation of different interests ? », dans Marc Boone et Marysa Demoor (dir.), *Charles V in Context : The Making of a European Identity*, Gand, Gent University Press, 2003, p. 21-33 ; Monique Weis, « Commercer avec les 'hérétiques'. Les relations économiques entre les Pays-Bas espagnols et l'Angleterre élisabéthaine », *Bulletin de la Société royale d'Histoire du Protestantisme belge*, 2004, 133, p. 1-19.

33 Avis du Père jésuite anglais Creswell sur le marchand Francisco Nayler, AGS, Estado, leg. 617, n° 240.

Un collège des Jésuites servant à la formation des jeunes catholiques anglais y ouvre ses portes en 1593 avec l'appui de Philippe II et le soutien financier de la ville qui devient un centre de préparation de la reconquête spirituelle de l'Angleterre. Les marchands anglais sont ici en première ligne, à titre individuel, pour assurer clandestinement, sous couvert des échanges entre Saint-Omer et l'Angleterre (via Calais en période de prohibition), l'arrivée des enfants catholiques des îles britanniques dans les Pays-Bas espagnols et le retour vers l'Angleterre des prêtres formés sur le continent[33]. Pourtant, ceux établis à Saint-Omer n'y forment pas une communauté confessionnelle visible. Ils demeurent des Anglais de nation (il est exceptionnel que l'un d'entre eux demande des lettres de naturalité au Conseil privé de Bruxelles) et n'ont pas de consulat, mais ils sont mieux accueillis que les simples artisans : le couturier Guillaume Malthun, venu d'Angleterre en 1608 pour s'établir à Saint-Omer « pour le respect de la foy catholicque » selon la certification du recteur des Jésuites anglais de la ville, voit sa demande de naturalité rejetée sur avis des échevins qui le décrivent comme :

> homme artisan de vile condition quy n'apporte aulcun advantaige à la respublicque, [...] aussy pour estre ceste ville trop enviée des ennemis de nostre saincte religion voisine à l'Angleterre, quy seroit de dangereuse consequence pour la communication qu'il pouroit avoir avecq aultres ses parens et aliez ; et aultres considérations, signamment qu'il y a très grand nombre d'Englois en ceste ville[34].

Au contraire des ligueurs français, des loyalistes hollandais et des clercs anglais et irlandais qui affichent leur condition d'exilés catholiques pour bénéficier des attentions de la monarchie hispanique[35], ces marchands étrangers en activité dans les Pays-Bas réconciliés maintiennent la discrétion sur leur identité confessionnelle anglicane ou catholique, bénéficiant en tant qu'étranger d'une tolérance dont ne peut se prévaloir un marchand local réconcilié.

---

33 Avis du Père jésuite anglais Creswell sur le marchand Francisco Nayler, AGS, Estado, leg. 617, n° 240.

34 Rapport des échevins de Saint-Omer sur la requête en naturalité de Guillaume Malthun, 28 janvier 1614, AGR, Conseil privé espagnol 1414.

35 Yves Junot et Marie Kervyn, « Los Países Bajos como tierras de recepción de exiliados », dans José Javier Ruiz Ibáñez et Igor Pérez Tostado (dir.), *Los refugiados del rey de España. Las Monarquías Ibéricas como tierra de recepción de exilios*, Madrid, Fondo de Cultura Económica, 2015, p. 207-231.

Les accommodements au droit de guerre et à la guerre économique

La scission territoriale autour d'unions provinciales à caractère politico-confessionnel prolonge les opérations militaires et entraîne la redéfinition des normes d'échange par les autorités respectives et le développement de la guerre économique. Elle ressuscite les outils plus anciens de protection des trafics marchands utilisés lors du conflit hispano-français.

La persistance depuis 1477 du conflit entre Bourgogne et France, devenu depuis 1521 un affrontement hispano-français d'ampleur jusqu'à la paix du Cateau-Cambrésis en 1559, a perturbé les échanges sur les frontières des anciens Pays-Bas et amené les souverains à légiférer et préciser des mesures de sauvegarde. Le droit de guerre prévoit en effet la confiscation des biens et marchandises, l'arrestation ou l'expulsion des sujets de l'ennemi, la restriction du trafic frontalier et le pillage par les troupes en campagne. Ces dispositifs formels et informels exposent particulièrement les marchands mais n'interrompent pourtant jamais les trafics. Les négociants sollicitent du prince des sauf-conduits et des licences pour pouvoir poursuivre en toute sécurité leurs échanges au-delà des frontières, et le souverain en perçoit en retour des recettes. Les usages d'accommodation des sociétés de frontière et les jeux d'appartenance multiples jouant sur l'ancienne suzeraineté française en Artois et en Flandre (à laquelle François Ier a renoncé à la paix des Dames de 1529) permettent aux acteurs du commerce entre les Pays- Bas et la France de se prémunir des rétorsions causées par le droit de guerre[36]. L'interdiction des échanges avec la France entre 1551 et 1559 suscite d'ailleurs des résistances importantes dans les cercles marchands de la monarchie hispanique, tant dans la péninsule Ibérique que dans les Pays-Bas, et son niveau réel d'application n'est pas bien connu[37]. En mer du Nord, un

---

[36] Michel Bertrand et Natividad Planas (dir.), *Les sociétés de frontière de la Méditerranée à l'Atlantique (XVIe- XVIIIe siècle)*, Madrid, Casa de Velázquez, 2011, p. 1-19 ; Yves Junot et Marie Kervyn, « La question des appartenances au long de la frontière sud des anciens Pays-Bas (fin XVe-fin XVIIe siècle) : les enjeux des identifications », dans Violet Soen, Yves Junot et Florian Mariage (dir.), *L'identité au pluriel. Jeux et enjeux des appartenances autour des anciens Pays-Bas, XIVe-XVIIIe siècles/Identity and Identities. Belonging at Stake in the Low Countries 14th-18th Centuries*, hors-série n° 30 de la *Revue du Nord*, 2014, p. 229-248.

[37] Bertrand Haan, *Une paix pour l'éternité. La négociation du traité du Cateau-Cambrésis*, Madrid, Casa de Velázquez, 2009, p. 144.

système équivalent de protection de la pêche saisonnière du hareng est mis sur pied à l'initiative des échevinages des ports flamands et hollandais. Ils interviennent dès les années 1480 auprès des autorités provinciales puis à partir des années 1540 auprès des institutions centrales de Bruxelles pour négocier des trêves sur les zones de pêche, l'échange mutuel de sauf-conduits ou l'organisation de convois armés. Et la pratique de plus en plus généralisée de la guerre de course et de la piraterie au cours du XVIe siècle pousse les réseaux mercantiles d'Anvers à protéger les liaisons maritimes avec la péninsule Ibérique, par le service des marchands-capitaines hollandais qui assurent le fret à meilleur coût[38].

Avec la guerre civile des années 1570, ces pratiques liées au droit de guerre sur terre ou en mer sont réactivées et amplifiées à la fois pour nuire aux intérêts des rebelles mais aussi pour tester et affermir les fidélités dans les provinces pacifiées, instrumentalisant les termes de la paix d'Arras. La relance des confiscations des biens des non-réconciliés en 1580, étendue aux sujets de Philippe II résidant en Angleterre à partir de 1589, suscite tout d'abord une opposition répétée des villes et des provinces qui opposent au souverain leurs privilèges de non-confiscation. La requête en modération des états de la Flandre wallonne en 1580 auprès du gouverneur Rassenghien sur les confiscations des créances des Anversois, et la vague de régularisation des facteurs lillois basés à Anvers en 1583 sont des parades efficaces de la *respublica* marchande, relayée par les autorités municipales et provinciales. Farnèse se plaint à Philippe II de l'opposition du Hainaut, de la Flandre wallonne et de grandes villes comme Lille aux confiscations et des recours judiciaires des échevinages pour empêcher l'action des receveurs royaux. La réponse des officiers du prince est de considérer les confiscations comme des prises relevant du droit de guerre sur ceux prenant parti contraire au roi[39]. En Artois, le traité de réconciliation de 1579 est mis en avant pour contester et finalement accepter la levée de droits de licence dans les ports

38 Louis Sicking, « Les groupes d'intérêts et la gestion des risques dans le commerce maritime et la pêche des anciens Pays-Bas, vers 1480-1560 », *Annales de Bretagne et des pays de l'Ouest*, 2013, 120/2, p. 135-152 ; Elizabeth Tingle, « Guerre et commerce : stratégies de neutralisation et d'accommodement dans le commerce atlantique entre Nantes et Bilbao durant les guerres entre les Valois et les Habsbourg et les guerres de religion (vers 1530-1600) », dans Jean-François Chanet et Christian Windler (dir.), *Les ressources des faibles. Neutralités, sauvegardes, accommodements en temps de guerre (XVIe-XVIIIe siècle)*, Rennes, Presses Universitaires de Rennes, 2009, p. 291-313.

39 Lettre de Farnèse à Philippe II, Tournai, 27 mai 1582, AGS, Estado, leg. 585.

de Gravelines, Dunkerque et Nieuport en 1583, et sur les marchandises entrant ou sortant de la province en 1585. Les discussions entre les villes d'Arras et Saint-Omer (dont le commerce passe par Gravelines), aux états de la province et entre les états et Farnèse (favorable à ces impôts destinés à payer les garnisons), aboutissent au compromis : le droit de licences dans les ports flamands est racheté dès 1586 pour 200 000 florins, et les états obtiennent de prélever les droits en Artois seulement sur les marchandises provenant des pays rebelles ou ennemis[40].

Les réseaux marchands de l'époque de Farnèse épousent donc au mieux de leurs intérêts la poursuite de la « réduction » des rebelles. Ils constituent des intermédiaires dans les contacts avec ceux-ci et forment un réseau utile pour la monarchie hispanique dans sa projection de restauration. Ils agissent de concert avec les pouvoirs locaux pour négocier chaque nouvelle contribution dans le respect des termes de la réconciliation générale.

La mise en ordre et le contrôle des intérêts marchands par la monarchie hispanique en temps de détente (1598-1609)

L'arrêt de la reconquête de Farnèse, l'échec militaire face à Élisabeth d'Angleterre et la lutte contre Henri IV de France, tous deux alliés des Hollandais, amènent une réorientation de la politique de pacification des Pays-Bas à la fin du règne de Philippe II. L'acte de cession de 1598, qui accorde la souveraineté formelle aux Archiducs, Albert et Isabelle, inaugure une nouvelle stratégie de réunification des provinces des anciens Pays-Bas sous la souveraineté des Habsbourg[41]. Diplomatie et commerce suscitent les interventions croissantes de Bruxelles et de Madrid.

Si Isabelle ordonne en 1599, dans la foulée de son frère Philippe III pour l'Espagne, la relance de l'embargo contre les rebelles des Provinces-Unies « si longuement et jusques à ce qu'ils se réconcilieront avecq Sa Majesté et nous, leur souveraine dame et princesse naturelle », la mesure

---

40 AM Saint-Omer, correspondance du Magistrat avec les états et le duc de Parme, 5560 (7 décembre 1583), 5581 (7 octobre 1584) et 5710 (20 septembre 1585) ; Charles Hirschauer, *Les États d'Artois de leurs origines à l'occupation française 1340-1640*, Paris et Bruxelles, Champion, 1923, t. II, p. 81 et 192.

41 Miguel Ángel Echevarría Bacigalupe, « Diplomacia y relaciones comerciales en Flandes (1598-1633) », dans Rosario Porres Marijuán et Iñaki Reguera (dir.), *La proyección de la monarquía hispánica en Europa. Política, Guerra y Diplomacia entre los siglos XVI y XVIII*, Bilbao, Universidad del País Vasco, 2009, p. 68-80.

montre de nouveau ses limites[42]. Dès 1600, les exilés des Pays-Bas pour motif de religion passés par Aix-la-Chapelle et résidant à Sedan reçoivent des Archiducs, à la demande du prince local, l'autorisation de commercer avec leur patrie d'origine[43] : le développement du commerce terrestre par le Saint-Empire et la Meuse est aussi un moyen d'affaiblir le trafic maritime des Hollandais. Et le décret douanier de Gauna généralise entre 1603 et 1605 le principe de liberté du commerce, régulée par des taxations variant suivant les intérêts globaux de la monarchie à l'heure des traités de paix déjà conclus avec la France en 1598 et l'Angleterre en 1604. Gauna, commis receveur général à la distribution des passeports pour la taxation des 30 %, installe les bureaux de ses commis dans les ports de Flandre, provoquant l'ire des marchands astreints au contrôle de leurs circuits et à l'acquittement des taxes. Ceux de Saint- Omer protestent auprès de leur échevinage et des états d'Artois :

> qu'ilz soient libres d'envoier leurs marchandises par telz lieux qu'ilz trouveront plus commodieux [...], Joan de Gauna voeult asservir les marchans d'Artois et aultres à faire mener leurs marchandises qu'ilz frettent pour Espaigne et les royaulmes confédérés par Gravelingues, contre la liberté de trafficque permise par le traicté de Vervins et celle avecq Sa Majesté d'Angleterre[44].

Leurs exportations vers la France renchérissent de 30 % en passant par Gravelines, alors qu'une seconde route permet de rallier sans taxation le port de Calais et d'y traiter avec les Français et les Anglais pour le marché espagnol. Les requérants se rallient finalement à l'idée de demander l'établissement du bureau du commis à Saint-Omer même « pour la plus grande commodité des marchands », lorsque la régulation douanière est abandonnée en 1605.

La conclusion de la première trêve avec les Provinces-Unies en 1609 officialise la réciprocité de la liberté de circulation et de commerce entre l'Espagne, les Pays-Bas archiducaux et les Provinces-Unies, et la baisse des droits de licence, tout en maintenant l'exclusion des Hollandais du commerce avec les Indes espagnoles et le blocus de l'Escaut par les Provinces-Unies. Le discours de la trêve est largement centré sur les questions de commerce, de circulations et de confiscations. Il tire en

---

42 Placard du 9 février 1599, AGS, Estado, leg. 2596.

43 Accord du 24 janvier 1600, *Recueil des Ordonnances des Pays-Bas règne d'Albert et Isabelle* [désormais ROPB], Bruxelles, 1909, t. I, p. 87.

44 AM Saint-Omer, ville aux états, liasse 5, 1603 et 1605.

partie les conséquences des expériences ambiguës du mercantilisme et de la guerre économique menées depuis les années 1580. Cette tonalité, moins présente dans la formulation des paix hispano-françaises du Cateau-Cambrésis et de Vervins, tire racine à la fois dans les anciennes trêves garantissant la sécurité des personnes et des échanges (« aller, venir, visiter, négocier, résider librement » de part et d'autre, selon la trêve de Nice de 1538), et dans les développements très récents de la paix anglo-espagnole de 1604, qui rouvre le commerce hispanique aux Anglais et diminue la piraterie maritime au bénéfice escompté des marchands des deux monarchies[45].

La recomposition des territoires économiques et des groupes d'intérêts

La guerre idéologique, militaire et économique menée par la monarchie hispanique contre les Provinces-Unies, sans aboutir à la victoire, produit des résultats contrastés auprès des élites locales et marchandes associées à l'effort de guerre. Elle transforme les hiérarchies urbaines et économiques et génère le développement d'entrepreneurs de guerre unissant l'appareil militaire et administratif et les hommes de commerce.

Recompositions économiques, compétition interurbaine et tensions entre villes de l'intérieur et ports flamands

La répression menée au temps du duc d'Albe et la guerre civile consécutive se répercutent sur la répartition territoriale des réseaux marchands et des pôles économiques des Pays-Bas. La perte du delta de l'Escaut après 1572, celle des ports flamands et d'Anvers entre 1577 et 1583- 1585, leur blocus par les Hollandais après la reconquête de Farnèse et le difficile siège d'Ostende de 1601 à 1604 entraînent une remise en cause des anciennes étapes et de la hiérarchie des villes portuaires dans une économie des Pays-Bas largement connectée aux échanges maritimes. La réconciliation est aussi une opportunité, pour les villes qui ont renoué avec la monarchie hispanique, de tirer parti d'une sécurité retrouvée et d'attirer de nouvelles activités manufacturières : Valenciennes compense le déclin de sa manufacture lainière et l'élimination de ses négociants

---

45 Jesús María Usunáriz, *España y sus tratados internacionales : 1516-1700*, Pampelune, EUNSA, 2006, p. 122 et 233-265.

calvinistes par l'accueil des marchands de toiles fines de Cambrai réfugiés dans les années 1580, et se transforme en pôle manufacturier majeur du lin[46].

Le roi redistribue aux villes réconciliés ou loyalistes les privilèges d'étape détenus par celles qui sont sous le contrôle des rebelles. Anvers, qui a reçu un monopole d'étape des aluns méditerranéens en 1563, le perd en 1580 au profit de Saint-Omer et de Namur, tandis que l'étape de la laine espagnole détenue par Bruges est transférée d'abord à Saint-Omer en 1582, puis à Lille en 1587, avant de revenir à Bruges en 1589, Lille conservant en contrepartie le droit d'étape de la laine espagnole arrivant par Rouen et la résidence de nombre de marchands espagnols importateurs. À la fin du siècle, l'extension notable des réseaux négociants lillois en Europe, la vigueur de la draperie locale et l'organisation de ses exportations directement vers l'Angleterre ou la France de Lille sans plus transiter par Anvers témoignent de la capacité d'adaptation et de la réussite de la ville à tirer parti de la recomposition économique liées à la pacification[47]. Saint-Omer tente de nouveau en 1605 de récupérer l'étape brugeoise des laines espagnoles après la prise de Sluis, avant-port de Bruges, par Maurice de Nassau : le conseiller de la ville est envoyé en mission à la Cour de Bruxelles pour s'informer discrètement « si par les incursions de l'ennemy d'entour la ville de Bruges, l'on ne pourroit attirer l'estaple des laisnes d'Espaigne aud. Saint-Omer par provision et durant ces guerres de Flandres, à l'exemple de ce que fut faict [en 1582] du temps des altérations de Flandres », ainsi que l'étape des laines et draps d'Angleterre créée par la reprise du commerce hispano-anglais depuis 1604[48]. La compétition permanente de la ville, connectée à Calais et à Gravelines, et où trafiquent marchands français, anglais et espagnols, mobilise son échevinage pour maintenir sa zone d'influence commerciale en luttant avec un discours très politique contre tous les empiètements à ses intérêts commerciaux. Le projet d'établissement d'un monopole des raffineries de sel des Pays-Bas dans les seuls ports de Flandre en 1605 est dénoncé aux états provinciaux d'Artois, sur requête de Saint-Omer,

---

46 Yves Junot, *Les bourgeois de Valenciennes*, *op. cit.*, p. 174-179.

47 Placard sur les aluns, 20 août 1580, BMV, ms. 1044, f. 29-31r ; AGS, Secreterias provinciales, leg. 2595 ; *Enqueste touchant la draperie au conté de Flandre contre ceux d'Anvers*, 1593 ; Robert S. DuPlessis, *Lille and the Dutch Revolt*, *op. cit.*, p. 82-83.

48 Instruction au conseiller principal de la ville de Saint-Omer, député en Cour et à Malines, 5 février 1605, AM Saint-Omer, ville aux états, liasse 5.

comme « une chose odieuse, inusitée, exorbitante et fort onéreuse », contraire aux franchises provinciales garanties par l'acte de cession des Pays-Bas de 1598 et par le traité de réconciliation de 1579 dont la province a été la pionnière.

Les recompositions économiques qui s'opèrent jusqu'à la trêve de 1609 révèlent la tension majeure autour des ports de la mer du Nord, où se cristallisent la violence de la guerre navale et les tensions plus feutrées avec les villes manufacturières de l'intérieur tributaires des débouchés maritimes. La mise en place des mesures mercantilistes oblige de surcroît les villes manufacturières à se soumettre aux administrations de contrôle placées dans les ports flamands. Après les commis prévus par Gauna dans les ports d'Anvers, Sluis, Nieuport, Dunkerque et Gravelines, ainsi qu'à Lille (pour les marchandises que les Français veulent passer par voie terrestre vers les ports de France), les Archiducs établissent en 1606 à Ostende (reconquise en 1604) une chambre des licences compétente pour le commerce avec la Zélande, ainsi qu'un intendant et *veedor* du commerce basé à Dunkerque pour contrôler le commerce entre les Pays-Bas et la péninsule Ibérique, détecter les fraudes des Hollandais et éviter les confiscations dans les ports espagnols au détriment des marchands des provinces réconciliées[49]. Cette administration liée à la guerre économique et à la lutte contre la contrebande massive donne un surcroît d'influence aux ports qui les abritent. Un petit port comme Dunkerque, qui voit reculer ses activités traditionnelles de pêche et de petit cabotage du fait de la violence en mer, se reconvertit dans le commerce avec la péninsule Ibérique et dans la guerre privée de course, tout en devenant dès la reconquête de Farnèse le siège d'une escadre de l'Amirauté des Pays-Bas, puis sous les Archiducs d'une intendance du commerce[50].

---

49 AGS, Estado, leg. 621, n° 15, sans date ; *ROPB, Règne d'Albert et Isabelle*, Bruxelles, 1909, t. I, p. 276-277, placard du 28 janvier 1606, et p. 281-282, placard du 15 février 1606.

50 Patrick Villiers, *Les corsaires. Dunkerque, Calais, Boulogne de Philippe II à Louis XIV, 1568-1713, de la guerre de 80 ans à la guerre de succession d'Espagne*, Villeneuve d'Ascq, Presses Universitaires du Septentrion, 2000, p. 51-55.

Les liaisons intéressées des nouveaux entrepreneurs de guerre : marchands, officiers de l'Amirauté et gouverneurs de place

La lutte contre les Provinces-Unies bouleverse l'économie littorale en mer du Nord et conduit à partir des années 1580 à la constitution de groupes d'intérêts transversaux d'entrepreneurs de guerre qui investissent dans la privatisation de la guerre maritime et économique au nom de l'efficience de la monarchie hispanique[51]. Au début du XVIIe siècle, l'arbitriste Gauna élabore son projet douanier en déplorant que les affaires de la mer soient « entre les mains de personnes qui n'y entendent rien ou d'intérêts propres fondés sur la continuation de la guerre »[52]. Il vise là les gens de l'Amirauté, les marchands et les municipalités, promoteurs de la guerre de course et favorables à la poursuite d'un conflit devenu source de profits.

Les liens sont multiples entre les conseillers de l'Amirauté, institution de la reconquête mise en place par Farnèse en 1583 à Dunkerque et à Anvers, dans laquelle prédominent des loyalistes hollandais exilés, partisans de la ligne dure contre les rebelles, et certains grands marchands d'Anvers. Le serviteur de l'officier Lucas Opmeer passe en 1596 au service du négociant Denis Lhermitte qui l'envoie à Malaga pour ses affaires[53]. Lhermitte est un *asentista* au service de la monarchie hispanique. Après le fiasco de l'Invincible Armada en 1588, il paye l'achat du navire amiral de l'armada de Flandre, dont il est le fournisseur régulier de vivres à Dunkerque. Il y est envoyé en 1594 par les gouverneurs généraux successifs, l'archiduc Ernest puis le comte de Mansfeld, pour négocier avec les marins mutinés faute de soldes, et il débloque la situation en s'engageant sur ses propres fonds à hauteur de 300 000 florins. Il paye encore les rançons d'officiers et de soldats espagnols prisonniers des Hollandais[54]. Le projet de guerre commerciale qu'il rédige vers 1595 épouse les vues de l'Amirauté, qui tire

51 Bastien Carpentier et Jean-Philippe Priotti, « La forge instable d'une domination. Les Doria, Gênes et la monarchie hispanique (1560-1606) », dans Jean-Philippe Priotti (dir.), *Identités et territoires dans les mondes hispaniques XVIe-XXe siècle*, Rennes, Presses Universitaires de Rennes, 2015, p. 75-96.

52 Juan de Gauna, *segundo papel sobre el quitar el trato de Olanda y Zelanda*, sans date, AGS, Estado, leg. 621, n° 20.

53 Certificat des frères Opmeer à Juan Hye, *morador de Amberes*, 3 octobre 1596, AGR, Amirauté 923.

54 Compte des licences, 1592-1593, Archives départementales du Nord, B 5535 ; Patrick Villiers, *Les corsaires, op. cit.*, p. 55 ; Jesús Sáenz de Miera, *El pasatiempos*

ses revenus des prises de guerre et de l'intéressement aux licences, dont Lhermitte est exempté en tant que fournisseur de l'armada de Flandre.

Les gouverneurs des places portuaires ou frontalières collaborent aussi volontiers aux trafics marchands et aux entreprises privées de guerre dans les lieux où ils ont en charge la sécurité militaire au nom du souverain. Les gouverneurs de Gravelines, La Motte et son neveu Guernonval, opèrent des taxations sur le transit des marchandises (blé d'Artois exporté par les marchands de Saint-Omer vers l'Angleterre ou la France et vins de France importés aux Pays- Bas) avec l'aval du Conseil des Finances à Bruxelles. Guernonval est lui-même propriétaire d'un navire de course à son compte, dont il vend les prises : il demande en 1596 à s'en faire octroyer le 10e revenant à l'Amirauté, institution avec laquelle il a de nombreux différents[55]. Son voisin Juan de Ribas, gouverneur de Calais pendant l'occupation espagnole de 1596-1598 et la guerre contre la France, est commissionné par l'archiduc Albert pour y développer une colonie de repeuplement avec l'appui des marchands basques et un port d'armada complétant celui de Dunkerque. L'approvisionnement de la garnison espagnole est assuré par la collaboration entre Ribas et un marchand local français, Marc Masson, qui importe vins et vivres des territoires de l'ennemi avec des passeports français[56].

La réconciliation des Pays-Bas a-t-elle favorisé l'agrégation des marchands originaires de ce territoire au système impérial hispanique ? L'Union d'Arras de 1579 est une affirmation, par les élites locales désireuses de définir par elles-mêmes les solutions à la guerre civile, des éléments qui agrègent une communauté d'intérêts ou de projet autour de l'obéissance réitérée au souverain, de l'exclusivité de la foi catholique et de la conservation des privilèges provinciaux et municipaux. Or, les hommes de la *respublica* marchande, bien que faisant corps avec les élites municipales catholiques, appliquent ce pacte de réconciliation avec des spécificités propres de résilience. La réconciliation et ses corollaires d'obéissance et de pacification sont perçus comme une exigence de restauration de la prospérité commerciale qui fonde le système urbain des provinces : ils doivent « induire les villes aultrefois

de Jehan Lhermitte. Memorias de un Gentilhombre Flamenco en la corte de Felipe II y Felipe III, Aranjuez, Doce Calles, 2005, p. 20.

55 Lettre d'Esteban de Ibarra au cardinal Albert, Calais, 12 juillet 1596, AGR, Audience 1864/4.

56 Lettre de Juan de Ribas à l'audiencier Verreycken, Calais, 26 janvier 1597, AGR, Audience 1865/1.

florissantes au restablissement d'icelles moyennant que leur bon zèle soit fécondé et soustenu par l'authorité royale », écrit le député de Tournai Haverland avant la trêve de 1609[57]. Le marqueur religieux n'est donc pas primordial dans l'affichage identitaire de marchands dont les réseaux familiaux d'affaires ont souffert de la répression des premiers troubles et de l'émigration. Mais leurs appartenances politiques sont duelles. Les marchands s'appuient sur les échevinages, qui portent leur parole auprès du souverain et de ses administrations avec l'exigence du respect du pacte de réconciliation, au gré d'intérêts très locaux et souvent conflictuels entre villes manufacturières ou portuaires. L'incorporation des hommes de commerce au système impérial hispanique est concrétisée à partir des années 1580 par l'intensification des échanges avec la péninsule Ibérique et ses marchés mondiaux (espagnol et portugais), en concurrence accrue avec les rebelles hollandais et les marchands anglais et français. Le développement de la guerre économique est assurément l'expression la plus visible de cette incorporation à la monarchie hispanique, avec le lobbying de groupes d'intérêt liés aux institutions publiques militaires et navales. Le propre du marchand reste néanmoins de pouvoir faire son commerce en temps de paix comme en temps de guerre, grâce aux qualités que le gouverneur espagnol de Calais prête au négociant français qui assiste sa garnison : « il est enthièrement honest homme, modeste et tranquille, et bref qui ne se mesle que de son trafficq seullement »[58].

57 *Advis sur le faict du commerce des provinces obéissantes des Pays-Bas avecq les royaumes d'Espagne*, AGR, Audience 1456/4.

58 *Ibid.*

Elección y representación

Itinerarios de una cultura política mercantil en el siglo XVII

José Manuel Díaz Blanco

Abstract

This paper argues that the principles of election and representation played an essential role in the political culture of seventeenth century merchants, even in political systems characterized by authoritarianism, such as that of Castile. This idea is defended with examples from the Spanish city of Seville, one of the main commercial capitals in Early Modern Europe : the Spanish Trade Guild, the national consulates or brotherhoods.

Resumen

Este trabajo propone que los principios de elección y representación desempeñaron un papel esencial en la cultura política de los mercaderes del siglo XVII, incluso en el contexto de sistemas políticos caracterizados por el autoritarismo, como el de Castilla. Esta idea viene defendida con ejemplos procedentes de la ciudad española de Sevilla, una de las principales capitales comerciales europeas en la Edad Moderna : el Consulado de Cargadores a Indias, los consulados nacionales o las hermandades.

Los principios de elección y representación fueron elementos fundamentales en la cultura política de la Edad Moderna. Ejercieron un papel esencial en los Estados en los que no había rey o había dejado de haberlo por una crisis pública, como Venecia, Génova, Holanda o los Cantones Suizos, y lo hicieron también en las monarquías en las que las instituciones representativas del Reino lograron equipararse al monarca, como Inglaterra o Aragón. La pregunta más pertinente para los historiadores es : ¿ ocurrió lo mismo en aquellos países donde triunfaron las monarquías autoritarias, como Francia, Castilla o Austria ? A veces, la historiografía ha contrapuesto los conceptos de Absolutismo y gobierno representativo[1]. El triunfo de uno suponía la condena del otro y viceversa. Así, el Absolutismo se habría abierto camino en Francia conforme los Estados generales dejaron de convocarse a partir de 1614[2] ; y en Castilla, después de que cesasen las reuniones de las Cortes durante el reinado de Carlos II. Mientras en Inglaterra florecía una impresionante cultura representativa y electoral[3], en Castilla o Francia parecía ir a menos.

Sin negar un fondo de verdad a estas visiones, los avances historiográficos de los últimos años invitan a ocupar posiciones algo más matizadas. El concepto de Absolutismo se ha discutido desde tantas perspectivas que incluso se ha propuesto su eliminación completa del vocabulario histórico[4]. Por otro lado, la idea del gobierno representativo en retroceso frente a la expansión del supuesto Absolutismo se ha definido fundamentalmente en función de instituciones muy centrales del sistema político, especialmente los Estados generales o en todo caso los provinciales.

---

1 James Russell Major, *Representative Government in Early Modern France*, Yale, Yale University Press, 1980.

2 James Michael Hayden, *France and the Estates General of 1614* [1974], Cambridge, Cambridge University Press, 2008.

3 Sin pretensión de exhaustividad, Gary De Krey, *A Fractured Society : The Politics of London in the First Age of Party*, Oxford, Oxford University Press, 1985 ; Richard Ashcraft, *Revolutionary Politics and Locke's Two Treatises of Government*, Princeton, Princeton University Press, 1986 ; David Zaret, *Origins of Democratic Culture. Printing, Petitions and the Public Sphere in Early Modern England*, Princeton, Princeton University Press, 2000 ; Mark G. Knights, *Representation and Misrepresentation in Later Stuart Britain : Partisanship and Political Culture*, Oxford, Oxford University Press, 2005 ; Steve Pincus, *1688 : The First Modern Revolution*, Yale, Yale University Press, 2009.

4 Nicholas Henshall, *The Myth of Absolutism : Change and Continuity in Early Modern European Monarchy*, Londres, Longman, 1992, sobre cuya tesis se debatió en Ronald G. Asch y Heinz Duchhardt (dir.), *Der Absolutismus – ein Mythos ? Strukturwandel monarchischer Herrschaft in West- und Mitteleuropa (ca. 1550-1700)*, Köln-Weimar-Wien, Böhlau, 1996. Los títulos relacionados con un replanteamiento del poder real de los monarcas absolutos son numerosos y no caben en una nota al pie. Entre ellos pueden verse : William Beik, *Absolutism and Society in Seventeenth-Century France. State Power and Provincial Aristocracy in Languedoc*, Cambridge, Cambridge University Press, 1985 ; James Collins, *The Fiscal Limits of Absolutism : Direct Taxation in Early Seventeenth Century France*, Berkeley, University of California Press, 1988 ; Richard Bonney, *The Limits of Absolutism in ancien régime France*, Aldershot, Ashgate, 1995 ; Ruth MacKay, *The Limits of Royal Authority. Resistance and Obedience in Seventeenth-Century Castile*, Cambridge, Cambridge University Press, 2007.

En Castilla, la degradación de las Cortes durante el siglo XVII es difícilmente cuestionable[5]. Si la cultura representativa dependiera exclusivamente de ella, sólo podría hablarse de una decadencia pronunciada. El problema es que esta premisa es sumamente discutible, tan discutible como reducir toda la cultura representativa de los actuales sistemas democráticos del siglo XXI a sus parlamentos centrales. Es cierto que el ámbito municipal castellano del XVII tampoco ofrece un panorama extraordinario, especialmente en las grandes ciudades, donde los procesos de privatización de oficios, que se heredaban y vendían, eran tan intensos como para cortar cualquier tipo de lazos con un electorado ya inexistente[6]. Sin embargo, en una época con un concepto fuertemente organicista de la sociedad[7] existían numerosos espacios sociales más reducidos, donde la cultura electoral ocupaba un lugar central de la vida pública. Ahí es donde habría que buscar.

La cultura electoral del siglo XVII estaba atomizada y era minoritaria, pero existía. Existía por doquier. Estaba presente en los gremios ; estaba presente en muchas comunidades religiosas ; estaba presente en las cofradías ; y estaba presente en el mundo de la burguesía de negocios, en sus consulados y hermandades. Lo que pretenden afirmar estas páginas es 1) que la cultura política de los mercaderes estaba fuertemente teñida por los principios de elección y representación ; 2) que esta cultura política podía existir y desarrollarse en el marco de una monarquía autoritaria o absoluta (en nuestro caso concreto Castilla) ; y 3) que, por supuesto, la coexistencia no era necesariamente sencilla. Ahora bien, resultaría una simplificación pensar esta conflictividad sólo en términos de una antinomia autoritarismo real – electoralismo mercantil, pues también

---

5 Aunque tienden a matizarla obras de referencia como José Ignacio Fortea Pérez, *Las Cortes de Castilla y León bajo los Austrias : una interpretación histórica*, Valladolid, Junta de Castilla y León, 2008, o Irving A. A. Thompson, « Castile : Absolutism, Constitutionalism, and Liberty », en Philip T. Hoffman y Kathryn Norberg (dir.), *Fiscal Crises, Liberty, and Representative Government, 1450-1789*, Stanford, Stanford University Press, 1994, p. 181-225.

6 Sobre las prácticas de la venalidad y el beneficio en la Monarquía Hispánica, incluido el ámbito municipal, véase Francisco Andújar Castillo y María del Mar Felices de la Fuente (dir.), *El poder del dinero. Ventas de cargos y honores en el Antiguo Régimen*, Madrid, Biblioteca Nueva, 2011, que refleja minuciosamente la extensa bibliografía sobre el tema. Véase también José Ignacio Fortea Pérez, *Las Cortes, op. cit.*, p. 381.

7 Bartolomé Bennassar, *La Monarquía española de los Austrias. Conceptos, poderes y expresiones sociales*, Salamanca, Universidad de Salamanca, 2009, cap. 1.

podremos ver casos en los que la Monarquía se esforzó por perpetuar la cultural electoral frente a camarillas mercantiles con excesivas cuotas de poder, y ocasiones en las que unos mercaderes intentaban negar a otros la posibilidad de un desarrollo institucional amplio. Sin duda, una cultura electoral nunca se desarrolla en un marco sencillo.

Tampoco era sencillo el vínculo entre elección y representación. Podría ser pensado como algo muy natural, firmemente forjado frente a la pulsión autoritaria del Absolutismo monárquico. Pero, aunque profundamente relacionadas, son dos cosas distintas que hay que saber distinguir. La elección deriva necesariamente en representación, pero al contrario ésta no requiere estrictamente la elección. No todas las representaciones eran (ni son) electivas. Los mercaderes del siglo XVII lo sabían, lo vivían y sin duda pensaban que la calidad de la representación aumentaba si se vinculaba a procesos electivos. Así que la batalla por mejorar las condiciones de su cultura representativa frente al poder de la Corona o la competencia de otros mercaderes tenía lugar en ambos frentes.

La atomización de la cultura electoral implica llevar gran parte del análisis al ámbito local o regional. Estas páginas trasladarán al lector a la ciudad de Sevilla, en el sur de Castilla, a orillas del Guadalquivir, la arteria fluvial que conectaba la ciudad con las otras capitales del comercio europeo y con América, haciendo de ella uno de los puntos neurálgicos del comercio mundial[8]. Aunque estas líneas están escritas sin el menor escrúpulo hacia el « nivel micro » o la historia local, la verdad es que no se pretende un estudio ensimismado de los mercaderes de Sevilla. Si, en palabras de Fernand Braudel, Sevilla era la ciudad « donde late el corazón del mundo », entonces debería mirarse al mundo desde ella y plantear propuestas históricas que puedan ser útiles en un ámbito internacional[9]. Como gran capital comercial, su estudio particular puede ser representativo de lo que ocurría en otras urbes similares. Además, su característico cosmopolitismo permite utilizarla como un pequeño laboratorio desde el cual aproximarse a comunidades mercantiles de muy distinto origen, nativas y extranjeras, y contrastar sus sensibilidades :

---

8 Antonio Domínguez Ortiz, *Orto y ocaso de Sevilla*, Sevilla, Universidad de Sevilla, 1991 [1946] ; Huguette y Pierre Chaunu, *Séville et l'Atlantique*, Paris, SEVPEN, 1955 (resumido en Pierre Chaunu, *Sevilla y América (siglos XVI-XVII*, Sevilla, Universidad de Sevilla, 1983) ; Francisco Morales Padrón, *Historia de Sevilla. La ciudad del Quinientos*, Sevilla, Universidad de Sevilla, 1989.

9 Cit. en Antonio Domínguez Ortiz, *Orto y ocaso, op. cit.*, p. 6.

españoles, flamencos, alemanes, franceses, ingleses, etc. Si el burgués del siglo XVII amó una cultura electoral, no la amó sólo en un lugar concreto.

La Corona tardó en ver con buenos ojos que los comerciantes de Sevilla tuvieran un consulado. Se han documentado súplicas en este sentido hasta en 1525 y no es descartable que en el futuro se detecten peticiones anteriores. Sin embargo, las aspiraciones no fructificaron hasta 1543 y, aun entonces, tardaron algunos años en consolidarse[10]. Un consulado era un arma para las comunidades mercantiles, les daba fuerza, y eso era exactamente lo que la Corona no quería. Carlos V quería débiles a los tratantes en Indias, para poder aprovechar la riqueza americana que traían en el sostenimiento de sus conflictos bélicos[11]. No quería encontrar un comercio fortalecido institucionalmente que le pudiera replicar. Para dialogar con ellos, le bastaba la Casa de la Contratación, un organismo instalado en Sevilla para supervisar el tráfico indiano[12]. Pero la Casa representaba a Carlos, no a los mercaderes, así que, cuando se creó, el Consulado introdujo un elemento cualitativo de enorme importancia en la política española.

La fundación del Consulado de Cargadores dotó a la Universidad de Mercaderes Tratantes en Indias de una estructura de representación que la defendiese. Ambas realidades deben distinguirse con precisión, pues a veces pueden confundirse. Por un lado estaba la Universidad, que era la comunidad de mercaderes que participaban del nuevo comercio atlántico, y por otro lado el Consulado propiamente dicho, que era la estructura institucional que representaba a esa comunidad. A esa comunidad específicamente y no a otras. El Consulado no era un consulado para todos los comerciantes de Sevilla, sino sólo para aquellos que comerciaban con las Indias[13].

---

10 Antonio García-Baquero González, *La Carrera de Indias : suma de la contratación y océano de negocios*, Sevilla, Algaida, 1992, p. 74.

11 Ramón Carande, *Carlos V y sus banqueros. Los caminos del oro y de la plata (Deuda exterior y tesoros ultramarinos)* [1967], Barcelona, Crítica, 1990 ; María José Rodríguez Salgado, *The Changing Face of Empire. Charles V, Philip II and Habsburg Authority, 1551-1559*, Cambridge, Cambridge University Press, 1988.

12 Ernst Schäfer, *El Consejo Real y Supremo de las Indias. Historia y organización del Consejo y de la Casa de Contratación de las Indias*, Valladolid, Junta de Castilla y León, y Madrid, Marcial Pons, 2003 [1947] ; Guiomar de Carlos Boutet (dir.), *España y América : un océano de negocios*, Madrid, Sociedad estatal de conmemoraciones culturales, 2003 ; Enriqueta Vila, Antonio Acosta y Adolfo González (dir.), *La Casa de la Contratación y la navegación entre España y las Indias*, Sevilla, Universidad de Sevilla, CSIC, Fundación El Monte, 2004.

13 Antonia Heredia Herrera, « Las ordenanzas del Consulado de Sevilla », *Archivo Hispalense*, 1973, p. 149-183.

Por un lado, no había cabida para todos aquellos que no fuesen comerciantes importantes, mayoristas. Los pequeños tenderos, así como los artesanos que vendían la producción de sus talleres, no eran aceptados. En general, los llamados oficios viles o mecánicos estaban completamente excluidos, en coherencia rigurosa con el cruel pensamiento social de la época. Podían manchar las ínfulas nobiliarias que tenía la institución[14]. Sin embargo, incluso dentro del nivel de los grandes mercaderes, aquellos que se movían en espacios comerciales específicamente europeos también quedaban excluidos, a pesar de que el comercio del viejo continente movía en Sevilla un volumen de negocio que no era inferior al del comercio indiano. Eso dejaba fuera especialmente a los extranjeros, que ostentaban un acentuado dominio sobre las rutas mercantiles con el resto del continente. Los extranjeros tampoco podían votar. Ningún nacido fuera de Castilla tenía derecho a hacerlo, lo cual parece lógico si tampoco podían comerciar legalmente con América, como efectivamente se lo prohibía la legislación.

El vínculo que unía la comunidad representada y la estructura representativa era el principio de elección. Segunda gran conquista : la Universidad elegía a los miembros del Consulado, aunque fuera indirectamente. Debía haber periódicamente elecciones para escoger por voto al prior y a los dos cónsules que formaban el Consulado, así como a los seis consiliarios o diputados que los asesoraban. Los tratantes en Indias, a los que se reconocía legalmente por haber registrado mercancías en las flotas durante los cinco años anteriores, se reunían en enero cada dos años para escoger un cuerpo de 30 electores que tenían el encargo de elegir directamente a los miembros del Consulado todos los años. Para ser más exactos, los tratantes votaban a los electores en una de cada dos convocatorias electorales y los electores votaban al prior y cónsules en todas las convocatorias, matización que se volvería importante cuando

14 Afectaba, evidentemente, a la « limpieza de oficios ». Sobre la conjugación social del gran comercio y la consideración nobiliaria en la Sevilla de los Austrias, Antonio Domínguez Ortiz, *Orto y ocaso, op. cit.*, p. 86-89 ; *Id.*, *Las clases privilegiadas en el Antiguo Régimen*, Madrid, Istmo, 1985, p. 90-91 ; o *Id.*, *La Sevilla del siglo XVII*, Sevilla, Universidad de Sevilla, 1984, p. 157 ; Ruth Pike, *Aristocrats and Traders : Sevillian Society in the Sixteenth Century*, New York, Cornell University Press, 1972 ; José Manuel Díaz Blanco, « Del 'tratar noblemente' al trato de nobleza : el acceso al señorío de linajes extranjeros en Sevilla (ss. XVI-XVIII) », en Francisco Andújar y Julián P. Díaz (dir.), *Los señoríos en la Andalucía Moderna. El marquesado de los Vélez*, Almería, Instituto de Estudios Almerienses, 2007, p. 623-638.

las elecciones dejasen de celebrarse con una periodicidad exclusivamente anual[15].

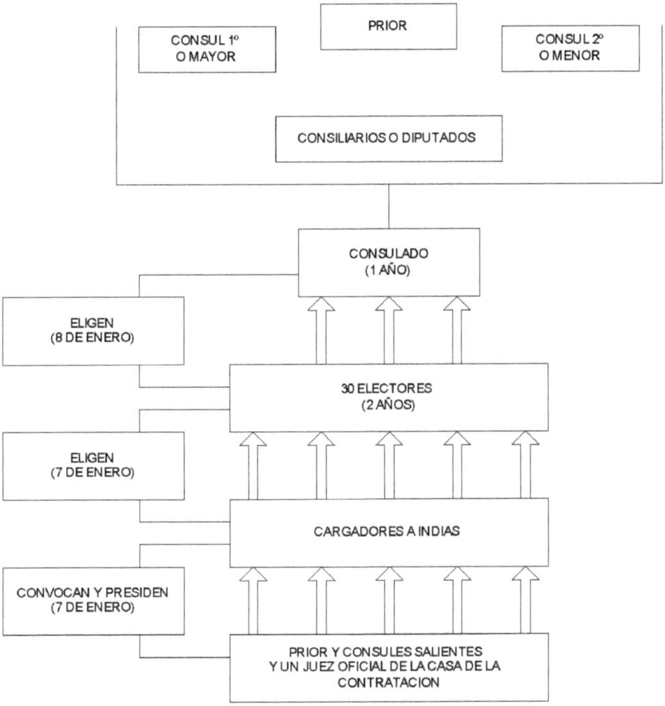

Fuente : José Manuel Díaz Blanco, *Así trocaste tu gloria. Guerra y comercio colonial en la España del siglo XVII*, Madrid, IUHS-Marcial Pons, 2012, p. 35.

La mecánica de las elecciones quedó recogida en las primeras ordenanzas del Consulado, fechadas en 1556, que otorgaban la seguridad jurídica que necesita toda cultura representativa y electoral[16]. Gracias a

---

15 La mecánica de las elecciones quedó recogida en las ordenanzas 1-8 principalmente. La explicación histórica de tales procedimientos en Antonia Heredia Herrera, « Las elecciones en el Consulado de Cargadores a Indias : nuevas perspectivas sobre la rivalidad Sevilla-Cádiz », en *Primeras jornadas de Andalucía y América*, Huelva, Instituto de Estudios Onubense, 1981, t. I, p. 167-180.

16 Editadas en Antonia Heredia Herrera, « Las ordenanzas », art. cit. La *princeps* se publicó el mismo año de 1556 y le siguieron otras ediciones en 1585, 1647, 1678, 1683, 1739 y 1787 : Ana María Barrero García, « Las ordenanzas de los consulados castellanos e indianos (siglos XVI-XVII). Su estudio comparativo »,

ellas, las reglas del juego estaban claras. Lo estuvieron durante mucho tiempo, pues las ordenanzas permanecieron vigentes hasta el fin del Antiguo Régimen, experimentando pocas modificaciones de calado durante los siglos XVI y XVII[17]. De hecho, la *Recopilación de las Leyes de Indias*, publicada en 1681, recogía pocos cambios verdaderamente significativos en materia de elecciones. Las leyes más destacadas seguían remitiendo a las ordenanzas de 1556 y varias de las cédulas posteriores a las que se hacía referencia apenas hacían más que repetir o desarrollar aspectos que en realidad también habían estado presentes en ellas[18].

Ciertamente, el cumplimiento de las ordenanzas en materia de elecciones distó de ser perfecto. Más de una vez se denunció con preocupación[19]. Como se verá más adelante, no cabe dudar del fundamento real de muchas de estas críticas contemporáneas, pero retrospectivamente algunas de ellas pueden parecer algo exorbitantes. Basándose en una legislación apenas alterada, hubo elecciones al Consulado en Sevilla desde mediados del siglo XVI hasta comienzos del XVIII, cuando el Consulado se trasladó a la vecina ciudad de Cádiz (donde siguieron celebrándose comicios regularmente)[20]. Los exhaustivos datos que reconstruyó Antonia Heredia Herrera permiten observar la abundancia y periodicidad de

---

Revista Chilena de Historia del Derecho, 1991, p. 53-70. Sublimes análisis jurídicos clásicos pueden consultarse en la *Política indiana* de Juan de Solórzano Pereira o el *Norte de la Contratación* de José de Veitia.

17 De hecho, algún intento de modificación resultó sumamente polémico y hubo de retirarse por carecer del suficiente consenso social : « en cosa que se alteran ordenanzas hemos hecho mal en tratar de ello sin general beneplácito y acuerdo » (el Consulado a Francisco de Sierralta, Sevilla, 31 de diciembre de 1620, Archivo General de Indias [en adelante AGI], Consulados, lib. 49, f. 286r).

18 Así, la ley 4, que declaraba la inhabilitación de los extranjeros para participar en las elecciones, aunque hiciese referencia a dos cédulas de Felipe IV de 1623 y 1648, en realidad no hacía más que repetir la declaración de exclusividad castellana que figuraba en la ley 3, que bebía directamente de las ordenanzas de 1556. La *Recopilación* se ocupa del Consulado en el título 6 del libro 9, con especial atención a las elecciones entre las leyes 1-19.

19 Por ejemplo : « en la elección de esos oficios [de prior y cónsules] y en la de los electores que se nombran por dos años para hacer la elección de ellos se ha procedido de algún tiempo a esta parte con menos atención de la que se debía tener al bien público de ese comercio » (real cédula, Madrid, 24 de diciembre de 1646, AGI, Consulados, leg. 7).

20 Antonia Heredia Herrera, « Reglamentos y ordenanzas del Consulado de Cádiz en el siglo XVIII », en Bibiano Torres y José Hernández (dir.), *Andalucía y América en el siglo XVIII. Actas de las IV jornadas de Andalucía y América*, Sevilla, Escuela de Estudios Hispanoamericanos, 1985, t. I, p. 59-78.

las elecciones, y comprobarse cómo se intercalaban etapas de riguroso cumplimiento de la normativa con otras de mayor relajación.

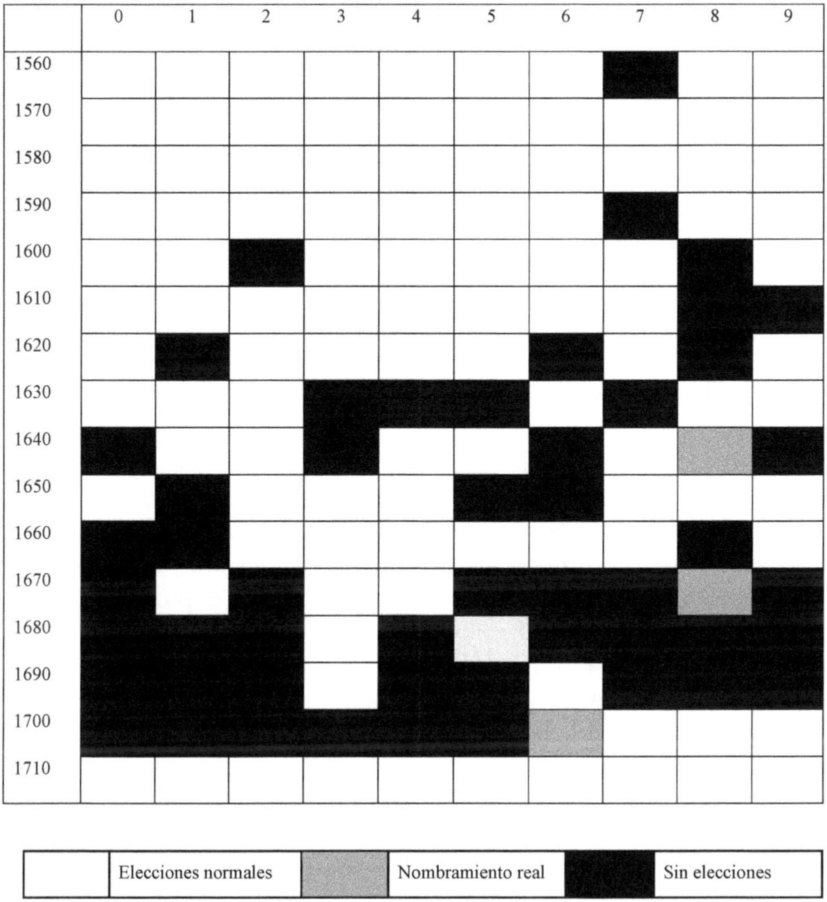

Fuente : Antonia Heredia Herrera, « Historia de un depósito documental : el archivo del Consulado de Cargadores en Sevilla », en *Andalucía y América en el siglo XVI (actas de las II jornadas de Andalucía y América)*, dir. Bibiano Torres y José Hernández, La Rábida, Escuela de estudios hispano-americanos, 1983, t. I, p. 485-500, e id., « Los dirigentes oficiales del Consulado de Cargadores a Indias », en Bibiano Torres y José Hernández (dir.), *Andalucía y América en el siglo XVII (actas de las III jornadas de Andalucía y América)*, La Rábida, Escuela de estudios hispano-americanos, 1985, t. I, p. 217-236 ; AGI, Consulados, leg. 8.

La evolución general es clara : 1) alto respeto a las ordenanzas durante el reinado de Felipe II ; 2) relajamiento progresivo durante el siglo XVII, que llegó a sus extremos entre las décadas de 1670 y 1700 ; 3) intensa corrección a partir de 1707, cuando se recuperó una periodicidad no vista desde tiempos de Felipe III. A primera vista, el incumplimiento del ritmo anual podría relacionarse con una desviación de la legalidad, pero la impresión no es completamente correcta. Lo que realmente había detrás de estos cambios, que obedecían a diversas tendencias históricas, era la tensión entre la Monarquía y los comerciantes. La desconvocatoria de elecciones solía tener una plena justificación legal, aunque fuese criticada, y para comprenderla hay que dirigirse al interior de aquellos procesos electorales.

El rey tenía un representante que controlaba los procesos de elección, un oficial real, generalmente perteneciente a la Casa de la Contratación, al que se designaba juez de alzadas o juez de apelaciones[21]. El nombramiento se hacía en Madrid al más alto nivel, tomando parte en él el rey y el Consejo de Indias, semanas o días antes de las elecciones. Sólo podía haber elecciones una vez que se conocía la identidad del nuevo juez de alzadas ; de hecho, si el Gobierno central no anunciaba nada al respecto, ya podía empezar a entenderse que aquel año no habría votación y se prorrogaría el gobierno consular. El juez de alzadas seguía todo el procedimiento y se aseguraba de que su desarrollo se ajustase debidamente a la normativa de las ordenanzas y a los intereses de la Corona. Incluso disponía de un voto de calidad ; en caso de observarse un empate entre los elegidos, su criterio particular tendría capacidad para romper la igualdad. Así pues, puede imaginarse que se trataba de un puesto apetecido, en cuyos nombramientos el Consulado intentaba influir presionando a través de sus agentes en la corte[22]. El control real no se limitaba a la acción de los jueces de alzadas. El Consulado era un interlocutor demasiado importante como para confiar toda la labor fiscalizadora a un único oficial de la Casa, que incluso podía provenir de los mismos medios sociales que los propios comerciantes, como efectivamente sucedía a veces. Así pues, el resultado de las elecciones se hacía llegar siempre a Madrid,

---

[21] El nombramiento de los jueces de alzadas se registró en consultas del Consejo de Indias conservadas actualmente en el Indiferente General del Archivo de Indias y están catalogadas en Antonia Heredia Herrera (dir.), *Catálogo de las consultas del Consejo de Indias*, Sevilla, Diputación de Sevilla, 1972-1995, 12 t.

[22] Por ejemplo Domingo de Herrera de la Concha al Consulado, Madrid, 14 de diciembre de 1666, AGI, Consulados, leg. 128.

acompañado de la documentación que fuese necesaria para aclarar los problemas que hubieran podido surgir. Ciertamente, lo normal era que el Gobierno respetase la votación de los electores de la Universidad, pero ocasionalmente no dejaron de sucederse episodios de denegación que demuestran que la preeminencia regia era cualquier cosa menos nominal.

Uno de esos episodios tuvo lugar en 1648. Sus protagonistas fueron Luis Bucarelli y Juan Alonso del Camino, a quienes los electores habían escogido para incorporarse como prior y cónsul en el nuevo gobierno prioral. La elección no tenía mucho de sorprendente, pues eran hombres importantes, pertenecientes a familias significativas de la sociedad hispalense[23]. Sin embargo, la Corona declaró nula su elección ; la de Bucarelli por descender de extranjeros y la de Camino por presuntos retrasos en la declaración de cuentas públicas. ¿ Qué había detrás de esta reprobación ? Los ministros del rey nunca adujeron otra cosa que no fuese el respeto escrupuloso de las ordenanzas, pero debe reconocerse que ellos mismos las habían ignorado deliberadamente cada vez que les había venido en gana. Ahora bien, había ministros y ministros, y el que estaba al frente de toda la operación era nada menos que el mencionado Juan de Góngora, consejero de Indias, que se encontraba entonces en Sevilla desarrollando una de las visitas más rigurosas y extensas a las que jamás fueran sometidas las instituciones andaluzas del comercio[24]. Es lícito especular con que, en cualquier otro momento o ante cualquier otra

---

[23] Antonio Domínguez Ortiz, « Comercio y blasones. Concesiones de hábitos de órdenes militares a miembros del Consulado de Sevilla en el siglo XVII », *Anuario de Estudios Americanos*, 1976, 33, p. 217-256 ; Francisco Núñez Roldán, « Tres familias florentinas en Sevilla : Federighi, Fantoni y Bucarelli (1570-1625) », en Bibiano Torres y José Hernández (dir.), *Presencia italiana en Andalucía, siglos XIV-XVII. Actas del III coloquio hispano-italiano*, Sevilla, Escuela de Estudios Hispanoamericanos, 1989, p. 23-50 ; Enriqueta Vila Vilar, « El poder del Consulado sevillano y los hombres del comercio en el siglo XVII : una aproximación », en Enriqueta Vila y Allan J. Kuethe (dir.), *Relaciones de poder y comercio colonial*, Sevilla, Escuela de Estudios Hispanoamericanos, 1999, p. 3-34 ; José Manuel Díaz Blanco, « Servicio al rey y progreso social en el siglo XVII : los oficiales de la avería en la Casa de la Contratación », en prensa.

[24] Ernst Schäfer, *El Consejo Real y Supremo, op. cit.*, t. I, p. 343. La visita de Góngora, que aún espera un estudio definitivo, es analizada en Guillermo Lohmann Villena y Enriqueta Vila Vilar, *Familia, linajes y negocios entre Sevilla y las Indias. Los Almonte*, Madrid, Mapfre, 2003, p. 158-161.

persona, Bucarelli y Camino no habrían tenido el menor problema para asumir sus cargos. Pero no fue así[25].

Treinta años después, en 1678, otro conflicto tuvo lugar. Probablemente, se trató del más recio de cuantos surgieron alrededor de unas elecciones del Consulado. Su protagonista fue Francisco de Contreras Chaves, rico cargador cosechero, ennoblecido con el hábito de la orden de Calatrava y alcalde mayor del Cabildo de Sevilla. Sin duda, Contreras Chaves era un hombre muy respetado en la ciudad. Había ocupado el priorato consular en dos ocasiones durante cinco años, en 1666 y continuadamente desde 1674 a 1677. En 1678, los electores se decantaron por él por tercera vez. Sin embargo, los ministros de Carlos II no permitieron que siguiera al frente del comercio de Sevilla. Su argumentación giraba en torno a la ilegalidad de tantos mandatos consecutivos, pero detrás de todo aquel embrollo latía un conflicto de poder entre personas e instituciones. Aunque el Gobierno se escudase detrás de una obediencia rígida a las ordenanzas, lo único que hacía era quitarse de en medio a un enemigo político molesto, que había actuado durante sus anteriores años de gobierno con una autonomía de criterio que nadie estaba dispuesto a tolerar en Madrid. El gran pecado de Contreras fue defender los intereses del comercio con más ardor del que podía aceptarse en Madrid[26].

La revisión que la Corona ejercía sobre las elecciones podía traducirse en ocasiones como ésta en un férreo control sobre el Consulado y, finalmente, en una fuerte relación de dominio, si era necesario. Así que, como podrá imaginarse, detrás de las desconvocatorias de elecciones se encontraba la decisión o la aquiescencia real. Si al Gobierno le interesaba la prolongación de un gobierno consular, no tenía más que prorrogarlo por conveniencia de Estado. Tenía capacidad jurídica para hacerlo. Las ordenanzas emanaban de la soberanía regia ; existían porque al rey le había placido conceder ese privilegio a los cargadores. Si la Corona las

[25] La Casa a Felipe IV, Sevilla, 7 de abril, 26 de mayo y 9 de junio de 1648, AGI, Contratación, leg. 5176.

[26] Autos de las elecciones, 1678, AGI, Consulados, leg. 8 ; decreto de Carlos II al conde de Medellín, Madrid, 14 de enero de 1678, con variada documentación adjunta : un memorial del Consulado, varias cartas de la Casa de la Contratación y una copia de los autos de las elecciones, entre otros, AGI, Indiferente General [= IG], leg. 640; el Consulado al conde de Medellín, Sevilla, 8 de enero de 1678, y consultas del Consejo de Indias, Madrid, 15 y 29 de enero y 11 de febrero de 1678, AGI, Indiferente General, leg. 786 ; José Manuel Díaz Blanco, *Así trocaste, op. cit.*, p. 258-259.

había sancionado, también podía derogarlas, temporal o perpetuamente. Es por esa razón que no cabe identificar la inexistencia de elecciones con ilegalidad alguna, puesto que la circunstancia partía de una orden del rey, que tenía capacidad jurídica sobrada para prorrogar los gobiernos consulares si las circunstancias le invitaban a hacerlo.

El argumento predilecto en dichas ocasiones consistía en exponer que el Consulado trataba en aquella tesitura negocios de tal calibre que no era viable el riesgo de un reemplazo personal : las personas que se hallaban al frente de la situación no podían retirarse sin más a su casa y tenían que continuar más tiempo en el gobierno. Parece que este argumento se empleó por primera vez en 1592 a favor de Pedro de Mendoza, probablemente el comerciante más prestigioso de Sevilla en los apoteósicos años finales del siglo XVI. El Consulado tenía a su cargo asuntos tan delicados como el primer asiento de avería o la entrega de cuantiosos donativos a la Corona, y tanto la Casa de la Contratación como el propio Consejo de Indias estaban sumamente interesados en que Mendoza siguiera ocupando el priorato consular[27]. Evidentemente, así ocurrió y sucedería otras veces a lo largo del XVII[28].

En cambio, cuando la Universidad albergaba deseos similares, no tenía armas para conseguirlo. Podía intentar escoger dos veces seguidas a las mismas personas, pero inmediatamente podía darse de bruces contra las lecturas más rigoristas de las ordenanzas, tal como ocurrió en 1678. No podía hacer más que suplicarlo, pero la Corona tendría que aprobarlo para que finalmente se hiciera realidad. Los comerciantes no tenían poder *de iure*, aunque implícitamente poseían una capacidad *de facto* para amoldar las elecciones a sus deseos, siempre que actuasen con el debido disimulo[29]. Es muy fácil documentar las arbitrariedades del rey, porque

---

27 AGI, IG, leg. 742, n° 76 ; Ochoa de Urquiza a Felipe II, Sevilla, 30 de noviembre de 1592 ; consulta del Consejo de Indias, Madrid, 12 de diciembre de 1592.

28 Como en 1618 : el Consulado a Rodrigo de Vadillo, Sevilla, 2 de enero de 1618, AGI, Consulados, lib. 49, f. 38v.

29 El tema de la disimulación es uno de los aspectos centrales de la política barroca, incluyendo la perspectiva de quienes estaban fuera del poder : Rosario Villari, *Elogio della dissimulazione. La lotta política nel Seicento*, Roma, Bari, Laterza, 1987 ; Jean-Pierre Cavaillé, *Dis/simulations. Jules César Vanini, François La Mothe Le Vayer, Gabriel Naudé, Louis Machon et Torquato Accetto*, Paris, Honoré Champion, 2002 ; Fernando Rodríguez de la Flor, *Pasiones frías. Secreto y disimulación en el Barroco hispano*, Madrid, Marcial Pons, 2005.

las cometía abiertamente con cobertura legal, y muy difícil percibir las de los mercaderes, porque sólo podían ejecutarlas entre bambalinas. Sin embargo, es evidente que hacían todo lo posible por llevar las cosas a su terreno. Había luchas faccionales y personales entre comerciantes[30], y existían maneras de tergiversar los resultados de las elecciones. Una de las más llamativas consistía en abrir la mano a la participación de personas que no tenían derecho a hacerlo, a fin de que votasen a un determinado candidato que, tal vez de otra manera, no habría ganado los apoyos suficientes.

Eso podía hacerse gracias a la inexistencia de un censo electoral, que daba paso con frecuencia a una inevitable ambigüedad en la identificación de quién podía votar y quién no, a pesar de que tan claro parecía figurar en la norma. Así ocurrió hasta el estallido de otro de los grandes escándalos de la vida electoral del Consulado, en 1685. Tocaba escoger electores y durante varios días la convocatoria se pregonó en la Casa de la Contratación, los alrededores de la Catedral y la alcaicería de la seda. Al fin, llegó el día de la elección y una multitud inusualmente amplia de votantes se congregó en el patio de la Casa. Durante dos o tres horas, más de 1 800 personas se acercaron para depositar su papel doblado en una única urna. Se trataba de un electorado mucho más nutrido que el de anteriores convocatorias, que además votó de forma sospechosamente homogénea. Todos los electores consiguieron 973 votos, coincidencia que se producía a veces, aunque con electorados mucho más reducidos. ¿ Cómo podían 973 personas votar exactamente lo mismo ? ¿ De dónde había salido tanta gente ? A todas luces, había existido una fuerte preparación previa.

El consulado saliente se enervó contra aquella trama, denunciando las « nulidades notorias » del procedimiento contra la normativa recogida en la *Recopilación de las Leyes de Indias*. Se quejaban de que

> entraron a nombrar electores innumerables personas en más número de mil ochocientas y entre ellos muchos extranjeros, escribanos, sastres, zapateros, guarnicioneros, cajeros, alcuceros y de otros muchos oficios

---

30 Lo denuncia la real cédula de 1646 citada *supra* nota 19 : « importa que en lo que a esto toca no haya inteligencias ni parcialidades, sino que los electores obren con el desinterés y libre voluntad que conviene para que mejor se acierte la elección de personas ». Un ejemplo claro ocurrió en 1682, cuando Sebastián de Arriá se opuso al nombramiento de José de Morales como prior, aduciendo supuestos vínculos institucionales con la Casa de la Contratación (autos de 1682, AGI, Consulados, leg. 8).

vedados y una gran cantidad de pajes criados y gentilhombres de los que venían a la misma elección y asimismo un gran número de hombres que tiene tienda pública.

Incluso se atrevían a dar algunos nombres propios, sobre los que se hicieron algunas indagaciones durante varios días. Sin embargo, el juez de alzadas, un importante ministro de la Contratación llamado Juan Bautista de Aguinaga, no admitió las apelaciones y respaldó la validez del proceso, que finalmente concluyó entregando el poder prioral a Lorenzo López de Eceiza[31].

Detrás de aquel episodio se adivinaba una confrontación entre mercaderes en la que los ministros reales no quisieron entrar. Aunque callaran, era evidente que algo había ido mal, pero prefirieron respetar los hechos consumados y legislar *a posteriori*. El resultado fue la publicación un año después de una cédula en la que por fin, en fecha tan tardía, se aclaraba la cuestión del censo electoral[32]. La cédula de 1686 sancionó la obligatoriedad de preparar antes de cada elección de electores lo que en aquel ambiente se llamaba la « matrícula ». Ciertamente, la matrícula no suponía un cambio espectacular ; al fin y al cabo, se elaboraba siguiendo los mismos criterios que se habían empleado tradicionalmente. Seguían excluidos los mismos que habían estado excluidos siempre. Pero ahora todo se preparaba previamente por escrito, con la esperanza de que pudiera evitarse la repetición de acontecimientos como los de 1685.

La matrícula sirvió para poco durante sus primeros años de vigencia, pues hubo contadas elecciones a fines del XVII. El gran beneficiario de los acontecimientos de 1685 fue López de Eceiza, respetado mercader vasco, que tuvo la fortuna adicional de permanecer en el Consulado nada menos que ocho años, al lado de sus dos cónsules. Sin duda, fue el gobierno consular más longevo que hubo jamás. Tras otros gobiernos prolongados como el de Contreras Chaves en los años 70, vino después un gobierno trienal dirigido por Antonio de Legorburu y otro también muy extenso bajo la égida de Ramón de Torrezar[33]. Incluso si esto sucedió con consentimiento real, resulta evidente que fue en aquel momento cuando determinadas camarillas se apropiaron más estrechamente de una institución representativa que debía ser más general, amparándose en la

---

31 Autos de la elección de 1685, AGI, Consulados, leg. 8.

32 Real cédula, Buen Retiro, 24 de mayo de 1686, AGI, Consulados, leg. 7.

33 Fernando Fernández González, *Comerciantes vascos en Sevilla, 1650-1700*, Sevilla, Diputación de Sevilla, Gobierno Vasco, 2000, p. 189-206.

propia debilidad de los focos mercantiles hispalenses a fines del XVII. Así, cuando en 1707 se produjo el viraje que recuperó la periodicidad en las elecciones, no ocurrió por presiones del Consulado, sino por un decreto que volvía a demostrar la posición de dominio ejercida por la Corona.

La actuación realista comenzó en 1706, sin aducir otras razones que su capacidad para hacer lo que quería hacer. Según advirtió por carta el secretario José de Grimaldo, había pasado el tiempo de gobierno de Jerónimo Francisco Mier del Tojo y sus cónsules, de modo que tenían que dejar el Consulado y ceder el testigo a otro equipo que venía ya designado desde Madrid. ¿ Podía hacerse algo así ? En efecto, y Grimaldo lo explicaba sin mayores complicaciones : « Usando de su poderío real [Su Majestad] deroga por esta vez las leyes y ordenanzas que hablan y tratan de las elecciones de estos empleos ». Aclaraba, eso sí, que el nuevo consulado gobernaría durante aquel año, pasado el cual se harían nuevas elecciones al modo habitual, porque las ordenanzas « sólo se derogan por esta vez ». En las difíciles circunstancias de la guerra de Sucesión, precisamente a causa de ellas, la Monarquía tomó aquella decisión drástica como parte de un proceso de revisión de cuentas a los gobiernos consulares entre 1689 y 1705 ; y nadie levantó la voz. Todos acataron[34].

El acontecimiento fue el primer episodio de un período de cierto reforzamiento autoritario de la Monarquía sobre las elecciones[35]. A partir de 1707, el Gobierno de Felipe V incluyó una novedad procedimental importante. Comenzó a enviar dos propuestas completas de candidatos (con prior, cónsules y consiliarios) diseñadas de arriba abajo en Madrid. Hasta aquel momento, los electores habían elegido a quienes ellos habían considerado oportuno. Éste es uno de los puntos más oscuros del mecanismo, que no se contempla en las ordenanzas ni se registra en ningún acta ; no se ha podido documentar si existía alguna forma concreta

[34] Autos del año 1706, AGI, Consulados, leg. 8. La carta de Grimaldo se encuentra en este expediente, con fecha en Madrid, 8 de diciembre de 1705. Sobre este importante ministro, Concepción de Castro, *A la sombra de Felipe V. José de Grimaldo, ministro responsable (1703-1726)*, Madrid, Marcial Pons, 2004.

[35] El acontecimiento ha sido estudiado por Pablo E. Pérez-Mallaína Bueno, *Política naval española en el Atlántico, 1700-1715*, Sevilla, CSIC, 1982, y Allan J. Kuethe, « El fin del monopolio : los Borbones y el consulado andaluz », en Enriqueta Vila y Allan J. Kuethe (dir.), *Relaciones de poder, op. cit.*, p. 35-66, que lo vinculan con la política reformista del momento, a través de la Junta de Restablecimiento del Comercio, y con las rivalidades entre Bernardo Tinajero de la Escalera y la élite consular de fines del XVII.

de lanzar candidaturas o, sencillamente, los electores escogían a quienes querían, por convicción personal o por acuerdos previos. En 1707 se quiso aclarar tal indeterminación, obligando a los electores a escoger entre una y otra candidatura de las que presentaba Madrid, y se hizo así durante nueve años seguidos al menos, hasta que en 1716 se devolvió a los electores su antigua libertad de acción, aunque paradójicamente no la utilizaron para otra cosa más que reelegir al consulado de 1715. Por supuesto, la reelección contravenía las ordenanzas, exactamente igual que en 1678, pero, tratándose de personas que la misma Monarquía había recomendado un año atrás, no hubo el menor problema a la hora de aceptarlo, « derogando para ello la ley que lo prohibía »[36].

La expansión de lo que Robert S. Smith denominó « consulados de mar », siguiendo la terminología histórica original, puede entenderse como una auténtica genealogía institucional nacida en el corazón de Europa y extendida a América[37]. El de Sevilla (1543) seguía los modelos institucionales de Burgos (1494) y Bilbao (1511), y a su vez se convirtió en el crisol de otros : el que se instaló fugazmente en Lisboa a fines del XVI[38] y, de forma estable, los consulados indianos, especialmente los más cercanos en el tiempo de México (1594) y Lima (1612)[39]. Al lado de estos

---

36 Autos de los años 1707-1716, AGI, Consulados, leg. 8. De todas formas, eso no significó una vuelta a la « normalidad » previa, puesto que desde fines de 1716 empezaron a pergeñarse las modificaciones electorales necesarias para la adaptación del Consulado a su nueva sede gaditana desde 1717 : Antonia Heredia Herrera, « Las elecciones en el Consulado », art. cit. ; Allan J. Kuethe, « Traslado del Consulado de Sevilla a Cádiz : nuevas perspectivas », en Enriqueta Vila y Allan J. Kuethe (dir.), *Relaciones de poder, op. cit*, p. 67-82.

37 Robert S. Smith, *The Spanish Guild Merchant. A History of the Spanish Consulado, 1250-1700*, Durham, Duke University Press, 1940.

38 Pedro Ortego Gil, *Reis e Mercadores. O Consulado de Lisboa (1592-1602)*, Lisboa, AAFDL, 2012.

39 Los consulados han sido analizados como fenómenos institucionales indianos en Bernd Hausberger y Antonio Ibarra (dir.), *Comercio y poder en América colonial. Los consulados de comerciantes, siglos XVII-XIX*, Madrid, Iberoamericana Vervuert, Instituto Mora, 2003, con un alto interés para la cultura electoral en los capítulos de Guillermina del Valle Pavón, « Gestión del derecho de alcabalas y conflictos por la representación corporativa : la transformación de la normatividad electoral del Consulado de México en el siglo XVII », p. 41-72, y Bernd Hausberger, « Las elecciones de prior, cónsules y diputados en el Consulado de México en la primera mitad del siglo XVIII : la formación de los partidos de montañeses y vizcaínos », p. 73-102. La amplia bibliografía sobre el Consulado novohispano está magníficamente sintetizada en Guillermina del Valle Pavón, « El Consulado de Mercaderes de la ciudad de México, 1594-1827, historiografía y fuentes sobre su historia », *América Latina en la Historia Económica*, 2002, 9, XVII-

consulados del mar, puede parecer que los consulados de extranjeros iban en paralelo[40]. Sin duda, obedecían a un modelo institucional diferente, pero eso no significa que no hubiera contactos entre unos y otros. De hecho, el Consulado de Sevilla no fue sólo un modelo para los consulados virreinales, sino que también sirvió de influencia a los consulados nacionales de las comunidades establecidas en la Sevilla del XVII.

Paradójicamente, el Consulado de Cargadores podía servir como fuente de inspiración al tiempo que se destacaba como enemigo de los extranjeros. En un momento de extrema confrontación con ellos, a quienes intentaba subordinar económicamente, el Consulado se quejaba de que « los extranjeros tratan de hacer consulado en forma en Sevilla y para eso nos cogieron las ordenanzas, que se han desaparecido »[41]. Unos treinta años después, en circunstancias similares o peores, el Consulado protestaba por haber tenido noticia de « dos Cédulas que se despacharon por el Supremo Consejo de Castilla [...], por las quales V. M. se sirve de conceder a los Flamencos y Alemanes, que residen en esta Ciudad, el poder elegir, y nombrar Prior y Consules en la conformidad que los nombran, y elijen los Consulados de Burgos, y Vilbao »[42]. Los extranjeros intentaban seguir el modelo que les brindaba la gran institución comercial local. Trataban de construir sus consulados a imagen y semejanza del que habían creado los españoles, nunca con más ahínco que cuando se enfrentaban a él. Procesos de imitación, influencias entre unos y otros, perfectamente lógicas cuando se habla de personas y comunidades que convivían en espacios muy próximos y compartían vecindad. Problemática vecindad.

XVIII, p. 11-21 ; en la del Consulado de Lima destacan : John Melzer, *Bastion of Commerce in the City of the Kings. The Consulado de Comercio of Lima, 1593-1887*, Lima, Concytec, 1991 ; Carlos Moreyra y Paz-Soldán, *Estudios históricos. Tráfico marítimo colonial y Tribunal del Consulado de Lima*, Lima, PUCP, Instituto Riva Agüero, 1994 ; Carmen Parrón Salas, *De las reformas borbónicas a la República : el Consulado y el comercio marítimo de Lima, 1778-1821*, Murcia, Academia General del Aire, 1995.

40 Jörg Ulbert y Gérard Le Bouëdec (dir.), *La fonction consulaire à l'époque moderne. L'affirmation d'une institution économique et politique (1500-1700)*, Rennes, Presses Universitaires de Rennes, 2006 ; Jan Melissen y Ana Mar Fernández (eds.), *Consular Affairs and Diplomacy*, Leyde, Martinus Nijhoff, 2011 ; Marcella Aglietti, Manuel Herrero y Francisco Zamora (dir.), *Los cónsules de extranjeros en la Edad Moderna y a principios de la Edad Contemporánea*, Madrid, Doce Calles, 2013.

41 El Consulado a Gonzalo Romero, Sevilla, 5 de septiembre de 1617, AGI, Consulados, lib. 49, f. 4r.

42 Memorial del Consulado, [1645], AGI, IG, leg. 764.

Había varias cosas del Consulado de Cargadores en las que los extranjeros podían inspirarse. Una de ellas era el principio de elección. El de representación se encontraba relativamente extendido ; varias naciones contaban con consulados en Sevilla ya en el siglo XVI y a comienzos del XVII : los flamencos, los franceses, los venecianos, incluso los ingleses[43]. Estos consulados eran representativos, pero no eran electivos ; defendían a las comunidades, pero no eran elegidos por ellas. Eran los gobiernos monárquicos o republicanos quienes, en origen, los designaban. El contraste con el consulado español era evidente para los comerciantes del siglo XVII y es lógico que intentasen cambiarlo. En parte a imitación del Consulado de Cargadores, en parte persiguiendo el ideal político de la representación electiva, las comunidades extranjeras intentaron ganarse el derecho al voto a lo largo del Seiscientos. Algunas tuvieron más suerte y otras menos. La francesa, por ejemplo, intentó tomar, siquiera coyunturalmente, las riendas de su consulado en 1619, cuando solicitó a Luis XIII la sustitución del cónsul en activo por otro a quien los miembros de la comunidad consideraban más idóneo[44].

En cambio, los flamencos (y los alemanes junto a ellos) tuvieron un éxito rotundo a la hora de hacer elegible su consulado, que puede ser visto con justicia como la institución consular más influyente de Sevilla, detrás del propio Consulado de Cargadores. Entre 1613 y 1625, aprovechando la base institucional que proporcionaba la capilla de hermandad de la nación, el consulado flamenco-alemán se transformó y unió el principio de elección al de representación. Flamencos y alemanes comenzaron a votar a sus propios mayordomos y cónsules, ofreciendo uno de los ejemplos más refinados de cultura electoral en la Sevilla del XVII[45].

---

[43] La Casa a Felipe IV, Sevilla, 31 de mayo de 1633, AGI, Contratación, leg. 5174 ; Pedro Collado Villalta, « La Nación genovesa en la Sevilla de la Carrera de Indias : declive mercantil y pérdida de la autonomía consular », en Bibiano Torres y José Hernández (dir.), *Presencia italiana en Andalucía, op. cit.*, p. 53-114, cita esta carta en p. 86 a través de un ejemplar conservado en Archivo General de Simancas, Estado, leg. 3591.

[44] Carta de poder, Sevilla, 16 de febrero de 1619, Archivo Histórico Provincial de Sevilla, Protocolos Notariales de Sevilla [en adelante AHPSe, PNS], leg. 12738, f. 587.

[45] Jaime García Bernal y Mercedes Gamero Rojas, « Las corporaciones de nación en la Sevilla moderna. Fundaciones, redes asistenciales y formas de sociabilidad », en Bernardo J. García y Óscar Recio (dir.), *Las corporaciones de nación en la Monarquía Hispánica (1580-1750). Identidad, patronazgo y redes de sociabilidad*, Madrid, Fundación Carlos de Amberes, 2014, p. 347-387 ; Mercedes Gamero Rojas, « Flamencos en la Sevilla del siglo XVII : la capilla

En primer lugar, las elecciones se basaban en una normativa codificada, unos estatutos y constituciones, por seguir la terminología de la época, aprobados ante notario el año 1615[46]. Ningún individuo, por mucho prestigio que tuviera, podía imponer una voluntad subjetiva. Había unas reglas, estaban claras y había que seguirlas. Eran flexibles y podían modificarse o adaptarse según el curso de las circunstancias, pero siempre bajo el consentimiento colectivo de la comunidad. En este sentido, la seguridad jurídica que los estatutos de 1615 brindaban a la nación flamenca y alemana podía compararse perfectamente a la que las ordenanzas consulares de 1556 ofrecían a la Universidad de Cargadores. Una vez más, se registran ocasionalmente críticas hacia el incumplimiento de la norma, vinculadas a coyunturas determinadas. Pero también aquí la mirada histórica, que ve más allá del momento concreto y las rivalidades personales, invita a valorar las cosas de otra manera. Desde 1616 en adelante, los procesos electorales se sucedieron con rigurosa periodicidad bienal, afectada por escasísimas excepciones. Cuando se leen las actas de las votaciones, que se han conservado de forma prácticamente íntegra, mucho mejor que las del Consulado de Cargadores, se percibe un respeto indudable a los estatutos, continuo durante décadas[47].

Cada dos años debía acudirse a votar a la capilla de San Andrés, que la nación mantenía en el colegio de Santo Tomás[48]. ¿ Quiénes podían hacerlo ? En principio, los nacidos en Flandes y el Sacro Imperio, pero también sus descendientes ya nacidos en España. Todos podían elegir y ser elegidos. Eso decía la norma, aunque la pauta social introdujo subrepticiamente otro censo nunca dejado por escrito : votaban los

---

y el hospital de San Andrés », en Juan José Iglesias, Rafael Pérez y Manuel Fernández (dir.), *Comercio y cultura en la Edad Moderna*, Sevilla, Universidad de Sevilla, 2015, p. 715-730 ; José Manuel Díaz Blanco, « La construcción de una institución comercial. El consulado de las naciones flamenca y alemana en la Sevilla moderna », *Revista de Historia Moderna. Anales de la Universidad de Alicante*, 2015, p. 123-145.

46 Fundación de estatutos, Sevilla, 17 de julio de 1615, AHPSe, PNS, leg. 12713, f. 435-447.

47 AHPSe, PNS, oficio 19, para las primeras décadas del siglo XVII, y oficio 16, para las décadas finales.

48 Diego Ignacio de Góngora, *Historia del Colegio Mayor de Santo Tomás de Sevilla*, Sevilla, 1890. La capilla de San Andrés estaba presidida por el gran lienzo de Juan de Roelas *El martirio de san Andrés :* Enrique Valdivieso González, *Juan de Roelas*, Sevilla, Diputación, 1978 ; Enrique Valdivieso e Ignacio Cano (dir.), *Juan de Roelas, h. 1570-1625*, Sevilla, Junta de Andalucía, 2008.

flamencos, los alemanes y sus descendientes con un peso social y económico importante en el marco local. Los pobres no votaban. Incluso los de mediano pasar, tampoco. Ni votaban ni tenían por qué acercarse siquiera al colegio el día de la elección. De hecho, no lo hacían. Las firmas que comparecen en las actas de las elecciones remiten eminentemente a un mundo de comerciantes, entre los que apenas pueden atisbarse algunos religiosos y hombres de leyes. Aquellas puertas tenían dos llaves : la naturaleza y el dinero.

Los flamencos elegían una estructura representativa en la que, además de otros oficiales como el secretario, figuraban cuatro personas sobre las que recaía la máxima responsabilidad de gobierno, dos cónsules y dos mayordomos. Cumplidos los dos años, éstos, antes de terminar su período de gobierno, presentaban a la nación varios candidatos para que escogiesen entre ellos al nuevo secretario y a los dos mayordomos. No se votaba directamente a los cónsules, porque éstos eran los mayordomos del ejercicio anterior, que, tras haber adquirido esta experiencia previa, accedían en ese momento a la posición más elevada.

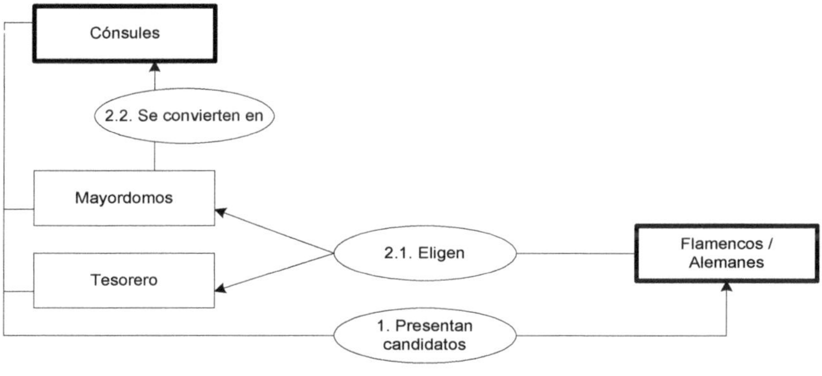

Fuente : elaboración propia a partir de AHPSe, PNS, leg. 12.713, f. 435-447.

Los ingleses, por su parte, elaboraron un curioso modelo político mixto a finales de siglo. Las noticias tempranas de cónsules ingleses en Sevilla, raras y vagamente conocidas, parecen indicar una representación unipersonal de probable designación real directa. Sin embargo, desde la década de 1680, aparecen novedades. La comunidad inglesa comenzó a votar a uno o dos diputados todos los años para que la representasen[49]. Tratándose de un número reducido de personas, podían pasar sin ordenanzas y estatutos, y no necesitaban más lugar de reunión que la casa particular de alguno. Allí se veían todos y elegían como diputados a alguien de los presentes por voto directo. Sin embargo, junto a estos representantes comunitarios plenos, seguía habiendo (o volvió a haber) cónsules tradicionales de nombramiento real. Roberto Godescalque, desde 1694 aproximadamente, sirvió el oficio de cónsul, pero al mismo tiempo otros mercaderes siguieron ocupando la diputación. La comunidad sevillana parecía así reproducir modestamente el equilibrio entre poder real y poder comunitario que tanto se discutió en el XVII inglés[50].

Ciudad de mercaderes, es normal que Sevilla fuera también ciudad de consulados. Pero no sólo de consulados vivía el comerciante. El constante diálogo económico con la Monarquía daba lugar a múltiples empresas en las que voluntaria o coercitivamente los hombres de negocios tenían que afrontar de manera conjunta el pago de fuertes aportaciones financieras. Los grupos inversores que se formaban para hacerles frente tendían a organizarse alrededor que pequeños embriones funcionales, generalmente un grupo de varios diputados o comisionados a los que se encargaba la supervisión del negocio. Estos representantes eran escogidos por voto directo entre los interesados en el negocio[51].

Los empresarios también vivían la cultura de la elección y la representación en hermandades y cofradías. Éstas eran un elemento característico de la sociabilidad de la época y no pueden entenderse sin tener presente las votaciones que desarrollaban internamente en los cabildos de elecciones. Las hermandades vinculadas sociológicamente a

---

49 La primera elección de diputados, efectuada a fines de 1684 con vigencia para 1685, en AHPSe, PNS, leg. 10288, f. 255. Otras sucesivas en AHPSe, PNS, leg. 10305, f. 707, leg. 10294, f. 259, leg. 5141, f. 64, leg. 5142, f. 25, leg. 5144, f. 4, leg. 5145, f. 6, leg. 5151, f. 975, y leg. 5152, f. 1473. Un estudio sobre este caso y los de otras « naciones » en José Manuel Díaz Blanco, « Las naciones extranjeras en la Sevilla Moderna : ¿ hacia un modelo de organización institucional ? », en prensa.

50 AHPSe, PNS, leg. 10305, f. 707, y leg. 5152, f. 1473.

51 Por ejemplo, entre los inversores del fracasado asiento de avería de 1655 : « Nombramiento de cuatro diputados para ir a Madrid al ajuste del asiento », 10 de mayo de 1655, y « Nombramiento de seis diputados para que en Sevilla se correspondan con los de Madrid sobre los capítulos del asiento », 14 de mayo de 1655, AGI, Consulados, lib. 6.

la burguesía de negocios, y también otras, desarrollaban una inclinación característica hacia el voto. Entre ellas alcanzó un brillo muy particular la hermandad de la Santa Caridad, que, además de haber dejado rastros documentales en los archivos, ha conservado restos materiales de esa cultura electoral, suerte sumamente rara[52].

Juan de Valdés Leal, Don Miguel Mañara en el hospital de la Santa Caridad, 1681, oleo sobre lienzo, Hospital de la Caridad (Sevilla), 196 x 225 cm.

[52] Más que una bibliografía sobre la Hermandad propiamente dicha, la hay sobre la figura de Miguel Mañara : Jesús M. Granero, *Don Miguel Mañara Leca y Colona y Vicentelo (un caballero sevillanos del siglo XVII)*, Sevilla, Artes Gráficas Salesianas, 1963, compendiado en *Muerte y amor. Don Miguel Mañara*, Sevilla, Fareso, 1981 ; Francisco Martín Hernández, *Miguel Mañara*, Sevilla, Universidad de Sevilla, 1981 ; Olivier Piveteau, *El burlador y el santo : don Miguel Mañara frente al mito de don Juan*, Sevilla, Cajasol, 2007 ; *Id.*, *Miguel Mañara. Vida y leyenda*, Sevilla, Ayuntamiento, ICAS, 2014 ; Enrique Valdivieso y Magdalena Illán (dir.), *Miguel Mañara. Espiritualidad y arte en el Barroco sevillano (1627-1649)*, Sevilla, Fundación Cruzcampo, Hospital de la Santa Caridad, 2010 ; José Fernández y Lina Malo (dir.), *Estudios sobre Miguel Mañara. Su figura y su época, santidad, historia y arte*, Sevilla, Santa Caridad, 2011.

En la sala de cabildos, el espacio donde los hermanos se reunían para debatir y votar, se conserva un precioso lienzo de Juan de Valdés Leal[53]. La obra no es destacable sólo por sus valores estéticos, sino porque se abre como una ventana hacia un mundo pretérito y en gran parte desaparecido. Miguel Mañara, su hermano mayor y destacado guía espiritual, aparece sentado en la mesa de gobierno de la hermandad, leyendo un libro que puede ser su *Discurso de la Verdad*, como generalmente se supone, pero también la Regla de la hermandad, donde se explica cómo deben efectuarse las votaciones, especialmente en los cabildos de elecciones[54]. Hay dos elementos en el cuadro que pueden relacionarse con la cultura electoral del siglo XVII. En primer lugar el niño sentado en la esquina inferior izquierda, que ruega silencio a un auditorio de hermanos sutilmente presentes en la escena mediante este recurso, pues los niños participaban a veces en las votaciones como « manos inocentes ». Además, están las urnas.

Las urnas eran protagonistas discretas de la cultura electoral. Las actas, especialmente las del Consulado de Cargadores, describen las elecciones con enorme viveza o rigor notarial. Casi permiten una evocación pintoresquista, en la que se confunden las voces de los pregones, la intimidad de la misa del Espíritu Santo, el bullicio de la votación y el quehacer de los maestros de ceremonias. En medio de este movimiento, las urnas aparecen recibiendo los votos que los comerciantes introducían en pequeños papeles doblados. El historiador puede pasarlas por alto mientras persigue otros fantasmas del pasado – los comerciantes, los oficiales reales, las polémicas, etc. –, pero siempre estaban ahí, conservando secretos en silencio[55]. Al igual que en la actual cultura democrática, eran un símbolo de la capacidad de decidir que tenían muchas comunidades políticas

---

53 Enrique Valdivieso González, *Valdés Leal*, Sevilla, Guadalquivir, 1988.

54 La regla de 1671, reimpresa en 1674, dedica a materia de elecciones los capítulos VIII-XIV, y la definitiva de 1675, varias veces reeditada con posterioridad, los capítulos VIII-XI : *Regla de la insigne hermandad de la Santa Caridad de N. Señor Jesucristo*, Sevilla, Juan Francisco de Blas, 1671 ; *Regla de la muy humilde hermandad de la hospitalidad dela S. Caridad*, Sevilla, Juan Cabezas, 1675 (Uso el ejemplar de Biblioteca universitaria de Sevilla, fondo antiguo, A 180/71, digitalizado en el repositorio de la propia Universidad).

55 Por ejemplo : Durante las elecciones de 1674, los comerciantes « daban sus votos para que fuesen electores en esta elección y el dicho señor presidente fue recibiendo los dos papeles y poniéndolos en una cajita pequeña que para este efecto estaba puesta sobre la mesa del tribunal [de la Casa] » (autos de 1674, AGI, Consulados, leg. 8).

en el Antiguo Régimen. Lamentablemente, esos objetos, hermosos e importantes, han sucumbido al látigo del tiempo. Se conservan arcas de la época, incluyendo la famosa tipología de las tres llaves[56], pero ¿ cuántas urnas de votaciones se han conservado ? Escasísimas ; dos de ellas (o su representación pictórica), en el cuadro de Valdés Leal.

Bajo el lienzo, una mesa que preside esta sala de cabildos, todavía en uso desde más tres siglos, reproduce la que trazó allí el eximio pincel barroco. Sobre ella hay unas copias relativamente fieles de las urnas. Es interesante contemplarlas, pero es mucho más gratificante acercarse a unas vitrinas donde, entre otros objetos personales del carismático Mañara, se conservan unas urnas originales del siglo XVII, posiblemente las mismas que aparecen en el cuadro de Valdés Leal. Entre las joyas artísticas de la Caridad, corren de nuevo el peligro de pasar desapercibidas. Su humildad material no puede discutirse, pero su valor histórico es inapreciable. En ellas ha quedado uno de los escasos restos materiales que han sobrevivido de una época en la que la burguesía de negocios participó activamente en la compleja cultura electoral y representativa previa al Liberalismo, sobre la que tanto quedar por saber.

Urnas para votar (Hospital de la Santa Caridad, Sevilla, siglo XVII).

---

56 Leonor Zozaya Montes, « Las arcas de tres llaves en la Edad Moderna : ¿ arcas municipales de archivo o de dinero ? », en Julio Torres, Nules-Valencia (dir.), *Ars metallica. Monedas y medallas. XIV Congreso Nacional de Numismática*, Museo Casa de la Moneda, 2011, p. 997-1012.

Représenter, contrôler, réguler : l'institution consulaire et l'essor marchand français en Espagne (XVIIe-XVIIIe siècles)

Sylvain Lloret

Abstract

The goal of this article is to study the political dimension of French trade in Spain during the 17th and 18th centuries and the institutional resources that had the French trader settled in the peninsula were able to mobilize. The relationship of French traders with their consuls where complex, ambiguous and even paradoxical at an era when the function was under redefinition. French consular function was reformed during the second part of the 17th century. The consul was at first the representative of traders ; he became little by little an agent of the State. This evolution turned out then in a specific way in Spain. More than anywhere else, the consul was the institutional cornerstone of the French trade rapid expansion. In contrast with a teleological and neo-institutionalist point of view of the consular function, the influence of a political and Colbertist administrative culture made of pragmatism, inventiveness and experimentation, which led to the establishment of an original consular architecture, must be pointed out.

Résumé

Cet article vise à approcher le négoce français en Espagne aux XVIIe et XVIIIe siècles dans sa dimension politique, afin d'analyser les ressources institutionnelles que les marchands français établis dans la Péninsule étaient en mesure de mobiliser. Ce faisant, l'étude permet de comprendre la nature complexe, ambiguë, voire paradoxale des liens qu'entretenaient les marchands français avec leurs consuls, à une époque de redéfinition de ladite fonction. Nous analyserons dans un premier temps le contexte de réforme de la fonction consulaire française dans la seconde moitié du XVIIe siècle. De représentant des marchands, le consul se mua progressivement en agent de l'État. Dans un deuxième temps, cette évolution prit une tournure spécifique en Espagne. Plus qu'ailleurs, le consul y fut la pierre d'angle institutionnelle de l'essor marchand français. Enfin, prenant le contrepied d'analyses téléologiques et néo-institutionnalistes relatives à la fonction consulaire, cette étude dressera les contours d'une culture politique et administrative colbertiste, faite de pragmatisme, d'inventivité et d'expérimentation, qui présida à l'établissement d'une l'architecture consulaire unique en son genre.

« Créée par les marchands pour les marchands », l'institution consulaire française était implantée en Espagne aux XVIIe et XVIIIe siècles[1]. Les marchands français étaient ainsi à même de mobiliser un appareil institutionnel de protection, afin de défendre leurs intérêts. Notre démarche, qui consiste à retracer la genèse de l'organisation et de la construction de ce réseau de sauvegarde des intérêts commerciaux, s'inscrit dans la lignée des travaux récents relatifs à la mobilisation des ressources institutionnelles par les sphères marchandes[2]. L'analyse des liens entre les marchands et l'appareil institutionnel mis à leur disposition permet de dresser les contours d'une culture politique marchande.

La culture politique s'entend ici comme l'ensemble des normes, des pratiques, des comportements et des représentations qui fondaient l'action des agents consulaires et des marchands français établis dans la Péninsule[3]. Cette culture politique incluait les normes et pratiques des milieux d'affaires français : elle s'intégrait dans un processus déjà avancé de structuration des colonies marchandes étrangères dans les principales places marchandes de la monarchie catholique. Outre les travaux pionniers d'Albert Girard et Henri Sée, les études de Didier Ozanam, Antonio García Baquero, Pedro Collado Villalta, Michel Zylberberg ou Manuel Bustos Rodríguez, ainsi que les analyses plus récentes d'Arnaud Bartolomei et d'Olivier Le Gouic, ont permis d'approcher les pratiques

1 Julien Sempéré, Le consulat français de Barcelone (1679-1716) : guerre et commerce en Méditerranée, thèse de doctorat dirigée par Wolfgang Kaiser, soutenue le 22 mars 2014, Université Paris 1 Panthéon-Sorbonne, p. 51.

2 Avner Greif, « Commitment, coercion, and markets : The nature and dynamics of institutions supporting exchange », dans Claude Ménard et Mary M. Shirley (dir.), *Handbooks of new institutional economics*, Dordrecht, Springer, 2005, p. 725-786 ; Regina Grafe, « Was there a market for institutions in Early Modern European trade ? » dans Georg Christ, Franz-Julius Morche *et al.* (dir.), *Union in separation. Diasporic groups and identities in the Eastern Mediterranean (1100-1800)*, Roma, Viella, 2015, p. 593-609.

3 Bertrand Badie, *Culture et politique*, Paris, Economica, 1993 ; Peter Katzenstein *et al*, « International Organization and the Study of World Politics », dans *International Organization*, 1998, 52, p. 645-685 ; Fredrik Barth, *Ethnic Groups and Boundaries : the Social Organization of Culture Difference*, Bergen/Oslo, G. Allen and Unwin, 1970.

institutionnelles d'un groupe de mieux en mieux organisé pour la défense de ses intérêts au tournant des XVIIe et XVIIIe siècles[4].

La fonction consulaire connut sur cette même période de nombreuses évolutions qu'il convient de retracer, afin de comprendre la nature et la spécificité de l'établissement d'un réseau consulaire français dans la Péninsule. Représentant du roi de France dans la ville, intermédiaire entre ses nationaux et les autorités locales, il veillait à protéger le commerce français. Acteurs de l'interconnexion des réseaux commerciaux entre la France, l'Espagne et son empire américain, la figure consulaire française dans la Péninsule œuvrait en intermédiaire. Cependant, cette dynamique d'intégration n'était pas univoque : acteur qui rapproche et unit, le consul était également source d'entraves, de discontinuité et de conflits. Cette dialectique, qui associe intégration, interpénétration, intermédiation, mais aussi opposition, conflictualité voire rejet, se situe au cœur de notre questionnement. L'action consulaire, ainsi que les liens entretenus par ces agents avec leurs nationaux, d'une part, et leur tutelle ministérielle,

---

[4] Didier Ozanam, « La colonie française de Cadix au XVIIIe siècle d'après un document inédit de 1777 », *Mélanges de la Casa de Velázquez*, 1968/4, p. 259-348 ; Pedro Collado Villalta, « El impacto americano en la Bahía : la inmigración extranjera en Cádiz (1708-1819) », dans *I Jornadas de Andalucía y América de La Rábida*, Huelva, 1981, t. I, p. 51-73 ; Antonio García Baquero et Pedro Collado Villalta, *Les Français en Espagne à l'époque moderne (XVIe-XVIIIe siècles)*, Paris, CNRS, 1990, p. 173-195 ; Michel Zylberberg, *Une si douce domination : les milieux d'affaires français et l'Espagne vers 1780-1808*, Paris, Comité pour l'histoire économique et financière de la France, 1993 ; Manuel Bustos Rodríguez, *Los comerciantes de la Carrera de Indias en el Cádiz del siglo XVIII (1713-1775)*, Cádiz, Servicio de Publicaciones de la Universidad de Cádiz, 1995 ; Arnaud Bartolomei, La Bourse et la vie : destin collectif et trajectoires individuelles des marchands français de Cadix, de l'instauration du « comercio libre » à la disparition de l'empire espagnol, thèse de doctorat dirigée par Gérard Chastagnaret, Université de Provence, 2007 ; *Id.*, « Mobilité et cosmopolitisme marchands. Les enseignements de la colonie française de Cadix (XVIIIe-XIXe siècles), *Cahiers de la Méditerranée*, 2012, 84, p. 65-84 ; *Id.*, « Les relations entre les négociants français de Cadix et le pouvoir : comportements collectifs et stratégies individuelles (fin XVIIIe siècle) », dans Michel Bertrand et Jean-Philippe Priotti (dir.), *Circulations maritimes. L'Espagne et son Empire (XVIe-XVIIIe siècles)*, Rennes, Presses Universitaires de Rennes, 2011, p. 117-133 ; Olivier Le Gouic, « Le commerce des Français à Cadix vu par les consuls de France (1763-1778) », *Annales de Bretagne et des Pays de l'Ouest*, 2005, 112/3, p. 71-104 ; *Id.*, « Les négociants dans les assemblées de la Nation française à Cadix : représentation, assiduité et implication du négoce dans les affaires du Consulat de France (1716-1728) », *Annales de Bretagne et des Pays de l'Ouest*, 2013, 120/1, p. 97-128 ; Henri Sée, « Esquisse de l'histoire du commerce français à Cadix et dans l'Amérique espagnole », *Revue d'histoire moderne*, 1928, 3, p. 13-31.

d'autre part, dessine les contours d'une culture politique marchande française en Espagne.

Dans quelle mesure le maillage consulaire français en Espagne constitue-t-il un miroir de la spécificité de l'Espagne dans le commerce extérieur français aux XVIIe et XVIIIe siècles ? Il s'agit d'approcher le négoce dans sa dimension politique, afin d'analyser les ressources institutionnelles que les marchands français établis dans la Péninsule étaient en mesure de mobiliser. Ce faisant, l'analyse permet de comprendre la nature complexe, ambiguë, voire paradoxale des liens qu'entretenaient les marchands français avec leurs consuls, à une époque de redéfinition de ladite fonction.

En premier lieu, le déploiement d'une présence consulaire française en Espagne s'effectua dans un contexte de redéfinition de la fonction et du rôle attribué à ses titulaires. De représentant des marchands, le consul se mua progressivement aux XVIe et XVIIe siècles en agent de l'État. Dans un deuxième temps, cette évolution prit une tournure spécifique en Espagne. La densité et la précocité de la présence consulaire française traduisaient l'importance particulière que revêtait la monarchie catholique pour le commerce extérieur français. Plus qu'ailleurs, le consul y fut la pierre d'angle institutionnelle de l'essor marchand français. Enfin, prenant le contrepied d'analyses téléologiques et néo-institutionnalistes relatives à la fonction consulaire, cette étude dresse les contours d'une culture politique et administrative colbertiste, faite de pragmatisme, d'inventivité et d'expérimentation, qui présida à l'établissement d'une l'architecture consulaire unique en son genre.

Redéfinir l'identité institutionnelle du consul

Un mémoire anonyme écrit vers 1730 à destination du secrétariat d'État des Affaires étrangères résume l'évolution du statut des consuls de France aux XVIe et XVIIe siècles : « [...] de leur autorité privée ils [les marchands] avaient élu dans les différents ports l'un d'entre eux [...]. Enfin, ayant bien jugé combien il leur serait avantageux que ce consul fut agréé et autorisé par le roi [...], ils s'adressèrent au secrétaire d'État qui avait le département des Affaires étrangères pour obtenir cette grâce du roi »[5]. À l'instar de ce mémoire, la définition du personnel

[5] Archives du Ministère des Affaires étrangères [désormais MAE] (La Courneuve), Personnel, dossiers généraux, 279, mémoire sur l'établissement des consuls de France dans les ports de mer d'autres États [vers 1730].

consulaire donnée par Anne Mézin pour le XVIIIe siècle témoigne de cette évolution du statut des consuls, de représentants des marchands en agents de l'État : « [...] un corps de fonctionnaires au service des intérêts du royaume à l'étranger et des Français expatriés »[6]. Il s'agit de comprendre dans quelle mesure cette nouvelle identité institutionnelle du corps consulaire redéfinissait dans une large mesure la nature et la forme des liens qu'entretenait le consul avec ses compatriotes, et par là-même les contours d'une culture politique commerciale française.

De représentant des marchands à agent du roi

Les consuls français établis en Espagne aux XVIIe et XVIIIe siècles étaient porteurs de l'héritage ancien de l'institution consulaire, dont la vocation demeurait constante depuis le Moyen Âge : protéger les marchands et faire fleurir leur commerce. Parmi ces singularités, la mission de protection des intérêts des marchands établis en pays étranger était au centre de la fonction consulaire. L'étymologie même du mot « consul » témoigne du lien étroit entre l'institution consulaire et cette mission de protection des intérêts commerciaux. Dans son *Manuel des Consuls* publié en 1837, Alexander von Miltitz, chambellan du roi de Prusse et ancien ministre près la Porte ottomane, rappelait l'étymologie du mot : « Le titre de consul, dont les acceptions ont varié à différentes époques, est originairement latin. Le mot *consul* dérive du verbe *consulere* [...], qui signifie conseiller, juger, statuer, assister, prendre soin de quelqu'un, soigner des intérêts, prendre conseil, etc. »[7]. En 1669 déjà, Pierre Ariste, premier commis du secrétaire d'État des Affaires étrangères, consacrait, dans son *Traité des consuls de la nation française aux Pays étrangers*, un chapitre entier aux « origines des établissements des consuls de la nation française aux pays étrangers »[8]. Il rappelait dans celui-ci la nécessité de « personnes de probité et de mérite » pour veiller à l'exécution des lois encadrant les activités des marchands en pays étrangers[9]. Jusqu'à la

---

6 Anne Mézin, *Les consuls de France au siècle des Lumières*, Paris, 1998, p. 81.

7 Alexander von Miltitz, *Manuel des Consuls*, Londres/Berlin, A. Asher, 1837, t. I, p. 4.

8 Pierre Ariste, *Traité des consuls de la nation française aux Pays étrangers concernant leur origine, leurs établissements, leurs fonctions, leurs droits, émoluments, et autres prérogatives. Le tout tiré de plusieurs titres, règlements, lettres de provisions du Roi, arrêts et autres pièces originales touchant cette matière*, 1669, p. 1-36 (Bibliothèque nationale de France [désormais BNF], ms. français 18595).

9 *Ibid.*, p. 8.

fin du XVIIe siècle, cette acception du consul comme représentant des marchands demeurait prédominante.

Cependant, l'affirmation d'un État administrateur pourvu de compétences croissantes entraîna progressivement l'expropriation de nombreuses prérogatives précédemment attribuées aux institutions locales. Dans ce contexte, l'institution consulaire subit de profondes réformes visant à l'insérer dans un système étatique aux normes plus homogènes[10]. Voulant mieux contrôler et développer le commerce maritime, la royauté, dès le XVIe siècle, s'immisça dans cette structure et finit par la faire sienne. Dans le cas de la fonction consulaire française, ce changement de tutelle fut progressif. Si cette évolution était arrivée à son terme au début du XVIIIe siècle, elle trouvait ses fondements dans l'action des règnes précédents. L'indice archivistique principal de cette prise en main royale est la conservation des plus anciennes lettres de provision : ces dernières datent de 1532 et concernent l'Égypte et Alexandrie[11]. Ainsi, d'institution marchande et urbaine, le consulat devint institution royale. Comme le précise Pierre Ariste, « les consulats étaient devenus des emplois assez considérables pour n'être confiés qu'à des personnes autorisées par le roi et n'ayant permission que de lui »[12]. Jaroslav Zourek estime ainsi qu'entre le XVIe siècle et le milieu du XVIIe siècle, le consul devint un « envoyé officiel du gouvernement, un agent politique, un véritable ministère public »[13].

Ainsi, le déploiement de la représentation consulaire française en Espagne aux XVIIe et XVIIIe siècles doit se comprendre à l'aune des évolutions générales du statut et des contours de la fonction consulaire que nous venons de décrire. La présence consulaire française dans la Péninsule

---

10 Francisco Javier Zamora Rodríguez, « Privato *versus* pubblico. L'attività dei primi consoli nella Livorno granducale », *Nuovi Studi Livornesi*, 2010, 17, p. 43-64 ; Luca Mannori, « Per une preistoria della funzione amministrativa. Cultura giuridica e attività dei pubblici apparati nell' età del tardo diritto comune », *Quaderni fiorentini per la storia del pensiero giuridico*, 1990, 19, p. 323-504.

11 Cités par Géraud Poumarède, « Naissance d'une institution royale : les consuls de la nation française en Levant en Levant et en Barbarie aux XVIe et XVIIe siècles », *Annuaire-Bulletin de la Société de l'Histoire de France*, 2001, p. 65-128, à la p. 67, note 13 : « *prefato Raphaeli Labia concessimus et donavimus, concedimus et donamus, tenore presentium, prelibatum officium consulatus jamdictorum mercatorum et aliorum subditorum nostrorum* » (BNF, ms. français 5124, f. 129).

12 Pierre Ariste, *Traité des consuls, op. cit.*, p. 138.

13 Jaroslav Zourek, « Histoire des relations consulaires », *Revue de droit international pour le Moyen-Orient*, 1957, 6, p. 174-212.

s'inscrivait dans cette tendance lourde de captation de l'institution par un État dit « moderne » en voie de construction.

Une défiance cordiale : l'institution consulaire et les marchands

L'évolution du profil social des individus recrutés a reflété cette nouvelle conception de l'institution consulaire. Prenant progressivement en main la gestion des consulats, les rois de France s'attachèrent au XVIIe siècle à en faire des agents exclusifs de l'État.

La plupart des consuls ont été jusqu'alors des marchands qui émanaient de la communauté dont ils défendaient les intérêts. Une fois en poste, ces derniers ne renonçaient que rarement à leur activité marchande. Ces individus convertissaient leur capital économique et culturel, acquis dans le commerce, en capital politique[14]. Entre 1659 et 1716, le négoce fut en effet l'unique vivier de recrutement des consuls de France à Cadix. Le premier fut le négociant malouin Guillaume Éon de Villegille (1611-1671), nommé le 7 novembre 1659. Un Béarnais, Pierre Catalan, occupa la fonction pendant plus de trente ans, du 21 mai 1669, à sa mort le 5 novembre 1700[15]. Catalan fut d'abord le correspondant à Madrid d'une importante maison parisienne de négoce. Un autre marchand béarnais, Jacques Mirasol, lui succéda. Il resta en poste du 1er mars 1701 jusqu'à mai 1715.

Au tournant des XVIIe et XVIIIe siècles, nombre de consuls ont été recrutés au sein de l'administration. Il s'agissait de faire du consul un agent exclusif de la royauté qui ne pouvait engager des intérêts privés tout en défendant les intérêts de l'État. Des lettres patentes du 20 mai 1618 interdirent aux consuls de France en Levant de négocier et trafiquer. Cette interdiction fut rappelée dans l'arrêt du Conseil du 31 juillet 1691. Elle fut étendue par l'arrêt du Conseil du 31 mars 1694 au vice-consul de Rosette et aux chanceliers des Échelles de Levant et de Barbarie. Cette interdiction pour le consul de commercer s'étendit progressivement à tous les consulats. Pour le poste de Cadix précédemment évoqué, la rupture se produisit avec la nomination de Pierre Nicolas Partyet, consul à Cadix

---

14 Pierre Bourdieu, « The forms of capital », dans John G. Richardson (éd.), *Handbook of Theory and Research for the Sociology of Education*, New York, Greenwood, 1986, p. 241-258.

15 La correspondance consulaire de Catalan est conservée aux Archives Nationales [désormais AN] dans les volumes AE/B/I/211 à AE/B/I/214.

du 17 janvier 1716 à sa mort le 11 août 1729[16]. Une telle nomination marquait une mutation dans le choix des consuls en Espagne ; le milieu du négoce n'était plus l'unique vivier. Pierre Nicolas Partyet n'était pas un ancien négociant mais un agent au service de l'État. Issu du monde de l'administration, cet ancien avocat au parlement de Paris résidait à Madrid depuis 1701.

Cette évolution du profil social des agents consulaires, de leur mode de recrutement et de la nature même de leur fonction créa et accentua la distance sociale et culturelle entre marchands et consuls. Ces derniers n'appartenaient plus au même monde et ne partageaient plus les mêmes codes et les mêmes valeurs. Dès lors, le consul n'était plus le représentant d'une communauté marchande dont il émanait, mais un arbitre entre des intérêts parfois divergents. Loin d'apparaître uniquement comme un protecteur systématique du commerce français, il entretenait des relations parfois épineuses avec ses compatriotes. Ces derniers dénonçaient occasionnellement son manque de zèle à défendre en toute circonstance leurs activités. Plutôt que de les soutenir, le consul œuvrait à les contrôler. Ce constat fait écho aux diverses études qui nuancent l'idée d'une défense automatique des marchands par leurs agents consulaires et insistent au contraire sur les contentieux opposant les consuls et les ressortissants de leur nation, notamment dans les Échelles du Levant[17]. Si les consuls défendaient les intérêts de leurs compatriotes, leur action visait aussi à établir une coopération économique équitable entre la monarchie hispanique et le royaume de France : ils refusaient donc de couvrir les opérations de contrebande. Pris en tenaille entre des objectifs parfois contradictoires, ils devaient composer entre les intérêts particuliers des négociants et les intérêts de l'État, qui n'étaient pas toujours compatibles.

---

16 Didier Ozanam, « Un consul de France à Cadix : Pierre-Nicolas Partyet (1716-1729) », dans *L'ouvrier, l'Espagne, la Bourgogne et la vie provinciale, parcours d'un historien. Mélanges offerts à Pierre Ponsot*, Madrid/Lyon, Casa de Velázquez/Presses universitaires de Lyon, 1994, p. 257-263 ; Anne Mézin, *Les Consuls de France au Siècle des Lumières (1715-1792)*, Paris, Archives nationales, 1998, p. 475.

17 Robert Paris, *Histoire du commerce de Marseille*, t. V : *De 1660 à 1789. Le Levant*, Paris, Plon, 1957, p. 288-293 ; Jean-Pierre Farganel, « Négociants marseillais au Levant et dirigisme commercial : l'émergence d'une contestation nouvelle de l'autorité monarchique (1685-1789) », dans *Provence historique*, 1996, 183, p. 3-25 ; Amaury Faivre D'Arcier, *Les Oubliés de la liberté. Négociants, consuls et missionnaires français au Levant pendant la Révolution (1784-1798)*, Paris/Bruxelles, Direction des Archives du Ministère des Affaires étrangères/Peter Lang, 2007, p. 99-124.

C'est ainsi qu'en novembre 1750, Jean-Baptiste Partyet, consul général de France à Madrid, fit savoir au consul de France à Cadix, Desvarennes, qu'il refuserait d'intervenir dans des affaires « qui ne seraient pas totalement exemptes de soupçon de contrebande »[18]. Le discours des consuls pouvait même prendre la forme de suggestions, voire de rappels à l'ordre adressés à un compatriote. Le plus souvent, ils conseillaient aux négociants et armateurs de se mettre en règle pour ne pas donner prise aux vexations des autorités locales. Ces recommandations visaient à réguler les pratiques frauduleuses les plus ostensibles, afin d'éviter que la conduite de certains nuisît à l'ensemble des Français.

De même, Didier Ozanam a mis en évidence la défiance du milieu marchand français de Cadix à l'égard de l'institution consulaire entre 1716 et 1729[19]. Le consul Pierre Nicolas Partyet fit en effet l'objet de plaintes portées contre lui par les négociants français du port andalou, qui entendaient être soutenus en toutes occasions, même en cas de contrebande et d'extraction des espèces. Les négociants reprochaient au consul de ne plus couvrir leurs activités illégales. Ils ressentaient fort mal l'impartialité dont Partyet faisait preuve à leur égard et son refus d'appuyer la contrebande. Un reproche identique fut adressé le 30 octobre 1741 à Jean-Baptiste Partyet, fils et successeur de Pierre Nicolas Partyet au poste de Cadix, et ce par l'intermédiaire de Jean-Baptiste Daubenton de Vauraoux, chef du bureau des Consulats : « *(par la lettre de Jean- Baptiste Daubenton du 30 octobre)* vous me faites un détail bien juste de la façon ingrate de penser des négociants tant sur la protection continuelle que le roi leur accorde que sur les peines que prennent sans cesse les ministres en chef et nous autres subalternes pour leurs affaires »[20]. Représentant du roi de France dans le port andalou, le consul veillait en effet à appliquer la déclaration de Louis XV du 29 janvier 1716 qui confirmait les circulaires de 1712 interdisant le commerce et la navigation de la mer du Sud à tous ses sujets[21]. De

[18] AN, AE/B/I/267, f. 255-258v, Desvarennes à Rouillé, Cadix, 29 novembre 1750.

[19] D. Ozanam, « Un consul de France à Cadix », p. 257-263.

[20] MAE (Nantes), Madrid, sér. A, 84, lettre de Jean-Baptiste Partyet à Jean-Baptiste Daubenton, Cadix, 21 novembre 1741.

[21] MAE (La Courneuve), Personnel, Consulats, Organisation, décrets et arrêtés de nomination, 49, ordonnance du roi du 18 janvier 1712 relative à la navigation des mers du Sud ; Arch. Nat., MAR/B/7/91, f. 27-28, circulaire aux consuls d'Espagne au sujet du concours à apporter pour empêcher les navires français d'aller commercer à la mer du Sud, ce qui est interdit, 25 janvier 1712 ; AN,

même, le consul surveillait la mise en œuvre de l'arrêt du Conseil d'État du roi du 17 décembre 1715 qui défendait de « transporter hors du royaume, tant par mer que par terre, aucune espèce d'or et d'argent, sans la permission de Sa Majesté »[22].

Afin d'apaiser ces tensions, Pierre Nicolas Partyet participa à la préparation de l'ordonnance du 24 mai 1728, rédigée par son gendre Masson de Plissay, pour servir de règlement au consulat de la nation française de Cadix[23]. Si ce règlement ne réglait point les différends relatifs à la contrebande, il permit d'adoucir les relations entre les marchands français et leur consul. Les derniers articles de l'ordonnance s'attachèrent notamment à préciser la soumission due au consul et le domaine de juridiction de ce dernier.

Arbitres entre les intérêts des marchands et les intérêts du prince qu'ils représentaient, les consuls français incarnaient de plus en plus l'idée de médiation. Cette pratique de médiation compliquait les relations entre les négociants français et leur consul, accusé de ne pas défendre leurs intérêts avec suffisamment de zèle. Preuve de ces tensions, les consuls n'étaient pas systématiquement sollicités pour les affaires impliquant leurs compatriotes. Le 19 décembre 1764, le marquis d'Ossun, ambassadeur de France à Madrid, dressait le constat suivant dans une lettre adressée aux consuls de France résidents en Espagne :

> […] j'ai eu lieu d'être surpris que la correspondance des consuls de France résidents dans ce royaume avec nos ministres soit continuellement remplie de plaintes et de griefs relatifs à notre commerce, tandis qu'ils omettent d'en informer le consul général et l'ambassadeur de leur nation employés

---

f. 109-110, circulaire aux consuls d'Espagne relative à l'interdiction du commerce de la mer du Sud pour les capitaines marchands français, 2 mai 1712 ; MAE La Courneuve, Personnel, Consulats, Organisation, décrets et arrêtés de nomination, 44, déclaration du roi qui défend à tous ses sujets le commerce et la navigation de la Mer du Sud, à peine de mort, donné à Paris le 29 janvier 1716.

22 MAE (La Courneuve), Personnel, Consulats, Organisation, décrets et arrêtés de nomination, 44, arrêt du conseil d'État du roi portant nouvelles défenses de transporter hors du royaume tant par mer que par terre, aucune espèce d'or et d'argent sans la permission de Sa Majesté sous les peines ci-contenues, donné à Vincennes le 17 décembre 1715.

23 AN, AE/B/III/374, dossier sur le règlement du consulat de Cadix, 1721-1729 ; MAE (La Courneuve), Personnel, Consulats, Organisation, décrets et arrêtés de nomination, 45, ordonnance du roi servant de règlement pour le consulat de la nation française à Cadix, 24 mai 1728.

> auprès de Sa Majesté Catholique et chargés de prévenir les vexations, de faire rendre justice, et de protéger en général et en particulier tout le commerce des Français[24].

À plusieurs reprises, les consuls et les négociants omirent d'informer le consul général de France à Madrid des plaintes formulées par la nation française de Cadix. Ce faisant, ils court-circuitaient la protection de cet agent.

Les réformes dont l'institution consulaire fit l'objet permirent à Colbert et à ses successeurs de disposer d'un outil renouvelé et modernisé au service d'une stratégie de déploiement du commerce français à l'étranger. Dans le droit fil des théories mercantilistes de l'époque, ces réformes traduisaient une implication et un contrôle croissants de l'État dans l'économie et dans l'activité de ses marchands établis à l'étranger. Elles témoignent ainsi de la croyance des gouvernants du temps en l'efficacité des acteurs institutionnels pour promouvoir l'essor du commerce français à l'étranger.

Au cœur d'une stratégie globale : faire fleurir le commerce français

Se situant dans le prolongement du processus précédemment décrit, la création d'un réseau consulaire français en Espagne dans la deuxième moitié du XVIIe siècle s'inscrivait dans une politique et une stratégie plus globales mises en œuvre par les secrétaires d'État de la marine depuis l'époque de Colbert. Le déploiement d'un maillage consulaire dans la Péninsule doit alors être analysé comme un appui au développement et à l'essor des communautés marchandes françaises établies en Espagne. Cette stratégie faisait du consul un intermédiaire, dont l'action visait à accentuer la connexion des marchés français et espagnols. Pour ce faire, il nous faut à présent analyser l'architecture de l'appareil institutionnel mis en place par les secrétaires d'État de la marine dans le dernier tiers du XVIIe siècle, afin d'interroger la portée d'un dispositif administratif, c'est-à-dire du politique, sur les sphères marchandes.

---

24 MAE (Nantes), Madrid, sér. A, 150, lettre du marquis d'Ossun aux consuls de France résidents en Espagne, Madrid, 19 décembre 1764.

Le « réseau Pontchartrain », bras armé de la marine

La mort de Seignelay le 3 novembre 1690 ouvrit une nouvelle phase de la stratégie de déploiement commercial menée par le secrétariat d'État de la marine. Cette période fut initiée par l'accession à la tête du secrétariat d'État de la marine de Louis de Pontchartrain, en poste de novembre 1690 à septembre 1699, et se poursuivit jusqu'à la fin du secrétariat de son fils Jérôme, en poste de 1699 à 1715.

Pour prolonger cette politique commerciale initiée par Colbert, les Pontchartrain s'appuyaient sur la mise en place, l'organisation et le renforcement d'un vaste et dense réseau de renseignement et de protection des intérêts commerciaux français à l'étranger[25]. En 1669, date à laquelle les consulats furent rattachés à l'administration de la marine, les postes consulaires français étaient au nombre de 32[26]. Seuls trois d'entre eux étaient situés sur la façade atlantique – Lisbonne, Bilbao et Cadix – vingt-six autres se trouvaient en Méditerranée. S'ajoutaient à cela les trois postes non portuaires, à savoir Alep, Madrid et Rome. Ce maillage consulaire était particulièrement dense au Levant et dans les États barbaresques. Entre 1669 et 1715, le nombre de consulats français doubla. À la fin du règne de Louis XIV, ils étaient au nombre de 71[27]. Le réseau consulaire français restait toujours concentré autour de ses bases levantines et méditerranéennes : 56 postes, soit près de 79 % de l'ensemble, étaient installés dans les ports de la Méditerranée. Au sein de l'Empire ottoman, il en existait quinze dont trois dans les Régences barbaresques. Enfin, il y en avait un à Malte. Le réseau consulaire connut néanmoins une expansion conséquente dans le Ponant à la fin du XVIIe siècle. Des postes furent établis à Anvers, Rotterdam, Hambourg, Dantzig et jusqu'à Saint-Pétersbourg en 1715. De même, les créations se multiplièrent en Italie

---

25 Charles Frostin, *Les Pontchartrain, ministres de Louis XIV : alliances et réseau d'influence sous l'Ancien Régime*, Rennes, Presses Universitaires de Rennes, 2006, p. 28.

26 Se sont ajoutés : Livourne, Porto-Ferraio (île d'Elbe), Beyrouth, Bilbao, Cadix, Malaga, Palma (Majorque), Nice, Alicante, Malte, Madrid et Rome.

27 Se sont ajoutés : La Corogne, Barcelone, Messine, Porto, Tenerife, Madère, Ancône, Chypre (Larnaca), Palerme, Cérigo (Cythère), Rovigno (Rovinj, Croatie), Alexandrette, Alexandrie, Dardanelles, Rettimo (Réthymnon, Crète), Elseneur, Naxie (avec Paros et Antiparos), Jérusalem, Civitavecchia, Séville et Sanlúcar de Barrameda, La Havane, Arta, Gijon, Port-Mahon (Minorque), Carthagène, Dantzig, Athènes, Milo, Candie (Héraklion, Crète), Senigallia, Corfou, La Cavale (Kavala, Grèce), Salonique, Gibraltar, Nègrepont (Eubée), Saint-Pétersbourg, Hambourg, Santander et Ostende.

sous les secrétariats d'État du marquis de Seignelay et des Pontchartrain. L'Italie en comptait neuf. En Espagne, les consuls de France étaient au nombre de six. Le nombre de consulats dans les ports atlantiques était passé à neuf. De surcroît, le réseau s'était étendu en Baltique – Elseneur, Dantzig, Saint-Pétersbourg – et en mer du Nord – Hambourg, Anvers, Amsterdam et Rotterdam. Le premier poste américain avait également été créé à La Havane.

Le déploiement d'un réseau consulaire français venait ainsi concrétiser les nouveaux desseins de la royauté visant à étendre sa puissance commerciale. Il ne s'agissait plus de gérer uniquement un réseau consulaire principalement situé au Levant, mais d'établir des consulats dans d'autres pays où les marchands français commerçaient. Au sein de ce dispositif consulaire français, l'Espagne occupait une place de choix qu'il convient d'analyser afin de comprendre la mise en place de la fonction d'agent général, unique en son genre.

Mailler pour connecter

Acteurs locaux d'un déploiement marchand français international, des consuls et vice- consuls s'étaient établis dans les principales places marchandes européennes. Au sein de ce réseau consulaire français, l'Espagne occupait une place de choix.

Les assises économiques de la présence marchande française au tournant des XVIIe et XVIIIe siècles dans la Péninsule reposaient en effet sur une structure commerciale et sur des réseaux marchands tissés de longue date. Albert Girard a montré que le flux d'immigration français vers l'Espagne prenait sa source dès la fin du XVIe siècle[28]. L'Espagne – et son vaste empire américain – était de surcroît le premier partenaire commercial de la France. Cette intensité des flux commerciaux était alimentée par la structure des échanges entre les deux espaces, caractérisée par une complémentarité entre les productions françaises et espagnoles. L'Espagne exportait des matières premières telles que la laine, la soie, le plomb et le cuivre de la métropole, ainsi que l'or, l'argent et les matières colorantes de son empire colonial. La monarchie catholique importait en retour les produits manufacturés indispensables à sa consommation et à

[28] Albert Girard, *Le commerce français à Séville et Cadix au temps des Habsbourgs*, Paris, De Boccard, 1932, p. 545-546.

celle de son empire américain, au premier rang desquels les toiles et les draps que lui fournissaient entre autres les négociants français[29].

Cette intensité des échanges marchands entre les deux monarchies furent tôt à l'origine d'une présence consulaire française dans la Péninsule. Entre la fin du XVIe siècle et le début du XVIIIe siècle, un réseau consulaire dense et structuré y fut progressivement déployé, afin d'accompagner et d'amplifier les dynamiques commerciales à l'œuvre. Dans la première moitié du XVIIe siècle, le maillage consulaire français demeurait peu dense. Prolongeant et dépassant une étude ancienne d'Albert Girard, Alain Hugon a replacé la création des consulats français en Espagne dans le cadre des rapports bilatéraux franco-espagnols et des conceptions de la diplomatie de la monarchie espagnole[30]. La première lettre patente royale attestée, datée du 13 septembre 1595, pourvoyait le Lyonnais André Courson du consulat de Valence[31]. Parallèlement, la Chambre de Commerce de Marseille poursuivait ses nominations pour les autres places, sans confirmation du roi, comme l'attestent trois commissions émises en 1602 et en 1603. Les deux premières commissions, datées du 16 décembre 1602, nommaient respectivement le marchand Jean Bonet au consulat de Motril et Salabrena dans le royaume de Grenade, ainsi que François Salade au consulat de Vélez-Malaga. La troisième commission, datée du 3 octobre 1603, nommait Jean Bournier au consulat d'Yvice[32]. Le 23 août 1614, Luçon Martin de Saint-Tropez reçut le titre de consul général d'Espagne[33]. Ce consul général avait vraisemblablement la charge de nommer des vice-consuls dans tout le royaume. La mise en place de ce consulat général apparaissait comme une innovation : au lieu de nommer un consul dans chaque port important – comme c'était le cas jusqu'aux dernières interventions marseillaises – le roi nomma un consul unique dans toute l'Espagne.

---

29 Jean-Philippe Priotti et Guy Saupin (dir.), *Le commerce atlantique franco-espagnol. Acteurs, négoces et ports (XVe-XVIIIe siècle)*, Rennes, Presses universitaires de Rennes, 2008, p. 9.

30 Alain Hugon, *Au service du roi catholique. « Honorables ambassadeurs » et « divins espions ». Représentation diplomatique et service secret dans les relations hispano-françaises de 1598 à 1635*, Madrid, Casa de Velázquez, 2004, p. 249-255 ; Albert Girard, « Notes sur les consuls étrangers en Espagne avant le traité des Pyrénées », *Revue d'histoire moderne*, 1934, 9 (nouvelle série, 3), p. 120-140.

31 Pierre Ariste, *Traité des consuls, op. cit.*, p. 139.

32 *Ibid*, p. 140.

33 *Ibid*, p. 141.

Plusieurs causes peuvent être avancées afin d'expliquer cette faiblesse de la présence consulaire française dans la première moitié du XVIIe siècle. L'hypothèse la plus probable résidait dans le contexte tendu des relations diplomatiques entre les deux monarchies. En effet, l'entrée en guerre de la France contre l'Espagne en 1635 mit un terme provisoire à la présence consulaire française dans la Péninsule.

Une accélération du déploiement consulaire français en Espagne se produisit après le traité des Pyrénées du 7 novembre 1659. Dès l'année suivante, en 1660, le déploiement consulaire français s'accéléra. En 1660, six consuls furent nommés pour gérer l'ensemble des postes consulaires de la Péninsule. Chacun d'entre eux en tenait au moins trois[34]. Le sieur Prigent fut établi comme consul pour les ports de Barcelone, Valence et Alicante. Le sieur Trouin fut nommé pour Gibraltar, Carthagène et Malaga. Le sieur Guillaume Éon Villegile fut établi comme consul pour les places de Cadix, Port-Sainte-Marie, Sanlúcar de Barrameda et Séville. Le sieur du Plessis Noes fut nommé pour La Corogne, Bilbao et Saint-Sébastien. Segouin obtint les places de Mayorque, Minorque et Yvice. Enfin, Biart fut établi aux îles de Madère[35].

La royauté tenta alors d'élargir aux consuls établis en Espagne les droits octroyés aux consuls établis au Levant. Le commis Pierre Ariste reconnaissait en effet que les consuls établis en Europe avaient une position moins solide que leurs homologues dans le Levant :

> La fonction et les pouvoirs des autres consuls, particulièrement ceux qui sont en Italie, en Espagne, en Portugal, en Hollande et dans les autres royaumes et républiques et principautés de l'Europe où les Français vont négocier, ne sont pas si considérables ni si amples que ceux des consuls du Levant. Cela vient de ce que par les traités qui ont été faits entre la France et ces États-là, on n'a pas ménagé pour les consuls de notre nation les mêmes avantages et prérogatives que les princes ottomans ont concédés par les capitulations qu'ils ont faites avec nous à ceux que nous envoyons en Levant. Les autres pourtant ne laissent pas d'avoir une fonction fort considérable qui a été réglée par plusieurs déclarations, arrêts[36].

Si les capitulations accordaient aux consuls français dans les ports sous domination du sultan des droits en matière juridique et commerciale, il n'en était pas de même pour les agents en poste en Espagne. Les consuls

---

[34] *Ibid.*, p. 142.

[35] *Ibid.*, p. 142-143.

[36] *Ibid.*, p. 216-217.

au Levant exerçaient en effet un contrôle bien plus étroit sur l'activité et les opérations de leurs compatriotes. Ils pouvaient notamment juger les affaires entre les marchands de la nation. Les consuls apparaissaient aussi comme des agents commerciaux ayant la possibilité de nommer des curateurs qui aidaient les marchands à échanger ou à vendre leur marchandise.

La situation levantine semble alors avoir fortement influencé la vision royale de ce que devait être un consulat. Ainsi, au moment de la négociation du traité des Pyrénées, Hugues de Lionne négocia et obtint l'octroi de nouveaux droits pour les consuls français établis en Espagne. Parmi ces nouvelles attributions, les consuls pouvaient désormais exercer des fonctions de notaire pour les Français résidents dans leur juridiction. De même, en vertu du traité de Madrid de 1667, les consuls avaient le droit de gérer les successions *ab intestat* de leurs nationaux[37].

L'obtention de ces droits ainsi que les nouveaux desseins de la politique commerciale colbertienne furent à l'origine d'une accélération du déploiement consulaire français en Espagne dans le dernier tiers du XVIIe siècle. En 1669, Pierre Ariste dénombrait cinq grands consulats français en Espagne, subdivisés en quinze vice-consulats : La Corogne, Alicante, Barcelone, les Baléares et les Canaries[38]. Une partie de ces quinze vice-consulats devinrent des consulats à part entière et furent dotés de titulaires dans les années 1680. De nombreux consuls furent ainsi nommés dans les territoires espagnols : François Boccardo à Naples, Pierre Darrieux à La Corogne, Étienne Jollivet à Alicante, Laurent Soleil à Barcelone, Jean-Antoine des Vignes du Guet pour les îles Baléares et Raphaël Thierry dans les Canaries pour la seule année 1679[39].

Ce réseau consulaire prit une dimension nouvelle à l'époque de Jérôme de Pontchartrain, secrétaire d'État de la Marine de 1699 à 1715. En 1704, trente-cinq ans après le tableau dressé par Ariste, une liste des

---

37 Anne Mézin, *Les consuls de France*, *op. cit.*, p. IX. Or, ce traité du 23 mai 1667 a été conclu par l'Espagne et l'Angleterre et ne mentionne pas *a priori* ces questions. Il est explicitement fait mention de cette possibilité dans les articles 30 et 34 du traité d'Utrecht de 1713. Cependant, pour des raisons de réciprocité, les Français pouvaient jouir de toute prérogative accordée à un autre pays par le roi d'Espagne.

38 Pierre Ariste, *Traité des consuls*, *op. cit.*, p. 142.

39 AN, MAR/B/7/55, f. 370-389.

consulats faisait état de treize postes établis dans le royaume d'Espagne[40]. Des consulats étaient notamment apparus sur la côte Atlantique, à Gijón, Bilbao et Saint-Sébastien[41]. Au même moment, le nombre de vice-consulats connut un accroissement sans précédent.

Ainsi, l'intensification des liens commerciaux entre la France et l'Espagne aux XVIIe et XVIIIe siècles allait de pair avec la mise en place progressive d'un réseau consulaire français dense, hiérarchisé et structuré en Espagne depuis près d'un siècle. Il convient néanmoins de se départir de toute démarche déterministe qui ferait de la mise en place de maillage institutionnel la cause nécessaire et suffisante de cette dynamique marchande. En effet, le déploiement consulaire français ne fut pas uniforme : à des phases d'accélération succédèrent des phases de repli. Si elles renforçaient les ressources institutionnelles que les négociants étaient en mesure de mobiliser, ces créations de poste traduisaient également l'attitude ambivalente de l'État à l'endroit de ceux-ci, qui oscillait entre des exigences parfois contradictoires : la liberté d'entreprendre, la protection et le contrôle.

Entre collaboration et résistance : le consul face aux autorités espagnoles

Les agents français, appartenant à ce réseau qui a connu un déploiement continu dans la seconde moitié du XVIIe siècle, se sont régulièrement heurtés aux autorités espagnoles. L'action des consuls constituait en effet l'outil, le reflet et la caisse de résonance du rapport de force entre la France et l'Espagne. Dès les XVIe et XVIIe siècles, la monarchie hispanique a été l'une des premières puissances à utiliser ses marchés comme arme de pression diplomatique. Engagée dans une nouvelle politique économique depuis le règne de Philippe V, elle considérait les privilèges accordés aux

---

40 AN, MAR/B/2/173, f. 181 v°-182, ordres du roi concernant la marine de Ponant (1704-1707), liste des consuls français dans les ports d'Espagne, avril 1705.

41 Annoncés dès 1703 dans une lettre de Daubenton de Villebois à Jérôme de Pontchartrain : « Il est très important d'établir des consuls à Gijón, Bilbao et Saint-Sébastien, Monsieur le Cardinal d'Estrées en est demeuré d'accord ». Voir AN, MAR/B/7/228, f. 334, Daubenton à Jérôme de Pontchartrain, Madrid, 8 juin 1703 ; AN, AE/B/III/323, décret du roi d'Espagne autorisant l'établissement du consulat de Gijón, décret du roi d'Espagne autorisant l'établissement d'un consulat à Bilbao, et décret du roi d'Espagne autorisant l'établissement d'un consul à Saint- Sébastien, tous trois datés du 19 septembre 1703.

Français comme un joug et une entrave à ses intérêts. Dans le droit fil des théories mercantilistes de l'époque, les autorités espagnoles estimaient que son retard économique était lié au déficit de la balance commerciale de l'Espagne avec les autres pays. Elles préconisaient par conséquent la suppression des privilèges des négociants étrangers.

Les vicissitudes de la guerre de course franco-anglaise pendant la guerre d'Indépendance nord-américaine entre les années 1778 et 1781 mettent en lumière ces résistances des autorités espagnoles à l'action consulaire française. La France apporta un appui officieux aux *insurgents* dès la fin de 1776. Elle entra en guerre contre la Grande-Bretagne le 15 mars 1778. L'Espagne, puissance coloniale, et de ce fait fort réservée à l'égard des colons américains révoltés, ne déclara la guerre à l'Angleterre qu'en juin 1779. Malgré cela, l'ordre donné le 4 février 1780 par Charles III prévoyait de prohiber l'introduction et la vente en Espagne des marchandises anglaises prises en course[42]. De surcroît, les négociants étrangers devaient se défaire dans les six mois des marchandises anglaises prohibées, en les vendant à des marchands espagnols ou en les exportant aux Indes. Dans sa lettre du 1er mars 1780, le consul français à La Corogne, Tournelle, prévint le consul général de France à Madrid Boyetet du préjudice qu'une telle mesure causait aux corsaires français[43]. Cette malveillance à leur égard fut dénoncée à l'occasion de la prise réalisée au large de Vigo par le *Prince de Soubise*, de Dunkerque, du brigantin anglais *La Sally*[44]. Les négociants français de Cadix transmirent en outre un mémoire à Boyetet qui dénonçait les effets indésirables de cette mesure[45]. Au final, les démarches entreprises par le consul général permirent quelques aménagements, mais elles n'aboutirent pas à l'annulation de la mesure.

Si les consuls disposaient de nombreux moyens d'action, l'analyse a néanmoins montré les limites de l'efficacité de leur protection. En effet, leur lobbying auprès des autorités espagnoles avait des résultats souvent mitigés et se heurtait parfois à des vents contraires. Leur action apparaît

---

42 AN, AE BI 794, traduction de l'ordre donné à La Corogne, joint à la lettre de Boyetet à Sartine du 20 mars 1780, f. 42.

43 MAE (Nantes), Madrid, sér. A, 173, lettre de Tournelle à Boyetet, 1er mars 1780.

44 AN, AE BI 794, lettre de Boyetet à Sartine, 20 mars 1780, f. 40.

45 AN (Nantes), Madrid, sér. A, 172, précis des raisons qu'exposent les maisons françaises établies à Cadix à l'occasion des ordres qui y ont été publiés relativement aux marchandises d'Angleterre, 1780.

ainsi comme un miroir des limites de l'alliance franco-espagnole au XVIIIe siècle.

Entre pragmatisme et inventivité : l'expérimentation institutionnelle

Un agent unique en son genre

Le déploiement consulaire français en Espagne est lié à l'affirmation d'une culture politique et administrative colbertiste, faite de pragmatisme, d'inventivité et d'expérimentation. C'est ce dont témoigne la création du poste d'agent général de la marine et du commerce de France à Madrid en 1702, unique en son genre dans l'organisation consulaire française.

Suite à l'avènement du Bourbon Philippe V, petit-fils de Louis XIV, au trône d'Espagne, le commerce devint la colonne vertébrale de la politique d'« Union des Couronnes » mise en place entre les deux monarchies. De ce fait, le gouvernement français était décidé à s'impliquer davantage dans les affaires économiques et à développer les échanges commerciaux avec la monarchie catholique. Le secrétaire d'État de la marine Jérôme de Pontchartrain nomma alors Ambroise Daubenton de Villebois comme agent général de la marine et du commerce de France à Madrid en 1702. Œuvrant aux côtés de l'ambassadeur, les onze personnages qui occupèrent cette fonction entre 1702, date de sa création, et 1793, date du renvoi du dernier agent général, furent la clef de voûte du réseau de protection marchande français établi dans la Péninsule. Leur action, au contact des acteurs de terrain – les consuls français, dont ils coordonnaient l'action et centralisaient l'information, et les négociants – et auprès des autorités politiques espagnoles, en faisaient des intermédiaires incontournables pour les marchands français établis dans la Péninsule. Ils occupaient en effet une position stratégique, à l'interface entre le monde marchand et la sphère politique.

Sans équivalent dans l'organisation consulaire française, cette fonction demeure obscure et difficile à cerner. Si la charge d'agent général de la marine et du commerce de France à Madrid comportait certains traits de la fonction consulaire précédemment décrite, il s'en distinguait par plusieurs aspects. Son statut détonnait par rapport aux autres envoyés consulaires français à l'étranger au XVIIIe siècle. Il n'avait en effet aucun statut officiel et ne bénéficiait pas à ce titre de la protection du droit des gens[46]. Cette absence de statut officiel était toute entière résumée dans une lettre de l'ambassadeur Vauréal au secrétaire d'État de la marine Maurepas du 20 octobre 1747 : « [...] Cette cour ci ne reconnaît point le caractère de chargé des affaires du commerce d'aucune nation. Elle ne reconnaît que les consuls, chacun dans leur département. Cent fois M. de Villarias me l'a dit »[47].

Ce caractère officieux de la fonction apparaissait en creux : ne possédant ni lettres de créance, ni même de provisions – contrairement aux consuls et aux diplomates – l'agent général était dépourvu de toute qualité, de tout caractère officiel auprès des autorités locales. Contrairement aux consuls, il ne recevait pas non plus d'*exequatur* de la part des autorités espagnoles. Or, cet acte était le document par lequel le souverain de l'État de résidence confiait au représentant d'un État étranger le droit d'exercer ses fonctions consulaires. Ce document, qui était produit après la nomination effectuée par le mandant, conférait un statut officiel à l'agent auprès des autorités du pays d'accueil[48]. Son absence était une preuve supplémentaire du caractère officieux de la fonction d'agent général. Autre preuve de ce statut particulier, il n'apparaissait pas dans les *guías de forasteros*, contrairement aux autres consuls et diplomates étrangers en poste à Madrid[49]. Ces guides à destination des voyageurs se rendant en Espagne précisaient entre autres informations le nom des agents diplomatiques et consulaires étrangers présents à Madrid pour une année donnée. Enfin, les almanachs royaux ne mentionnaient pas non plus cet agent général parmi la liste des consuls de France en Espagne[50].

La création d'une telle fonction témoigne ainsi de la capacité d'adaptation de l'administration de la marine, de l'initiative des acteurs institutionnels, capables de marcher hors des sentiers battus et de façonner, au gré des besoins et de la conjoncture, leurs propres outils de

---

46 Didier Ozanam et Anne Mézin, *Économie et négoce des Français dans l'Espagne de l'époque moderne : instructions et mémoires officiels relatifs au commerce en Espagne de la gestion de Colbert (1669) au Pacte de Famille (1761),* Paris, 2011, p. XVI.

47 AN, AE/B/I/791, f. 283, Ossun à Bourgeois de Boynes, 2 décembre 1771. Le marquis de Villarias est Sebastián de la Cuadra Llarena, secrétaire d'État des Affaires étrangères de 1736 à 1746 (Didier Ozanam, *Les diplomates espagnols du XVIIIe siècle*, Madrid, Casa de Velázquez, 1998, p. 10).

48 Jaroslav Zourek, « Relations et immunités consulaires », *Annuaire de la Commission de Droit International*, 1957, 2, p. 81-118, aux p. 100-101.

49 Les guides dépouillés vont de l'année 1736 à l'année 1793.

50 *Almanach royal. Année 1753*, Paris, Le Breton, 1753, p. 333.

travail. Ce pragmatisme consistait à penser rationnellement – au sens de la rationalité instrumentale – pour mettre en œuvre une combinaison d'actions déterminées par une évaluation optimale de la situation.

Le temps des expérimentations

Entre hésitations, reculs et tâtonnements, l'idée d'un tel poste n'était pas nouvelle et s'inscrivait dans la continuité d'expériences infructueuses. Après la paix de Vervins, signée le 2 mai 1598, Henri IV envoya le contrôleur général Sancerre à la cour d'Espagne, dépourvu du rang d'ambassadeur, avec la mission de défendre les intérêts commerciaux de ses sujets[51]. Il fallut attendre les années 1660 pour que des tentatives de création d'un agent commercial français à Madrid vissent à nouveau le jour. Le 23 septembre 1662, un poste de secrétaire interprète auprès de l'ambassadeur français fut créé[52]. Il devait venir en aide aux marchands dans leurs différends avec les autorités locales, en les guidant dans les méandres complexes de l'administration espagnole. Le poste fut occupé par Pierre Catalan, futur consul à Cadix. Ce dernier était alors un marchand français établi à Madrid. Il était le correspondant de la maison parisienne Simonnet[53]. Après la guerre de Dévolution, la charge de secrétaire interprète ne fut pas immédiatement rétablie ni restaurée. Le 21 juin 1669, Colbert écrivait au marquis de Villars :

> Il serait assez difficile de pouvoir obliger tous les propriétaires des effets qui sont retenus en Espagne d'aller à Madrid pour en solliciter la mainlevée, mais j'estime qu'il serait plus à propos que quelque Français établi en cette ville-là prît ce soin près de vous et fît les sollicitations nécessaires par vos ordres. Si vous connaissiez quelqu'un qui en soit capable, je vous prie de me le mander afin que je le puisse proposer aux marchands qui y sont intéressés[54].

Ainsi, Colbert souhaitait créer un attaché commercial auprès de l'ambassadeur, choisi et rémunéré par les marchands. Les négociants

---

51 Juan E. Gelabert, « Entre "arrêt général" et "libre trafic" : les relations commerciales entre la France et l'Espagne de 1598 à 1609 », dans Jean-Philippe Priotti et Guy Saupin (éd.), *Le commerce atlantique franco-espagnol*, p. 163. 52 Albert Girard, *Le commerce français à Séville*, *op. cit.*, p. 147-149.

52 Albert Girard, *Le commerce français à Séville, op. cit.*, p. 147-149.

53 MAE (La Courneuve), Correspondance politique, Espagne [désormais CPE], 40, f. 160 ; *Id.*, CPE, 45, f. 349v.

54 BNF, Cinq Cents Colbert, 204, f. 151v, Colbert au marquis de Villars, 21 juin 1669.

de Cadix ayant beaucoup d'affaires à solliciter à Madrid, le ministre désirait les voir désigner un représentant particulier. Le 29 juillet 1669, il écrivit à Colbert du Terron au sujet de « l'établissement d'un homme à Madrid pour solliciter les affaires des marchands à cette cour »[55]. Bien que Catalan, l'ancien secrétaire interprète, eût été nommé le 21 mai 1669 consul à Cadix, Colbert songea à lui pour remplir cette fonction. Il aurait nommé à sa place le sieur Montaud, qui gérait provisoirement le consulat de Cadix. Le 26 juillet, il prescrivit à Villars de demander aux marchands « quelque moyen de subsister » pour ce nouvel agent[56]. Il consulta sur cette combinaison le marchand Fermanel, son correspondant auprès des commerçants de Rouen, et ceux-ci l'agréèrent[57]. On n'attendait plus que le règlement de la question de son salaire et l'agrément des marchands pour son remplaçant à Cadix. Mais la combinaison n'aboutit pas. Le 13 mars 1670, l'ambassadeur de France en Espagne Pierre de Bonzi assembla les principaux membres de la communauté marchande française de Madrid et les exhorta à « être unis plus qu'ils ne sont ». Cette nouvelle fonction se situait à mi-chemin entre la figure du consul représentant des marchands et le consul envoyé par le roi. Si l'initiative de la démarche venait du secrétaire d'État de la marine, le choix du titulaire se fit en étroite collaboration avec les principaux négociants français de Madrid : l'agent émanait ainsi d'un consensus de la communauté.

Un certain Jean de Laborde fut désigné en juin 1670 agent consulaire des affaires de France à Madrid, avec une rémunération annuelle de 100 pistoles[58]. Il était encore en fonction en 1685[59]. Originaire d'Oloron, cet ancien employé au greffe du Conseil des Indes avait une grande connaissance de l'Espagne. Son parcours avait été parsemé d'épreuves ; il avait en effet été capturé et emprisonné par les Turcs lors d'une traversée

---

55 Charles Colbert du Terron (1618-1684), cousin du Grand Colbert, était à cette date intendant général des armées du Ponant.

56 BNF, Cinq Cents Colbert, 204, f. 163 et 200v, Colbert à Villars, 28 juin et 26 juillet 1669.

57 *Ibid.*, f. 245v et 252v, Colbert à Fermanel, 13 et 27 septembre 1669.

58 AN, AE/B/I/766, f. 23-26v, Bonzi à Colbert, 14 mars 1670 ; *id.*, f. 182-183v, lettre de Villars, Madrid, 26 octobre 1672 ; *id.*, f. 186-187v, 233-234v, 235-236v, 237-238v, 239-240v, 252-253v, 254-255v, 319-319v, 341-342v.

59 AN, MAR/B/7/51, Colbert à l'archevêque de Toulouse, ambassadeur de France, 6 juin 1670 ; AN, MAR/B/7/490, mémoire pour affaires du commerce laissé au sieur Dupré par M. l'archevêque de Toulouse, 1671 ; MAE (La Courneuve), CPE, 71, f. 275, Feuquières à Louis XIV, 11 octobre 1685.

vers les Indes[60]. Il avait eu en outre des déboires judiciaires avec les autorités espagnoles. Arrêté et mis aux fers en juillet 1673, il a été libéré à la demande de l'ambassadeur Villars au mois de novembre de l'année suivante[61]. Le service de cet attaché commercial, précurseur de l'agent général de la marine et du commerce de France, prit progressivement de l'ampleur. En 1680, Jean de Laborde disposait de deux secrétaires qui avaient fort à faire. La lettre adressée par l'ambassadeur Villars à Louis XIV le 11 juillet 1680 louait la qualité de leur travail : « Je peux, Sire, lui rendre ce témoignage *(de Laborde)*, qu'on ne peut avoir plus d'application et d'intelligence, que je ne peux lui donner qu'une médiocre subsistance à lui et à deux personnes qui sont accablées de travail ». Il rappelait donc la petite gratification accordée à Jean de Laborde de la part du roi[62].

Le 25 janvier 1680, Villars, ambassadeur de France à Madrid, dénonçait le manque d'implication financière des marchands français dans la rémunération de leur agent à Madrid :

« [...] ils [les marchands français de Cadix] n'en feront pas la dépense, de laquelle ils se déchargent volontiers sur moi. Je fais faire leurs écritures, sollicite leurs procès et j'en paie le plus souvent les frais »[63]. Ainsi la dépense de ce service était entièrement à la charge de l'ambassade, contrairement aux principes qui avaient été initialement établis. Le roi avait en effet tenu à ce que cette dépense fût assumée par les marchands, et le 21 juillet 1670 il avait prescrit à l'ambassadeur de les assembler pour régler leur contribution[64].

Outre ces envoyés permanents, l'administration de la marine envoyait de manière plus ponctuelle des agents en Espagne pour accomplir des missions très précises et circonscrites. Le 11 décembre 1685, « le roi voulant connaître à fond le commerce des Espagnols aux Indes et celui qui se fait à Cadix par toutes les nations de l'Europe, et trouver les moyens d'y rétablir celui de France, altéré par les vexations et la mauvaise foi du

60 AN, AE/B/I/766, f. 186, Laborde, Madrid, 26 octobre 1672.

61 AN, AE/B/I/766, f. 233v, lettre anonyme, 19 juillet 1673 ; AN, AE/B/I/766, f. 238, lettre de Villars, 16 août 1673.

62 MAE (La Courneuve), CPE, 64, f. 424.

63 *Ibid.*, 63, f. 129, Louis XIV à Villars, 5 janvier 1680 ; *Id.*, 64, f. 244, Villars à Louis XIV, 25 janvier 1680.

64 AN, MAR/B/7/51, Colbert à l'archevêque de Toulouse, 21 juillet 1670.

ministère espagnol, le sieur Patoulet, commissaire de la marine eut ordre de se rendre à Saint Malo » puis à Cadix[65].

En dépit de ces expériences, la charge des agents commerciaux envoyés à Madrid au cours du XVIIe siècle ne fut pas une création pérenne. Leur nomination témoigne néanmoins de la prise en compte par l'administration de la marine de l'importance particulière que revêtait l'Espagne pour le commerce extérieur français.

À la croisée du monde administratif et du monde marchand, le consul de France en Espagne aux XVIIe et XVIIIe siècles constituait une ressource institutionnelle que les marchands pouvaient solliciter. Intermédiaire dont l'action visait à renforcer l'interconnexion commerciale entre les deux pays, l'agent consulaire était aussi un outil de contrôle et de projection des intérêts commerciaux d'un souverain à l'étranger et un rouage d'une stratégie étatique de développement du commerce français en Europe et dans le monde. Pièce maîtresse d'une politique globale, sa culture politique et les objectifs de son action n'étaient pas toujours compatibles avec les volontés du monde marchand. Représentant dans le domaine commercial, régulateur et arbitre, le consul était un acteur de terrain qui devait composer avec des communautés marchandes qui entretenaient un rapport ambivalent avec le pouvoir et ses agents. Cette relation oscillait continuellement entre collaboration, dialogue et défiance voire rejet.

Enjeu de taille, l'Espagne constituait alors un laboratoire du déploiement consulaire français ainsi qu'un terrain d'expérimentation institutionnelle. La densité et la précocité du maillage qui a été constitué témoigne de l'inventivité et du pragmatisme des acteurs institutionnels, capables de s'adapter au gré des circonstances et de la conjoncture. Cette inventivité traduit la place unique de l'Espagne et de son empire américain pour le commerce extérieur français.

L'étude de la fonction d'agent général permet ainsi de poser un regard nouveau sur l'institution consulaire française au tournant des XVIIe et XVIIIe siècles. Elle suscitait, accompagnait et contrôlait l'essor des réseaux marchands français outre-Pyrénées. Cheville ouvrière de la politique commerciale de la France en Espagne, le consul est devenu un outil stratégique de connexion des réseaux et des espaces marchands.

---

65 AN, G/7/40, f. 236.

L'intégration des marchands et des commerçants « étrangers » à Mayence au XVIIIe siècle : procédures, institutions et conflits

Guillaume GARNER

Abstract

This article aims to investigate the juridical and institutional ways and means of integration of foreign merchants during the 18th century in Mainz – which is a trade place and the capital of a catholic Electorate of the Holy Empire. The religious and political characteristics of this Electorate lead to distinguish many types of foreignness, which are mostly founded on the territorial origin and on the religious affiliation. Because of the lack of merchant nations, the individual integration of foreign merchants lay to a high degree on the privileges, i.e. on the guild membership or of the obtaining of an individual privilege. Nonetheless the economic and marriage relationships with local actors also play an important role. Those local actors show nonetheless the will to close the access to the guilds, in particular from the 1780s on. This gives rise to conflicts with the authorities who seek to open the access of the guilds to these foreign merchants.

Résumé

Cet article se propose d'étudier les moyens institutionnels et juridiques de l'intégration de marchands étrangers au XVIIIe siècle dans Mayence, place de commerce et capitale d'une principauté catholique de l'Empire. Les particularités territoriales, religieuses et politiques de la principauté incitent à distinguer plusieurs formes d'extranéité, fondées notamment sur l'origine territoriale et l'appartenance religieuse. En l'absence de communautés marchandes, l'intégration individuelle des marchands se fait principalement par le privilège, c'est-à-dire l'entrée dans une guilde ou l'octroi d'un privilège individuel, mais également par des relations d'affaires que les marchands étrangers nouent avec des acteurs locaux. Ces derniers n'en manifestement pas moins de manière épisodique une volonté de limiter l'accès aux ressources urbaines, notamment dans les années 1780. Ceci donne lieu à des conflits avec les autorités qui tendent à favoriser l'ouverture des corporations à ces marchands étrangers.

Cette contribution se propose d'étudier les modalités institutionnelles selon lesquelles les marchands « étrangers » ont pu s'intégrer dans une ville du Saint-Empire et les tensions ou conflits que leur présence a pu y susciter, à partir du cas de la principauté électorale de Mayence.

La mobilité des marchands s'inscrit dans un espace – celui du Saint-Empire – qui n'est pas homogène mais qui présente au contraire une configuration politique et territoriale originale, qui a des effets sur la définition même de la notion d'étranger. Le Saint-Empire est en effet marqué par la multiplicité de ses frontières internes, séparant des villes d'Empire et des États territoriaux qui ne sont pas pleinement « souverains » (et dont le nombre est au XVIIIe siècle supérieur à trois cents). Cette multiplicité se retrouve à toutes les échelles, les grandes principautés comprenant elles-mêmes des enclaves et étant parsemées d'exclaves. Les frontières ont par conséquent dans l'espace de l'Empire un statut complexe : d'un côté, elles séparent des entités (villes et États territoriaux) qui perçoivent par exemple des droits de douane sur les marchandises provenant d'États voisins ; d'un autre côté, l'omniprésence de ces frontières explique leur porosité, porosité qu'accentuent le droit d'Empire et certaines institutions (telles que la poste impériale) qui garantissent une certaine liberté de circulation au sein de l'Empire[1].

Ce morcellement territorial et la démultiplication des frontières qui en résulte caractérisent la principauté de Mayence. En simplifiant, celle-ci comprend quatre ensembles principaux : la région de Mayence et de la confluence du Main et du Rhin, l'archevêché supérieur qui s'étend sur la vallée moyenne du Main, l'Eichsfeld et la région d'Erfurt (ces deux derniers territoires étant situés en Thuringe). Dans ce contexte, l'étranger est d'abord celui dont l'origine géographique se situe hors des frontières de l'électorat. C'est donc le franchissement de la frontière, et non la distance, qui définit l'étranger, si bien qu'il suffit parfois d'un parcours de

---

1 Sur ces questions, voir Christophe Duhamelle, *La frontière au village*, Paris, Éditions de l'EHESS, 2011, p. 203- 205 ; *Id.*, « Dedans, dehors : espace et identité de l'exclave dans le Saint-Empire après la paix de Westphalie », dans Hélène Miard-Delacroix, Béatrice von Hirschhausen et Guillaume Garner (dir.), *Espaces de pouvoir, espaces d'autonomie en Allemagne*, Villeneuve d'Ascq, Presses Universitaires du Septentrion, 2010, p. 93-115 ; Falk Bretschneider, *Praxis der Grenze. Konflikte und Umgänge mit Territorialgrenzen im Alten Reich*, publ. dans *Jahrbuch für Regionalgeschichte*, 2011, 29, p. 35-110.

quelques kilomètres pour faire d'un individu un « étranger ». À l'inverse, la présence d'exclaves et/ou d'enclaves signifie que la distance parcourue ne signifie pas forcément le passage dans un territoire « étranger ». Dans la principauté de Mayence, une personne venant de Francfort est ainsi considérée comme étrangère, même à Höchst, ville de l'électorat située à quelques kilomètres de la métropole du Main, tandis qu'une personne venant de l'Eichsfeld – exclave de la principauté située à près de 200 km de Mayence – aura le statut de « sujet » du prince-électeur et sera désigné, pour reprendre une expression fréquente dans les sources, comme « enfant du pays ».

Ces particularités de l'espace du Saint-Empire donnent tout leur poids aux appels à ne pas corréler la notion d'étranger à la distance géographique parcourue au cours d'une migration. L'extranéité peut en effet se rapporter à d'autres critères que la distance ou le territoire d'origine : dans la capitale d'une principauté catholique dirigée par un prince-archevêque, l'appartenance confessionnelle constitue l'un de ces critères qui justifie la distinction de différentes formes d'extranéité[2]. Ceci vaut non seulement pour des individus, mais également pour des collectivités (ou nations) marchandes. Des études récentes ont souligné que le critère ethnique n'est pas forcément pertinent pour définir le statut de ces groupes et qu'il convient de faire toute leur part aux différents éléments qui interviennent pour faciliter ou au contraire freiner l'intégration de ces marchands dans la société urbaine locale[3]. Ces mécanismes d'intégration peuvent être économiques, sociaux ou institutionnels et juridiques et prendre dans ce dernier cas des formes diverses telles que l'obtention du droit de bourgeoisie, la jouissance d'un privilège corporatif, mais également d'un privilège individuel.

---

2 Simona Cerutti, *Étrangers. Étude d'une condition d'incertitude dans une société d'Ancien Régime*, Montrouge, Bayard, 2012, p. 9-11 ; Hans Thieme, « Die Rechtsstellung der Fremden in Deutschland vom 11. bis zum 18. Jahrhundert », dans Société Jean Bodin pour l'histoire comparative des institutions (éd.), *L'étranger. Deuxième partie*, Bruxelles, Éditions de la Librairie Encyclopédique, 1958, p. 202-204 ; Alexander Schunka, « Konfession und Migrationsregime in der Frühen Neuzeit », *Geschichte und Gesellschaft*, 2009, 35, p. 28-63, notamment p. 45-46.

3 Voir par exemple David Do Paço, « Extranéité et lien social : l'intégration des marchands ottomans à Vienne au XVIIIe siècle », *Revue d'Histoire Moderne & Contemporaine*, 2014, 61/1, p. 123-146, ici p. 124.

Les fondements politiques et institutionnels de la pratique du commerce

La principauté de Mayence est une principauté électorale catholique, dont la capitale, Mayence, n'a plus d'autonomie politique depuis la fin du XVe siècle. La ville étant placée sous l'autorité directe de l'électeur, les décisions concernant l'économie de la ville sont prises par les autorités de l'électorat (le Conseil aulique ou gouvernement, voire la Chambre des finances) et appliquées localement par le vidame et le *Gewaltbote* qui représentent le prince-électeur dans la ville de Mayence[4].

Pendant la seconde moitié du XVIIIe siècle, les autorités de la principauté mènent une politique économique inspirée par les principes du caméralisme, qui vise à développer, en particulier à Mayence, à la fois le commerce (notamment le commerce en gros) et le secteur des manufactures et des fabriques. Cette politique prend une tournure systématique à partir de 1743 et comprend trois volets majeurs[5] : la mise en place d'une administration dédiée au commerce en 1746 (la Commission du commerce), la création d'une guilde des marchands (le *Handelsstand*) en 1747, et en 1748 la promulgation de mesures pour revivifier les foires de Mayence afin de capter une partie des trafics qui font à cette époque la fortune des foires de Francfort, grande place commerciale que Mayence souhaite concurrencer. Ces deux dernières initiatives montrent la volonté des autorités mayençaises de favoriser l'établissement – provisoire ou temporaire – à Mayence de grands marchands et de fabricants étrangers (ce que les sources de l'époque appellent des « entrepreneurs »), puisque les commerçants de Mayence ne peuvent, au vu de l'envergure de leurs activités, être à eux seuls les acteurs du développement économique souhaité.

Ceci implique le recours à des institutions corporatives car l'exercice du commerce à Mayence est conditionné à l'admission dans une corporation. Une première corporation propre aux acteurs du commerce est celle des merciers (*Krämerzunft*), dont les statuts sont définis par une ordonnance de 1713. Du point de vue des activités exercées par ses membres, ce corps est assez hétérogène, puisqu'on y trouve aussi bien des commerçants en boutique que des marchands spécialisés (dans les

4 François-Georges Dreyfus, *Sociétés et mentalités à Mayence dans la seconde moitié du dix-huitième siècle*, Paris, Armand Colin, 1968, p. 68-69 et 72-73.

5 Albert Kirnberger, *Die Handelsmesse in Mainz in der Zeit der merkantilistischen Wirtschaftspolitik unter der Regierung der drei letzten Kurfürsten von Mainz (1743-1793)*, Mayence, Florian Kupferberg, 1951, p. 18-51.

marchandises exotiques ou le fer) et des fabricants de certains produits (comme le savon). Ces commerçants profitent de la prospérité du commerce de détail de Mayence qui est due à la fois à la présence d'une clientèle nobiliaire et ecclésiastique nombreuse et fortunée et à l'essor de nouvelles consommations (qui concerne en particulier les marchandises de mode et les produits exotiques appelés « épices »).

Une seconde corporation est la guilde des marchands, qui est issue de la scission de la corporation des boutiquiers : l'ordonnance du 22 décembre 1747 accorde aux membres de cette guilde un certain nombre de privilèges, dont la pratique du commerce de gros, qu'il s'agisse du commerce en propre, du commerce d'expédition ou de commission. En théorie, rien n'interdit à un marchand étranger d'être admis dans le Handelsstand. Cependant, dans la pratique, des restrictions existent car l'admission dans cette guilde (comme dans la corporation des boutiquiers) va très souvent de pair avec l'obtention du droit de bourgeoisie. Or, celle-ci est liée à des conditions précises : les impétrants doivent être âgés d'au moins 20 ans, même si les dispenses sont fréquentes, et ne pas être soumis au servage (*Leibeigenschaft*). En outre, l'appartenance à la confession catholique est nécessaire pour obtenir le droit de bourgeoisie. Ainsi, l'impossibilité pour les protestants d'obtenir ce droit semble dans les faits leur avoir fermé l'accès au Handelsstand. Inversement, les marchands italiens (et catholiques), nombreux en Rhénanie, obtiennent facilement ce droit (à la différence de ce qu'on constate dans la ville impériale luthérienne de Francfort), de même que les marchands catholiques originaires de Wallonie[6]. Ceci ne signifie pas un effacement des distinctions selon l'origine des membres de la guilde : les comptes du Handelsstand, qui ont été conservés pour les années 1751-1772, montrent que la taxe payée au moment de l'admission varie en fonction de ce critère : tandis que les natifs de Mayence paient 18 florins, les marchands originaires de l'électorat (hors Mayence) paient 36 florins et les « étrangers » 54 florins[7].

Ces critères apparaissent pendant la procédure d'admission dans le Handelsstand et dans la corporation des merciers, qui comprend plusieurs étapes : une demande individuelle (qui prend la forme d'une supplique), un rapport rédigé par les directeurs de la corporation concernée sur la

---

6 Christine Reves, *Vom Pomeranzengängler zum Großhändler ? Netzwerke und Migrationsverhalten der Brentano-Familien im 17. und 18. Jahrhundert*, Paderborn, Ferdinand Schöningh, 2012, p. 298-320.

7 Bayerisches Staatsarchiv Würzburg [désormais BStAW], Mainzer Regierungsakten [désormais MRA], Mainzer Polizeiakten 2821.

demande des candidats, un rapport de l'un des commissaires de police de la ville au vidame, un rapport du vidame au gouvernement et un rescrit du gouvernement annonçant la décision du prince. Comme on le voit, cette procédure a la particularité d'impliquer les corporations concernées et permet aux marchands membres du Handelsstand de décider du nombre et de l'identité des acteurs qui vont les concurrencer. Cette possibilité rend ces institutions corporatives attractives à leurs yeux et elle répond également au point de vue des autorités car les corporations n'ayant pas de poids politique (en raison de la faiblesse politique des institutions municipales), l'électeur et le gouvernement peuvent les utiliser comme des instances de régulation et de contrôle de la vie économique urbaine[8].

L'ouverture du commerce mayençais aux marchands étrangers

Les effectifs de la guilde des marchands de Mayence augmentent pendant la seconde moitié du XVIIIe siècle, puisqu'ils passent d'une cinquantaine de membres au début des années 1750 à une centaine au tournant des années 1780 et des années 1790 (à la veille de l'invasion française d'octobre 1792)[9]. À regarder les listes des membres du Handelsstand, qui sont dressées dans la seconde moitié du XVIIIe siècle et les dossiers d'admission dans cette guilde, la part des « étrangers » semble relativement importante, notamment dans les premières décennies qui suivent la création de cette guilde. On peut distinguer trois principaux espaces d'où ces marchands nouvellement admis sont originaires.

Il s'agit d'abord des Pays-Bas autrichiens et de la principauté de Liège. L'un des exemples les plus célèbres est celui de la famille Dumont. Ernest Dumont, né en 1720 près de Liège, est issu d'une famille spécialisée dans le commerce du tabac. Il obtient le droit de bourgeoisie à Mayence en 1741 – tandis que son frère Heinrich Joseph s'installe à Cologne – et épouse également en 1741 la fille d'un bourgeois de Wicker (village de la principauté situé sur la rive droite du Main), ce qui lui permet de posséder des vignes.

[8] Il est de ce point de vue significatif que le Handelsstand soit placé sous l'autorité du vidame de Mayence, qui en est le président, comme le précisent les ordonnances du 22 décembre 1747 et du 1er février 1751 : Stadtarchiv Mainz [désormais StAM], Landesverordnung [désormais LVO] 1747 Dezember 22, LVO 1751 Februar 1.

[9] Voir par exemple la liste de membres du Handelsstand en 1751 : BStAW, MRA, Mainzer Polizeiakten 2822 ; et l'enquête sur les corporations de 1781 : StAM, 21/101.

Ernest Dumont fait partie des membres fondateurs du Handelsstand dès sa création en 1747. Il est ensuite élu à la charge annuelle de l'un des trois directeurs de cette guilde, charge qu'il occupe de 1753 à 1764[10]. Il vend des marchandises variées mais se spécialise à partir des années 1750 dans le commerce du vin et du tabac à priser. Son principal fournisseur est son frère, installé à Cologne. Il devient un marchand prospère dont le chiffre d'affaires et les profits augmentent régulièrement et fortement, surtout après la guerre de Sept Ans[11]. Cette prospérité lui permet de s'intégrer dans la notabilité urbaine. Il est ainsi nommé en 1760 membre du Conseil de la ville de Mayence et surveille pour le gouvernement électoral les pompiers de la ville, la corporation des barbiers et chirurgiens (l'une des plus riches de la ville) et les deux corporations de bateliers ; il est également gérant des biens de l'église Saint-Quintin. Cette ascension sociale est matérialisée en 1765 lorsqu'il épouse en secondes noces la fille d'un membre du Conseil secret. Ses deux fils, Daniel et Heinrich Joseph, poursuivent le négoce de leur père, Daniel étant élu en 1789 directeur du Handelsstand, fonction au titre de laquelle il s'opposera aux changements mis en œuvre par les Français, notamment à l'abolition des corporations, après la conquête de Mayence en 1792[12].

L'Italie du nord est la seconde région d'où proviennent plusieurs membres du Handelsstand (et de la Krämerzunft)[13]. Selon Christine Reves, quatorze marchands italiens auraient fait partie de la cinquantaine de marchands membres du Handelsstand au moment de la création de cette guilde[14]. Parmi eux, certains affichent une présence ancienne à Mayence tout en entretenant des relations avec leur lieu d'origine. C'est ce qu'illustre le cas de Paul Anton Brentano, qui est admis dans la

---

10 BStAW, MRA, Mainzer Polizeiakten 2821.

11 Ricarda Matheus, « 'Die sogenannten hiesigen Kaufleuthe… sind im Grunde nur Krämer'. Mainzer Großhändler in der zweiten Hälfte des 18. Jahrhunderts », dans Michael Matheus et Walter Rödel (dir.), *Bausteine zur Mainzer Geschichte* (Mainzer Kolloquium 2000), Stuttgart, Steiner, 2002, p. 171-196, ici p. 186-189.

12 Eckhard Buddruss, « Daniel Dumont und die Konstitutionsvorschläge der Handelsstandes. Ein Beitrag zur Geschichte der Mainzer Republik », *Mainzer Zeitschrift*, 1984-1985, 79/80, p. 155-168.

13 Christine Reves, « Italian Merchants of the Eighteenth Century in Frankfurt and Mainz : Circumstances contributing to their socio-economic ascent », dans Margrit Schulte-Beerbühl et Jörg Vogele (dir.), *Spinning the Commercial Web. International Trade, Merchants and Commercial Cities, c. 1640-1939*, Francfort-sur-le-Main, Peter Lang, 2004, p. 99-111.

14 Christine Reves, « Von Kaufleuten, Stuckateuren und Perückenmachern », art. cit., p. 158.

bourgeoisie de Mayence et dans la Krämerzunft en 1721, et dont le fils, Domenico Antonio, naît à Tremezzo en 1724, avant d'être admis dans le Handelsstand en 1752[15].

Étant donné l'état des sources disponibles, il est difficile de proposer une périodisation de cette migration de marchands italiens. Dans son étude sur l'immigration italienne à Mayence des années 1640 à la fin du XVIIIe siècle, Christine Reves appelle ainsi à la prudence concernant les résultats qu'elle propose, même si, conformément à ce qui a été observé plus haut à propos des effectifs du Handelsstand, l'installation de marchands et commerçants italiens semble avoir été importante durant les années 1740-1770. La part des activités liées au commerce dans cette immigration semble en tout cas établie puisque les marchands et commerçants représentent 55 % des migrants italiens dont la profession est connue[16].

Un troisième groupe comprend des marchands et commerçants « allemands », c'est-à- dire originaires des États et des villes de l'Empire. Un cas assez bien documenté est celui d'Anton Zahn : né en Bohême, il s'est établi à Francfort où il a ouvert un négoce de verreries de Bohême manifestement prospère. Il demande en juillet 1758 son admission dans la bourgeoisie et dans le Handelsstand pour poursuivre ses affaires à Mayence. Il déclare avoir l'intention d'épouser la veuve – dénommée Wolf – d'un négociant en verreries (vraisemblablement Johann Jakob Wolf, membre du Handelsstand depuis 1753)[17]. Le vidame de Mayence rédige un rapport favorable à son admission et Zahn obtient en juillet 1758 le droit de bourgeoisie et l'entrée dans le Handelsstand. Cependant, la veuve Wolf décide de revenir sur sa décision de se marier, revirement que Zahn attribue à la jalousie de ses enfants[18]. La situation de ce dernier est donc fragilisée, d'autant plus que la corporation des verriers adresse une plainte dans laquelle elle se plaint de la concurrence déloyale que celui-ci lui livrerait et demande que le commerce de verreries lui soit interdit. Après une supplique adressée directement au prince, ce dernier obtient

---

15 Johannes Augel, *Italienische Einwanderung und Wirtschaftstätigkeit in rheinischen Städten des 17. und 18. Jahrhunderts*, Bonn, Ludwig Röhrscheid, 1971, p. 343 ; BStAW, MRA, Mainzer Polizeiakten 2821.

16 Christine Reves, « Von Kaufleuten, Stuckateuren und Perückenmachern », art. cit., p. 150 ; le même constat avait déjà été établi par Johannes Augel, *Italienische Einwanderung, op. cit.*, p. 187.

17 StAM, 21/154.

18 BStAW, Mainzer Kammer V, Mainzer Polizeiakten 1927.

finalement satisfaction en 1759 et reçoit l'autorisation de poursuivre son négoce « sans entraves »[19].

Le privilège corporatif (l'admission dans la guilde des marchands ou dans la corporation des commerçants de détail) n'est cependant pas la seule ressource institutionnelle dont les marchands installés à Mayence cherchent à profiter : les privilèges individuels de fabrique et de manufacture constituent une autre de ces ressources. La spécialisation des marchands dans le commerce n'est en effet pas la règle : certains diversifient leurs activités et se livrent à des activités de production ou de fabrication de marchandises. Ceci les conduit à solliciter un privilège individuel, éventuellement cumulé avec l'appartenance à une corporation (Handelsstand ou Krämerzunft). Ceci vaut pour des marchands mayençais[20], mais également pour des marchands étrangers. Franz (ou Francisco) de Giorgi, originaire du Milanais, est ainsi admis comme bourgeois et membre de la Krämerzunft en 1779, avant d'obtenir en 1780 un privilège pour une fabrique de chocolat à Mayence. Cependant, on ne lui accorde l'autorisation de vendre en détail ses propres productions qu'en 1787. Il obtient également en 1787 un « droit de marque », c'est-à-dire le titre de « fabrique électorale privilégiée » et d'apposer une marque mentionnant ce titre sur ses paquets de chocolat[21]. Dans le contexte d'une économie d'Ancien Régime caractérisée par l'importance de la réputation des marchandises, un tel avantage est loin d'être seulement honorifique mais procure, au contraire, à son bénéficiaire un avantage concurrentiel appréciable et convoité[22].

Une telle situation n'a rien d'exceptionnel à Mayence et dans les villes de la vallée du Rhin, même si le privilège individuel de fabrique est parfois obtenu sans cumul avec l'appartenance à une corporation. Sont particulièrement concernés des biens dont la demande est en essor dans la seconde moitié du XVIIIe siècle : outre le chocolat, on peut citer le savon et les chandelles. C'est le cas de Nicolaus Maria Bozzini qui obtient en

---

19 *Ibid.*

20 Voir par exemple le cas de Matthias Joseph Weingartner, qui est à la fois marchand spécialisé dans le commerce de gros, membre et directeur du Handelsstand, et qui dirige pendant une dizaine d'années la fabrique princière de faïence de Flörsheim grâce à un contrat d'affermage qui est en même temps un privilège : Ricarda Matheus, « Mainzer Großhändler », art. cit., p. 189-194.

21 StAM, 21/138.

22 Jean-Yves Grenier, *L'économie d'Ancien Régime. Un monde de l'échange et de l'incertitude*, Paris, Albin Michel, 1996, p. 63 *sq.*

1772, pour une fabrique de chandelles et de savon établie à Mayence, un privilège qui est renouvelé en 1782 pour dix ans[23].

Ces exemples suggèrent une conclusion provisoire : la guilde des marchands favorise une relative intégration des nouveaux arrivants (« étrangers » du point de vue de leur origine géographique) dans le monde du grand commerce, l'octroi du droit de bourgeoisie et du privilège corporatif n'étant pas réservé aux seuls sujets natifs de Mayence. Cette impression est renforcée par le fait que, comme on l'a vu, ce sont des individus, et non des collectivités (des « nations marchandes »), qui bénéficient de droits statutaires : en permettant l'intégration de ces individus dans des institutions corporatives, le privilège favoriserait ainsi leur désingularisation, ce qui est le préalable à leur intégration[24]. Cette conclusion demande à être précisée en examinant les conflits auxquels la migration des marchands « étrangers » donne lieu.

Conflits

L'entrée de membres étrangers dans les corporations marchandes provoque-t-elle des conflits avec les Mayençais ? D'un côté, comme on l'a vu, les effectifs de ces deux institutions augmentent, notamment des années 1750 aux années 1780, et dans bien des cas, l'admission des nouveaux membres se fait avec l'accord de leurs deux directions, que ces nouveaux membres soient originaires de la principauté ou non. Ceci est confirmé par le fait que, comme le montre l'exemple d'Ernest Dumont, des marchands étrangers par leur origine géographique sont, quelques années après leur entrée dans le Handelsstand, élus aux charges de directeurs de cette guilde[25].

---

23 StAM, 21/161. Originaire d'Italie, Bozzini s'est établi à Mayence en 1772, mais le rapport du vidame sur sa demande de renouvellement du privilège en 1782 précise qu'il n'appartient pas à la bourgeoisie de Mayence ; il possède un domicile dans la ville tout en ayant habité à Francfort (Johannes Augel, *Italienische Einwanderung*, *op. cit.*, p. 337).

24 Sur le privilège comme vecteur d'intégration des migrants (en l'absence d'un droit général à la migration) dans les États de l'Empire à l'époque moderne, voir les analyses de Karl Härter, « Recht und Migration in der frühneuzeitlichen Ständegesellschaft : Reglementierung-Diskriminierung-Verrechtlichung », dans Rosemarie Beier-de Haan (dir.), *Zuwanderungsland Deutschland. Migrationen 1500-2005*, Berlin, Minerva, 2005, p. 50-71.

25 BStAW, MRA, Mainzer Polizeiakten 1919.

D'un autre côté, le Handelsstand tout comme la Krämerzunft défendent parfois des prises de position hostiles à l'admission de nouveaux membres en s'appuyant sur l'argument, récurrent dans le discours des corporations, du « surnombre » (*Übersetzung*) pour justifier des rapports négatifs sur des demandes d'admission. Dans le commerce de détail, cet argument est en particulier avancé pour limiter le nombre de boutiques vendant des épices et des marchandises exotiques[26]. Un autre argument fréquemment avancé par le Handelsstand pour justifier ces refus est l'affirmation selon laquelle le candidat à l'admission travaille pour des maisons de commerce « étrangères », ce qui aboutirait à une mainmise de ces maisons sur le grand commerce mayençais[27].

Cette méfiance n'est cependant pas exclusivement dirigée contre des « étrangers », c'est- à-dire des individus ayant une origine extérieure à la principauté. Ainsi, le Handelsstand doit en 1787 se prononcer sur la demande d'admission d'Anton Seiler : celui-ci est né en 1764 d'un père bourgeois de Mayence et s'est formé au commerce à Landau avant d'accomplir des voyages en Hollande. Le rapport de la guilde est négatif au motif qu'il serait en relation d'affaires avec plusieurs marchands, dont l'un est établi à Strasbourg et l'autre à Cologne, si bien qu'il est soupçonné de servir les intérêts de maisons de commerce étrangères plutôt que ceux de la principauté[28]. Finalement, le vidame rédige un rapport qui rejette les objections du Handelsstand et préconise l'admission de Seiler, qui est accordée par le gouvernement. Le refus de la guilde ne repose pas sur le lieu de naissance (Anton Seiler étant né à Mayence), mais sur le fait d'avoir noué des relations d'affaires avec des maisons marchandes établies hors du territoire de l'électorat. Ce sont donc des « frontières » franchies par des relations d'affaires qui justifient que soit jeté sur un marchand (qui est en même temps un concurrent des marchands du Handelsstand)

---

26 Guillaume Garner, « De la ville au territoire et au-delà : espace et régulation du commerce dans l'électorat de Mayence (seconde moitié du XVIIIe siècle) », *Revue d'Histoire Moderne et Contemporaine*, 2013, 60/1, p. 135- 138.

27 C'est par exemple le cas du marchand colonais Bernhard Boiserée, dont l'admission est rejetée par le Handelsstand, mais accordée en 1796 par le gouvernement : Guillaume Garner, « Milieux marchands et régulation économique : le « Handelsstand » de Mayence dans la seconde moitié du XVIIIe siècle », dans Margrit Müller, Heinrich H. Schmidt et Laurent Tissot (dir.), *Regulierte Märkte : Zünfte und Kartelle. Marchés régulés : corporations et cartels*, Zurich, Chronos Verlag, 2011, p. 183-195, ici p. 193.

28 StAM, 21/152 ; BStAW, MRA, Mainzer Polizeiakten 507 ; Johannes Augel, *Italienische Einwanderung*, *op. cit.*, p. 232 *sq*.

un soupçon de même nature que les accusations formulées contre des marchands ayant migré à Mayence.

La même remarque vaut pour un autre thème qui apparaît dans les pétitions et plaintes rédigées par la guilde des marchands ou la corporation des commerçants : celui du travail illicite et de la concurrence déloyale dont se rendraient coupables les marchands et commerçants extérieurs aux corporations. L'historiographie a souligné que ce thème est, au cours de la période moderne, central dans les discours des corporations, ces concurrents étant désignés par divers termes (*Störer*, *Pfuscher*, *Stümpler*, etc.)[29]. Les plaintes ne visent pas uniquement des marchands étrangers, mais également des acteurs implantés dans la ville ou l'électorat, qu'il s'agisse d'individus ou de corporations. Les membres du Handelsstand dénoncent ainsi les pratiques illégales du commerce d'expédition qui leur est réservé en vertu du privilège de 1747 ; en 1756 et 1757, l'une des cibles de leurs plaintes est la Krämerzunft, ce qui conduit les autorités à rappeler à l'ordre non seulement les individus fautifs, mais également les corporations accusées de contrevenir au privilège du Handelsstand[30].

Un autre type de conflit concerne une extranéité définie par des critères moins géographiques que confessionnels. Il s'agit d'abord de la concurrence provenant des marchands protestants : en 1786, Johann Adam Ackermann, qui est alors l'un des trois directeurs du Handelsstand adresse une pétition (rédigée en son nom propre) pour demander que les protestants soient exclus du commerce d'expédition, celui-ci devant être réservé aux seuls catholiques. Le rapport très négatif que rédige le vidame de la ville sur cette demande semble avoir convaincu le gouvernement de ne pas donner suite à cette requête[31]. Parler d'intolérance confessionnelle des marchands mayençais paraît cependant excessif, car ces derniers emploient, pour un certain nombre d'entre eux, des employés ou salariés protestants. C'est d'ailleurs le cas d'Ackermann, dont la fille est mariée à un marchand protestant, Ludwig Kaiser, qui avait été comptable de son beau-père pendant vingt ans et qui s'était converti peu de temps avant de demander (et d'obtenir), en 1779, son admission dans le Handelsstand[32].

---

29 Sur ce thème, voir les études de cas présentées dans le recueil suivant : Thomas Buchner et Philip R. Hoffmann- Rehnitz (dir.), *Shadow economies and irregular work in urban Europe, 16th to early 20th century*, Berlin/Vienne, LIT, 2011.

30 BStAW, MRA, Mainzer Polizeiakten 2824.

31 StAM, 21/130 ; voir Guillaume Garner, « Milieux marchands », art. cit., p. 186 et 192-193.

32 BStAW, MRA, Mainzer Polizeiakten 507.

Les marchands et commerçants juifs sont une autre cible des marchands mayençais. La communauté juive de l'électorat, qui regroupe à la fin du XVIIIe siècle environ 3 500 personnes sur une population totale de 320 000 habitants, est implantée anciennement dans la principauté, et le statut juridique de ses membres est précisément défini. La législation en vigueur leur interdisant de nombreuses professions, le commerce est une activité fondamentale des juifs mayençais, ce qui provoque des tensions avec les commerçants chrétiens, en particulier à partir des années 1780, lorsque la conjoncture économique à Mayence se dégrade, tandis que les signes d'une paupérisation accrue des juifs de Mayence se multiplient[33]. Cet état de fait conduit l'électeur à promulguer en 1784 une ordonnance dont le but est d'élargir l'assise économique de la communauté juive de la principauté, en permettant notamment à ses membres de créer des manufactures ou de produire des marchandises dans des secteurs d'activité dont les corporations sont absentes. De fait, plusieurs marchands juifs obtiennent au cours du XVIIIe siècle des privilèges individuels, notamment pour des activités de production localisées hors de la capitale mayençaise[34].

Les plaintes formulées par les marchands du Handelsstand et de la Krämerzunft dénoncent les commerçants juifs, qui sont accusés de se livrer à une concurrence déloyale et de les priver de leur subsistance (*Nahrung*). Cette accusation est notamment motivée par les pratiques des boutiquiers juifs, qui ne se contentent pas d'attendre leur clientèle mais s'efforcent de l'attirer en publiant des annonces dans les journaux ou en mobilisant des agents la ville, et le conflit prend d'autant plus de poids que les juifs reçoivent en 1784 l'autorisation d'ouvrir des boutiques hors du quartier juif de Mayence[35]. De même, les colporteurs et commerçants itinérants juifs – non domiciliés à Mayence – sont une cible privilégiée des membres du Handelsstand et de la Krämerzunft, qui entendent

---

33 Bernhard Post, *Judentoleranz und Judenemanzipation in Kurmainz 1774-1813*, Wiesbaden, Kommission für die Geschichte der Juden in Hessen, 1985, p. 165-166.

34 Des entrepreneurs juifs avaient déjà obtenu des privilèges pour l'exploitation des salines d'Orb de 1722 à 1764 : Rudolf Schäfer, *Die Förderung von Handel und Wandel in Kurmainz im 18. Jahrhundert*, Francfort, Otto Pfeifer, 1968, p. 45 et 50-54. Sur les juifs de Cour à Mayence qui obtiennent au XVIIIe siècle des privilèges et des contrats d'amodiation, voir Ulrike Duch, « Jüdische Hoffaktoren des Kurfürstentums Mainz im 18. Jahrhundert », dans Heinz Duchhardt (dir.), *Beiträge zur Geschichte der Mainzer Juden in der Frühneuzeit*, Mayence, Kirchheim, 1981, p. 147-153.

35 Bernhard Post, *Judentoleranz*, *op. cit.*, p. 369-370.

limiter, voire empêcher, leur accès aux marchés de consommation de la capitale de la principauté[36]. La même volonté de limiter la concurrence explique qu'en 1792, les directeurs du Handelsstand (notamment Daniel Dumont, qui est le fils d'Ernst Dumont et l'un des principaux négociants en tabac de Mayence) s'opposent fermement au projet de Moyses Kahn, qui demande l'autorisation d'ouvrir une fabrique de tabac à Weisenau, bourg situé à proximité de Mayence[37].

Ces prises de position des marchands chrétiens visent à la fois des juifs de Mayence ou de la principauté électorale et des juifs originaires de territoires voisins et mobilisent une rhétorique qui oppose les « marchands chrétiens » et les « juifs » afin de souligner la loyauté et l'obéissance des premiers envers le prince et de s'assurer sa protection. Les liens qui unissent les commerçants et colporteurs juifs de l'électorat à des associés implantés hors des frontières de la principauté (notamment à Francfort) sont également rappelés. Quel est le poids du facteur confessionnel dans ces appels à limiter l'activité économique des juifs ? Les plaintes du Handelsstand se situent avant tout sur deux registres : le registre juridique (les juifs sont accusés de ne pas respecter les ordonnances en vigueur, par exemple sur le colportage) et économique (leur comportement a des effets négatifs pour les marchands chrétiens et pour l'État en général). Si l'hostilité aux juifs semble donc répondre avant tout à des motivations économiques, l'appartenance confessionnelle de ces concurrents constitue une circonstance aggravante. Comme l'affirme en 1791 l'un des deux commissaires de police de Mayence dans un rapport relatif au projet de création d'une fabrique de tabac par Moyses Kahn, les marchands de Mayence ne sont pas prêts, étant donné leurs difficultés économiques, à accepter qu'un nouveau commerce de tabac soit ouvert, « en particulier par un juif »[38].

Les acteurs « étrangers » face aux autorités et à la société urbaine locale

Nous proposons à présent quelques pistes de réflexion pour envisager la manière dont les migrants mettent en œuvre des stratégies précises intégrant les éléments favorisant leur intégration dans l'économie et la société mayençaises ou y faisant obstacle. Plusieurs éléments montrent que les

---

36 Guillaume Garner, « De la ville au territoire », art. cit., p. 138.

37 Bernhard Post, *Judentoleranz*, *op. cit.*, p. 380-381.

38 StAM, 21/716.

marchands étrangers sont bien informés des procédures à suivre et des marges de manœuvre que leur ménagent la situation politique et institutionnelle à Mayence, ainsi que les orientations prises par la politique économique des autorités de l'électorat durant la seconde moitié du XVIIIe siècle.

En premier lieu, ils savent jouer de la pluralité des institutions auxquelles ils sont confrontés et ce dès la seconde moitié du XVIIe siècle, lorsque se met en place une vague de migrations vers Mayence. Ainsi entre 1670 et 1720, le conseil de la ville de Mayence est sensible aux protestations émises par les corporations locales contre l'installation de marchands et commerçants étrangers (notamment italiens) ; mais ces derniers s'adressent aux autorités gouvernementales qui encouragent ces migrations car elles y voient un élément du redressement économique et démographique de la ville et de la principauté, qui avaient été durement frappées par les dégâts de la guerre de Trente Ans[39]. Le même jeu sur la coexistence de différentes instances de pouvoir peut être observé des années 1670 à la fin du XVIIIe siècle à Francfort, dont les commerçants tentent, avec le soutien des autorités urbaines, de limiter les activités des marchands italiens, qui cherchent et obtiennent souvent un appui auprès de l'empereur et des tribunaux d'Empire, notamment le Conseil impérial aulique[40].

En second lieu, ils tentent d'adapter leurs stratégies aux objectifs poursuivis par les autorités des États d'accueil. Cela se lit d'abord dans les arguments avancés pour justifier l'obtention du droit de bourgeoisie, une demande d'admission dans une corporation ou l'octroi d'un privilège. Apparaissent ainsi de façon récurrente leur volonté de contribuer au « bien public » (en fournissant du travail aux habitants de la principauté), la mise en évidence de leur qualité de « sujets utiles » par l'insistance sur leurs compétences, la volonté d'empêcher des sorties de numéraire grâce à la création d'une fabrique ou d'une manufacture, de contribuer aux charges financières de la communauté, etc. Cette adaptation ne se fait pas seulement par des discours qui cherchent à répondre aux motivations des autorités, mais se lit également dans les pratiques. Les marchands étrangers savent ainsi jouer de la rivalité économique qui oppose l'électorat de Mayence à la ville de Francfort[41]. Comme on l'a

---

[39] Johannes Augel, *Italienische Einwanderung, op. cit.*, p. 159 *sq.*

[40] *Ibid.*, p. 260-278 ; Chistine Reves, *Pomeranzengängler, op. cit.*, p. 252-320.

[41] Sur ce sujet voir Karl Schwarz, *Der wirtschaftliche Konkurrenzkampf zwischen der Reichsstadt Frankfurt und der kurfürstlichen Stadt Mainz*, Mayence, Falk, 1932.

vu, les princes-électeurs font des foires de Mayence un outil de cette lutte ; mais d'autres initiatives sont prises pendant la seconde moitié du XVIIIe siècle, qui concernent notamment la ville de Höchst. C'est ainsi que des entrepreneurs étrangers s'établissent dans cette ville en bénéficiant de privilèges de fabrique et de manufacture que les autorités leur accordent[42]. Par ailleurs, le prince-électeur de Mayence crée en 1768 une ville nouvelle à Höchst (Emmerichsstadt ou Höchst-Neustadt). L'objectif de cette création est d'inciter des marchands et des fabricants à s'installer dans cette ville en leur accordant des avantages importants : le privilège accordé à Höchst-Neustadt garantit notamment la liberté de culte public aux marchands catholiques, luthériens et réformés et divers avantages économiques et fiscaux, ainsi que l'exemption du logement des soldats[43]. Cette mesure vise notamment les marchands et fabricants italiens de Francfort, dont certains sollicitent au cours du XVIIIe siècle auprès des autorités de la ville l'autorisation de vendre librement leurs marchandises, laquelle leur est le plus souvent refusée[44].

Les avantages institutionnels sont donc un critère majeur du choix du lieu d'établissement de ces marchands et entrepreneurs étrangers ; ils s'ajoutent aux opportunités économiques dont ces migrants espèrent profiter, qu'il s'agisse de la présence de marchés de consommation urbains, des foires, des possibilités de commerce de gros ou de l'implantation de fabriques et de manufactures. Si la présence de marchands italiens dans des villes protestantes (comme Francfort ou Dresde) montre que l'appartenance confessionnelle ne joue pas un rôle dirimant, l'exemple de Mayence montre clairement qu'elle représente un critère important dans la mesure où la religion catholique favorise l'obtention du droit de bourgeoisie et l'entrée dans les corporations de la ville.

Les relations tissées par ces migrants sont un autre critère important dans le choix du lieu d'implantation, qu'il s'agisse des relations d'affaires ou des relations matrimoniales nouées par les marchands. De nombreux

---

42 Johannes Augel, *Italienische Einwanderung*, *op. cit.*, p. 165-166.

43 Karl Schwarz, *Konkurrenzkampf*, *op. cit.*, p. 66-67 ; Sascha Weber, *Katholische Aufklärung ? Reformpolitik in Kurmainz unter Kurfürst-Erzbischof Emmerich Joseph von Breidbach-Bürresheim, 1763-1774*, Mainz, Selbstverlag der Gesellschaft für mittelrheinische Kirchengeschichte, 2013, p. 82-84.

44 Chistine Reves, *Pomeranzengängler*, *op. cit.*, p. 313-320. C'est ainsi qu'en 1772, les frères Bolongaro obtiennent un privilège pour pratiquer à Höchst leur activité de production et de négoce de tabac : voir pour un aperçu Silke Wustmann, « Die Einbürgerung der italienischen Kaufmannsfamilie Bolongaro in Frankfurt am Main », *Archiv für Frankfurts Geschichte und Kunst*, 2002, 68, p. 327-374.

travaux portant sur l'histoire des migrations ont montré qu'en Europe, à l'Époque moderne, la présence de « compatriotes » est un élément important[45] et qu'un environnement urbain hostile (comme c'est le cas à Francfort pour les Italiens) a souvent contribué au renforcement des liens de solidarité économique entre migrants. Les exemples évoqués plus haut d'Ernst Dumont ou Anton Zahn montrent cependant que ces relations (économiques ou matrimoniales) ne sont donc pas nouées exclusivement avec des « compatriotes » et que des candidats « étrangers » à l'admission dans le Handelsstand entretiennent également des liens avec des bourgeois de la ville[46]. La durée d'installation dans la ville d'accueil est également à prendre en compte car, une fois l'intégration dans la société d'accueil réalisée, ces relations matrimoniales ou économiques avec des migrants partageant la même origine géographique ou avec la région d'origine se relâchent et peuvent même dans certains cas devenir conflictuelles[47].

Les pratiques des marchands étrangers semblent largement guidées par une lecture des ressources (sociales, économiques, institutionnelles) offertes par la ville et par les autorités des États territoriaux[48]. Il s'agit d'abord de la possibilité de nouer des relations matrimoniales ou économiques avec des acteurs qui sont à la fois des étrangers originaires du même espace d'émigration et des marchands déjà bien implantés dans la ville. De ce point de vue, les migrations de marchands à Mayence confirment l'importance des stratégies poursuivies par les acteurs concernés et des réseaux de relations dans lesquels ils s'insèrent, ces migrations ne s'expliquant pas seulement par des différentiels de développement ou prospérité économique entre régions de départ et régions d'arrivée. Mais les ressources institutionnelles doivent également être prises en compte pour évaluer précisément les modalités et l'ampleur de l'intégration de ces marchands « étrangers ».

Il s'agit notamment du droit de bourgeoisie, des privilèges corporatifs (à travers l'admission des migrants dans l'une des deux corporations de la ville spécialisées dans le commerce), mais également des privilèges

45 Johannes Augel, *Italienische Einwanderung*, *op. cit.*, p. 166-168 ; sur les colporteurs, voir l'étude de Laurence Fontaine, *Histoire du colportage en Europe (XVe-XIXe siècle)*, Paris, Albin Michel, 1993.

46 Ceci vaut également pour des marchands juifs ou protestants avec lesquels des membres du Handelsstand sont parfois associés.

47 Christine Reves, *Pomeranzengängler*, *op. cit.*, p. 327-332.

48 Sur le cas de Turin, voir les réflexions de Simona Cerutti, *La ville et les métiers. Naissance d'un langage corporatif (Turin, 17e-18e siècle)*, Paris, Éd. de l'EHESS, 1990, notamment p. 60-67.

individuels (entre autres pour des fabriques et des manufactures). Il convient ici de rappeler qu'en comparaison avec des villes telles que Francfort, Hambourg ou Leipzig, Mayence est (en dépit de son dynamisme commercial) une place de commerce d'envergure moyenne qui n'abrite pas de nations marchandes constituées et qui n'est pas non plus un lieu d'accueil de minorités religieuses : c'est par conséquent à des individus que sont accordés le droit de bourgeoisie ou le bénéfice de divers privilèges. De ce point de vue, ces deux outils juridiques semblent favoriser une désingularisation des marchands migrants, qui est confirmée par les liens matrimoniaux ou les relations d'affaires, que nouent ces marchands avec (entre autres) des sujets de l'électorat et de la ville. Le rôle intégrateur du privilège corporatif est cependant limité par deux facteurs. D'une part, il ne concerne qu'une partie des migrants s'installant à Mayence, puisque certains individus sont *de facto* exclus de l'entrée dans le Handelsstand et la Krämerzunft ; d'autre part, il permet, en raison de ses modalités d'attribution, l'émergence d'autres formes d'extranéité, qui sont liées notamment à l'appartenance confessionnelle, mais également aux réseaux d'affaires auxquels appartiennent certains candidats à l'admission dans la guilde des marchands de Mayence.

Sur ce dernier point, il faut souligner que les corporations marchandes et les autorités de la principauté n'adoptent pas les mêmes critères de définition de l'extranéité, et surtout ne lui accordent pas la même importance. Si l'augmentation des effectifs du Handelsstand pendant trois décennies se fait sans conflits majeurs entre les autorités de l'électorat et les marchands de la guilde, des signes de tension ou de désaccord apparaissent, notamment à partir des années 1780. Les autorités mayençaises semblent alors être moins restrictives en ce qui concerne l'octroi de l'autorisation de pratiquer le grand commerce, quitte à s'opposer frontalement aux souhaits exprimés par la guilde des marchands, afin de favoriser l'installation et l'intégration des marchands étrangers[49].

[49] Guillaume Garner, « Réguler ou moraliser ? « Capital » et « capitalistes » à Mayence dans la seconde moitié du XVIIIe siècle », dans Corine Maitte, Philippe Minard et Matthieu de Oliveira (dir.), *La gloire de l'industrie XVIIe-XIXe siècles. Faire de l'histoire avec Gérard Gayot*, Rennes, Presses Universitaires de Rennes, 2012, p. 21-35, ici p. 32-34.

Partie II

Entre agents et groupes : émergence d'une culture commerciale

L'identification comme ressource

Arnao del Plano, marchand béarnais d'Anvers (première moitié du XVIe siècle)

Jean-Philippe Priotti

Abstract

The capacity of those who enjoyed a weak social anchor in their host city and the relationship they maintained with their native territory deserve to be stressed. The case of a Bearnese merchant in Antwerp raises the question of the social resources he mobilized to enter several trading communities, becoming a financier of Charles V and a bourgeois of the city. Although it is difficult to specify his condition as a « foreigner » or an « enemy » in the Low Countries, his insertion into the local social community was initially very limited, mainly because of the absence of support of a Bearnese or French merchant « nation » in Antwerp. As a coalition agent, he manipulates networks between consulates and merchants foreign communities in Bruges and Antwerp, connects to the local society through indirect links, performs a lot of commercial associations with members of every communities, reactivating former links built during his training as a merchant in Bearn, France and Spain.

Résumé

Dans les lignes qui suivent, il s'agit d'explorer les stratégies déployées par un marchand béarnais pour assurer sa réussite sociale et commerciale à Anvers, au début du XVIe siècle, au sein d'un tissu social dans lequel les appuis lui font défaut. Entre réactivation de liens tissés au cours de sa formation et avant son arrivée aux Pays-Bas, manœuvres entre les différents consulats et communautés d'étrangers d'Anvers et Bruges, et connexion au milieu local à travers des liens indirects, multipliant relations sociales et associations commerciales avec des membres de communautés marchandes souvent rivales, il parvient à se forger une place d'envergure, devient bourgeois de la cité anversoise et financier de Charles Quint. Ce sont ses jeux d'identification et ses parcours d'intégration qui sont ici reconstitués.

Le but de cet article est de mieux comprendre la capacité d'action de ceux qui jouissaient d'un faible ancrage social dans leur ville d'accueil et le rapport qu'ils entretenaient avec leur territoire d'origine[1]. Le cas d'un marchand d'origine béarnaise à Anvers pose la question des ressources qu'il mobilisa pour s'introduire dans plusieurs communautés marchandes, devenir financier de Charles Quint et bourgeois de la ville. Bien qu'il soit difficile de préciser le degré réel de sa condition d'« étranger » ou d'« ennemi » aux Pays-Bas, son insertion dans le tissu social local était au départ fort réduite, notamment à cause de l'absence de soutien d'une « nation » marchande béarnaise ou française dans la métropole anversoise[2]. Pour autant, son rôle ne se limita pas à celui d'un agent de coalition entre plusieurs communautés d'étrangers, sans cesse en proie aux vicissitudes politiques et religieuses[3].

---

1 Sur cette question, voir Francesca Trivellato, *The familiarity of strangers : The Sephardic diaspora, Livorno, and cross-cultural trade in the early modern period*, New Haven, Yale University Press, 2009 ; Ida Bull, « Integration of Immigrant Merchants in Trondheim in the Seventeenth and Eighteenth Centuries », *Research in Maritime History*, 2008, 35, p. 49-66, ainsi que la récente mise au point de Natividad Planas, « L'*agency* des étrangers. De l'appartenance locale à l'histoire du monde », *Revue d'histoire moderne et contemporaine*, 2013/1, p. 37-55. Sur le rapport au territoire d'origine, Natalia Muchnik, « La terre d'origine dans les diasporas des XVIe-XVIIIe siècles. S'attacher à des pierres comme à une religion locale », *Annales. Histoire, Sciences Sociales*, 2011/2, p. 481-512.

2 Pour un travail de fond sur la condition de l'étranger sous l'Ancien Régime, voir Simona Cerutti, *Étrangers. Étude d'une condition d'incertitude dans une société d'Ancien Régime*, Paris, Bayard, 2012. Dans les années 1530 et au début des années 1540, les Français sont peu nombreux à Anvers (Émile Coornaert, *Les Français et le commerce international à Anvers, fin du XVe-XVIe siècle*, Paris, Rivière, 1961, t. I, graphique, p. 351). Les Français non encore constitués en nation donnent à Anvers une impression d'instabilité. Il n'y a pas de Béarnais parmi eux, les grands représentants du sud de la France étant des Toulousains. Chaque marchand français avait un horizon géographique spécialisé (Émile Coornaert, *Les Français, op. cit.*, t. II, p. 20 et 33-34). Les activités de Del Plano ne correspondent pas du tout à cette spécialisation. Il est certain que peu de Béarnais firent carrière à Anvers comme Del Plano, en particulier parce que les voies tracées qui s'offraient à eux les conduisaient naturellement vers les royaumes du nord de la Péninsule ibérique, surtout la Navarre et l'Aragon, où ils n'avaient pas de mal à trouver des appuis dans des filières anciennement constituées. Voir Francis Brumont, « Gascons et Béarnais dans l'Espagne du Nord au XVIe siècle », *Bulletin de la Société Archéologique du Gers*, 1995, p. 497-508.

3 Comme le montre le cas de Samuel Pallache, aventurier qui vécut dans des conditions extrêmes et marginales. Voir Mercedes García-Arenal et Gerard Wiegers, *L'uomo dei tre mondi. Storia d Samuel Pallache, ebreo marocchino nell' Europa del Seicento*, Roma, Viella, 2013, p. 17-19.

La singularité relative d'Arnao del Plano vient précisément de ce qu'il réussit une ascension sociale hors du commun dans le monde commercial hispano-flamand, manœuvrant au sein du milieu marchand anversois dans un contexte d'incertitude radicale, avec peu ou pas d'appuis dans le milieu d'accueil non plus que dans le milieu d'origine[4].

Si à Anvers, comme dans d'autres centres de commerce, les changements d'appartenance pouvaient constituer un élément important et relativement récurrent des dispositifs identitaires, l'utilisation qu'un marchand pouvait en faire ne conduisait pas forcément à des ascensions sociales exceptionnelles et, bien sûr, toutes les périodes ne se ressemblaient pas[5]. Dans la première moitié du XVIe siècle, Anvers bénéficiait d'un climat de tolérance religieuse et d'autonomie politique, la citoyenneté anversoise étant surtout importante pour se protéger de persécutions juridiques arbitraires[6]. À cette époque, les libertés donnaient sens à la corporation urbaine et non la religion comme cela devrait être le cas

---

4 À la différence du marchand castillan André Ruiz, par exemple. Lorsque ce dernier émigra à Nantes en 1537, un consulat castillan y existait déjà depuis plus d'un siècle (1430) et Ruiz se mis d'abord en relation avec ses membres. Bien qu'il devînt financier du roi de France et maintînt d'étroites relations avec des membres de l'aristocratie du royaume, il épousa la fille d'un marchand, d'origine castillane comme lui, dont la famille était installée de longue date à Nantes, et entretint toute sa vie durant d'importantes relations commerciales et des liens personnels étroits avec son frère, Simón, resté en Espagne (Medina del Campo).

5 Non seulement identité et appartenance ne recouvrent pas la même signification mais renvoient aussi à des sphères différentes, celles des processus psychologiques et de l'arène publique, Simona Cerutti, *Étrangers*, *op. cit.*, p. 296. L'identité revendiquée ne crée pas l'appartenance.

6 An Kint, « Becoming civic community : citizenship in the sixteenth century Antwerp », dans Marc Boone et Maarten Prak (éd.), *Statuts individuels, statuts corporatifs et statuts judiciaires dans les villes européennes (moyen- âge et temps modernes)*, Louvain/Apeldoorn, Garant, 1996, p. 157-170, à la p. 160. Elle encourageait aussi à résister collectivement à des pouvoirs centralisateurs et à défendre les droits acquis. Charles Quint adopta aussi une législation particulière en respectant certains critères de langues (français, flamand) et en modifiant les contenus en fonction des villes auxquelles elle était adressée, Nicolas Simon, « La législation de Charles Quint dans les Pays-Bas : jeux et enjeux de contorsions identitaires », dans Violet Soen, Yves Junot et Florian Mariage (dir.), *L'identité au pluriel. Jeux et enjeux des appartenances autour des anciens Pays-Bas, XIVe-XVIIIe siècles)*, hors-série n° 30 de la *Revue du Nord*, 2014, p. 41-58 ; Jean-Marie Cauchies, « À la recherche d'une 'citoyenneté' médiévale : du collectif à l'individuel », *ibid.*, p. 115-124, à la p. 121.

par la suite[7]. La radicalisation des conflits politico-religieux dans la seconde moitié du XVIe siècle limita sans doute l'extension des stratégies d'identification dans le tissu économique, ou en tout cas accrut le potentiel de contradictions entre elles, même s'il n'existait pas de corrélation automatique entre conviction religieuse intime et choix des alliances politico-économiques. De même, à partir des années 1560, les arrivées massives de métaux précieux en provenance d'Amérique attisèrent la concurrence entre marchands flamands, mais aussi français et espagnols, et affaiblirent notablement les consulats et les « nations » commerciales hispaniques aux Pays-Bas sur lesquelles Del Plano s'était appuyé dans les années 1530-1540, la volatilité de l'économie, les contraintes qui altéraient son fonctionnement, les mutations des configurations sociales devenant préjudiciables à des équilibres relationnels durables et à des jeux d'identification réguliers.

Ces institutions furent vitales pour les « étrangers », surtout entre 1526 et 1542, période pour laquelle nous saisissons les activités et les liens interpersonnels du Béarnais, et qui est aussi celle d'une immigration massive à Anvers, davantage facteur de division que d'union entre les Anversois[8].

Profitant d'une conjoncture économique favorable à Anvers, place située entre un nord-ouest européen urbanisé, densément peuplé et à fort pouvoir d'achat, et la Péninsule ibérique qui polarisait les échanges avec les mondes nouveaux, il réussit à s'intégrer durablement dans différentes « nations » marchandes hispaniques, ce qui lui permit de bâtir une stabilité relationnelle avec certains de ses membres les plus éminents, tout en conservant des relations avec sa patrie d'origine. Le succès d'Arnao del Plano dépendit en bonne part de sa mobilité et de sa capacité à former un dense capital social sur ses différents lieux de résidence, activé ou réactivé postérieurement, en fonction des situations.

---

7 José Javier Ruiz Ibáñez, « Devenir et (re)devenir sujet. La construction politique de la loyauté au roi catholique en France et aux Pays-Bas à la fin du XVIe siècle », dans Violet Soen, Yves Junot et Florian Mariage (dir.), *L'identité au pluriel*, *op. cit.*, p. 267-280, à la p. 275.

8 Cette immigration soutenait certes la croissance démographique et économique du port, mais alimentait également des divisions sociales marquées, les institutions traditionnelles échouant à y remédier. Seuls marchands et artisans fortunés souscrivaient à un engagement commun dans une rhétorique célébrant le commerce. Voir An Kint, « Becoming civic community », art. cit., p. 157-160.

L'influence de la configuration de ses relations personnelles sur l'agencement de ses compétences et de ses affaires est au cœur de l'analyse. Car il fit preuve d'innovation en matière commerciale et financière, organisant son négoce à travers des associés temporaires, des commissionnaires et des collaborateurs aux statuts très divers, mais considérés comme ses égaux, pratique éloignée du modèle médiéval de grandes compagnies bien plus hiérarchisées, encore très prégnant dans la ville de l'Escaut de cette époque. Cette double aptitude sociale et commerciale lui permit de s'ouvrir la voie du succès puisqu'elle donnait la possibilité de réaliser simultanément des affaires sur de nombreuses places en Europe comme outre-mer.

Aux Pays-Bas : jeu d'identifications et ascension sociale

En tant que modulation individuelle complexe de l'histoire globale, l'itinéraire d'Arnao del Plano invite à mesurer attentivement le poids des différents contextes (ceux de départ et d'arrivée) sur la capacité d'action des individus. Bien sûr, la société d'accueil contribua à ce succès dans la mesure où elle était économiquement attractive pour les gens ambitieux. Le jeu d'identifications successives ou concomitantes avec une ou plusieurs communautés marchandes et consulats étrangers aux Pays-Bas ne dépendait pas seulement de sa situation d'interaction à Anvers mais aussi de précédentes identifications de cet homme de la frontière et du capital immatériel dont il avait hérité[9]. Ce qui est une autre façon de dire l'influence du temps vécu et de la mémoire individuelle dans la gestion des identifications. Temps vécu dont le partage avec l'Autre conditionnait l'accès à de nouvelles ressources matérielles. Néanmoins, les processus d'identification à l'étranger n'étaient pas forcément compatibles avec les valeurs de la patrie d'origine du marchand et faire sentir aux autres qu'il était des leurs ne l'exonérait de participer à certains conflits. La fluidité des identités – on a même parlé d'identités liquides – ne pouvait s'affranchir de toute contrainte[10]. Nous y reviendrons.

---

9 Au sujet des analyses sociales « interactionnistes » dans le champ économique, voir Mark Granovetter, *Le marché autrement. Les réseaux dans l'économie*, Paris, Desclée de Brouwer, 2000, et pour une analyse critique de cette posture qui insiste sur la notion d'héritage, voir Pierre Bourdieu, *Les structures sociales de l'économie*, Paris, Seuil, 2000.

10 Les identifications des acteurs ne sont pas forcément compatibles et agir peut signifier abandonner certaines d'entre elles. Toute identification se construit

Tandis qu'à son arrivée à Anvers, Del Plano souffrait d'un déficit d'ancrage, c'est-à-dire d'un déficit de réputation, et d'une asymétrie d'information par rapport aux autres marchands de la place, après plus de vingt années passées aux Pays-Bas, il se situait au carrefour de différents réseaux personnels, d'institutions marchandes, et était proche des gouvernants, ce qui lui permit d'assurer son ascension sociale tout en étant un élément structurant de l'élite marchande[11]. Se jouant des conflits entre institutions marchandes étrangères établies aux Pays-Bas, notamment celles relevant des royaumes d'Espagne, s'associant à des membres de plusieurs d'entre elles, Arnao del Plano augmenta sa marge de manœuvre au sein du grand négoce anversois grâce au choix variable de son groupe d'appartenance. Il établissait et manipulait des relations dans des zones d'incertitude. Médiateur entre des mondes en tension, ses stratégies d'identification étaient autant de procédures qui visaient à atteindre des finalités : celles d'être accepté, de s'enrichir et de devenir un homme d'affaires réputé. Sa stratégie consistait à augmenter sa connectivité sociale de façon à créer du capital social et à centraliser des informations de toutes les branches du commerce.

Simple facteur pour le compte de marchands moyens (Basques péninsulaires, Béarnais et Toulousains) à Anvers dans les années 1520, il figurait en 1543-1544 au neuvième rang des exportateurs de la place à destination de la Péninsule et jouait un rôle financier de premier plan. Son beau-père était un des plus grands marchands castillans d'Anvers et avec leur associé, ils prêtaient de grosses sommes d'argent à Charles Quint[12]. Del Plano jouissait alors d'une grande réputation puisqu'il

---

par une fixation et une réduction provisoires qui rend possible l'action. Voir Zygmunt Bauman, *Identity*, Cambridge/Malden, Polity Press, 2004 ; Jean-Claude Kaufmann, *Identités, la bombe à retardement*, Paris, Textuel, 2014, p. 12. Pour l'individu, l'identité collective est une ressource, mais elle n'est pas que cela ; elle a aussi une dynamique propre qui peut changer la donne individuelle. Les individus se servent des institutions autant que les institutions se servent d'eux.

11 Les conditions nécessaires à l'acquisition d'un statut et à l'ascension individuelle sont d'ailleurs dans l'interdépendance entre le politique, l'économique et le culturel, c'est-à-dire dans le rapport social de l'individu au point d'intersection des forces horizontales (les réseaux) et verticales (l'autorité). Voir François Bougard, Geneviève Bührer-Thierry et Régine Le Jan, « Les élites du haut Moyen Âge. Identités, stratégies, mobilité », *Annales. Histoire, Sciences Sociales*, 2013/4, p. 1079-1112, à la p. 1102.

12 Katsumi Nakazawa, « Antwerp, emporium of the european economy in the sixteenth century », *Studies on the mediterranean world. Past and Present* (Tokyo), 1992, 13, p. 43-49, à la p. 48.

était également facteur de nobles titrés et qu'il arrivait à lever aux foires de Castille et des Pays-Bas des sommes considérables provenant d'hommes d'affaires florentins, génois, castillans, basques et allemands, pour lui-même et ses relations. Son parcours montre l'assimilation de compétences propres aux différents milieux dans lesquels il évolua : au faîte de sa carrière, il était un grand négociant généraliste ayant intégré les savoirs de l'ensemble des segments constitutifs de circuits commerciaux variés (transport, achat et vente de marchandises, commerce de gros et de détail, de pondéreux et de marchandises de luxe, affaires de commissions, d'assurances financières et bancaires de tout type) tandis que l'on connaît le grand degré de spécialisation (géographique et d'activités) dont faisaient habituellement preuve les marchands. Bien que très impliqué dans les échanges avec la Péninsule et ses prolongements coloniaux, l'étendue de ses affaires l'amenait à s'intéresser également au commerce avec l'Allemagne, la France, le Portugal et l'Italie. Le fait qu'il s'engageât dans un tel éventail d'activités et sur plusieurs routes commerciales lui permettait de se prémunir de certains dangers, comme les guerres, de diviser les risques et d'investir dans les marchandises les plus porteuses du moment.

À l'origine de ce cumul de façons de faire issues de plusieurs groupes marchands, les facultés relationnelles qui permirent à Arnao del Plano de devenir un agent de coalition entre différentes organisations, lesquelles – bien qu'elles aient partagé certains traits culturels communs – n'en avaient pas moins des pratiques propres souvent liées à leur territoire d'origine, des intérêts économiques différents, voire opposés, et des problèmes de communication. Il utilisait sa connaissance de plusieurs langues et ses séjours en terre étrangère pour diversifier les liens entre elles. Capable de faire circuler capitaux, marchandises et idées entre communautés marchandes concurrentes, il réussit également à pacifier des conflits entre leurs membres.

Le développement du commerce extérieur castillan du XVe siècle au milieu du XVIe siècle s'était accompagné de la création de groupes de marchands originaires de la Péninsule ibérique dans les grands ports de l'Occident européen : Nantes, Rouen, Bruges, Londres et Anvers pour les plus importants[13]. Dans certains d'entre eux, comme à Bruges, suite à des conflits, des consulats de marchands castillans ainsi que d'hommes

13 Anvers aurait compté entre 1 100 et 1 200 marchands étrangers dans la première moitié du XVIe siècle pour 400 ou 500 originaires des Pays-Bas.

de mer et de commerçants basques avaient été créés avec le soutien du roi castillan, chaque institution étant reliée à son université de marchands et/ ou consulat respectif dans la Péninsule[14].

Pour les acteurs commerciaux, l'appartenance à l'un de ces deux groupements constituait un atout pour la bonne marche des affaires. Les intérêts des uns et des autres étaient assez nettement séparés puisque les rois successifs soutenaient des monopoles sur lesquels ces institutions veillaient jalousement. La « nation » castillane à Bruges, contrôlée par les Burgalais dotés d'un consulat en Castille depuis 1494 possédait en droit le monopole de l'exportation de la laine de meilleure qualité (laine *merina*) tandis que la « nation » biscaïenne, avec à sa tête marchands, armateurs et capitaines de navire originaires de Bilbao et de la côte de Biscaye, contrôlait le commerce du fer et une part des affrètements à destination de la Flandre, et appuyait ses activités sur le consulat de Bilbao, fondé en 1511[15].

---

14 Les organisations sont des processus qui viennent des *clashes* entre les identités. Voir Harrison C. White, Frédéric C. Godart et Victor P. Corona, « Mobilizing Identities. Uncertainty and Control in Strategy », *Theory, Culture and Society*, 2007, 24, p. 181-202, à la p. 185.

15 Les différentes communautés (castillane, basque et navarraise) avaient collaboré au Moyen Âge et, en 1428, un consulat les réunissant avait été fondé à Bruges. Mais à l'issue de disputes commerciales entre Burgalais et Biscaïens, deux « nations » avaient été créées à Bruges en 1455. Ces conflits émanaient de la volonté des Burgalais d'avoir le monopole de l'exportation des laines vers les Pays-Bas, ce qui avait provoqué le ressentiment des éleveurs et des marchands des provinces productrices ainsi que celui des armateurs, marins et intermédiaires s'occupant de leur acheminement. Voir Hilario Casado Alonso, « La nation et le quartier des Castillans de Bruges (XVe et XVIe siècles) », *Handelingen van het Genootschap voor Geschiedenis "Société d'Émulation" te Brugge,* 1996, 133, p. 61-77, aux p. 62-63. José Angel García de Cortázar, pour sa part, précise que les différends entre Burgalais et Bilbanais en Espagne trouvent leur origine dans les luttes commerciales qui les opposent aux Pays-Bas (*Vizcaya en el siglo XV*, Bilbao, Ediciones de la Caja de Ahorros Vizcaína, 1966, p. 214-215). Voir aussi Joseph Maréchal, « La colonie espagnole de Bruges du XIVe au XVIe siècle », *Revue du Nord*, 1953, 35, p. 5-40, aux p. 13-17 ; Manuel Basas Fernández, *El Consulado de Burgos en el siglo XVI,* Madrid, Consejo Superior de Investigaciones Científicas, 1994 (1re éd. 1963) ; Javier Ybarra y Bergé, « Vizcaínos en Brujas », *Boletín de la Real Sociedad Vascongada de Amigos del País*, 1952, año VIII, cuadernos 3° y 4°, p. 345-356 ; William D. Phillips Jr., « Merchants of the Fleece : Castilians in Bruges and the Wool Trade », dans Peter Stabel, Bruno Blondé et Anke Greve (éd.), *International Trade in the Low Countries (14th-16th Centuries)*, Louvain/ Apeldoorn, Garant, 2000, p. 77 *sq*.

L'érection de deux consulats distincts ne résolut pas les rapports conflictuels entre les deux communautés[16]. Pendant la première moitié du XVIe siècle, cette séparation favorisa la concentration de capital entre les mains des Castillans grâce au juteux commerce de la laine et à un certain degré d'emprise sur le fret de retour : celui des textiles que l'on envoyait depuis les Pays-Bas à destination des marchés castillans. *A contrario*, pour les marchands de la côte, les possibilités d'enrichissement se limitaient globalement au commerce du fer, au fret et à des activités d'intermédiaires portuaires. Malgré cette distinction et compte tenu de la complémentarité de ces différentes activités, un certain degré de coopération liait les uns aux autres. Il est néanmoins clair que pour celui qui visait enrichissement et ascension sociale, ces monopoles étaient souvent un facteur de blocage.

Tout marchand, surtout s'il était étranger, devait intégrer une « nation » et/ou un consulat. Prises isolément, ces organisations servaient de mécanisme de réputation (l'appartenance à une nation conférant à un marchand la réputation d'honnêteté). Par voie de conséquence, elles servaient à optimiser l'efficacité commerciale. En fixant de la même façon les prix du fret et le cours des monnaies, en interprétant collectivement la durée des voyages, les conditions dans lesquelles devaient arriver les marchandises, etc.[17], ses membres travaillaient au maintien de certaines pratiques et à une certaine cohésion. La participation à une « nation » garantissait des prérogatives de différentes natures grâce aux négociations

[16] Le contrôle du négoce de l'exportation de laine *merina* fut obtenu grâce aux pressions du consulat de Castille et à la bienveillance du roi vis-à-vis de ces demandes de monopole de la part des marchands burgalais. Au XVe siècle, Burgos a reçu le privilège exclusif de réaliser des chargements, avec juridiction sur la côte nord et les provinces basques. C'est surtout l'opposition à ce privilège qui fomente la création d'un consulat indépendant à Bilbao. En 1499, Burgos obtient l'exclusivité en échange de la promesse d'utiliser des naves bilbanaises. Voir Regina Grafe, *Entre el mundo ibérico y el atlántico. Comercio y especialización regional, 1550-1650*, Bilbao, Diputación Foral de Bizkaia, 2005, p. 76 *sq*. Medina del Campo, pour sa part, jouissait également de privilèges en Castille. Vers 1480, en plus d'être foires de commerce, les places de Villalón, Medina de Ríoseco et Medina del Campo devinrent des foires de paiement, et sur cette double fonction s'est bâtie leur expansion au XVIe siècle.

[17] Hilario Casado Alonso, « Les relations entre les foires de Castille et les foires de Lyon », dans Jean-Louis Gaulin et Susanne Rau (dir.), *Lyon vu/e d'ailleurs (1245-1800)*, Lyon, Presses Universitaires de Lyon, 2009, p. 91-108.

qu'elle avait passées avec la ou les villes d'adoption aux Pays-Bas[18]. Un marchand tirait profit de son appartenance à une institution de ce type, surtout si elle avait la possibilité, avec le consentement de la ville et du gouverneur des Pays-Bas, d'ériger un consulat qui tenait lieu de tribunal de commerce. L'institution consulaire fondée et dotée de ses privilèges possédait ainsi une juridiction privée. Toutefois, ces prérogatives, ainsi que les privilèges (bien souvent sous forme de monopoles) reçus par leur institution de tutelle en Espagne, inclinaient chaque groupe à préserver son identité face aux autres groupes issus des royaumes d'Espagne et aux habitants des Pays-Bas[19]. Ce qui était particulièrement néfaste à la constitution de grandes entreprises commerciales, à la concentration de savoir-faire et de capitaux, et au développement économique. En créant ces différences collectives sur la base de privilèges donnés par les autorités des villes d'accueil et des monopoles économiques royaux obtenus dans la patrie d'origine, les institutions (« nation » et consulat) marginalisaient un grand nombre d'acteurs et maintenaient élevés les prix de vente de leurs marchandises, ce qui nuisait au rendement du commerce et de l'économie en général[20].

Compte tenu des spécialisations commerciales de la « nation » de Biscaye et de celle de Castille, des relations étaient pourtant nécessaires entre elles et, pour un marchand, il était indispensable d'avoir un tant soit peu accès à l'information que chacune d'elles détenait. Des réseaux interpersonnels structuraient le champ commercial et intégraient des individus de différentes « nations » de même que des autochtones, brouillant les frontières institutionnelles. Les stratégies mises en place par certains « étrangers » dans leur quête d'affiliation à ces groupes montrent que ces institutions n'étaient pas complètement fermées.

Bien qu'au faîte de sa carrière Arnao del Plano appartînt au groupe restreint des grands hommes d'affaires d'Anvers à l'époque de Charles Quint, son identité soulève quelques questions. Dans la documentation

18 Au sujet des privilèges des Castillans et des Biscaïens à Bruges, voir Louis Gilliodts-Van Severen, *Cartulaire de l'ancien consulat d'Espagne à Bruges*, Bruges, Louis de Plancke, 1901, t. I, p. 152-162.

19 C'était en quelque sorte un moyen d'éviter – la durée de résidence, les mariages avec des locales et les investissements sur place aidant – la dissolution progressive des traits culturels d'origine.

20 Pour une remise en cause du caractère efficient des institutions commerciales, voir Sheilagh Ogilvie, *Institutions and European Trade. Merchant Guilds, 1000-1800,* Cambridge, Cambridge University Press, 2011.

comme dans les mentions bibliographiques dont il fait l'objet, il est tour à tour considéré comme étant espagnol, castillan, biscaïen, bilbanais, anversois et même toulousain[21]. Or Del Plano était d'origine béarnaise[22]. Tout le long de son itinéraire commercial, entre Béarn et Pays-Bas, il fut au contact de valeurs de différents groupes : celles dont il avait hérité sur son lieu d'origine depuis sa naissance et celles auxquelles il se trouva par la suite confronté sur ses divers lieux de séjour. Sans recours possible au soutien de sa communauté marchande d'origine à Anvers et pour répondre au problème identitaire que cela posait, il fit preuve d'une

21 Certains auteurs ont pensé qu'il était bilbanais ou basque, comme Raymond Fagel, « Los hombres de la lana y del hierro : mercaderes vascos en los Países Bajos en el siglo XVI », *El licenciado Poza en Flandes*, Bilbao, Diputación Foral de Bizkaia, 1996, p. 55-66, ou Jean-Philippe Priotti, *Bilbao et ses marchands au XVIe siècle. Genèse d'une croissance*, Villeneuve d'Ascq, Presses Universitaires du Septentrion, 2004, p. 257, et Hilario Casado, *Triunfo de Mercurio. La presencia castellana en Europa (siglos XVI y XVII)*, Burgos, Cajacírculo, 2003, p. 100. Au début des années 1530, Arnoldus del Plano apparaît aux côtés de Hortuño de Catalinaga et Martín de Arriaga comme marchands de la « nation » de Biscaye (Anvers, Archives Communales [désormais ACA], Vierschaar, n° 142, « Poorterboek 1533-1538 »). En 1535, il est mentionné comme *mercator Bilbacensis* dans un acte en latin retranscrit dans Jan A. Goris, *Étude sur les colonies marchandes méridionales à Anvers de 1488 à 1567*, Louvain, Uystpruyst, 1925, p. 342. Il est tenu pour Basque par Hermann Kellenbenz, *Los Fugger en España y Portugal hasta 1560*, Salamanca, Junta de Castilla y León, 2000 (1re éd. en allemand 1990), p. 569, note 31. Moins de 10 ans plus tard, Arnoult del Plano est mentionné comme *spanischer Kaufmann* (Jakob Strieder, *Aus Antwerpener Notariatsarchiven*, Berlin-Leipzig, Deutsche Verlagsanstalt Stuttgart, 1930, p. 356). Pour Émile Coornaert, enfin, il est « un marchand toulousain d'origine espagnole résidant à Anvers » (*Les Français op. cit.*, t. I, p. 42, n. 1) qui, en 1527, recevait du pastel d'un marchand d'Oloron (*ibid.*, p. 337). De même, l'orthographe de son nom varie, Arnaut du Prat ou plutôt Duplan devenant le cas échéant Arnao del Plano, manifestation du sens et de la conviction de l'identité collective.

22 Voir Francis Brumont et Jean-Philippe Priotti, « Identités marchandes. Merciers et hommes d'affaires dans le commerce entre les Pays-Bas et l'Espagne (1533-1556) », *Bulletin de la Commission Royale d'Histoire*, 2014, 180, p. 139-360, lettre n° 4, p. 91-92, dans laquelle il est précisé que son lieu d'origine est à « trois journées » de Pampelune. Dans un livre établissant la liste des nouveaux habitants (*libro de vecindad*) de la ville d'Anvers (ACA, Vierschaar, n° 142, « Poorterboek 1533-1538 »), apparaît un certain Arnout del Plano, marchand et nouvel habitant de la ville en 1537, provenant de *Loron in Weerne*. Il s'agit d'Oloron en Béarn. Merci à Raymond Fagel de nous avoir gentiment fourni cette dernière information.

grande capacité d'adaptation s'identifiant à nombre de communautés marchandes présentes en Flandre comme en Brabant[23].

Selon le type de documentation (actes notariés, correspondance, procès), le contexte d'action et la date considérés, des appartenances diverses étaient mises en avant en fonction de l'entourage social qu'il voulait mobiliser, des contraintes socio-politiques et des finalités poursuivies. Ces identifications à géométrie variable constituaient un atout stratégique de premier plan, d'intégration *ad hoc* à différentes « nations » marchandes. Lors de ses séjours à l'étranger – et à travers de multiples expériences personnelles et professionnelles – il endossait certaines identités, selon les situations.

L'inscription de Del Plano dans les sources comme appartenant à divers milieux marchands n'était sans doute pas de pure forme : il partageait de façon authentique des valeurs et des critères de jugement avec les marchands des différentes communautés avec lesquelles il était en relation[24]. En ce sens, les épithètes conférant l'appartenance signifiaient l'aboutissement d'un processus. Les liens de Del Plano avec chacune des communautés marchandes apparaissaient durables, car jamais le commerce n'était considéré de façon isolée : toujours participaient l'affinité, l'amitié, les liens de sang à ses relations avec des membres des différentes « nations ». Cette aptitude relationnelle de la part de Del Plano – qui lui permettait de faire comprendre aux autres qu'il était des leurs – participait d'une dynamique où les appartenances multiples n'étaient pas concurrentes mais complémentaires et constituaient autant de ressources culturelles et relationnelles.

Officiellement, l'on ne pouvait s'affilier qu'à un des consulats marchands d'« Espagnols » présents aux Pays-Bas et non à plusieurs de façon simultanée, l'appartenance à une de ces institutions impliquant une inscription assortie d'un serment de fidélité aux statuts du consulat, le paiement de contributions, la défense d'intérêts propres et la solidarité

23 Cette plasticité tend vers une recherche d'identité « syncrétique » (Carmel Camilleri *et al.*, *Stratégies identitaires,* Paris, Presses universitaires de France, 1990, p. 214).

24 Sur cette question, voir Fredrik Barth, « Les groupes ethniques et leur frontière », publié et traduit dans le livre de Philippe Poutignat et Jocelyne Streiff-Fenart, *Théories de l'ethnicité*, Paris, PUF, 2005 (1re éd. 1995), p. 202- 249 ; et Paul Du Gay et Mickael Pryke (éd.), *Cultural Economy*, Londres/Thousand Oaks/New Delhi, Sage Publications, 2002.

avec les membres de la « nation », ainsi que son acceptation par les consuls ou les membres de la nation au sein de l'institution[25].

Del Plano était né entre 1500 et 1502[26]. Si l'on s'en tient aux données que nous possédons, il fut d'abord membre de la « nation de Biscaye » à Bruges dans les années 1524-1535, puis marchand « espagnol », comprenons castillan, par la suite, et aussi citoyen anversois à partir de 1537. Toutefois, cette chronologie n'est pas stricte car dès 1533, il est associé dans des affaires avec des Castillans tandis que sept ans plus tard, il est encore considéré comme Bilbanais à l'occasion du naufrage d'un navire, manifestation de l'importance du contexte dans le choix d'une identité. Les lieux de sa formation marchande sont incertains. Hormis son Béarn natal, Del Plano a pu aussi bien suivre sa formation marchande en Biscaye qu'aux Pays-Bas. Dans les deux cas, le milieu biscaïen fut la première communauté étrangère dans laquelle il fit ses armes de marchand[27]. Il sut utiliser les institutions en y participant comme membre actif et s'en détacher lorsqu'elles ne lui étaient plus utiles tout en continuant à s'appuyer sur leur capital social. On voit bien que l'origine géographique ne disait pas tout de l'identité des acteurs, loin s'en fallait.

Entrons dans le détail des choix relationnels concrets que Del Plano fit à Anvers. Il choisit aussi bien ses relations dans le milieu de la navigation et du commerce itinérant que parmi ceux qui étaient installés aux Pays-Bas depuis longtemps et qui y avaient fait souche, appelons-les résidents, certains devenant même citoyens de la ville.

Ses liens pérennes avec les Basques indiquent l'importance du partage d'un passé commun comme socle de l'identité collective. À l'occasion d'une déclaration, Arnao del Plano affirme importer des marchandises

---

[25] Les consuls étaient chargés de représenter la communauté, d'organiser la vie économique du groupe, de défendre ses intérêts auprès des autorités locales ou des monarques, ainsi que l'autonomie politique, juridictionnelle et religieuse du consulat et de ses membres, Hilario Casado Alonso, « La nation et le quartier des Castillans de Bruges », art. cit., p. 65-66, ce qui excluait en principe des participations simultanées dans différents consulats.

[26] Selon Raymond Fagel, *De hispano-vlaamse wereld. De contacten tussen Spanjaarden en Nederlanders 1496-1555,* Bruxelles, Archives et Bibliothèques de Belgique, 1996, p. 73-77.

[27] Del Plano n'a pas forcément été formé en Espagne, mais peut-être directement aux Pays-Bas où il a connu Ugarte, dont la famille est installée très tôt en terre flamande. Au début des années 1530, Arnao del Plano est en affaires avec un certain Juan de Ugarte, marchand de Bilbao et citoyen de Middelbourg.

payant les droits de la « nation de Biscaye » à Bruges depuis 1524[28]. Dans sa correspondance, il reconnaît en Martín de Ugarte, de Bilbao, son patron et protecteur (il se réfère à lui en écrivant : « mi señor ») et exerce en tant que son facteur à Anvers[29]. En juin 1534, Ugarte, Del Plano et leur correspondant aux foires de Castille signent une association commerciale de deux ans[30].

Proche également de Bilbanais résidant aux Pays-Bas ou qui naviguent entre côtes basque, flamande et brabançonne, Del Plano est intimement lié aux frères Recalde (Francisco et Juan Martínez), issus d'une grande famille d'armateurs de Bilbao. Aux Pays-Bas, Francisco de Recalde et Del Plano sont respectivement trésorier et facteur du comte Henri III de Nassau, un des nobles les plus influents auprès de Charles Quint[31]. Del Plano agit également à Anvers en tant que facteur de Recalde, lequel figure parmi

---

28 Merci à Raymond Fagel de nous avoir transmis cette information. Pour de nombreux témoignages de la familiarité d'Arnao del Plano avec le milieu d'affaires basque, voir ACA, Notariaat, n° 3133.

29 Les rôles ne sont pas strictement définis : Del Plano expédie aussi tissus et merceries des Pays-Bas en Espagne pour son propre compte, utilisant Ugarte comme agent à Bilbao. Martín de Ugarte, le jeune, fils de feu Juan de Ugarte, de Bilbao, confirme avoir reçu d'Arnao del Plano plus de 700 livres de marchandises desquelles il s'engage à rendre compte à Del Plano et à Juan de Lezama (ACA, Notariaat, n° 3133, 11-11-1540). Des membres de la famille Ugarte ou Martín en personne ont été *diputado* du consulat de commerce de Bilbao en 1522, 1523 et 1528, son *fiel* (fonction la plus haute) en 1541. Voir Teófilo Guiard-Larrauri, *Historia del consulado de Bilbao y Casa de Contratación de Bilbao y del comercio de la villa (1511-1699)*, Bilbao, José de Astuy, 1913, p. 632 *sq*.

30 Ugarte est mort en 1540 (Archivo real y general de Navarra [désormais ARN], Tribunales reales, n° 9216-II, f. 58).

31 Et de la marquise de Zenete, Mencia de Mendoza, sa femme. Voir *ibid.* ; Federico Chabod, *Carlos V y su imperio*, México/Madrid/Buenos Aires, Fondo de Cultura Económica, 1992 (1re éd. en italien 1985), p. 57-58 ; Raymond Fagel, « Gregorio de Ayala, un mercader español y su familia en los Países Bajos de Carlos V : un caso extraordinario », dans Jan Lechner et Harm Den Boer (éd.), *España y Holanda*, Amsterdam, Rodopi, 1995, p. 157-167 ; Hermann Kellenbenz, *Los Fugger, op. cit.*, p. 46-47. À ce titre, Arnao del Plano résidant à Anvers, marchand espagnol, et Martín de Villa, de Portugalete, maître de *Nuestra Señora de Guadalupe*, présent dans le port d'Arnemuiden (Ramua), signent un contrat d'affrètement pour le transport jusqu'à Alicante de la « recama con los hombres y bestias y otros animales pertenecientes a la señora marquesa de Cenette », consignés à Juan de Sedano, gentilhomme de la maison de la marquise, moyennant le paiement de 350 ducats de fret et d'avaries (ACA, Notariaat, n° 3133, 22-01-1540).

les proches collaborateurs de l'empereur[32]. Juan Martínez de Recalde, armateur bilbanais, fait fabriquer des navires sur lesquels l'empereur voyage en Flandre[33]. Si l'on ajoute qu'il fait aussi armer des navires pour le transfert physique de soldats et d'argent en Flandre, acheminer des courriers impériaux, que l'empereur s'en remet aux employés de Recalde pour rembourser les Fugger[34] et utilise sa médiation pour payer les services maritimes rendus par les maîtres de navire de Biscaye, nous comprenons aisément que les Recalde transportent également des marchandises pour le compte d'Arnao del Plano[35]. Sauf exception, Del Plano recourt à des capitaines d'origine basque pour ses expéditions vers la Péninsule, malgré la domination qu'exercent Bretons et Hollandais dans ce secteur[36]. La

---

32 Raymond Fagel, « *Divide et Impera.* Las vías de comunicación entre España y Flandes durante la época de Carlos V » dans Bernardo José García García (dir.), *El imperio de Carlos V. Procesos de agregación y conflictos*, Anvers, Fundación Carlos V, 2000, p. 264. Francisco de Recalde souscrit des contrats financiers (*asientos)* avec le monarque dès 1519, en collaboration avec des proches de Bilbao, et ils sont également possesseurs d'une grande quantité de *juros,* Archivo Histórico Provincial de Bizkaia [AHP], leg. 3288.

33 Archivo foral de Bizkaia [désormais AFB], leg. 1040 ; AHP, leg. 3288.

34 C'est son représentant Martín de Regoitia qui doit effectuer le paiement (Hermann Kellenbenz, *Los Fugger, op. cit.*, p. 280. Même si un service de poste terrestre existe toujours, le rôle de ces hommes d'affaires, tout à la fois transporteurs, armateurs, marchands et financiers de la mer, apparaît comme essentiel. Les territoires des Pays-Bas, qui s'étendent de la Flandre à la Frise, n'étaient reliés à l'Espagne de façon efficace et directe que par voie maritime. En ce domaine, Juan Martínez de Recalde jouait un rôle essentiel (*ibid.,* p. 26). Ce recours de l'empereur aux voies commerciales pour acheminer l'information est multiple, puisqu'il fait également appel au consulat de Burgos à cet effet (Raymond Fagel, « *Divide et Impera* », art. cit., p. 253-268).

35 AHP, leg. 3288. En vertu de sa qualité de grand armateur, Juan Martínez Recalde devient le plus important serviteur de l'empereur sur la côte nord de l'Espagne et un marchand de tout premier plan dans le commerce entre les deux territoires. Grâce à ses talents d'organisateur des flottes en Biscaye, aux prêts effectués par ses frères aux Pays-Bas, à ses relations d'affaires, Recalde a su se rendre indispensable à l'empereur. Il n'est pas étonnant qu'en 1522 il se substitue à un autre Basque pour organiser l'acheminement des courriers impériaux vers la Flandre. À cette époque, il constitue un rouage-clé des communications maritimes avec les Pays-Bas. Voir Raymond Fagel, « *Divide et Impera* », art. cit., p. 261.

36 C'est le cas le 20 janvier 1540, date à laquelle il affrète un navire de Sancho de la Quadra, de Bilbao ; le 4 mars de la même année, il fait de même avec Juan de Casa Nueba, originaire de Fontarabie, sur la côte guipuzcoane, le 28 mai 1540 avec Ochoa de Capetillo, de Portugalete. À la suite du naufrage du navire de Capetillo, Arnao del Plano donne pouvoir à Juan Martínez de Recalde, à Martín

sécurité dans le domaine du transport maritime et de l'acheminement du courrier entre les Pays-Bas et l'Espagne, représente une des variables difficilement contrôlables par le milieu marchand, surtout castillan. Conscient de l'importance du transport, Del Plano devient propriétaire d'une hourque, adoptant ainsi un comportement propre aux élites portuaires ; il manifeste ainsi le partage durable d'une culture maritime avec les Bilbanais[37]. Pouvoir compter sur des complicités aux lieux de rupture de charge des circuits commerciaux apparaît aussi important que d'avoir des connexions sur place, sur le grand marché anversois.

Mise à part la sécurité dans le transport de marchandises et de l'information déjà évoquée, l'on peut aisément imaginer ce que de telles relations d'amitié peuvent apporter à Del Plano en termes de proximité de l'entourage impérial, de richesses et de prestige, d'autant que les personnages mentionnés ne sont pas les seuls à être en affaires avec Del Plano[38].

---

de Regoitia, employé de ce dernier, et à Martín de Ugarte, patron d'Arnao, tous marchands de Bilbao dit le texte, pour récupérer les marchandises qui étaient à bord. Mais Del Plano n'utilise pas exclusivement les transporteurs basques : on le voit affréter une caravelle dont le maître est portugais pour faire le voyage jusqu'à Calais. Voir Jan A. Goris, *Étude sur les colonies, op. cit.*, p. 164 et 181, n. 2. Il participe aussi à des assurances maritimes dès le début des années 1530. Au plan général, tandis que les Bretons dominent le transport à Anvers dans les années 1530, la décennie suivante voit les Hollandais s'arroger la première place. Voir Jean-Marie Yante, « Le commerce espagnol dans les Pays-Bas (XVe-XVIe siècles) » dans *Actes des Rencontres de Madrid-Tolède (23-26 septembre 2010). Diplomates, voyageurs, artistes, pèlerins, marchands entre pays bourguignons et Espagne aux XVe et XVIe siècles,* Neuchâtel, Centre Européen d'études bourguignonnes (XIVe-XVIe siècles), 2011, p. 230.

37 La possession d'un navire et le recours systématique aux services des Biscaïens continuent encore après l'adhésion de Del Plano à la communauté marchande castillane. Del Plano aurait sans doute pu également s'attacher les services de navires français mais, compte tenu des rivalités entre les Pays-Bas et la France, les réquisitions des marchandises françaises en 1528, 1536 et 1542, et les limitations du nombre de navires français pouvant entrer dans les ports des Pays-Bas, notamment à cause de la piraterie et de la course française entre 1540 et 1544, utiliser les embarcations basques ou son propre navire s'avérait une solution plus prudente. Voir Louis Sicking, *Neptune and the Netherlands. State, economy and war at sea in the Renaissance*, Leyde/Boston, Brill, 2004, p. 244 et 249.

38 Arnao del Plano était en compte avec des Basques tels que Juan López de Jauregui, par exemple. On le voit aussi associé à Juan de Lezama pour surveiller certaines affaires. Voir Francis Brumont et Jean-Philippe Priotti, « Identités marchandes », art. cit., lettres 8 et 9, p. 100-106.

Ces liens avec la Biscaye et les Biscaïens furent durables et offrirent aux Del Plano des relations privilégiées dans le monde de la navigation, car il est certain que le Béarnais avait de proches parents à Bilbao. Plus de trente ans après sa mort, un Pedro del Plano est dit habitant de Bilbao et d'Abando, puis résident de Valladolid et de Madrid, preuve que la mobilité et le cumul des identifications ne lui étaient pas inconnus[39].

À cette époque, Bilbao était le principal port de commerce et d'armement de la côte nord-ouest espagnole. Son mouvement portuaire, en plein essor grâce à l'activité des Basques et des Castillans, qui en firent la principale porte d'entrée de marchandises de Castille, l'était aussi grâce aux produits destinés à la Navarre. Pour les textiles, la cire, les métaux venus d'Angleterre, des Pays-Bas ou de France, le port basque apparaissait comme un grand centre importateur, même si Laredo faisait office de concurrent sérieux concernant les importations de Flandre et de Brabant.

---

[39] AFB, leg. 1157 n° 86. Il s'agit d'un proche parent d'Arnao pour deux raisons. Ce patronyme est rare au Pays Basque. Cela serait un argument discutable si Pedro del Plano n'était pas lui aussi lié aux Recalde dans les années 1560 et s'il ne jouait pas un rôle dans le commerce entre les Pays-Bas et l'Espagne au service d'un homme d'affaires bilbanais résidant à Anvers. Par ailleurs, Juan Martínez de Recalde, pourvoyeur du roi, de Bilbao, comme curateur de ses neveux Mayora Sáez et Juan Martínez de Zurbarán, donne pouvoir à Pedro del Plano et à d'autres, résidant à Valladolid, pour qu'ils le représentent dans quelque procès que ce soit, en novembre 1560 (AFB, JCR2659/427). Un autre pouvoir est donné par le même au même en juillet 1561, AFB, JCR1062/071. Un an et demi plus tard, San Juan de Laraudo, de Bilbao, pour lui et au nom d'autres armateurs, donne procuration à Juan Martínez de Recalde, employé du roi, Pedro de Rocillo, employé de Recalde, Francisco de Recalde, et Pedro del Plano, de passage à Madrid, pour récupérer du Trésor royal tout ce qui leur est dû pour les services de leurs *naos y zabras* (AFB, JCR2659/01). À la même époque, un autre Recalde, en la personne de Sancho López de Recalde, le jeune, de Bilbao, donne également procuration à Pedro del Plano (AFB, JCR2659/031 et JCR2659/585). De 1565 à 1567, Diego de Echávarri, établi à Anvers, envoie 6 000 ducats de marchandises à Pedro de Plano, résident de Valladolid, par l'intermédiaire de Martín de Regoitia de Bilbao. Mais ces relations semblent remonter plus loin dans le temps. Au début de l'hiver 1563, Diego proteste une lettre de change d'une valeur de 659 écus, qui a été tirée par le susnommé Pedro de Plano sur Juan de Castillo d'Anvers. Le bénéficiaire et le bailleur de fonds initial sont en l'occurrence une seule et même personne : Diego de Echávarri. Il s'agit à n'en pas douter des retours en argent des produits expédiés par Echávarri à Pedro de Plano via Bilbao. Fin 1565, Martín de Regoitia, marchand de Bilbao, doit à Diego de Echávarri, d'Anvers, 2 000 ducats qu'il doit créditer à Pedro del Plano, résidant à Valladolid, aux foires de Castille et de Flandre (AFB, 0448/130). En 1576, Pedro del Plano était marié à María Sánchez de Urizar, issue d'une famille de marchands de Bilbao (AFB, JCR3613/001).

Bilbao figurait aussi parmi les grands ports d'exportation de la laine castillane et du fer basque. Par ailleurs, Anglais, Biscaïens et Burgalais contribuèrent à y créer un marché international même si cette fonction de marché n'arriva à maturité que postérieurement, autour des années 1560-1570[40].

Arnao del Plano agit aussi hors de la communauté influente des Biscaïens et affiliés constituant le consulat de Biscaye à Bruges, avec lesquels il s'était tout d'abord lié[41]. Dès les années 1530, il appartient au cercle d'affaires castillan d'Anvers, notamment à travers sa participation à une compagnie d'envergure dans laquelle il est associé à Gregorio de Ayala et à Alonso de Santa Gadea. Santa Gadea fait le lien institutionnel avec la « nation » et le consulat de Castille à Bruges dans laquelle il joue un rôle déterminant[42]. Il sert ainsi de relais à ses deux proches sans que ces derniers aient à s'investir dans cette tâche. Ni Del Plano ni Ayala ne jouent un rôle officiel majeur dans la « nation » de Castille, car ces responsabilités mobilisent les marchands et gênent la gestion convenable des affaires, bien qu'elles s'avèrent primordiales pour être informé des décisions prises par la « nation », de certaines opportunités de négoce et, plus généralement, pour la stabilité des relations d'affaires. Comme nous l'avons dit, par son entremise, Del Plano s'assure l'information issue des résolutions prises par la « nation », en d'autres termes d'un appui essentiel pour mener efficacement ses affaires et pour peser sur les décisions de la « nation » castillane en fonction d'intérêts personnels. Del Plano ne se

---

40 Tôt érigé en centre unique du commerce espagnol, Séville dut attendre ces dates tardives pour s'imposer réellement face à son concurrent et partenaire basque. Le nord-ouest de la Péninsule, et Bilbao à sa tête, eut sans doute un mouvement portuaire d'un ordre de grandeur similaire à celui de Séville jusqu'aux années 1560-1570. Voir Jean-Philippe Priotti, *Bilbao*, *op. cit.*, p. 77 *sq*.

41 Sur ce consulat, voir Hilario Casado Alonso, « La nation et le quartier des Castillans », art. cit., p. 61-77. En l'occurrence, la contrainte que pourraient représenter les consuls de Biscaye, de Bruges, pour le négoce espagnol à Anvers est toute relative, car les marchands « espagnols » d'Anvers ont tendance à ne plus s'adresser à l'autorité du consulat brugeois pour régler leurs différends. Voir Jan A. Goris, *Étude sur les colonies marchandes*, *op. cit.*, p. 59.

42 Santa Gadea était un des Castillans ayant le plus longtemps résidé à Bruges (28 ans) et ayant exercé pendant 8 années la fonction de consul de la « nation » espagnole dans la ville à la différence de Del Plano et de Ayala, lesquels ne participèrent jamais aux réunions du consulat à Bruges entre 1502 et 1555. Voir Raymond Fagel, « Spanish Merchants in the Low Countries : *Stabilitas Loci* or *Peregrinatio* ? », dans Peter Stabel, Bruno Blondé et Anke Greve (éd.), *International Trade in the Low Countries (14th-16th Centuries)*, Louvain/Apeldoorn, Garant, 2000, p. 87-104, à la p. 92 ; *Id.*, *De hispano-vlaamse wereld.*, *op. cit.*, p. 167.

limite pas au commerce de la marchandise. S'il dépose en son nom de l'argent chez les Fugger, il participe plus directement au financement de la politique impériale avec ses deux associés[43].

Ces relations d'affaires castillanes débouchent sur des alliances familiales Del Plano devenant le gendre d'Ayala à partir de 1539[44]. À travers sa belle-famille, il raffermit son contact avec les Castillans des Pays-Bas, qui y forment un des premiers groupes marchands, mais aussi avec les Castillans d'Espagne et d'Italie, ce qui lui permet de disposer d'une capacité accrue de crédit pour lui-même et ses relations[45]. À travers

---

43 Hermann Kellenbenz, *Los Fugger, op. cit.*, p. 526, n. 866. En 1537, ils prêtent 78 000 ducats à Charles Quint. Voir Raymond Fagel, « Los mercaderes españoles en Flandes y la corte : poder económico y poder político en dos redes de intermediarios », dans Jesús Bravo (éd.), *Espacios de poder : Cortes, Ciudades y Villas (s. XVI-XVIII)*, Madrid, Universidad Autónoma de Madrid, 2002, p. 159-170, à la p. 162. En 1538, pour satisfaire aux demandes d'argent du monarque sur le marché d'Anvers, Alonso de Santa Gadea, Burgalais, prête 40 000 ducats et la même année, en août, Gregorio de Ayala en prête 20 000 ducats. Voir Ramón Carande, *Carlos V y sus banqueros*, Barcelone, Crítica, 2000 (1re édition 1977), p. 455. À ce dernier, le remboursement doit être fait en Castille, à la foire d'octobre de Medina, sans intérêt.

44 Les Ayala auraient été originaires du Pays Basque (Hilario Casado, *Triunfo de Mercurio, op. cit.*, p. 100), ce qui expliquerait aussi que Del Plano ait cherché à s'en rapprocher. Son beau-père, Gregorio de Ayala, résidant en Flandre, est un des plus grands financiers de Charles Quint et de son frère Ferdinand (Raymond Fagel, « Los mercaderes españoles en Flandes », art. cit.). Del Plano et Elvira de Ayala se marient en avril 1539 et ont un fils, Gregorio del Plano, surintendant aux Pays-Bas, mais qui semble n'avoir laissé que peu de traces relatives au monde commercial.

45 Des liens avec les familles castillanes sont avérés dans les années 1530-1540, avec Diego de Carrión et Hernando de Aça Medina notamment. À travers les liens de sang, à l'image de Del Plano, les plus puissants des marchands bilbanais présents aux Pays-Bas se ménagent aussi des associations avec des Castillans et/ou des Flamands, ce qui leur donne accès à de nouvelles prérogatives, dans le domaine marchand et aussi dans celui de la finance. Francisco de Recalde, par exemple, épouse la fille d'un membre éminent d'une famille burgalaise, les Del Valle, liée par voie de sang à une famille originaire de Gueldre. Voir David Alonso García, « Ducados entre dos monarquías : la circulación de capital entre Castilla y Flandes a comienzos del siglo XVI », dans Carmen Sanz Ayán et Bernardo José García García (dir.), *Banca, crédito y capital. La monarquía hispánica y los antiguos Países Bajos (1505- 1700)*, Madrid, Fundación Carlos de Amberes, 2006, p. 89. Sur les relations d'Ayala avec les Pesquera et leur réseau méditerranéen, voir Hilario Casado, « Los negocios de la compañía Pesquera-Silos en Florencia en los inicios del siglo XVI », dans Ernesto García Fernández et Juan Antonio Bonachía Hernando (éd.), *Hacienda, mercado y poder al norte de la Corona de Castilla en el tránsito del medievo a la modernidad*, Valladolid, Castilla, 2015, p. 69-97.

sa belle-famille, Del Plano accède aussi au milieu marchand autochtone, son associé et beau-père Ayala ayant épousé la fille d'un important négociant de Haarlem qui occupe pendant plusieurs années la charge de bourgmestre de la ville hollandaise[46]. De telles relations familiales et commerciales élargissent le potentiel d'affaires envisageables tout comme le mariage d'une des belles-sœurs d'Ayala avec un marchand de Berlin. De fait, Del Plano collabore avec un de ses beaux-frères qui travaille avec les Welser, banquiers de Charles Quint[47]. La postérité de Del Plano a continué à s'appuyer sur ce capital social[48].

Tout comme des membres de sa belle-famille avant lui, Arnao del Plano devient bourgeois d'Anvers en 1540[49]. Si la tradition de celle-ci a pu jouer un rôle dans cette démarche, il est difficile de donner les principales raisons qui le poussent à demander cette reconnaissance formelle. Est-ce pour avoir accès à certaines exemptions douanières ? Faut-il y voir une volonté de se protéger des cours de justice extérieures à la ville et de renforcer sa dépendance vis-à-vis de la place anversoise, ou est-ce plus simplement pour appartenir à un groupe qui monopolise certaines activités ou encore un moyen d'accroître l'éventail de ses registres d'identification[50] ?

46 Il s'agit de Cristina de Witte, qu'Ayala a épousée en 1519. Ce mariage fut décisif pour le développement des activités d'Ayala. En 1523, la ville de Haarlem lui avait demandé d'aller vendre hors de Hollande les draps fabriqués dans la ville.

47 Son nom est Joachim Pruner (Raymond Fagel, « Gregorio de Ayala », art. cit., p. 162 ; Jakob Strieder, *Aus Antwerpener*, *op. cit.*, p. 62). Et Del Plano fait également le commerce de futaines et de cuivre, marchandises provenant d'Allemagne, à travers les Fugger.

48 Sa postérité ou un proche parent évoqué plus haut, un certain Pedro del Plano, de Valladolid, paie des droits de douanes de mer en 1559-1560, seul ou associé à un certain Antonio Meiting ou Antonio Meitingue, facteur du roi en 1578 (Henri Lapeyre, *El comercio exterior de Castilla a través de las aduanas de Felipe II*, Valladolid, Diputación de Valladolid, p. 241).

49 *Ibid.*, p. 100. Del Plano devient bourgeois d'Anvers en 1540, bien qu'il ait été considéré comme *vecino* de la ville dès 1537 et peut-être avant. Nous remercions Raymond Fagel de nous avoir gentiment communiqué cette information. Il est devenu bourgeois d'Anvers après au moins 16 ans de résidence en Flandre et en Brabant.

50 Les bourgeois structurés en corps prenaient en mains les guildes et les métiers et monopolisaient certaines activités non seulement économiques mais également politiques. Voir Jean-Marie Cauchies, « À la recherche », art. cit., p. 121 ; Marc Boone, « Les gens de métiers à l'époque corporative à Gand et les litiges professionnels (1350-1450) », dans Marc Boone et Maarten Prak (éd.), *Statuts individuels*, *op. cit.*, p. 23-47.

En tout cas, le début des années 1540 correspond à une période d'augmentation franche du nombre d'immigrés enregistrés comme citoyen[51]. Il ne faudrait pas voir la citoyenneté comme un statut concernant uniquement les « étrangers », les acteurs économiques en mesure d'accroître la richesse de la ville faisant l'objet de bienveillance et de protection de la part des autorités locales[52]. En fabriquant de nouveaux bourgeois, la ville les faisait certes accéder à certains droits dont l'absence avait pénalisé jusqu'alors leur parcours d'intégration, mais elle contribuait aussi à augmenter son capital socio-économique. Cette appartenance de droit à une communauté d'habitants et d'intérêts était à cette époque compatible avec la loyauté au prince[53].

On a employé à plusieurs reprises le terme d'individu. Les jeux d'identification multiples de Del Plano, les oppositions qui pouvaient en découler servaient de matrice à l'émergence de sens, de la conscience des autres mais aussi de soi. L'évolution de sa condition à Anvers le fait bénéficier d'un nouveau statut qui n'annule pas la vigueur de ses contacts avec des membres de la nation castillane à Anvers et du consulat de Biscaye à Bruges, ce qui lui enseigne à maîtriser le rôle des statuts et des appartenances dans les relations sociales et à faire évoluer sa condition au plus près de ses intérêts. Ces jeux d'identification aboutissent aussi à l'accroissement de ses ressources puisque institutions supra-locales (consulats, nations marchandes) et institutions locales (citoyenneté) s'y côtoient, variété sous-tendue par des droits et des relations de différente nature allant de l'empereur et de son entourage aux autorités de la ville,

---

51 An Kint, « Becoming civic community », art. cit., p. 162-163.

52 Le citoyen, le bourgeois, était celui qui revêtait les conditions nécessaires pour participer à la gestion des affaires publiques, la bourgeoisie étant un statut juridique qui liait formellement un individu à une communauté et le statut juridique impliquant des privilèges de nature politique en particulier. Le citoyen devait, pour s'intégrer à un groupe ou à un « état », assimiler des valeurs, ancrer dans sa propre conscience une vision de la société et du pouvoir. Voir Jean-Marie Cauchies, « À la recherche », art. cit., p. 115-116.

53 Marc Boone, « Droit de bourgeoisie et particularisme urbain dans la Flandre bourguignonne et habsbourgeoise (1384-1585) », *Revue belge de philologie et d'histoire*, 1996, 74, p. 707-726 ; Yves Junot et Marie Kervyn, « La question des appartenances au long de la frontière sud des anciens Pays-Bas (fin XVe-fin XVIIe siècle) : les enjeux des identifications », dans Violet Soen, Yves Junot et Florian Mariage (dir.), *L'identité au pluriel*, *op. cit.*, p. 229-248, aux p. 238-239. Ce n'est qu'à partir de 1548 que le souverain put faire d'un natif de l'étranger un sujet naturel des Pays- Bas (Yves Junot et Marie Kervyn, « La question des appartenances », art. cit., p. 245).

et, concernant le commerce, des marchands étrangers aux marchands locaux[54]. L'une des clés de son succès dépendait de la connaissance qu'il avait des valeurs qu'il devait endosser, de celles qu'il devait écarter et remplacer par de nouvelles en fonction de ses interlocuteurs et de situations en constante évolution.

Outre son statut de bourgeois et son mariage aux Pays-Bas, d'autres indices montrent qu'il était bien intégré dans sa ville d'accueil. Le fait qu'il fût considéré comme habitant de la ville dès 1537, que l'un de ses *cajeros* fût flamand, la connaissance des articles fabriqués aux Pays-Bas, dont il faisait commerce, renvoie à l'intégration de savoir-faire et de goûts qui rapprochaient certainement Del Plano de la société d'accueil.

Si ces connexions sont bien établies concernant Del Plano, peut-on pour autant parler d'assimilation au milieu d'accueil ? Sa citoyenneté pousserait à le croire, mais en examinant son cas et celui de ses relations sociales, on entrevoit que l'intégration se faisait par paliers et que l'assimilation, qui n'était pas forcément une fin en soi, mettait parfois plusieurs générations à être réalisée. En effet, dans le groupe d'acteurs étudié, ceux qui sont établis de longue date, les Ayala, se mariaient avec des autochtones tandis que ceux installés plus récemment, comme Del Plano, n'avaient un contact avec les locaux qu'à travers eux. La « nation » castillane était de la sorte structurée par une chaîne de solidarités qui liait ensemble les Pays-Bas et l'Espagne, sans qu'une assimilation profonde ait lieu entre Hispaniques et habitants des Pays-Bas : seules quelques familles d'Espagnols – notamment grâce à l'ancienneté de leur implantation – étaient directement connectées aux Anversois de souche par liens de sang et d'affaires, tandis que d'autres, également résidentes et en voie d'intégration, se limitaient à s'apparenter à ces familles d'Espagnols intégrées[55]. Faisant le lien, nombre de Castillans – marins, guerriers, marchands itinérants – allaient et venaient entre les deux territoires ; tous participaient aux échanges entre les deux contrées.

Cette chaîne de solidarités dont les membres étaient plus ou moins distants de la société d'accueil permettait donc à la fois des circulations

54 Sur cette question, voir Simona Cerutti, « Statut juridique individuel, statut juridique corporatif. Le consulat de commerce de Turin au XVIIIe siècle », dans Marc Boone et Maarten Prak (éd.), *Statuts individuels*, *op. cit.*, p. 237-254, aux p. 248-251.

55 Le mariage avec une anversoise est d'ailleurs, pour le marchand étranger, une des étapes d'un parcours d'intégration, et il n'est pas forcément – faut-il le préciser ? – synonyme d'entente avec la belle-famille.

entre hispaniques et habitants des Pays-Bas tout en maintenant des frontières sociales entre leurs populations respectives, puisque les contacts directs des Espagnols avec les habitants des Pays-Bas ne s'effectuaient que par l'intermédiaire de certaines familles hispano-flamandes et que, pour les autres, les relations se limitaient souvent au seul secteur commercial. Pour être intégré, Del Plano a donc été d'abord en contact avec des institutions (nation et consulat marchand) au statut « supra-local » qui jouissaient d'une relative indépendance par rapport aux normes locales, ce qui faisait d'elles des interlocuteurs privilégiés des « étrangers », c'est-à-dire d'individus caractérisés par une faible insertion sociale[56].

Grâce à sa mobilité et à ses jeux d'identification, Del Plano servit donc de relais entre les différents milieux (basque, castillan, navarrais, flamand, brabançon, et jusqu'à un certain point même hollandais et allemand) qui avaient structuré sa formation et son expérience de marchand[57]. En jouant le rôle d'agent de coalition entre ces différents groupes – au lieu d'être limité, comme la plupart, à des contacts au sein de leur « nation » d'appartenance –, il avait assuré son ascension sociale et contribué à la cohésion du réseau social auquel il appartenait, lequel traversait les différentes communautés marchandes. À l'image de certaines grandes figures biscaïennes[58] établies aux Pays-Bas et mariées et/ou ayant eu des enfants avec des astillanes ou des Flamandes, il avait orienté les formes de la coopération entre les différentes « nations » d'« Espagnols » et entre ces dernières et d'autres communautés marchandes présentes dans l'empire de Charles Quint, comme les Brabançons, les Hollandais et les Allemands[59]. Agent de coalition entre organisations, Del Plano ne mettait pour autant en commun que certaines pratiques commerciales propres à chaque groupe tout en maintenant des liens différenciateurs. Si

---

56 Simona Cerutti, *Étrangers, op. cit.*, p. 21 et chapitre 2 (p. 77-159).

57 Del Plano a également des relations d'affaires avec des Aragonais (Raymond Fagel, *De hispano vlaamse wereld, op. cit.*, p. 73-77).

58 Voir à cet égard le cas de Diego de Echávarri, membre de la nation de Castille en 1560 et consul du consulat de Biscaye quelques années plus tard (Jean-Philippe Priotti, « Commerce et finance en Flandre au XVIe siècle : les activités de Diego de Echávarri, consul de la nation de Biscaye », *Handelingen van het Genootschap voor Geschiedenis " Société d'Émulation " te Brugge*, 1995, p. 81-95, et *Id.*, *Los Echávarri : mercaderes bilbaínos del Siglo de Oro,* Bilbao, Diputación Foral de Bizkaia, 1996.

59 Ces jeux d'identification en tant que stratégies étaient souvent le propre des minorités. Pour autant, ils ne doivent pas être forcément vus comme l'arme des faibles, puisqu'ils ouvraient la voie à de belles ascensions sociales.

ses actions permettaient la coopération entre groupes, elles maintenaient aussi – compte tenu du caractère intermittent des identifications – de la distinction entre ces derniers. Cette distinction constituait un potentiel important pour la création de nouvelles énergies[60].

Davantage que la possession d'un capital matériel de départ ou de compétences commerciales, ces stratégies d'identification permirent de compenser le déficit d'ancrage local. S'appuyant sur un capital social varié, Del Plano participa aux axes commerciaux les plus importants d'Europe qui connectaient les grands foyers consommateurs du nord-ouest européen aux principaux pays producteurs et à leurs prolongements ultramarins (commerce entre les Pays-Bas, l'Espagne, le Portugal et l'Italie, entre la France et les Pays-Bas, entre l'Allemagne et les Pays-Bas et, à travers la Péninsule ibérique, avec l'Afrique[61], l'Inde et l'Amérique). La diversité des marchandises dont il faisait commerce donne un aperçu des différents négoces de produits pondéreux et de luxe auxquels il était mêlé (poivre indien, coton africain, fer basque, laine et textiles castillans, tissus flamands, brabançons et hollandais, cuivre et futaines allemands, pastel français, etc.) et dont il avait une large connaissance. Cela créait des opportunités sans précédent en termes de division des risques et de reconversion de ses activités lors de la crise de certains secteurs. De même, ses rôles professionnels allaient de fonctions subalternes à celle de donneur d'ordre : comme on l'a vu il participait à plusieurs associations ponctuelles et compagnies avec des Biscaïens, des Navarrais, des Castillans et des Allemands, travaillait à la commission, faisait le commerce de gros, signait des assurances et finançait le commerce local et européen ainsi que les gouvernements.

Il avait en matière de commerce une stratégie globale dans laquelle primaient les relations multilatérales avec des partenaires, collaborateurs et associés d'envergure très différente (du petit mercier au grand capitaliste), avec lesquels il traitait sur un pied d'égalité. Il faisait circuler entre eux

60 Sur cet aspect, voir Claude Levi-Strauss, *Race et histoire,* Paris, Folio essais, 1987 (1re éd. 1952), p. 72-73 et 82-83. Ce qui confirme que le processus d'intégration n'impliquait pas une renonciation ou bien une « dissolution » de l'altérité (Simona Cerutti, *Étrangers, op. cit.*, p. 295).

61 Instituto dos arquivos nacionais/Torre do Tombo (Lisbonne), feitoria portuguesa de Antuerpia, libro 1, 1536, « Averías del navío Santa María de Guadalupe, maestre Diego Díaz, que vino de Santo Tomé con azucares. 4 de enero de 1536. Arnao del Plano, 5 sacas y media de algodones. 26 de mayo de 1536, averías de la Nao S. Pedro, maestre Alonso Comunis, que venía de Lisboa con especiería. Alonso de Santa Gadea, 2 toneles de aceite ».

capitaux et savoir-faire, ce qui lui permettait d'occuper le marché et de promouvoir le développement de ses affaires.

Entre Pays-Bas, Navarre et Béarn : conflits, droits territoriaux et repli identitaire

La communauté et le territoire d'origine influencèrent aussi la place que Del Plano avait réussi à occuper à Anvers, ne serait-ce que parce que les Béarnais furent impliqués dans le commerce du pastel avec les Pays-Bas dès la fin du XVe siècle, et sans doute avant. Del Plano faisait le commerce de la plante tinctoriale au début du siècle suivant. Si le capital social formé autour du commerce du pastel avait servi de principal motif à l'émigration de Del Plano vers Anvers, il reste à examiner dans quelle mesure la relation avec sa terre natale et ses territoires adjacents avait garanti la bonne conduite des affaires, l'appartenance à un même territoire d'origine ou à un pays proche n'assurant nullement une conduite exemplaire de la part des acteurs. Comme nous allons le voir, d'autres que Del Plano surent utiliser le ressort identitaire pour obtenir crédit et prestige.

En juin 1534, Martín de Ugarte, de Bilbao, Del Plano, son facteur d'Anvers, et Espinosa, leur correspondant navarrais aux foires de Castille, signent un contrat de deux ans[62]. La relation entre Del Plano et Espinosa avait été initiée par la médiation du Bilbanais Ugarte, patron de Del Plano. Le rapprochement entre Biscaïens et Navarrais était logique si l'on considère la complémentarité de leurs économies d'origines (la nécessité d'une voie d'exportation maritime pour les laines navarraises et d'approvisionnement en marchandises étrangères, ainsi que le besoin côté basque de renforcer le rôle d'import-export et de redistribution du port de Bilbao face à d'éventuels concurrents). Ajouté à la proximité de leur territoire et de leur culture, ce rapport étroit induisait que les Navarrais, ne possédant pas de consulat propre à Bruges avant 1530, fussent rattachés jusqu'à cette date au consulat de Biscaye. La Navarre entretenait par ailleurs de denses échanges commerciaux avec le Béarn,

[62] Ugarte meurt en 1540, ARN, Tribunales reales, n° 9216-II, f. 58. Rodrigo de Espinosa maintint une relation commerciale et épistolaire avec Del Plano jusqu'au début des années 1540. Il agissait des foires de Castille (Medina del Campo, Villalón et Medina de Ríoseco) et de Burgos, principaux marchés d'achat et de vente de marchandises, et principaux foyers de consommation de la péninsule.

même en temps de guerre entre la France et la monarchie espagnole. Les territoires de Béarn, Navarre et Biscaye se trouvaient liés par des intérêts économiques communs et des pactes politiques signés à l'échelon local et provincial avec l'assentiment ou non de leur seigneur et/ou roi respectifs[63].

Les relations de Del Plano avec le mercier Espinosa, auxquelles nous allons nous intéresser, eurent lieu à l'intérieur et en dehors de la compagnie qu'ils avaient créée avec Ugarte. Ce lien juridique facilita sans doute l'extension de leurs relations, car les hommes ne se connaissaient pas directement[64]. Les largesses financières dont Del Plano fit preuve à l'égard d'Espinosa n'étaient pas sans contrepartie. Les lettres de son correspondant navarrais aux foires de Castille donnent mille indications sur le marché de détail, le prix des marchandises et les façons d'agir des merciers, à un autre échelon de la vie commerciale, sans compter les demandes de financement répétées du mercier qui en lui empruntant de l'argent faisait travailler le capital de l'homme d'affaires d'Anvers et alimentait le système de change entre les foires brabançonnes et celles de Castille.

L'ensemble de ces faisceaux de relations sous-tendait des circuits commerciaux de première importance, notamment celui qui reliait les Pays-Bas et l'Allemagne à la Péninsule ibérique, un des axes majeurs du commerce européen à cette époque. Cet axe mettait en rapport des zones de production de textiles et de mercerie avec des pôles consommateurs castillans. Le but de Del Plano, qui disposait de capitaux à Anvers,

---

63 Le Béarn, la Navarre et le Pays Basque sont des territoires fortement liés entre eux par le commerce licite, notamment celui de la laine pour ce qui concerne les exportations, et aussi par la contrebande, outre des accords politiques et des échanges d'ordre culturel. La proximité géographique entre ces territoires de part et d'autre des Pyrénées, les relations qui les traversent et la complémentarité de leurs activités influencent donc la conformation des relations sociales des acteurs aux Pays-Bas et vice-versa. Voir Francis Brumont, « La Navarre, plaque tournante du commerce international au XVIe siècle », dans Jean-Michel Minovez et Patrice Poujade (éd.), *Circulation des marchandises et réseaux commerciaux dans les Pyrénées (XIIIe-XIXe siècles)*, Toulouse, Presses universitaires du Mirail, 2005, p. 323-337 ; et *Id.*, « Aspects du commerce illicite dans les Pyrénées occidentales au XVIe siècle », dans Olivier Caporossi (éd.), *Douanes et contrebandes dans les Pyrénées occidentales du XVIe au XXe siècle*, Pau, Marrimpoey, 2010, p. 29-53.

64 Outre les marchandises envoyées pour le compte de la compagnie avec Ugarte et celles que Del Plano envoyait pour le seul compte d'Espinosa, Del Plano proposait à Espinosa des associations ponctuelles pour quelques ventes, comme en 1535 (Francis Brumont et Jean-Philippe Priotti, « Identités marchandes », art. cit., lettre 7 p. 98-100).

consistait à « miser » sur certains partenaires commerciaux pour occuper le marché en finançant tous les niveaux du négoce, du commerce de détail à celui de gros. Le rôle des financiers apparaissait souvent paradoxal, car ils tenaient le marché entre leurs mains et créaient la concurrence en diversifiant leurs investissements. Arnao del Plano finançait des merciers tels qu'Espinosa tout en participant à des compagnies avec des grossistes castillans[65]. En cela, il était aussi responsable du grippage des affaires d'Espinosa et de la relation qu'il entretenait avec lui, lequel tempêtait contre la concurrence des grossistes burgalais et autres Castillans qui vendaient la marchandise des Pays- Bas aux foires de Castille. Del Plano lui-même contribuait donc au désordre du marché et aux difficultés du mercier Espinosa. Mais l'activation de la circulation de capitaux était aussi une des conditions du renouvellement des liens sociaux et donc de leur stabilité, aspect particulièrement important pour l'insertion dans le tissu social local comme international, notamment à travers la circulation des lettres de change, c'est-à-dire de la confiance.

La multiplication de relations privilégiées avec des membres de groupes d'appartenance différents ne mettait pas Del Plano à l'abri de tous déboires. La solidarité dont il fit montre vis- à-vis du mercier Espinosa, originaire de Pampelune et l'un de ses correspondants des foires de Castille, éclaire l'imbrication entre grandes et petites affaires, mais aussi les stratégies d'identification d'Espinosa. À partir de 1542, Del Plano lui fait un procès pour défaut de paiement d'une lettre de change[66]. Non seulement Espinosa n'a pas réglé en temps et heure ce qu'il doit à Del Plano, mais il a vendu toutes ses marchandises aux foires et s'en est retourné en Navarre, d'où il écrit qu'il ne doit rien à personne et que,

65 Dans les années 1535 et 1536, à travers l'un de ses associés, Arnao del Plano, la compagnie importe de Flandre en Castille de grandes quantités de serges, hollandes, brabants, futaines, tapisseries, coussins que Pedro et Diego de Aranda, ainsi que Fernando de Daza Medina, vendaient aux foires à une large clientèle venue de toute l'Espagne, pour un montant annuel supérieur à 7 millions de maravédis. Voir Hilario Casado Alonso, « Comercio textil, crédito al consumo y ventas al fiado en las ferias de Medina del Campo en la primera mitad del siglo XVI » dans Salustiano de Dios *et al.* (dir.), *Historia de la propiedad, crédito y garantía,* Salamanca, Fundación registral, 2007, p. 127-159, à la p. 141.

66 Elle se monte à 2 330 ducats, qui devaient être payés à la foire de mai 1541, à Medina del Campo. À cette occasion, il a comme procurateur Martín de Isunza, un de ses employés, habitant de Vitoria. Dès 1541, Juan de Lezama et d'autres marchands ont payé sur le protêt plus de 2 330 ducats, qu'Espinosa devait à Del Plano.

dans le cas contraire, il faudra se rendre en Navarre pour lui réclamer les sommes dues[67]. En 1543, il est déclaré failli, fait prisonnier et condamné à payer 8 500 ducats à Del Plano.

Pour faire effectuer des achats de marchandises au comptant à Anvers, Espinosa devait recourir à Del Plano pour qu'il y emprunte sur le change. Et grâce à ses liens avec plusieurs communautés marchandes, le Béarnais activait des circulations de capitaux qui permettaient au mercier de réaliser ses affaires à crédit. Dès 1537, le mercier affirme clairement : [...] por sus dineros me tiene comprado [...] »[68]. Ce n'était que grâce à l'entremise de Del Plano qu'Espinosa se maintenait à flot et parvenait à faire la soudure entre entrées et débours d'argent[69]. Hors du cercle des Bilbanais avec lequel il était en rapport de longue date, le Navarrais ne jouissait pas d'une notoriété suffisante et du soutien d'un groupe de Navarrais aux foires de Castille pour disposer de crédit[70]. En l'espace de sept ans, ses emprunts représentèrent plus de 86 000 ducats. La liste des donneurs à Anvers rend compte de l'entregent acquis par Del Plano aux Pays-Bas au sein des différentes « nations » de marchands, entregent dont profitait le mercier navarrais : les Castillans y dominent mais des Basques apparaissent également, sans compter les Italiens et les Portugais, tandis que les Allemands, pourtant proches de Del Plano et grands financiers de l'empereur à cette époque, sont peu présents[71]. Cela donne également une idée du réseau social que les relations de crédit lui permettent de bâtir.

---

67 À partir de ce moment, Espinosa agit aux foires à travers des prête-noms pour empêcher Del Plano de le molester.

68 Francis Brumont et Jean-Philippe Priotti, « Identités marchandes », art. cit., lettre 17, p. 117-118. En novembre 1537, Rodrigo de Espinosa écrit à Arnao del Plano : « tengo de obedecer a todo lo que dixiere como a señor, pues, por sus dineros, me tiene comprado, que, en tales tiempos de necesydad, se conocen los hombres lo que tiene el uno del otro, mayormente que a mí me obliga por dos vezes, que sin más conocer ha hecho tanto por mí ».

69 C'est Arnao del Plano qui décide de faire confiance à Rodrigo de Espinosa, de ne pas tirer de lettres sur lui quand il n'a pas d'argent, car les paiements sont différés (*ibid.*, lettre n° 16, p. 116).

70 *Ibid.*, lettre n° 50, p. 170-171. Rodrigo Espinosa à Arnao del Plano : « Por el aviso que me da por lo de Villasana, mas como yo sea solo en estas ferias de la patria, y no tenga espaldas para tomar para otra parte como tienen otros, así la nación de Castilla como la de Vilvao, que se azen baler unos a otros que con esto he tomado sobre v. m. lo que me a faltado como [he] hecho otras vezes ».

71 *Ibid.*, annexe I, p. 72-78.

Del Plano mettait ses relations d'affaires à la disposition du Navarrais. Parmi les prêteurs castillans, on note tout d'abord la présence de Del Plano lui-même et celle d'associés des différentes compagnies auxquelles il appartient (Santa Gadea, Aranda et Daza Medina), puis celle de membres des familles burgalaises bien connues qui dirigent le consulat dans leur ville d'origine, les Salamanca, les Gallo, les Carrión, les Santa Cruz et les Maluenda[72]. Rodrigo de Dueñas, quant à lui, souvent cité, était l'un des plus riches marchands de Medina del Campo à cette époque. Au total, les « Castillans », dénomination ambiguë pour certains tels que Del Plano, représentent en valeur 72 % de l'argent prêté à Espinosa à Anvers. Viennent ensuite les Basques tels que Juan de Cucho, Pedro de Isunza, Lope de Acha, Gaspar de Mújica, Pedro de Zuazo, dont la plupart proviennent de Vitoria et de Bilbao – villes basques où Del Plano avait des attaches – qui totalisent 17 %, puis les Italiens, Florentins surtout (Strozzi, Corsini, Salviati et Guicciardini)[73], tandis que l'on pouvait s'attendre à ce qu'ils fussent génois, et quelques Portugais et ressortissants d'autres nations dont les avances se montent à 11 %.

En ce qui concerne les emprunts qu'Espinosa fait en Castille, l'éventail des prêteurs est en revanche plus restreint compte tenu du fait qu'en Castille, le Navarrais doit faire valoir son propre crédit, même si le tiré en Brabant est toujours Del Plano, ce qui confère de la sécurité à la transaction[74]. En Castille, les créanciers d'origine basque représentent près de la moitié des sommes prêtées à Espinosa (45 %), les Castillans 32 % à peu près, les Italiens 23 % environ. Il est à noter que parmi les créanciers, Lezama, ami d'Espinosa, et les Recalde, patrons de Lezama et proches de Del Plano, participent à hauteur d'un quart du total des financements[75]. Del Plano apparaît dans la plupart des cas à la fois comme

---

72 Manuel Basas Fernández, *El Consulado de Burgos*, *op. cit.*, p. 267-268.

73 Renaldo Estorcio (Reinaldo Strozzi) est lié depuis les années 1530 aux finances de l'amiral de Castille (Falad Hassan Abed Al-Hussein, « El gran crédito », dans Eufemio Lorenzo Sanz (dir.), *Historia de Medina del Campo y su tierra*, Valladolid, Junta de Castilla y León, 1986, t. II, p. 94-121, à la p. 119).

74 Francis Brumont et Jean-Philippe Priotti, « Identités marchandes », art. cit., annexe II, p. 79-83. Plus de 40 000 écus sont empruntés en Castille et remboursés à Anvers.

75 Juan de Lezama tient boutique dans la Mercería à côté de familles de libraires provenant de France et d'Italie (Cristóbal Espejo et Julián Paz, *Las antiguas ferias de Medina del Campo*, Valladolid, Maxtor, 2003 (1re éd. 1908), p. 181).

tiré et bénéficiaire. Les Cuadrado, famille castillane avec des intérêts à Medina del Campo, apparaissent fréquemment[76].

Bien qu'élémentaires, ces calculs permettent de faire quelques remarques. Tout d'abord, pour être modestes, les liens entre les affaires du mercier Espinosa et la finance internationale à Anvers comme en Castille sont clairement établis. Ensuite, le fonctionnement du marché monétaire des deux places semble assez fortement personnalisé et étroitement dépendant des relations sociales de l'emprunteur. L'identité de l'emprunteur conditionnait donc celle des prêteurs et le volume d'approvisionnement en capital. Dans l'exemple présenté, Espinosa fait appel en Castille à des Basques et à des Castillans (plus des deux-tiers de la valeur de ses emprunts) bien que la majorité des prêteurs sur la place de Medina del Campo aient été italiens, hommes d'affaires qui constituent un groupe de contrôle sur le commerce de l'argent[77]. Del Plano créait des dynamiques entre les différentes institutions et les différentes places, et contribuait à l'extension de la dynamique socio-économique en facilitant la circulation de crédit des unes aux autres. La confiance était à ce titre un bien immatériel qui circulait puisque, grâce au crédit dont Del Plano jouissait à Anvers, des Italiens effectuaient des prêts d'argent à Espinosa en Castille.

Les merciers et les marchands empruntaient aussi à court terme en Castille, de foire en foire, à trois ou quatre mois d'intervalle. Ils pouvaient ainsi reporter le paiement d'une dette d'une foire à l'autre, moyennant un pourcentage variable d'intérêts qui était fonction de l'étroitesse (pénurie de fonds disponibles) ou de la largesse (abondance de fonds disponibles) de la place. Des extraits de comptes montrent que ce recours coûtait de

---

76 Pedro Cuadrado est fermier des *alcabalas* de Medina del Campo de 1512 à 1522 (Falad Hassan Abed Al-Hussein, « Las ferias de Medina y el comercio de la lana » dans Eufemio Lorenzo Sanz (dir.), *Historia de Medina del Campo , op. cit.*, t. II, p. 93-122, à la p. 101).

77 Pour ce qui est des prêteurs de crédit public, les Italiens surtout et les Castillans (de Burgos et de Medina del Campo principalement) dominent. Flamands et Allemands en sont absents. Entre 1521 et 1525, sur 50 contrats, la part des Italiens est de 32, représentant 7,5 millions de maravédis, les Castillans passant 14 contrats pour un total de 4,8 millions de maravédis, tandis qu'entre 1545 et 1550, sur 260 contrats les Italiens en négocient 198, évalués à 20 millions de maravédis (*ibid.*, p. 96-98 et 119. Les Italiens étaient aussi les plus grands financiers de la Couronne entre 1520 et 1556 (Italiens 42,58 %, Allemands 29,35 %, Espagnols 11,87, Flamands 14,56 %). Voir *ibid.*, p. 118, et Ramón Carande, *Carlos V y sus banqueros*, *op. cit.*, t. III, p. 222, cadre 5.

plus en plus cher aux débiteurs, signe d'une raréfaction de l'argent en Castille : d'octobre 1536 à la foire de Villalón (décembre 1536) l'argent emprunté coûte 3,5 %, et de la foire de Villalón à mai, 4 % ; en 1537, le change de mai à août coûte 4 %, et 4 % supplémentaires d'août à octobre, c'est-à-dire 15,5 % sur une année[78]. Et d'octobre à la foire Villalón (20 décembre 1537), l'argent emprunté se paie encore à 4 %. En 1538, sa valeur se monte à 5 % de la foire de Villalón à mai, et même à 6 % de mai à octobre. Avec des prix de l'argent aussi élevés, il était bien difficile de « constituer du capital » afin d'entrer dans le grand négoce, d'autant que nombreux étaient ceux qui voulaient profiter des opportunités du commerce intra-européen et ultramarin[79].

Comme nous l'avons précisé, Del Plano réclame finalement par voie de justice 8 500 ducats qu'Espinosa a laissé protester[80]. Même si, en 1543, Espinosa est failli et a été mis en prison, le recouvrement de la dette tarde et l'on ne sait au bout du compte si le remboursement en a été honoré. En effet, en 1544, Del Plano cède à ses deux associés, Ayala et Santa Gadea, le soin de recouvrer la dette d'Espinosa. Et fin 1547, l'affaire n'est toujours pas résolue bien qu'Espinosa ait été depuis longtemps condamné à payer, fait d'autant plus étonnant que, si l'on en croit le contenu des lettres, Espinosa possédait du bien en Navarre et s'était apparenté à l'élite de la place ; il ne manquait donc pas de répondant[81].

---

78 Ce qui est au-dessus de ce que l'édit du 4 octobre 1540 promulgué par Charles Quint stipule, à savoir que l'intérêt d'un prêt ne peut dépasser 12 %, avec cette restriction qu'il ne peut jamais dépasser le rendement des fonds placés dans le commerce. Voir Raymond de Roover, « Anvers comme marché monétaire », *Revue Belge de Philologie et d'Histoire,* 1953, 29, p. 1003-1047, à la p. 1038. Toutefois, ces 15,5 % ne sont pas réalisés dans le cadre d'un prêt à intérêt classique, mais plutôt dans celui des dépôts de foire en foire, comme ceux réalisés à Lyon.

79 Nombre d'acteurs et de groupes d'acteurs ne participaient pas aux opérations de change, ce qui ne signifiait pas forcément une méconnaissance de ses mécanismes ou un faible volume d'affaires. Par prudence ou doté d'une culture commerciale différente, ils préféraient travailler avec du comptant ou avoir recours à des prêts classiques à court terme. Voir Jean-Philippe Priotti, « Plata americana, costes de transacción y mutaciones socio-económicas en el comercio hispano-francés (1570-1640) », dans Isabel Lobato et José María Oliva Melgar (éd.), *El sistema comercial español en el comercio mundial (siglos XVII-XVIII),* Huelva, Universidad de Huelva, 2013, p. 97-125.

80 Outre 94 livres, 14 sous, 4 deniers de gros de Flandre (ARN, Tribunales reales, n° 9216 II).

81 Ces biens consistaient essentiellement en des maisons et des vignes dont une partie fut vendue au profit de ses créanciers (ARN, Tribunales reales, n° 10219).

Vu de Pampelune, Anvers était une ville lointaine et non seulement les procès étaient longs et chers, mais la rapidité d'exécution de la sentence souvent tributaire du statut particulier de la province d'origine des parties. À cette époque, un Bilbanais et *a fortiori* un Castillan y étaient considérés comme des étrangers[82]. En la matière, lorsqu'on était navarrais, se réfugier en Navarre, royaume aux fors (privilèges) puissants, jouissant d'une grande autonomie et depuis peu sous domination castillane, permettait de voir venir. Le fait qu'Espinosa ait été lié aux meilleures familles de Pampelune pouvait apparaître autant comme un inconvénient que comme un avantage pour Del Plano. Le lieu où se trouvaient les biens du débiteur avait aussi son importance. Cherchant à recouvrer son dû, Del Plano se trouva aux prises avec la justice à l'instigation de la ville de Pampelune[83]. Même s'il avait obtenu une provision de l'empereur pour l'exécution de la sentence contre Espinosa (20 mai 1545), la ville s'opposait à la vente d'une maison, d'une vigne et d'une teinturerie, au motif que ces biens n'appartenaient plus à Espinosa, puisque la ville les avait acensés à un teinturier pour y installer un abattoir[84]. Récupérer son argent en Navarre n'était pas une sinécure. La distance créait de l'incertitude et les autorités municipales (auxquelles participaient des parents d'Espinosa) profitaient de la présence des biens d'Espinosa dans leur ville et de la durée des procès pour brouiller l'identité réelle du propriétaire et l'application de la décision de justice. L'action médiatrice des autorités municipales permettait ainsi de modifier les caractéristiques juridiques des biens d'Espinosa en reconditionnant leur fonction et en complexifiant leur statut avec l'apparition d'un locataire pourvu de droits et de devoirs, qui s'ajoutaient aux droits et aux devoirs du propriétaire et à ceux du médiateur (les autorités municipales) dont on ne sait exactement en quelle qualité il agissait[85]. Une conception large de la propriété des biens d'Espinosa amenait les tenants du pouvoir municipal à agir contre des décisions de justice prises en dehors de la ville pour préserver un patrimoine conçu comme appartenant individuellement à Espinosa mais au-delà à toute sa parentèle.

---

82 ARN, Tribunales reales, n° 8739.

83 ARN, Tribunales reales, n° 9421, la ville de Pampelune contre Arnao del Plano, 1546, 16 f.

84 Nous ne savons pas ce qu'il advint de ces démêlés ni de la descendance d'Espinosa, même si des membres de sa parentèle, les Cruzat et les Caparroso, continuèrent à être impliqués au début des années 1550 dans le commerce entre les Pays-Bas et l'Espagne, pour de petites sommes toutefois.

85 Sur ces questions, voir Simona Cerutti, *Étrangers*, *op. cit.*, p. 60-61.

Pourvoyeur d'argent d'Espinosa, Del Plano agissait aussi comme son médiateur dans les conflits qui l'opposaient à des tiers marchands[86]. D'autres jeunes merciers navarrais qui travaillaient avec l'argent de leur famille et avaient des relations avec Espinosa et Del Plano se trouvèrent aussi dans une situation délicate. La pression exercée par le financier anversois sur les membres de leur famille qui devaient y faire face pour éviter l'opprobre, ainsi que les bonnes dispositions apparentes des débiteurs à honorer leurs dettes, ne signifiaient pas que les financiers recouvraient systématiquement leurs créances. L'absence d'un droit international minait les possibilités de l'action de pression collective, les privilèges du territoire d'origine constituant autant d'entraves à l'exercice normal de la justice et du négoce, jeux d'identification et droits locaux tempérant la possibilité de coercition.

Rodrigo de Espinosa, né vers 1504, était originaire de Pampelune. Du même âge à peu près que Del Plano, son patron et protecteur d'Anvers, il avait lui aussi réalisé des séjours hors de sa patrie d'origine : en Pays basque et en Castille, sans quitter les royaumes d'Espagne toutefois. Mais il l'avait fait en retournant régulièrement en Navarre et en y organisant une partie de ses affaires, sans compter qu'il y possédait du bien[87]. Même s'il parvenait à s'identifier à plusieurs communautés marchandes, il n'avait jamais vraiment quitté sa terre d'origine et les privilèges lui étant rattachés.

En 1534, il vivait à Bilbao et jouissait des privilèges de la ville, ce qui montre bien son intégration au milieu local. Ces relations furent durables. Lorsqu'il se marie en Navarre deux commerçants bilbanais s'y rendent pour connaître sa future épouse. Il fait souvent affaire avec eux et imite leur façon de gérer le négoce aux foires de Castille. Des Bilbanais devaient encore le sauver plusieurs fois de la faillite[88]. À Bilbao, Rodrigo de Espinosa a des amis influents tels que Juan de Lezama, *regidor* de la

---

86 Francis Brumont et Jean-Philippe Priotti, « Identités marchandes », art. cit., lettre n° 24, p. 129. Del Plano intercède dans les différends de Rodrigo de Espinosa avec les Bilbanais Martín de Ugarte et Jacobe de Agurto au sujet de cartes à jouer et de problèmes liés à l'entreposage des marchandises.

87 Rodrigo de Espinosa vend aussi des « rouens » pour le compte de Navarrais (*ibid.*, lettre 7, p. 98-100).

88 AFB, JCR1040/022. Il agit au nom de Juan Martínez de Recalde aux foires de Medina del Campo et de Ríoseco au début des années 1540. Autre ami proche d'Espinosa, également d'origine bilbanaise, Jacobe de Agurto envisage de faire le voyage à Pampelune avec Lezama pour voir la jeune épouse d'Espinosa. Espinosa et Agurto partagent aussi une *lonja* (magasin) à Bilbao. Cela occasionne parfois

ville et facteur de Francisco de Recalde, dont on a vu plus haut qu'il est un proche de Del Plano[89]. Lezama intervient à plusieurs reprises afin d'éviter à Espinosa la faillite en payant sur le protêt des lettres que ce dernier n'avait pas honorées. Il fait partie avec les Recalde de ceux qui réalisent le plus souvent les avances d'argent à Espinosa en Castille[90]. Pourtant, en décembre 1538, lors de disputes avec des marchands de la ville, il se considère comme un étranger à Bilbao et demande à Del Plano d'intercéder en sa faveur[91].

Afin de bénéficier du crédit de Del Plano aux Pays-Bas comme en Espagne, Espinosa se servait également du registre identitaire et faisait souvent appel à la solidarité que se devaient selon lui les Navarrais entre eux, considérant donc à l'occasion le Béarn comme une partie de l'ancien royaume de Navarre qui s'étendait des deux côtés des Pyrénées[92]. L'incorporation du royaume de Haute-Navarre à la monarchie hispanique était récente par rapport aux faits relatés puisqu'elle datait de 1512. Les fors de cet ancien royaume indépendant étaient importants et Espinosa savait les utiliser, considérant sa Navarre natale comme le lieu idéal où se marier et à partir duquel mieux se défendre et échapper à la justice.

À travers la description qu'il en fait, on perçoit pleinement l'importance de sa patrie d'origine dans son univers mental. En mai 1535, il exhorte son protecteur anversois à ne pas se marier aux Pays-Bas et nous livre à cette occasion un portrait idyllique de la Navarre, laquelle conviendrait mieux, selon lui, à Del Plano, s'il cherche une épouse :

> Aquí tenemos noticia : es la boluntad de v. m. de se casar allá. Con la obligación que nos ha obligado me da atrebimiento, que no deve de agenar del natural por vienes de fortuna que al ombre en tierra agena, de

---

des problèmes, Espinosa prenant par mégarde des marchandises de son ami. Tout comme Lezama, Jacobe de Agurto est lié aux Recalde.

89 De 1533 à 1550, Lezama participa à une compagnie avec Recalde.

90 Lezama mourut à la fin de l'année 1546, passablement endetté (Francis Brumont et Jean-Philippe Priotti, « Identités marchandes », art. cit., annexe II).

91 *Ibid.*, lettre n° 24 p. 129.

92 À notre connaissance, le Béarn n'a jamais fait partie du royaume de Navarre, bien que la partie française, la Basse-Navarre, et le Béarn aient eu après 1512 le même souverain, non reconnu en Haute-Navarre. Voir Nicolas de Bordenave, *Histoire du Béarn et Navarre (1517-1572)*, Paris, J. Renouard, 1873 ; Christian Desplat, *Élites du Sud, XIVe-XVIIIe siècles. Aquitaine-Languedoc, Aragon, Navarre. Statuts juridiques et pratiques sociales*, Pau, Société des sciences, lettres et arts de Pau, 1994 ; Christian Desplat et Pierre Tucoo-Chala, *Histoire générale du Béarn souverain*, Monein, Éditions des régionalismes Pyrémonde, t. I-III, 2007-2010.

> que el ojo se le sierra, no ay más memorya dél y de su muger menos, y en la parentela de su muger, ombre no tiene al tiempo de necesidad, plaza; por ende, a de estar recio de no ser vensido por todo el mundo, y menos en Vilvao, según beo lo que pasa, sino en su propio natural y, sy su natural le parece tierra estéril, aí está nuestra Pamplona que no ay otro su par en las partidas del mundo, así de ser la tierra sana como de no faltar cosa desta vida, si no es padre y madre y más después que hes la gente de la mejor vida que ay en todo el mundo, y después que le acompaña de estar a tres jornadas de su tierra, según me dizen. V.m. me perdone mi atrebimiento, que nos combida el buen selo que le tengo a v. m. [...][93].

L'attachement à sa patrie paraît réel et il essaie de convaincre Del Plano de rallier la communauté navarraise en prenant épouse à Pampelune. Dans l'extrait reproduit, Espinosa manifeste sa méfiance vis-à-vis d'une belle-famille établie à l'étranger et dans laquelle il est peu probable qu'il trouve un secours en temps de nécessité. Il semble aussi peu enclin à ce que Del Plano se marie à Bilbao et plaide une nouvelle fois la cause de la Navarre, terre proche du Béarn natal de l'Anversois d'adoption. Un dernier détail semble intéressant : le fait que l'on puisse finalement choisir une autre patrie que sa patrie « naturelle », si elle est (comme le dit Espinosa) stérile, entendons dépourvue d'avantages et de prérogatives.

On n'en sera guère étonné, Rodrigo de Espinosa se marie avec une fille de Pampelune. Pendant l'été 1537, il affirme avoir reçu une lettre des Cruzat par laquelle ils lui demandent de se libérer des foires et d'entrer dans leur parentèle en épousant une des leurs. Début 1538, il dit devoir aller à Pampelune et pense ne pas pouvoir échapper au mariage, bien qu'il aurait aimé terminer les affaires en cours avant cela. Finalement, deux ans plus tard, il se marie avec la fille d'Antón de Caparroso, d'une des plus anciennes et honnêtes maisons de Pampelune, apparentée à celles qui dirigent la cité, les Cruzat en particulier, omniprésents dans la gestion de la municipalité, l'administration du royaume et les activités commerciales[94].

---

93 Francis Brumont et Jean-Philippe Priotti, « Identités marchandes », art. cit., lettre n° 4, p. 91-92.

94 La famille Cruzat s'était installée dans le bourg des Francos de Pampelune dès le XIIe siècle et ses membres jouèrent un rôle fort important dans l'administration du royaume. Elle se maintint dans la ville pendant des siècles puisqu'en 1791 Luis Cruzat contestait le testament de son aïeule Flandina datant de 1346 (Alicia Anciburu, « Personajes : Flandina Cruzat », *Antzina*, 2007, p. 35-37). Voir Béatrice Leroy, « Una familia de burgueses de Pamplona en la primera mitad del siglo XIV : los Crozat », *Príncipe de Viana*, 1974, p. 429-448. Pour l'époque qui nous intéresse, citons, entre autres, Bernal Cruzat, juge des finances et *alguazil*

À cette date, l'état des affaires d'Espinosa ne semble pourtant pas particulièrement satisfaisant[95].

Espinosa veut en permanence affermir sa relation professionnelle et personnelle avec Del Plano, le faire entrer dans sa parentèle et se mettre sous sa protection. Alors qu'il pense sa femme enceinte fin 1540, il envisage que le Béarnais devienne le parrain du futur enfant. S'il échoue à renforcer les liens personnels avec son financier et protecteur pour développer son activité, il se replie dès que les temps changent et qu'il a maille à partir avec lui sur son territoire d'origine et ses liens communautaires. Il joue donc vis-à-vis de Del Plano un double jeu d'identité et d'altérité en fonction des circonstances.

Si les merciers et autres entrepreneurs de faible envergure dépendent du crédit de leur agent dans les grands entrepôts européens, comme c'est le cas d'Espinosa vis-à-vis de Del Plano, la réciproque est également vraie, jusqu'à un certain point. Pour l'homme d'affaires d'Anvers, agir en tant que commissionnaire du Navarrais, à l'abri des risques, élargit son

---

mayor du royaume, fermier des *Tablas* (douanes) du royaume entre 1532 et 1537 (ARN, Tribunales reales, nos 794 et 8881), et Martín Cruzat, fermier des *Tablas* en 1538-1539 (ARN, Tribunales reales, nos 456, 457, 459 et 466). Carlos Cruzat exporte 46 sacs de laine vers Bruges en 1547 (Archives Municipales de Bruges, Oud Archief [Anciennes Archives], série n° 305 (Archives du Consulat espagnol à Bruges), registres du notaire Pedro de Paredes (1544-1547 et 1547-1548), sans foliotation). Il apparaît aussi à diverses reprises dans les procès de la section *Tribunales reales* comme importateur de poivre en 1541 (n° 64 655), à propos d'une lettre de change de 600 ducats en 1554 (n° 65 140), lors de la vérification de comptes avec le secrétaire du Conseil du roi (n° 65 534, 1545-1549) ou comme exportateur de laine (n° 48 534, 1560-1561) et importateur de draps et de toiles (nos 36 935 et 36 936, 1557). Antón de Caparroso descend lui aussi d'une famille très anciennement installée à Pampelune ; il fut nommé alcalde de la ville par cédule de Charles Quint le 16 septembre 1545.

95 Bien qu'en vue de son mariage, il commande à Del Plano de la soie pour sa femme ainsi que deux tapisseries sur lesquelles doivent figurer les armes de sa famille, et qu'il achète des bijoux pour elle à la foire de Villalón, il recommande à Del Plano de ne pas écouter son employé, si ce dernier, avec l'assentiment de la femme et de la belle-mère d'Espinosa, entend effectuer de nouvelles commandes. Pour le mariage, les préparatifs, ainsi que pour la décoration des deux tapisseries, Del Plano est donc mis à contribution, au-delà du domaine des affaires, dans la vie personnelle du Navarrais. Ces tapisseries de Flandre ornées des armoiries de la famille Espinosa soulèvent un autre aspect, celui des métissages culturels. Sans que l'on puisse évoquer la perception de ces objets par la société navarraise de l'époque ni même l'utilisation précise qu'Espinosa faisait de ce capital symbolique, ce fait montre en tout cas la sensibilité du Navarrais aux articles de luxe de facture flamande.

champ d'activités[96]. Qui plus est, Espinosa fournit à l'Anversois un grand nombre de détails sur l'état des foires de Castille, traitant de la qualité des marchandises, de la rareté ou de l'abondance d'argent, du comportement de ses amis et de ses concurrents, à un niveau d'échanges différent (commerce de détail) de celui dans lequel il évolue traditionnellement. Le mercier livre également à l'homme d'affaires des informations sur les prix de certaines denrées sur les marchés alternatifs du nord de la Péninsule, celui de Bilbao, de Saint-Sébastien et de Navarre, pour le poivre notamment. Espinosa est donc pour l'Anversois une source non négligeable d'information.

Del Plano sait ce qu'il peut retirer de ce type de relations et il incite parfois Espinosa à lui passer des commandes. En empruntant sur le change et en lui passant commande le mercier fait travailler l'argent de Del Plano et celui de ses amis, et augmenter le volume d'affaires de l'Anversois et son crédit sur la place brabançonne. Il est important de noter que c'est Del Plano qui a attiré Espinosa dans le monde du change[97]. Mais le partage de cette activité ne crée pas des conditions de stabilité, car elle n'est pas intériorisée ni produite de façon analogue par les deux individus : centrale dans la culture de l'Anversois, elle est un mal nécessaire pour le Navarrais. L'Anversois propose même à Espinosa des associations ponctuelles pour la vente de certains textiles. Ces relations interdépendantes n'excluent aucunement une hiérarchie entre les acteurs et donc une inégalité de la dépendance de l'un vis-à-vis de l'autre, le mercier dépendant davantage de l'homme d'affaires que l'inverse, ne serait-ce que parce qu'il ne peut se passer de son crédit pour financer ses affaires, mais, sans le mercier, l'homme d'affaires s'affaiblirait également.

C'est la multiplication du nombre des marchands moyens tels que le mercier Espinosa qui constitue le fait nouveau et important de l'évolution commerciale à cette époque. La commission permet à de nombreux jeunes entrepreneurs au capital infime ou même inexistant de se lancer dans les affaires et de tenter d'y faire fortune. Grâce à ce

---

[96] Il ne faudrait pas trop vite croire que seuls les petits entrepreneurs travaillent à la commission ; les grands marchands recherchent également ce type d'activité, dans le domaine marchand comme dans le domaine financier et bancaire.

[97] Espinosa avoue lui-même en juillet 1535 ne savoir ce que « tomar a cambio » (emprunter sur le change) signifie que depuis deux ans, ce qui nous éclaire sur son faible degré de formation et sur le fait que sa connaissance du change date de l'association signée avec Del Plano. Espinosa se considère d'ailleurs volontiers comme un mercier, non comme un marchand à part entière.

procédé, ils n'ont plus à voyager avec leur marchandise ou à assumer des frais exorbitants dus à l'entretien d'un facteur salarié ou d'un associé résidant à l'étranger[98]. Payer une commission à son agent d'Anvers suffit à Espinosa pour monter un réseau d'approvisionnement et de crédit. Ces marchands moyens nouveaux venus, leurs partenaires financiers et leurs associés vont considérablement perturber le marché car ils s'organisent au sein de structures qui privilégient les relations multilatérales sur un pied d'égalité, moins centralisées que les firmes castillanes ou italiennes traditionnelles[99].

Si Anvers et les foires de Castille sont des centres par excellence où se développent ces nouvelles techniques qui donnent des opportunités de négoce à ceux qui ont moins de capitaux tout en abaissant les coûts de transaction[100], il n'en reste pas moins que nombre de ces nouveaux venus voient leur commerce capoter au bout de quelques temps. Leur capital de départ n'est pourtant pas systématiquement inexistant. Beaucoup possèdent du bien, ne serait-ce que pour garantir les emprunts qu'ils doivent effectuer lors de leurs premières opérations. Le changement d'échelle dans le milieu des affaires n'était pas si simple et ces nouveaux venus devenaient souvent tributaires de financiers plus riches qu'eux qui ne s'en laissaient pas compter.

---

98 Wilfried Brulez, *De firma della Faille en de internationale handel van vlaamse firma's in de 16e Eeuw*, Bruxelles, Paleis der Academiën, 1959, p. 580-581 (résumé en français).

99 Cette nouvelle organisation commerciale ne s'y affirmera que dans la seconde moitié du XVIe siècle (*ibid.*). Les firmes castillanes étaient très centralisées et leurs filiales ne pouvaient pas prêter de capital ni travailler avec d'autres marchands, et elles intégraient assez peu souvent dans leurs rangs des marchands originaires de l'extérieur. Voir Falad Hassan Abed Al-Hussein, « Las ferias de Medina », art. cit., p. 204 ; Hilario Casado Alonso, « Las colonias de mercaderes castellanos en Europa (siglos XV y XVI) », dans *Id.* (éd.), *Comercio y mercaderes en los siglos XIV, XV y XVI*, Burgos, Diputación provincial de Burgos, 1995, p. 49.

100 Au sujet des foires d'Anvers, voir Hermann van der Wee et Jan Materné, « Antwerp as a World Market in the Sixteenth and Seventeenth Centuries » dans Jan Van den Stock (dir.), *Antwerp. Story of a Metropolis 16th-17th century*, Anvers, Snoeck-Ducaju & Zoon, 1993, p. 19-31, à la p. 24 ; pour les foires de Castille, voir Cristóbal Espejo et Julián Paz, *Las antiguas ferias, op. cit.*, et Hilario Casado Alonso, « Les relations entre les foires de Castille et les foires de Lyon », art. cit. ; *Id.*, « Crédito y comercio en las ferias de Medina del Campo en la primera mitad del siglo XVI » dans Giuseppe De Luca et Elena María García Guerra (éd.), *Il mercato del credito in Età Moderna*, Milano, Franco Angeli, 2010, p. 21-47.

Pour agir dans la cour des grands ou en tout cas à un niveau supérieur, le savoir-faire était essentiel. Il faut donc commencer par travailler pour les autres et apprendre d'eux. Une des conditions *sine qua non* de la réussite commerciale semble être un long service dans une ou plusieurs grandes familles marchandes pour avoir le temps d'assimiler une culture commerciale, de constituer une base financière et un tissu de relations, étapes nécessaires pour se lancer opportunément dans les affaires par lesquelles Espinosa ne semble pas être passé. La conjoncture favorable fait que des opportunités de richesse sont ouvertes à un plus grand nombre, mais pas à n'importe quelles conditions.

Bien que nous sachions peu de choses des origines d'Arnao del Plano, son potentiel d'identifications plurielles dépendait tout autant du contexte de départ en Béarn que de celui d'arrivée en Brabant. Les deux contrées apparaissaient comme des zones-frontière habituées à pactiser avec les puissances belligérantes voisines, et par là même des terres de libertés où la pluralité de loyautés des acteurs était monnaie courante. Cela facilita grandement l'adaptation de Del Plano à Anvers.

Dans les villes des Pays-Bas, les libertés urbaines formaient le cœur des identités locales, particulièrement en Brabant[101]. Contrairement aux exportations espagnoles, dont nous avons vu qu'elles étaient soumises à des monopoles et réservées à certains groupes d'acteurs, les textiles, produit phare des Pays-Bas exporté vers la Castille, ne faisaient l'objet d'aucune chasse gardée particulière. Dans les Pays-Bas des ducs de Bourgogne et des Habsbourg, plusieurs identités pouvaient être endossées, pas seulement sociale, religieuse ou de genre, mais aussi politique. Il était concevable d'être à la fois le citoyen loyal d'une ville, d'une province, des Pays-Bas, du saint empire romain germanique ou du royaume de France[102]. Les habitants originaires des Pays-Bas comme ceux provenant de l'étranger caractérisaient les Pays-Bas comme une terre de liberté[103]. Pour les habitants des Pays-Bas, le lieu de la terre-patrie et la question

101 Voir l'introduction de Robert Stein dans Robert Stein et Judith Pollmann (éd.), *Networks, Regions and Nations. Shaping Identites in the Low Countries, 1300-1650*, Leyde, Brill, 2010, p. 1-18, aux p. 14-15.

102 *Ibid.*, p. 153.

103 La politique de pacification des villes des Pays-Bas par les Habsbourg a donné aux populations urbaines à travers une mémoire traumatique des événements un idéal communautaire des citoyens unis par les tribulations du sang et de la violence. Voir Peter Arnade, « The City Defeated and Defended. Civism as Political Identity in the Habsburg-Burgundian Netherlands », *ibid.*, p. 195-216, à la p. 199.

de la citoyenneté étaient moins franches qu'en France, où le roi avait la prérogative de naturaliser des étrangers, c'est-à-dire de les faire Français[104]. Au contraire de la France, la citoyenneté était spécifiquement réservée aux habitants qui étaient devenus des bourgeois, statut gagné sous certaines conditions.

La terre d'origine de Del Plano avait préparé le Béarnais à son adaptation aux Pays-Bas, car de par sa position géographique entre la France et l'Espagne, et son statut politique, le Béarn apparaissait aussi comme une société de frontière, terre de libertés et de loyautés multiples. Malgré la conquête de la Haute-Navarre par le roi d'Aragon en 1512, des relations avaient continué entre Haute et Basse-Navarre[105]. La cour de Marguerite de Navarre était par ailleurs un foyer de l'humanisme (c'est à Nérac que Calvin rencontra en 1534 Lefèvre d'Étaples) et son aumônier fut nommé évêque d'Oloron en 1537[106]. Lefèvre et l'aumônier propagèrent une réforme évangélique modérée en Béarn et en Guyenne, dont Calvin condamna fermement la volonté de compromis. Le Béarn resta relativement isolé de la Réforme dans les années 1530- 1540, ce qui montre bien l'influence de la cour de Nérac[107]. Pour expliquer son intégration aux Pays-Bas, son déficit d'ancrage local n'était pas tout ; Del Plano était ce que les ambassadeurs espagnols appelaient un homme de la frontière, habitué à jongler avec plusieurs pouvoirs, susceptible de cumuler plusieurs loyautés et allégeances ou d'en changer.

---

[104] Alistair Duke, « In defense of the Common Fatherland. Patriotism and Liberty in the Low Countries, 1555-1576 », *ibid.*, p. 217-240, à la p. 222.

[105] Les vallées entre Béarn et Aragon sont reliées par un axe commercial et transhumant majeur et liées par d'anciennes relations qui entendent ne pas pâtir des conflits princiers et qui soutiennent des intérêts économiques communs. Malgré la conquête de la Navarre sur Jean d'Albret en 1512 par Ferdinand et une tension militaire à la frontière, des délégations se rencontrent et les deux communautés continuent à entretenir de bonnes relations. En 1514, un accord est passé entre Béarnais et Aragonais. Pour éviter tout dommage aux troupeaux, les vallées doivent s'avertir réciproquement de tous les mouvements de troupes (Serge Brunet, *De l'Espagnol dedans le ventre. Les catholiques du Sud-Ouest de la France face à la Réforme (vers 1540-1589)*, Paris, Honoré Champion, 2007, p. 166-167). En 1517, les contractants s'engagent même à ne participer à aucune arrestation que l'ordre provienne du vicomte du Béarn ou du roi d'Aragon, ce qui donne une idée claire de la hiérarchie des appartenances.

[106] *Ibid.*, p. 32.

[107] *Ibid.*, p. 37 et 42. En 1531, Henri est présenté comme roi de Navarre et seigneur souverain de Béarn (« Documents officiels et correspondances (1508-1789) » éd. Danièle Thomas, *Bulletin de la société des amis du château de Pau*, hors-série, 1996, t. I, document p. 9).

Du point de vue politique, le Béarn comme la Navarre étaient en proie aux appétits de l'Espagne comme de la France. Après le traité de Madrid en 1526, Henri d'Albret n'avait obtenu aucune aide de François Ier, ni militaire, ni diplomatique, d'où les négociations qu'il avait essayé d'entamer seul avec l'empereur[108]. La Basse-Navarre ne revint à la maison d'Albret que lorsqu'elle fut abandonnée par Charles Quint et ses troupes en 1530[109]. Dans les années 1530-1540, les villes de la principauté de Béarn furent fortifiées[110]. Del Plano avait donc grandi avec des Espagnols aux portes de sa maison.

La proximité frontalière de ces différents territoires facilitait l'insertion de Del Plano dans de grands courants d'échanges. Il est fort probable que ses liens avec le Pays basque péninsulaire, la Navarre et Anvers s'effectuèrent en bonne part grâce au commerce du pastel et que le point de rencontre en fut Bordeaux[111]. Indépendamment de ses affiliations au consulat de Biscaye ou à celui de Castille aux Pays-Bas, Del Plano a continûment servi les marchands béarnais, bordelais et toulousains, dans les années 1520-1540 en tout cas[112]. Il apparaît à soixante-dix reprises environ

108 *Ibid.*, document p. 22.

109 *Ibid.*

110 *Ibid.*, document p. 20.

111 En 1498, un certain Jean Decoralet, bourgeois d'Oloron, est mêlé avec des Toulousains au trafic du pastel entre Bordeaux et Londres. Il est question de 300 balles de pastel et de 50 tonneaux de vin en un chargement pour chaque denrée, quantités respectables envoyées de Bordeaux aux Pays-Bas. Voir Mappie A. Drost, *Documents pour servir à l'histoire du commerce des Pays-Bas avec la France jusqu'en 1585*, La Haye, M. Nijhoff, 1989, t. II, doc. nos 84 et 85, p. 57-58 ; « Documents officiels et correspondances », art. cit, doc. 101 p. 69, doc. 192 et 193, p. 133-134, et doc. 213, p. 145. On sait aussi que des tissus et des meubles voyageaient des Pays-Bas en Béarn et d'Espagne en Béarn. En 1519, dans la résidence royale de Pau, on trouve des satins de Bruges violets, des tapis et des sièges de provenance espagnole, ainsi qu'une grande quantité de tapisserie flamande. Dans un autre inventaire de 1533 figurent également des pièces de satin de Bruges violets et jaunes, des toiles de Hollande et de Flandre, des livres sur l'Espagne et un ouvrage sur la Flandre (« Documents officiels et correspondances », art. cit.).

112 Des marchands d'Oloron apparaissent comme témoins dans des écritures concernant le transport du pastel aux Pays-Bas et certains Béarnais sont associés à des Toulousains pour le commerce de la plante tinctoriale de Bordeaux à Arnemuiden en 1500-1505, ainsi qu'avec des Espagnols de Toulouse. En 1527, Del Plano était qualifié de « marchand toulousain d'origine espagnole résidant à Anvers » qui recevait du pastel d'un marchand d'Oloron (Émile Coornaert, *Les Français, op. cit.*, t. I, p. 42, n. 1, et p. 337). En 1534, Arnold del Plano ou de Prat reçoit du pastel envoyé à Anvers de Bordeaux (Jan Craeybeckx, *Un grand commerce d'importation : les vins de France aux anciens Pays- Bas (XIIIe-XVIe*

dans les archives notariales de Bordeaux, pour la première fois en mars 1526 et pour la dernière en mars 1542[113]. Il est chargé de réceptionner le pastel qu'on lui envoie de Bordeaux au nom de marchands du sud-ouest français. Parmi eux, beaucoup sont comme lui oloronais ou des Oloronais fixés à Toulouse, leur situation n'étant pas toujours claire. Les Toulousains sont généralement des marchands d'envergure moyenne qui n'apparaissent qu'à Bordeaux comme possesseurs de pastel[114].

Tout le long de sa carrière et malgré les changements de condition et de statut, la gestion attentive du capital social de la terre d'origine est restée une priorité. Tandis qu'il s'agit pour lui d'une activité secondaire en termes financiers, il se montre fidèle à ses commettants, que l'on retrouve d'une année à l'autre sur toute la période, et à ce qui fut certainement une de ses premières fonctions à Anvers[115]. Aux confins de la France, de la Basse-Navarre et du Béarn, Del Plano jouit par ailleurs d'une grande réputation puisque le roi de Navarre fait appel à lui[116].

Conclusion

L'étude du cas d'Arnao del Plano et du mercier Espinosa invite à réfléchir sur les liens entre identifications, droits territoriaux et performance économique. La globalisation des affaires n'éliminait pas l'importance de la territorialité et les circulations entre communautés marchandes différentes ne s'affranchissaient pas des conditions locales. Les interactions de Del Plano avec divers milieux marchands

---

siècle), Paris, 1958, p. 234). Il apparaît à d'innombrables reprises dans les actes des notaires bordelais comme consignataire de marchands toulousains ou béarnais (Archives Départementales de la Gironde, 3E 4739-4744).

113 Nous remercions Francis Brumont qui nous a aimablement fourni les informations qui suivent.

114 Ces marchands moyens n'apparaissent que peu souvent dans les travaux de Gilles Caster, mais les archives de Toulouse sont loin d'avoir été totalement explorées, Gilles Caster et Francis Brumont ayant surtout consulté les registres particuliers de certains marchands, qu'ils ont donc été amenés à privilégier.

115 Parmi les Toulousains, beaucoup portent des patronymes qui pourraient être béarnais ou pyrénéens (Lafourcade, De Prat, Turon, etc.). Parfois, Del Plano reçoit du pastel de quelques marchands plus connus : les Lancefoc (3 ou 4 fois) ou les Bonvisi de Lyon (une fois).

116 Pour la vente de diamants enchâssés dans des anneaux d'or, notamment. La vente est effectuée par Del Plano à Barnabé Grillo pour la somme de 4 444 écus d'or au soleil et de poids « du coing du roy de Franche et dix soulz tournois ». Voir Jan A. Goris, *Étude sur les colonies marchandes*, *op. cit.*, p. 259-260.

s'effectuaient en fonction de pratiques relationnelles passées et d'un historique d'identifications successives[117]. Ses relations étaient largement conditionnées par la spécificité et le rôle économiques des différentes communautés, lesquels dépendaient des fonctions économiques et des privilèges de chacune d'elle en terre espagnole. Dans les relations commerciales intra-européennes, l'appartenance à une communauté se jouait davantage sur la scène locale qu'au niveau de l'État : elle passait par la reconnaissance sociale et la capacité du marchand à être intégré dans des réseaux de relations. Lors de séjours à l'étranger, savoir gérer des relations de crédit et des rapports de confiance l'amenait de l'extranéité à la citoyenneté, la condition d'« étranger » étant souvent transitoire. Le « faire » comptait autant que l'« être », et les statuts du marchand étranger, celui de propriétaire, d'époux d'une locale, de citoyen, n'étaient pas uniquement l'aboutissement d'un processus d'intégration fait en amont. Leur importance intrinsèque résidait dans l'éventail de droits et d'immunités auxquels ils donnaient accès et dans le prestige qui leur était attaché.

La proximité et le lien direct établi entre les territoires concernés (Pays-Bas, Navarre, Béarn et Biscaye) faisaient que les droits et les pratiques sociales du territoire auquel appartenaient les marchands en Espagne influençaient grandement l'interaction et conditionnaient les jeux d'identifications à l'extérieur. Dans cette dynamique, le rôle du politique était sous-jacent. Lorsque la distance augmentait et que les parcours migratoires se fragmentaient, la référence territoriale locale ou régionale comme facteur d'identification s'atténuait[118].

L'institution de monopoles économiques en Espagne aux mains de certaines communautés marchandes et de leur territoire d'origine, entérinée par le souverain, gênait considérablement les initiatives de la plupart au profit de la réussite de quelques-uns. De même, les droits particuliers de certains territoires empêchaient que la justice commerciale entre marchands de communautés différentes fût rendue et appliquée, comme le démontre le défaut de paiement du mercier navarrais Espinosa. Ces privilèges et immunités étaient autant des protections que des

---

117 Sur cette question nous serions davantage tentés de suivre Pierre Bourdieu que Mark Granovetter.

118 Dans le cas des populations minoritaires, comme les Juifs qui émigrèrent d'Espagne en Amérique par exemple, cette référence ne concernait pas une province mais l'Espagne toute entière (Natalia Muchnik, « La terre d'origine », art. cit., p. 481-512).

limitations, puisqu'ils impliquaient que l'action des uns et des autres fût conduite dans un cadre prédéfini. Ils constituaient donc un frein au bon déroulement des affaires et à l'optimisation du profit.

Au-delà de la segmentation des marchés, thématique sur laquelle on dispose d'études précises[119], ces monopoles et autres privilèges tendaient à enfermer les acteurs des différentes communautés dans leur culture d'origine. La mobilité vers des zones de plus grandes libertés situées hors de la Péninsule offrait néanmoins à certains des possibilités d'ascension sociale sans bornes, Anvers constituant à cet égard une place idéale. La trajectoire d'Arnao del Plano (qui n'était pas originaire des royaumes d'Espagne) témoigne des identifications plurielles nécessaires à la conduite efficace d'affaires diversifiées, embrassant différents circuits et rôles commerciaux ainsi que les produits phare de plusieurs économies régionales. Elle témoigne, en creux, de la difficulté pour bonne part des acteurs originaires de la péninsule et intégrés en fonction de leur origine dans telle ou telle institution marchande à Anvers d'agir en dehors d'elles[120].

---

119 Stephan R. Epstein, *Freedom and Growth. The rise of States and Markets in Europe, 1300-1750*, Londres/New York, Routledge, 2000 ; Regina Grafe, *Distant Tyranny*, *op. cit.*

120 À cet égard, l'itinéraire des principales familles basques de la Péninsule confirme qu'au début du XVIe siècle, il n'était pas aisé d'agir en dehors de la communauté d'origine, que ce fût en Espagne ou à l'étranger. Il n'est pas étonnant que seuls aient fait fortune ceux qui travaillèrent à l'intérieur et entre plusieurs communautés marchandes, hors du Pays Basque, précisément à Anvers pour le plus connu d'entre eux (Jean-Philippe Priotti, « Commerce et finance en Flandre » art. cit., p. 81-95, et *Id.*, *Los Echávarri, op. cit.*).

Les dynamiques marchandes des réseaux portugais au XVIe siècle*

Amândio Jorge Morais Barros

Abstract

This work analyses the involvement of Portuguese commercial networks in the expansion of Atlantic trade in the sixteenth century from the port centers of the northwest of the kingdom, a generally unknown theme of historiography. The development of the modern world economy is interpreted by some authors as the result of a competition between the European powers. While it is true that rivalry has been an important factor, this evolution is largely due to collaborative strategies that went beyond the limitations imposed by state and imperial policies. Organized in the ports, without interference from the central government, the Portuguese networks and generally the Iberian networks provide many examples of cooperation and mobility between territories, States and empires, achieving high levels of integration and continue trading even during periods of tension, blockade and open conflict. They will be the protagonists of this study.

Résumé

Ce travail analyse l'implication des réseaux commerciaux portugais dans l'affirmation du commerce atlantique au XVIe siècle à partir des centres portuaires du nord-ouest du royaume, thème généralement inconnu de l'historiographie. Il examine particulièrement la façon dont les stratégies de collaboration entre les acteurs façonnaient l'économie commerciale à l'époque moderne, au-delà des limitations imposées par les politiques d'État. Organisés dans les ports, sans interférence du pouvoir central, les réseaux portugais et, en général, les réseaux ibériques fournissent de très nombreux exemples de coopération et de mobilité entre territoires, États et empires, parvenant à atteindre de bons niveaux

* Ce travail est cofinancé par le Fonds Européen de Développement Régional (FEDER) par l'intermédiaire du COMPETE 2020 – Programme Opérationnel Compétitivité et Internationalisation (POCI) et par des fonds nationaux par l'intermédiaire de la FCT, dans le cadre du projet POCI-01-0145-FEDER-007460.

d'intégration et à poursuivre les négoces y compris pendant des périodes de tension, blocus et conflit ouvert.

Le développement de l'économie mondiale moderne est interprété par certains auteurs comme le résultat de la compétition entre les puissances européennes[1]. Bien qu'il soit exact que la rivalité a été un facteur important, cette évolution est en grande partie due aux stratégies de collaboration qui dépassaient les limitations imposées par les politiques impériales et étatiques. Organisés dans les ports, sans interférence du pouvoir central, les réseaux commerciaux portugais et, en général, les réseaux ibériques fournissent de très nombreux exemples de coopération et de mobilité entre territoires, États et empires, parvenant à atteindre de bons niveaux d'intégration et à poursuivre les négoces y compris pendant des périodes de tension, blocus et conflit ouvert. Ils seront les protagonistes de cette étude.

Au cours des dernières années, ces réseaux ont été étudiés dans le cadre de chronologies tardives, coïncidant avec l'ascension des puissances du nord de l'Europe[2]. Dans ce travail, je chercherai tout d'abord à montrer que ces réseaux étaient actifs dès le début du XVIe siècle, depuis la péninsule Ibérique, puis qu'ils ont été capables d'introduire des pratiques commerciales évoluées et, pour finir, qu'ils ont créé des élites commerciales et financières, commençant ainsi un parcours réussi qui allait les mener au cœur du pouvoir dans certaines sociétés européennes de la fin de l'époque moderne.

Partant, j'étudierai leur origine, la structure et la géographie des négoces et des aspects de leur gestion, en introduisant les questions de l'utilisation de l'information et du contrôle des risques, ainsi que leur lien avec les différents pouvoirs. J'évoquerai brièvement leur contribution au renforcement des relations internationales et, d'une manière plus approfondie, à l'évolution des entreprises de navigation européennes.

---

1 Vision eurocentrique qui a ouvert de très nombreuses polémiques entre les historiens. À titre d'exemple, voir Jack Goldstone, *História global da ascensão do Ocidente. 1500-1850*, Lisbonne, Edições 70, 2010 (introduction de Diogo Ramada Curto, Nuno Domingos et Manuel Bandeira Rodrigues), bien qu'un grand nombre des arguments de cet auteur me semblent idéologiquement contestables et trop peu étayés.

2 Un état de la question, de l'importance de la coopération et un examen des réseaux commerciaux dans le monde méditerranéen sont proposés par Maria Fusaro, « Cooperating mercantile networks in the early modern Mediterranean », *Economic History Review*, 2012, 65/2, p. 701-718.

Le réseau commercial de Simão Vaz, de Porto, qui s'est maintenu sur trois générations, entre le milieu du XVIe siècle et les premières décennies du XVIIe siècle, fournit un bon objet d'étude. La correspondance mercantile et la documentation notariale qu'il a produites nous révèlent ses stratégies de commerce interne, international et ultramarin. Nous évaluons ses dimensions dans l'organigramme ci-après, faisant état des hiérarchies, des partenaires préférentiels et des agents à son service, ainsi que de la géographie de ses négoces. Tous ces éléments sont communs à d'autres réseaux similaires qui se sont développés à partir des centres maritimes ibériques.

Par ailleurs, cette étude s'inscrit dans l'histoire portuaire. En effet, le réseau étudié exerçait son action à partir d'un port – la ville de Porto – et avait une filiale et des négoces importants à Lisbonne, qui était le centre mercantile le plus important du royaume du Portugal – le Royaume au XVIe siècle –, point de rencontre de nombreux intérêts européens. Différentes circonstances expliquent le lien étroit entre ports et réseaux : d'une part, le fait qu'ils soient devenus des centres économiques importants grâce à leur position charnière sur les routes européennes des XIVe et XVe siècles[3] ; d'autre part, le fait qu'ils soient dominés par des élites mercantiles sensibles aux questions du négoce. La chose est évidente à Porto comme à Lisbonne, qui est devenue le plus grand centre portuaire et logistique portugais suite à l'expansion maritime et à la formation d'un empire outre-mer. Au XVIe siècle, Lisbonne concentrait l'administration, l'économie et la finance de cet empire qui avait pour principal support la *Route du Cap*, attirant les principaux agents mercantiles nationaux et étrangers.

Le travail que nous présentons ici entend proposer une nouvelle interprétation des intérêts maritimes et commerciaux portugais, indispensable à celui qui souhaite faire une lecture complète de l'expansion portugaise, intégrant les autres ports et agents nationaux d'Europe dans un processus complexe qui a eu de multiples protagonistes et projets. De plus, dans la lignée de ce que proposent des chercheurs comme Diogo Ramada Curto, Francisco Bethencourt et d'autres, je refuse une vision compartimentée, traditionaliste, romantique et nationaliste de ce phénomène[4].

---

3 À Porto, liaison forte au nord de l'Europe, mais également au sein des routes méditerranéennes – des transactions ont lieu avec les Médicis et d'autres firmes italiennes. La ville est devenue à cette époque un centre de transport maritime d'une certaine dimension.

4 « L'expansion portugaise ne peut pas et ne doit pas être vue comme un processus cumulatif : elle a été marquée par des continuités, des discontinuités, des ruptures et

Les réseaux commerciaux dans l'évolution des négoces de Porto

La représentation cartographique de l'évolution commerciale de Porto aide à envisager le rôle des réseaux dans l'affirmation des économies portuaires **(fig. 1)**.

Fig. 1

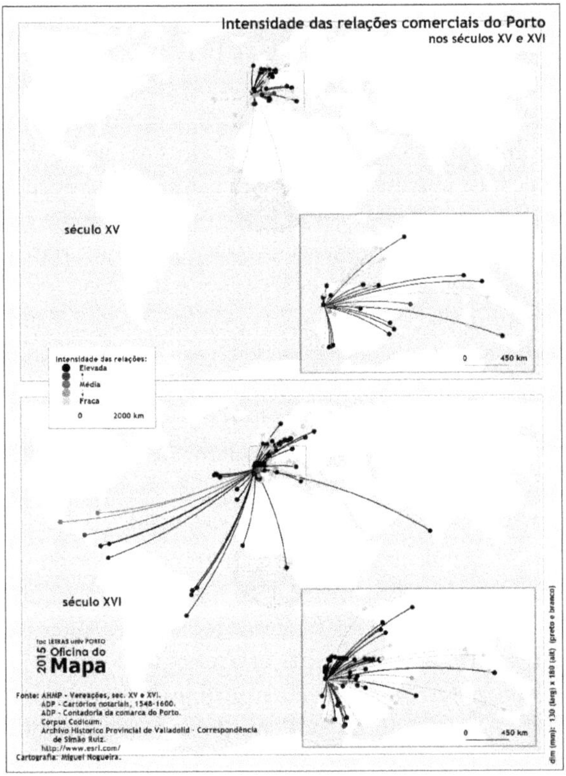

des transformations dans les modèles de ses activités, de l'Atlantique à l'océan Indien, de l'Inde à l'Atlantique du Sud, du Brésil à l'Afrique. Il est possible de parler d'empires portugais successifs, résultant d'adaptations politiques aux revers de fortune et au transfert de personnes et de capitaux d'une région à l'autre. En ce sens, l'étude de ce processus ne doit pas se limiter aux territoires contrôlés par les pouvoirs autorisés ou délégués par la Couronne. Il y a eu un flux constant de commerçants, marins et artisans qui ont vécu à l'étranger » (Diogo Ramada Curto et Francisco Bethencourt, introduction de *A expansão marítima portuguesa, 1400-1800*, Lisbonne, Edições 70, 2010, p. 8).

Au Moyen Âge, le cabotage dominait. Dans le cadre de circuits commerciaux multiples, le transport de biens de port en port occupait, en Europe, navires et marchands. Les « entreprises » de navigation se développaient : à la fin du XVe siècle, les partenariats d'exploitation des embarcations se font jour – jusqu'alors la propriété unipersonnelle des navires était prédominante – faisant augmenter la valeur économique de cette « industrie » et la disponibilité des moyens de transport, avec tout ce que cela a signifié pour la promotion des ports. Mais c'est à l'époque moderne qu'une transformation majeure s'accomplit. Aux destinations traditionnelles, la Méditerranée et le nord de l'Europe, s'ajoutent les liaisons avec la Méditerranée orientale et, surtout, avec les nouveaux ports et espaces ultramarins, liens tissés au gré des intérêts européens. Grâce à des routes à l'étendue et à la nature différentes aux XVIe et XVIIe siècles, les espaces d'outremer portugais et castillan étaient liés aux ports de la péninsule Ibérique : à Séville et Lisbonne par des routes « impériales », et à Porto, Viana, La Corogne, Santander ou Bilbao dans le cadre de circuits gérés par les entrepreneurs privés et leurs réseaux. Les navigations et les négoces ont augmenté, requérant de nouvelles flottes au service d'une logistique qui s'étendait à tout le continent européen en impliquant de plus en plus ses zones côtières. C'est pendant cette période que s'est accentuée l'attractivité des littoraux et le triomphe des centres côtiers sur les vieilles villes et les villes de l'intérieur, prédominantes au Moyen Âge[5].

C'était une géographie aux potentialités extraordinaires. Ces ports ont dirigé des entreprises d'expansion et sont devenus des références dans le négoce international à partir du moment où ils ont fait coïncider leurs intérêts avec ceux des villes portuaires et financières du nord de l'Europe – Anvers et, quelques décennies plus tard, Amsterdam[6] – centres de décision et plaques tournantes des négoces et des marchandises.

Il est facile de comprendre cette croissance sans précédent de l'espace et des affaires. Il est tout aussi aisé de comprendre que l'essentiel de cette évolution est le résultat de projets des marchands et des réseaux commerciaux. Si Peter Spufford évoque des questions d'échelle pour

---

5 Les études de Michel Mollat continuent à être utiles : *La vie quotidienne des gens de mer en Atlantique (IXe-XVIe siècles)*, Paris, Hachette, 1983, et *A Europa e o Mar*, Lisbonne, Presença, 1995 (trad. de *L'Europe et la Mer*, Paris, Seuil, 1993).

6 Nous ne devons pas oublier que le commerce atlantique des réseaux du nord-ouest portugais se développe à une époque où, théoriquement, Anvers était en décadence.

expliquer leur triomphe dans l'Europe du Moyen Âge, ce facteur est, à l'époque moderne, beaucoup plus accentué. Tous les éléments qui caractérisent cette « révolution commerciale »[7] ont atteint des limites inconnues auparavant, comme nous le verrons avec l'exemple portugais. Souhaitant comprendre ce qui a permis cette révolution commerciale, Peter Spufford souligne le rôle joué par les capitales et les grandes villes, où la recherche de produits de luxe était plus importante[8]. Mais à partir du XVIe siècle, et en parallèle de l'affirmation de l'économie atlantique, les petits marchés entrent en scène et la recherche de ce type de biens se généralise. Les ports, y compris ceux de petite et moyenne dimension, sont appelés à participer au processus de distribution de produits qui deviennent très vite des produits de consommation de masse, comme le sucre.

Les places du nord du Portugal font partie de ce groupe de ports de stature moyenne. Porto se distingue au sein de cet ensemble. Je ne vais pas expliquer en détail les origines de la présence des réseaux dans cette ville. Je l'ai d'ailleurs fait dans d'autres travaux[9]. D'une manière générale, ce sont des réseaux organisés par des nouveaux-chrétiens qui sont arrivés au Portugal à la fin du XVe siècle et ont trouvé dans le nord du pays un milieu mercantile favorable à leur installation[10] : un port sensible aux négoces ultramarins, vivant une période d'ajustement de ses routes maritimes et ayant besoin de capitaux et d'investissements. Ils ont commencé à affermir leur position dans le commerce en affermant les droits de douane, comme l'on fait les frères Paz[11]. Comme ils étaient les seuls à avoir la capacité financière de payer les contrats, ils sont parvenus,

---

7 Ainsi définie par Roberto S. Lopez, *A revolução comercial da Idade Média, 950-1350*, Lisbonne, Presença, 1980.

8 Peter Spufford, *Power and Profit : The Merchant in Medieval Europe*, Londres, Thames and Hudson, 2002, p. 14.

9 Voir entre autres Amândio Barros, « Northern Portuguese Commercial Networks and the Geography of Trade in the Early Modern Period », dans Ana Crespo Solana (éd.), *Spatio-Temporal Narratives. Historical GIS and the Study of Global Trading Networks (1500-1800)*, Newcastle upon Tyne, Cambridge Scholars Publishing, 2014, p. 102-139.

10 Qui les aurait sauvés de persécutions comme celles qui ont commencé à Lisbonne.

11 Diogo de Paz, frère du fameux Duarte de Paz, procureur des nouveaux-chrétiens à Rome, qui lui a succédé dans l'office, était intendant de la douane, du droit des tissus et « *marçaria* », et des domaines de Porto depuis le 23 juillet 1529. Voir Artur de Magalhães Basto, « Notas finais, VI : D. Manuel de Sousa, arcebispo de Braga, e Diogo de Paz », dans *Memórias quinhentistas dum procurador del-Rei no*

d'une certaine manière, à contrôler les mécanismes de fonctionnement du commerce et à développer les circuits atlantiques et les routes européennes[12].

Ils ont clairement profité de la structure de l'économie mercantile du Royaume en optant pour des espaces moins concurrentiels. Comme on le sait, dès le début, la Couronne avait manifesté un intérêt particulier pour le commerce oriental et avait cherché à le contrôler en imposant le monopole royal dans l'exploitation de la *Route du Cap*. Un monopole dans le cadre duquel beaucoup d'argent avait été dépensé pour créer et entretenir des structures financières, administratives, logistiques et politiques[13]. De sorte que l'État manquait de ressources pour contrôler les autres négoces maritimes. L'Atlantique s'ouvrait donc comme un immense champ d'opportunités à la disposition de ceux qui possédaient des affaires et, en particulier, de ceux qui avaient des capitaux pour investir, ce qui était indéniablement le cas des nouveaux-chrétiens.

Aux ressources financières, ces réseaux ajoutaient des contacts internationaux influents, ce qui était indispensable pour consolider leur présence sur les marchés externes et pour contourner les obstacles légaux. Leur ascension à Séville et au sein des circuits des Indes de Castille s'explique, par exemple, par le fait qu'ils ont très tôt participé au trafic d'esclaves à partir des comptoirs africains et qu'ils eurent des associés castillans. Si les Couronnes ibériques avaient leur mot à dire à ce propos, la disponibilité financière des réseaux a très rapidement fait d'elles des éléments-clés de ce commerce, contrôlant le négoce des licences et du transport[14]. J'évoquerai certains d'entre eux, qui ont envoyé

Pôrto, pelo Licenciado Francisco Dias, Porto, Publicações da Câmara municipal, Gabinete de história da cidade, 1937, p. 179.

12 Renouvellement de la ferme des douanes d'Entre-Douro-et-Minho, Aveiro et Buarcos à Miguel Fernandes Pina et Miguel Gomes Bravo, pour les années 1559-1562 – ils la détenaient déjà au moins depuis 1550 –, Arquivo distrital do Porto [désormais ADP], Contadoria da Comarca do Porto, l. 6, f. 324 *sq*.

13 Avec, malgré tout, des financements externes contre des avantages offerts dans ce même traité.

14 La présence des Portugais en Castille et leur implication dans la traite d'esclaves a été étudiée par Maria da Graça Mateus Ventura, *Negreiros portugueses na rota das Indias de Castela (1541-1556)*, Lisbonne, Colibri, 1999, et dans d'autres travaux plus récents comme Rafael M. Pérez García et Manuel Fernández Cháves, « Las Redes de la Trata Negrera : Mercaderes Portugueses y Trafico de Esclavos en Sevilla (c. 1560-1580) », dans Aurelia Martín Casares et Margarita García Barranco (éd.), *La Esclavitud Negroafricana en la Historia de España. Siglos XVI y XVII*, Grenade Editorial Comares, 2011, p. 5-34. Plusieurs projets de recherche

à Séville des agents ayant de bons rapports avec les officiers de la *Casa de la Contratación* et les assureurs hispaniques, ainsi qu'une partie de leur structure entrepreneuriale.

En admettant dans leurs filières, de manière formelle ou informelle, des éléments étrangers, ces réseaux ont renforcé une dimension internationale qu'ils avaient déjà dans leurs négoces sur les marchés externes. Aux associés ou correspondants, il incombait de distribuer les marchandises, comme le pastel et des plantes tinctoriales insulaires ou, plus tard, le sucre du Brésil, mais ils devaient également établir des relations avec les banquiers et les capitalistes européens pour le financement des opérations et, comme je l'ai dit, avec la bureaucratie d'État et les assureurs.

Au milieu du XVIe siècle, ils participaient activement aux négoces de la péninsule Ibérique et du reste de l'Europe. Ils renforcèrent leur pouvoir avec l'émergence et la consolidation de l'économie du sucre du Brésil, alors que la Couronne tempère ses ambitions, laquelle avait caressé, au cours des premières décennies de ce siècle, des projets expansionnistes fondés sur de potentielles découvertes de ressources minières dans ce territoire[15].

Des marchands puissants aux activités multiples

L'intérêt commercial s'est alors concentré sur l'Atlantique. Dans les ports, des marchands qui s'y consacraient, avec une vocation internationale marquée et une véritable préparation pour affronter les exigences de ce commerce, ont commencé à se distinguer. Dans les lignes qui suivent, je chercherai à évoquer certaines des compétences qui les définissaient et les avantages comparatifs dont ils disposaient.

Qui étaient ces hommes ? Dans une étude classique, Pierre Jeannin dit qu'ils sont nés dans un siècle « beau parleur »[16], le XVIe siècle, celui de

---

sont en cours sur le thème. L'un d'entre eux, auquel je participe, a été soumis récemment à l'agence portugaise de recherche scientifique ; Manuel Francisco Fernández Cháves coordonne un projet de recherche espagnol intitulé *Mercados y Tratas de Esclavos en el Atlántico Ibérico del Siglo XVI*, qui fait état de figures portugaises de ce commerce.

15 Ces essais, infructueux, présupposaient un conflit avec la Castille, car ils ont été menés jusque vers le Río de la Plata et les territoires voisins du Brésil. Ce n'est qu'à la fin du XVIIe siècle que la recherche de mines a été fructueuse, donnant naissance au cycle de l'or brésilien, qui a duré près de cinquante ans.

16 *Os mercadores do século XVI*, Lisbonne, Vertente, 1986.

l'humanisme, de l'individualisme, de l'industrie et du mécénat. Ils sont nés dans ce siècle, mais, d'une certaine manière, ils en ont également été les bâtisseurs.

Ces hommes voulaient apparaître puissants aux yeux de leurs contemporains et travaillaient sans relâche pour cela. Utilisant tous les atouts qu'ils possédaient, ils affirmaient la figure sociale du marchand, celle d'une nouvelle élite aussi, artisan de la concrétisation de la notion de marché, mais également de l'idée du monde moderne.

J'ai dit plus haut que, dans la ville de Porto, presque tous les marchands étaient des nouveaux-chrétiens et qu'ils se concentraient dans le même quartier[17]. Si, dans les premiers temps, le critère religieux joua un rôle important, il semble que ce fut moins le cas par la suite, le plus important étant la permanence des liens entre eux, le partage d'intérêts et de techniques, et des formes d'organisation. Nous observons également une association systématique des nouveaux-chrétiens à la finance et au commerce, mettant en évidence la dimension ultramarine, et la plus grande expression de leurs réseaux, par rapport à la présence d'autres agents sur place. Comptant sur des soutiens dans l'élite traditionnelle – celle des vieux marchands médiévaux devenus des aristocrates gouvernant les municipalités – grâce à des alliances et des mariages ; Henrique Gomes, père de Simão Vaz, a été l'un des premiers à marier l'une de ses filles avec un vieux-chrétien, Henrique Homem Teles, issu d'une puissante famille de la ville[18]. La famille des fermiers de la douane, les Paz, qui ont initié cette pratique, a également bénéficié de la protection des archevêques de Braga[19]. Ces alliances leur ont permis de résister aux assauts des tribunaux inquisitoriaux jusqu'aux années 1620. Malgré les « pertes » qu'ils ont subies ensuite, la manière dont ils étaient organisés et leur capacité d'adaptation aux environnements politiques, sociaux et religieux de l'Europe du Nord

---

17 À la place de la juiverie médiévale, de manière significative.

18 Francisco Dias, procureur du roi dans la ville, mentionne « Le premier homme honorable vieux-chrétien qui a épousé une nouvelle chrétienne a été António Leite, qui a épousé une fille de Diogo de Paz ; António Ribeiro, avec une fille de Diogo Fernandes, métayer de la Douane ; et Henrique Homem qui a épousé une fille d'Henrique Gomes » (Artur de Magalhães Basto, *Memórias quinhentistas*, *op. cit.*, p. 20).

19 Certains sont passés par l'évêché de Porto ; D. Manuel de Sousa, archevêque de Braga, a été enterré à Porto. Voir Artur de Magalhães Basto, art. cit. Simão Vaz a également financé les archevêques de Braga au cours de sa carrière de négociant-banquier.

les ont menés à trouver refuge à Hambourg, à Amsterdam et dans d'autres ports des Provinces-Unies, ainsi qu'à Londres, et à y demeurer actifs.

Par ailleurs, ils savaient choisir leurs partenaires commerciaux. Il y avait des règles pour cela : la connaissance du parcours de formation (leurs enfants faisaient leur apprentissage chez des associés), la démonstration de la capacité à résoudre des problèmes, mais également le bon exercice des fonctions du métier lors de l'apprentissage de la profession, pendant leur jeunesse, créant une réputation qui les accompagnait toute leur vie et qu'ils devaient chercher à maintenir[20]. Ces hommes prenaient peu de risques lorsqu'il s'agissait de confier leur argent à quelqu'un. Si, par exemple, Simão Vaz continuait à remettre de l'argent à une femme de Bilbao, Isabel de Araçola, malgré l'erreur commise par celle-ci en 1589 au sujet d'une assurance (elle s'était trompée dans le nom d'un navire), il refusait de payer une lettre de 200 000 réaux du noble Rui Mendes de Vasconcelos, parce que, comme il le disait, « en tant que chevalier, il comprend peu de choses aux négoces »[21].

En plus de la réputation, et de l'honnêteté qui contribuait à la fortifier, il était important pour un marchand de donner une image de sérieux et d'attendre de ses partenaires un comportement similaire, ce qui avait pour résultat un climat de confiance et d'entente mutuelle.

Recommander quelqu'un à un banquier comme Simón Ruiz constituait un engagement. La correspondance de Simão Vaz et celle de son fils, Manuel Gomes da Costa, livrent plusieurs exemples de ce type de démarches. Le 1er décembre 1589, le marchand Duarte Fernandes écrit à Simón Ruiz en commençant par lui dire qu'il ne lui avait rendu aucun service, mais qu'il avait été recommandé par Manuel Gomes da Costa et se mettait à sa disposition pour ce dont il aurait besoin ; entretemps, il lui demandait d'accepter deux de ses lettres de change relatives à une vente de sucre à Zamora[22]. Duarte Fernandes était le cousin de Gomes da Costa et « une personne envers laquelle il avait de nombreuses obligations » ; Ruiz avait été prévenu par une lettre que celui-ci avait écrite le 30 novembre et que le même courrier lui avait remis. Être malhonnête, c'était discréditer le groupe, miner les relations personnelles

[20] Nous connaissons des fils ou des neveux de marchands qui ont parcouru les filiales ou les maisons des correspondants en Europe, dans les îles ou au Brésil. Manuel Henriques, déjà évoqué, a été à Séville auprès de Bento Vaz, son parent.

[21] Archives Municipales de Medina del Campo-Musée de las Ferias – Archivo Simón Ruiz, C-137-173_1, lettre du 8 avril 1589.

[22] *Ibid.*, C-138.

et compromettre irrémédiablement les négoces, une telle attitude n'était donc pas tolérée. La même année, en 1589, Simón Ruiz écrit à Simão Vaz pour dénoncer le Portugais Francisco Domingues, qui devait de l'argent à Lope de la Cámara, son courtier à Medina del Campo, et qui était parti à Mogadouro. Dans sa réponse, Vaz lui précisa que cette terre était éloignée de Porto, mais que dès que le fugitif ou ses associés seraient vus en ville, il les ferait emprisonner et préviendrait les Castillans[23].

Cela voulait-il dire pour autant que ces marchands étaient plus innovants et efficaces que les autres, les vieux-chrétiens par exemple, desquels ils avaient pris la place ? Il n'est pas facile de répondre à cette question. D'une certaine manière, ils se sont contenté d'appliquer des méthodes qui avaient réussi dans d'autres lieux et d'autres contextes, en Méditerranée entre autres, à l'époque médiévale, où ont été perfectionnés les partenariats commerciaux, la comptabilité en partie double, la correspondance marchande, la circulation de lettres de change et la diplomatie du commerce[24], mais ils ont réuni tous ces éléments, les ont adaptés et, par-dessus tout, ils les ont utilisés de manière systématique, étendant leurs intérêts à ceux d'autres groupes, dans d'autres lieux, ce qui contribua d'une manière décisive à leur donner des avantages comparatifs.

Examinons rapidement d'autres réseaux de la même ville. L'un des premiers à avoir une dimension internationale, celui des frères Duarte et Henrique de Tovar, avec des établissements à Porto et à Anvers, s'est consacré à l'exportation du pastel des Açores et du sucre de São Tomé. Il a également participé au commerce de produits du Royaume, exportant du sumac du Douro, des cuirs et du sel, et a aussi pris part à l'importation de textiles et de matériaux lourds du nord de l'Europe.

Comme les autres, il était lié au transport maritime, multipliant les affrètements de navires, de caravelles et de nefs de Porto, de Vila do Conde et de « nefs et navires » que les associés déclaraient comme étant à eux (c'est-à-dire en propriété partagée, comme c'était la règle chez les marchands de cette génération) à l'occasion de voyages dans l'Atlantique et en Europe. Ils ont également développé les flottes européennes en affrétant des hourques flamandes et allemandes et des navires français,

23 *Ibid.*, C-138-032_01, lettre du 7 mai.

24 Richard A. Goldthwaite, « Raymond De Roover on Late Medieval and Early Modern Economic History », dans Julius Kirshner (éd.), *Business, Banking and Economic Thought in Late Medieval and Early Modern Europe. Selected Studies*, Chicago/Londres, University of Chicago Press, 1974, p. 3-14.

bien avant la décadence supposée de la marine portugaise, promouvant une sorte de division internationale du transport maritime, étant donné qu'une bonne partie des exportations portugaises vers le nord de l'Europe était assurée par des Flamands et des Hanséates et continuera à l'être tout au long de l'époque moderne. Modernisant les ports, suscitant la création d'infrastructures et les impliquant dans le trafic international, la circulation de marchandises les a en outre poussé à établir des agents et des correspondants dans tous les ports européens d'une certaine envergure[25].

Par ailleurs, leurs transactions invitent à s'intéresser à la circulation d'argent et au financement des négoces. En utilisant des « lettres de change et des commissions », et en gérant des sommes élevées par l'intermédiaire de circuits contrôlés par des capitalistes (Jusias da Rocha et Diogo Fernandes à Viana, João Fernandes et Henrique Rodrigues à Porto), ils ont envoyé à Anvers des lettres aux Génois Mice Ambrósio et João Donato. Dans les compagnies de « compte à part », en d'autres termes en-dehors de leur réseau commercial, ils ont obtenu un financement en Castille auprès d'Alonso de Maluenda et Diego Ortega, par l'intermédiaire d'Henrique Gomes, père de Simão Vaz, et d'autres banquiers. Dans le royaume de Castille, le réseau s'est financé en ayant recours aux foires de paiement, de plus en plus familières aux marchands, puis a finalement transféré de l'argent aux Pays-Bas par l'intermédiaire de Duarte Álvares, Vilhegas et Jorge Fernandes.

Si la compagnie des frères Tovar a été l'une des premières de Porto à s'affirmer en Europe, à partir de la deuxième moitié du XVIe siècle, toutes celles que nous avons mentionnées jusqu'ici avaient une dimension internationale. Revenons à celle de Simão Vaz. Avec elle, suivons l'évolution du commerce, le triomphe de l'économie atlantique et son impact en Europe, bien visibles dans la relation que cette entreprise a maintenu au cours de son existence avec le banquier castillan Simón Ruiz, de Medina del Campo[26].

---

25 En particulier, dans le cas de cette compagnie, à Vila do Conde, Viana, Lisbonne, Bilbao, Nantes, Rouen, Londres et Anvers (ADP, Fundo notarial, Po 1°, 3a série [désormais ADP, Po 1°, 3a sér.], l. 9, f. 75-77v).

26 La bibliographie le concernant est abondante et actuellement les études s'enrichissent grâce au travail de la chaire Simón Ruiz de l'Université de Valladolid (soutenue par le Musée de las Ferias de Medina del Campo/Fondation Simón Ruiz) et grâce à des chercheurs tels qu'Hilario Casado Alonso et Antonio Sánchez del Barrio. Je les remercie pour le soutien qu'ils m'ont apporté dans mes propres recherches. La consultation de l'ouvrage d'Henri Lapeyre continue à être indispensable (*Une Famille de Marchands : les Ruiz. Contribution à l'étude du*

Henrique Gomes avait fondé en 1557 une société avec des Castillans d'Anvers, Diego de Alla et Francisco de San Vitores, qui y habitaient, et Alonso de Maluenda, déjà évoqué, et Cristóbal de Alla, en Castille. Les deux premiers, Diego de Alla et Francisco de San Vitores, ont reçu un navire chargé de pastel envoyé des Açores par Henrique Gomes, sur lequel était embarqué l'un de ses neveux, Simão Gomes, résidant à Anvers. Le montant de cette cargaison, plus de « 45 cruzados » (*sic*), arriverait dans cette ville par l'intermédiaire du capitaine du navire, preuve des fonctions multiples que les agents de navigation exerçaient dans cette première économie globale et une information intéressante sur les rentrées d'argent de l'entreprise[27]. Ce capital était ensuite réinvesti dans d'autres opérations ou déposé sur un compte ouvert à Medina del Campo, Lyon, Besançon ou Paris, ou dans une autre ville selon les opportunités qui se présentaient.

Aux Pays-Bas, ces entreprises acquéraient une dimension européenne[28]. C'était la destination préférée de ces entreprises : un trajet attendu, hérité du Moyen Âge et aussi intéressant pour les Portugais que pour les Castillans, qui y avaient formé une colonie marchande très importante[29]. Dans la province du Brabant, il y avait des notaires connaissant les pratiques ibériques et qui travaillaient presque exclusivement pour des Castillans et des Portugais.[30] Simão Vaz avait à Anvers une véritable maison établie et était aidé par d'autres représentants.

Séville aussi attirait ces réseaux pour diverses raisons, en particulier, comme je l'ai déjà dit, le trafic d'esclaves et les multiples transactions liées à la Route des Indes et à sa logistique. Parcourir les immenses Archives des Indes – mais aussi les contrats passés auprès des notaires de la ville de Porto –, c'est entrer en contact avec un monde de relations auquel les Portugais ont activement pris part.

---

commerce entre la France et l'Espagne au temps de Philippe II, Paris, Armand Colin, 1955 (récemment traduit en espagnol).

27 ADP, Po 1°, 3ª sér., l. 11, f. 65-66v.

28 C'est ainsi qu'était appelé au Moyen Âge et au XVIe siècle le territoire qui allait de la frontière française avec l'actuelle Belgique jusqu'à la Baltique. Anvers, en Brabant, a toujours été considérée comme une ville flamande.

29 Hilario Casado Alonso, « Las colonias de mercaderes castellanos en Europa (siglos XV y XVI), dans *Id.* (dir.), *Castilla y Europa : comercio y mercaderes en los siglos XIV, XV y XVI* », Burgos, Diputación Provincial de Burgos, 1995, p. 15-56.

30 Gilles Van den Bosch à Anvers, par exemple, est constamment cité dans la documentation notariale de Porto et ses documents sont en partie transcrits.

Le cas des réseaux et des entreprises de Garcia Gomes Vitória et Diogo Bentalhado, que nous trouvons fréquemment associés à Simão Vaz, révèle cet intérêt pour Séville. Je citerai deux exemples datés de septembre et octobre 1556 impliquant ces deux réseaux. Ils dévoilent un pan de l'histoire méconnue des marchands portugais dans le royaume de Castille voisin et leur participation aussi bien au commerce intérieur castillan qu'à celui des Indes. En septembre 1556, Garcia Gomes nomme son neveu Gomes de Medeiros mandataire pour percevoir de son frère Bento Vaz, habitant de Séville et figure de proue du commerce portugais auprès de la Couronne castillane et de la *Casa de la Contratación*, le produit des étoffes et des marchandises que Jorge Vaz, un autre de ses frères, lui avait envoyé de Medina del Campo et de Ségovie[31].

Simón Ruiz et de nombreux marchands portugais ayant des intérêts à Anvers, Diogo Bentalhado (appartenant à la famille des fermiers des douanes du nord du Portugal et père du fameux Manuel Henriques, futur correspondant de Simão Vaz) nomme en septembre 1556 comme fondé de pouvoir Bento Vaz, de Séville, pour récupérer les biens et l'argent que ses fils Henrique et Fernão Garcês « envoient, ont envoyé ou enverront par toute personne et de quelque manière que ce soit, en particulier 250 pesos d'or en barre d'argent qu'Henrique Garcês a envoyé par Gabriel Luís, portugais, qui vient d'arriver de Cidade dos Reis (aujourd'hui Lima, au Pérou) » et d'autres revenus qui lui étaient habituellement envoyés des Indes de Castille[32].

Peu connues au Portugal, ces données et d'autres semblables se trouvent fréquemment dans la correspondance commerciale de Simón Ruiz. Elles peuvent permettre de combler un vide. En effet, la majeure partie des cartes représentant l'espace portugais et l'histoire de ses entreprises commerciales, signalent uniquement Lisbonne. En outre, ceux qui travaillent sur la documentation du marchand castillan s'aperçoivent facilement du prestige que Manuel Henriques atteint aux Pays-Bas. La qualité des relations qu'il a alimentées et les négoces dans lesquels il a été impliqué ont fait de lui le représentant de prédilection de nombreux hommes d'affaires de Lisbonne et de pratiquement tous les marchands portugais, qui ont déploré sa mort au début des années 1590, louant la

---

31 ADP, Po 1°, 3a sér., l. 9, f. 187-188v. Sur l'importance de Bento Vaz à Séville, dans le rôle de la traite d'esclaves, on renvoie une nouvelle fois au projet de recherche *Mercados y Tratas de Esclavos en el Atlántico Ibérico del Siglo XVI* coordonné par Manuel Francisco Fernández Cháves.

32 ADP, Po 1°, 3a sér., l. 10, f. 11v-13.

manière discrète et compétente dont il s'occupait de tous les négoces qui impliquaient ses compatriotes, en particulier dans les rapports avec les banquiers de Castille, de Paris, de Rome et, bien sûr, d'Anvers. Formé au métier de marchand dans sa ville natale, Porto, il a fait son apprentissage à Séville auprès de Bento Vaz et d'Henrique Mendes et finit par faire fortune (une immense fortune, fait peu souvent mentionné) dans le commerce de marchandises en Castille et dans les négoces des Indes, du Pérou en particulier, puis aux Pays-Bas où il est demeuré jusqu'à sa mort.

Un grand nombre de ces éléments sont passés inaperçus en raison de l'abondance et de la complexité des services utilisés par les marchands portugais qui avaient parfois une maison à Porto ou à Viana, mais préféraient gérer l'argent, les crédits et la correspondance via Lisbonne. Par conséquent, lorsque nous comptabilisons les lettres des archives de Simón Ruiz, nous devons prendre soin d'identifier avec certitude l'expéditeur ou encore le lieu où il concentrait effectivement ses négoces. Seule l'étude systématique de leur contenu peut réellement en rendre compte. Mais je ne souhaite aucunement me dérober à la réalité des faits. Dans la documentation des archives de Simón Ruiz, parmi les lettres commerciales et les lettres de change, le poids de Lisbonne est prééminent et incomparablement supérieur à celui des autres villes portugaises. Pour Lisbonne il existe 10 500 lettres environ tandis que pour Porto, deuxième ville la plus représentée, le chercheur ne dispose que de 600 lettres, presque autant que celles du reste du Royaume. Il est inutile de préciser les raisons qui justifient ces chiffres et il ne s'agit pas ici de remettre en question le statut de « ville globale » que l'on attribue à Lisbonne depuis des siècles, qui est un concept qui mériterait de plus longs développements. Cependant, la structure du commerce, clairement dispersé, doit nous inciter à prendre des précautions et à préférer un discours plus qualitatif que quantitatif. Il suffit de citer le cas suivant : les 25 lettres que j'ai utilisées pour cette étude, envoyées de Lisbonne – et archivées pour cet endroit, comme cela est logique – par Manuel Gomes da Costa à Medina del Campo concernent pour la plupart les négoces de ce marchand associé à son père, dirigés depuis Porto et impliquant tous les espaces maritimes et centres commerciaux que nous avons cartographiés **(fig. 3)**.

L'organisation des réseaux et leur gestion

La composition du réseau que je présente ci-dessous dans un schéma, en cours d'élaboration, montre bien la complexité des ramifications qui ont été tissées[33] **(fig. 2)**:

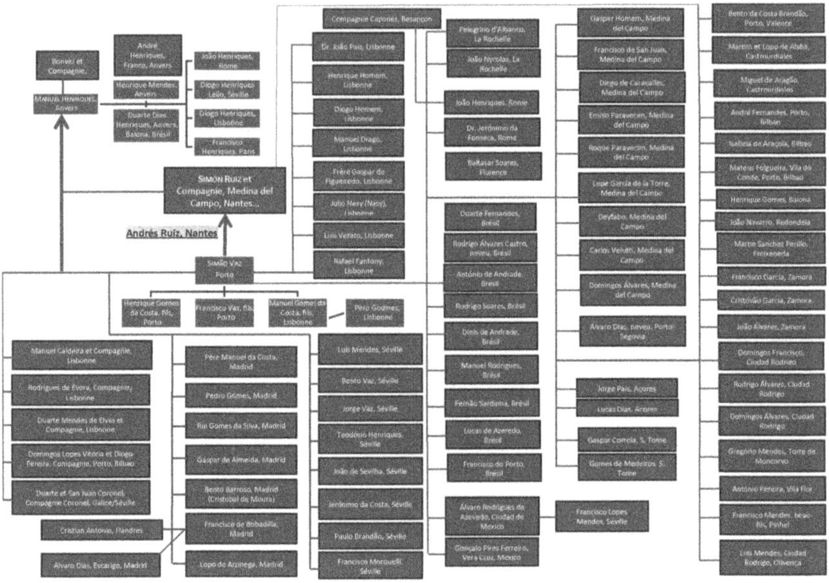

Ce réseau complexe, hétérogène, disséminé, relié à de nombreux autres réseaux et à encore plus d'intérêts, nationaux et étrangers, caractérise ces entreprises commerciales[34]. Il est cependant important de souligner certaines données spécifiques.

En premier lieu, cette complexité organisationnelle, ainsi que la diversité des membres qui l'intégraient, exprime une plus grande intégration des marchés et s'est révélée essentielle à la rationalisation, à la diminution des coûts du commerce et à la gestion des risques. Être bien informé était la garantie de prendre des décisions pondérées et,

[33] Une première version a été proposée dans Amândio Jorge Morais Barros, « Northern Portuguese » art. cit., p. 128.

[34] Il a, entre autres, été étudié par Francesca Trivellato (*The Familiarity of Strangers : The Sephardic Diaspora, Livorno, and Cross-Cultural Trade in the Early Modern Period,* New Haven, Yale University Press, 2009).

parmi d'autres choses, cette dispersion du réseau a constitué un avantage dans la circulation et la gestion des informations, et l'accès aux marchés financiers, aux transports internationaux et aux assurances.

En second lieu, il faut reconnaître que la présence de ces hommes d'affaires portugais sur certains axes portuaires déterminés a suivi une logique subordonnée en grande partie à la présence de négociants castillans, desquels, ils dépendaient. Ainsi, l'établissement de correspondants et agents de négoce permanents dans des ports comme Bayonne, La Rochelle, Nantes ou Rouen[35] était essentiellement dû au fait que des colonies de marchands hispaniques – les Ruiz à Nantes, par exemple – influentes et bien structurées y existaient et qu'il était possible d'obtenir auprès d'elles un soutien et des crédits pour l'intégration du commerce portugais dans ces espaces, que ce soit en contractualisant des chargements de céréales, d'objets en fer, de matières premières pour l'industrie navale et le bâtiment, de textiles ou encore en tant qu'intermédiaires pour l'écoulement de produits atlantiques portugais.

Troisièmement, si en Europe il est difficile de parler de domination des marchands portugais – malgré des cas de grand succès comme celui de Manuel Henriques, « qui est riche », comme le mentionne un correspondant de Simón Ruiz –, dans l'Atlantique, les choses étaient bien différentes. La distribution de l'or africain à partir du comptoir de Mina, les épices africaines – surtout le piment rouge – les esclaves, le sucre, le pastel et la dentelle des îles, et encore le bois rouge (bois brésil) et le sucre brésilien avaient de plus en plus de poids dans les recettes de l'État portugais et les comptes des marchands, en leur donnant des avantages sur des marchés européens de plus en plus nombreux[36]. L'implantation atlantique de ces marchands a donné naissance à de nouveaux projets commerciaux qui ont eu pour résultat des expériences sociales et technologiques aussi dramatiques qu'innovantes : le déplacement d'esclaves expérimentés des fabriques de canne à sucre de São Tomé vers

---

35 « Tout d'abord, il semble que ce furent des facteurs espagnols qui centralisèrent dans leurs magasins de la Fosse les marchandises destinées au Portugal ou celles qui en provenaient ». Cette situation ne changera qu'au cours du dernier quart du XVIe siècle avec l'arrivée des négociants portugais nouveaux-chrétiens. Voir Jules Mathorez, « Notes sur l'histoire de la colonie portugaise de Nantes », *Bulletin Hispanique*, 1913, 15/3, p. 316-339, à la p. 318.

36 Luís Adão da Fonseca, « Los precedentes portugueses : de la Casa da Mina a la Casa da Índia », dans *España y América. Un océano de negocios. Quinto centenario de la Casa de la Contratación, 1503-2003*, Madrid, Sociedad Estatal de Conmemoraciones Culturales, 2003, p. 33-46.

celles du Brésil, par exemple, lorsque l'économie sucrière a commencé dans le nord-est brésilien, au cours du dernier quart du XVIe siècle.

Faisons quelques commentaires supplémentaires sur cet organigramme **(fig. 2)**. Il est important de signaler que ce réseau avait un noyau central, de direction, constitué par Simão Vaz et ses fils Francisco Vaz, Henrique et Manuel Gomes da Costa. On ne connaît pas de grandes entreprises auxquelles aurait été associé Francisco, qui a été lié à son père dans certains contrats avec des marchands de Porto, mais disparaît rapidement de la documentation[37]. Henrique et Manuel, pour leur part, ont succédé à Simão Vaz à la tête de la firme ; le premier à Porto et le second à Lisbonne, où il s'est établi, liant les destinées de la maison au marchand Pêro Godines qui représentait déjà Vaz dans des négoces et des opérations financières à Lisbonne et aux Pays-Bas, et qui avait des intérêts dans le commerce oriental des diamants, auquel était également associé l'autre fils de Simão Vaz, Diogo Gomes da Costa, résidant à Amsterdam, pour lequel je n'ai pas encore trouvé de témoignages écrits[38]. Au sein du réseau, et aux divers endroits où il avait des intérêts, certains neveux et autres parents jouaient un rôle, ce qui renforce l'idée que nous sommes face à une organisation commerciale dans laquelle le poids de la famille était très fort, mais évidemment non exclusif.

---

[37] Il est vraisemblablement mort, mais je ne suis pas encore parvenu à déterminer à quelle date.

[38] Pêro Godines avait intégré un puissant réseau de marchands portugais résidant en Inde, à Anvers et à Amsterdam, Paris et Hambourg, parmi lesquels Simão Dias Vaz, António de Paz, Gil Lopes Pinto, João de Paz, André de Azevedo et Duarte Dias de Flandre (ces derniers entre Lisbonne – et Porto – et l'Inde) ; André Faleiro, Tomé Lopes de Ulhoa, Diogo Gomes d'Alter, Manuel Soares Ribeiro, Diogo Duarte et Diogo Teixeira de Sampaio et ledit Pêro Godines à Anvers. La correspondance de Godines et Manuel Gomes da Costa avec Simão Vaz fait également référence au commerce des diamants (James C. Boyajian, *Portuguese Trade Under the Habsburgs, 1580-1640*, Baltimore/Londres, The Johns Hopkins University Press, 1993, p. 138). Tous ces négociants ont des relations avec le nord du Portugal et leurs réseaux ; certains y sont même nés. Duarte Dias de Flandre, par exemple, apparaît plusieurs fois dans la documentation notariale, délivrant des lettres en faveur d'Henrique Gomes da Costa sur le chargement de sucre du Brésil transporté par la nef du *Bravo*, de Porto, en 1599 (ADP, Po 2°, 1ª sér., l. 14, f. 7). En 1601, il se trouvait au Pernambouc, au Brésil, avec Miguel Dias de Santiago et Pedro Henriques, des nouveaux-chrétiens de Porto, probablement dans la fabrique sucrière de Camaragibe, servant de synagogue et de centre cryptojudaïque et s'occupait des négoces du marchand de Porto Jorge Esteves (ADP, Po 1°, 3ª sér., l. 1601, f. 113v-115).

Pour ce qui est des centres d'intérêt, nous relevons cinq grands pôles européens : Lisbonne, où Simão Vaz a des associés puissants liés à la traite des esclaves, tels que Manuel Caldeira, *asentista* de la monarchie espagnole, les Elvas et les Rodrigues d'Évora[39], avec lesquels il partageait également des négoces au Brésil ; Séville, où il avait des parents et des correspondants utilisant régulièrement les services de Bento Vaz (déjà au temps de son père Henrique Gomes), commerçant connu d'esclaves ayant des relations aux Indes de Castille, et Luís Mendes, son contact privilégié jusque dans les dernières années du XVIe siècle, qui agissait comme intermédiaire dans les négoces de la route des Indes de Castille ; Madrid, devenu centre politique et administratif de la Couronne castillane et où avaient lieu les jeux de pouvoir et d'influences qui expliquent la relation maintenue avec Rui Gomes da Silva, favori du roi – notre documentation relative aux relations de Simão Vaz avec Francisco de Bobadilla et Lope de Arziniega, montre que le statut de centre financier et d'assurances de la capitale grandissait également – ; Medina del Campo, où se trouvait toute la structure bancaire et financière de Simón Ruiz; et, pour finir Anvers, avec la plupart des intérêts de Simão Vaz, qui passaient par le réseau de Manuel Henriques et, grâce à lui, irradiait dans le centre de l'Europe. Pour cette raison, la mort de Francisco Henriques à Paris est commentée avec préoccupation, non seulement à cause de l'effet négatif qu'elle a eu sur son père, mais également pour les risques qu'elle faisait peser sur le négoce[40].

Il est également important de mentionner l'existence de correspondants à Rome, très actifs dans les contacts avec la papauté et dans l'envoi de bulles pour l'obtention d'offices et de rentes ecclésiastiques, activité pour laquelle ce réseau de Porto exerçait des fonctions bancaires facilitant le transfert d'argent et de lettres de change pour payer ces bénéfices. Ce n'est pas par hasard si Francisco Dias, procureur du roi dans la ville et chroniqueur du quotidien de Porto, ne comprenait pas le prix que les banquiers percevaient pour ceux-ci et s'en plaignait[41].

---

39 José Gentil da Silva, *Stratégie des affaires à Lisbonne entre 1595 et 1607. Lettres marchandes des Rodrigues d'Évora et Veiga*, Paris, SEVPEN, 1956 ; *Id.*, *Marchandises et Finances. Lettres de Lisbonne, 1563-1578*, Paris, SEVPEN, 1959-1961, 2 vol.

40 La même inquiétude que celle que l'on peut relever lorsqu'est arrivée à Porto la nouvelle de la détention d'Andrès Ruiz et d'autres négociants espagnols à Nantes, ce dont témoigne des lettres de Simón Ruiz.

41 Artur de Magalhães Basto, *Memórias quinhentistas*, *op. cit.*, p. 99.

Il faut également souligner la présence des membres de ce réseau dans plusieurs ports, comme Bilbao et d'autres centres maritimes basques, spécialisés dans la construction et l'armement navals, ou des ports français où étaient achetés des objets en fer, des voiles, du papier et des textiles.

Enfin, nous trouvons de manière récurrente au sein de cette structure des banquiers et des hommes d'affaires génois, ce qui confirme leur pouvoir et leur influence sur l'économie du monde moderne.

La représentation cartographique des intérêts de ce réseau est riche d'enseignements **(fig. 3)**.

Fig. 3

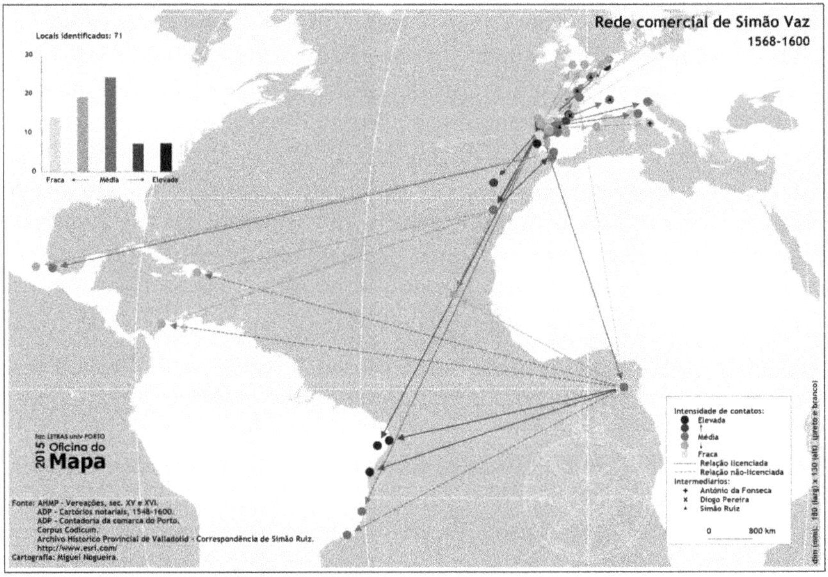

Le modèle qui peut être identifié sur cette carte trouve un écho dans la représentation cartographique d'autres réseaux du nord du Portugal (que je mets ici en relation avec celui de Simão Vaz), fondée sur les lettres envoyées à Simón Ruiz **(fig. 4)**.

Fig. 4

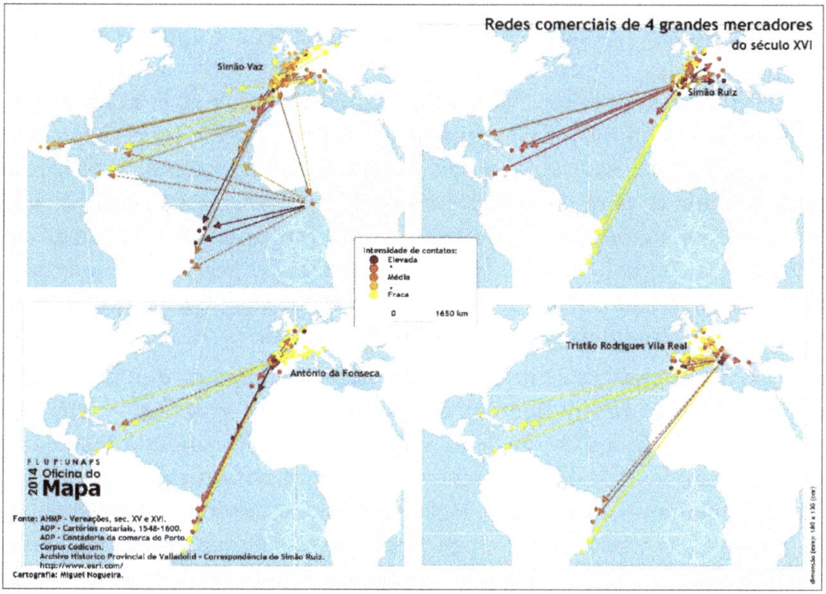

Il est facile de relever sur ces cartes le processus d'affirmation de l'économie atlantique. Parmi les Portugais, seul Simão Vaz a des intérêts – que nous pouvons considérer quantitativement secondaires – dans l'économie orientale grâce à la Route du Cap[42], bien que ses fils, de Lisbonne, au début du XVIIe siècle, investissent dans l'armement de navires pour l'Inde. Toutefois, d'une manière générale, l'Atlantique domine : une économie atlantique qui, comme on l'observe, surmontait les obstacles (de caractère légal) et couvrait pratiquement l'ensemble des territoires des deux Couronnes ibériques. Rappelons que le réseau de Simão Vaz (et de son père) a été fondé au moins trente ans avant le début de l'Union ibérique (1580), tout comme celui de Tristão Rodrigues Vila Real[43], et que, depuis le début de leur activité, tous deux avaient de forts intérêts en Castille et en Amérique espagnole.

---

42 Non cartographiés ici, mais intégrés aux négoces de Porto au XVIe siècle représentés par la carte p. 117.

43 Il est mort dans les prisons de l'Inquisition de Coimbra en 1575.

Les réseaux et les activités économiques

La présence de ces réseaux dans les ports leur a apporté plusieurs avantages : des moyens de transport et l'acquisition de navires dès que cela était nécessaire, des contacts internationaux et la maîtrise des informations, comme je l'ai déjà mentionné, grâce au recours systématique aux capitaines de navires, aux navigateurs et aux marchands embarqués pour obtenir et faire circuler les nouvelles. Ces éléments, associés à la forte liaison du port à l'hinterland et aux territoires de l'intérieur du Royaume et de la péninsule Ibérique, ont fait des services postaux une affaire de marchands dans les ports, et ont également permis à ceux-ci de commencer à intégrer l'administration municipale[44].

Les marchands étaient également des producteurs d'informations qui circulaient, étaient lues et commentées – et étudiées – dans les groupes sociaux qu'ils avaient créés. Bento Fernandes, marchand nouveau-chrétien de Porto, a écrit un traité d'arithmétique qui inclut des commentaires relatifs à la législation sur les sociétés commerciales, les formules de répartition des bénéfices entre les associés et de précieuses informations sur des techniques de commerce, de change, et les poids et mesures, en usage aux Pays-Bas. Son livre a été imprimé[45]. Son beau-frère, Rui Fernandes, intendant des toiles du roi à Lamego, a rédigé une chorographie sur le Douro. Un travail qui est demeuré manuscrit, mais a été copié plusieurs fois, de même que celui, antérieur, de maître António, qui énonçait les richesses de la province d'Entre-Douro-et-Minho[46]. Les

---

44 Ce thème a été peu étudié au Portugal. Signalons une étude ancienne de Godofredo Ferreira : *A Mala Posta em Portugal*, Lisbonne, Publicidade e Propaganda dos C.T.T., 1946, ainsi qu'une présentation générale proposée par une exposition organisée par la Fondation Portugaise des Communications, intitulée *Vencer a distância. Cinco séculos de correios em Portugal*, et un excellent blog de Luiz Guilherme G. Machado appelé *História Postal* (http://historiapostal.blogspot.pt). Pour l'ensemble de la péninsule ibérique, voir le travail mené à partir des lettres de Simón Ruiz : Fernando Alonso García, *El correo en el Renacimiento. Estudio Postal del Archivo Simón Ruiz (1553-1630)*, Madrid, Fundación Albertino de Figueiredo, 2004.

45 Amândio J. Morais Barros, « Os negócios e a aritmética. Bento Fernandes e as redes cristãs-novas do Porto no século XVI », dans António Andrade, João Torrão, Jorge Costa et Júlio Costa (dir.), *Humanismo, Diáspora e Ciência*, Aveiro/Porto, Universidad de Aveiro/Biblioteca pública municipal do Porto, 2013, p. 51-74.

46 Luciano Ribeiro, « Uma descrição do Entre Douro e Minho por Mestre António », *Boletim Cultural da Câmara Municipal do Porto*, 1959, 22/3-4, p. 440-460.

nouvelles sur les négoces des nouveaux-chrétiens dans la région du Douro et du nord du Portugal semblent prouver l'utilité de ces ouvrages dans la divulgation des ressources – comme les vins, les sumacs, le bétail, les cuirs, le bois et autres – exploitées et commercialisées par leurs réseaux.

Si nous parcourons les actes notariés des villes portuaires portugaises, nous comprenons l'importance de ces firmes qui ont une part prédominante dans toutes les transactions, et donc dans le grand commerce d'outre-mer, d'esclaves et de sucre, et dans leur distribution internationale. Mais elles dominent également les marchés internes, contribuant à la pénétration de la nouvelle économie mercantile dans le Royaume. À ce propos, les relations entre le port et les espaces qui l'entourent sont importantes pour le dynamisme des transactions, car elles pénètrent l'univers rural, suite à des associations et à des contrats avec de petits vendeurs ambulants.

Cette nouvelle économie mercantile inclut de « vieux secteurs » comme le textile, aux caractéristiques médiévales, mais qui se reconvertissait en raison des nouvelles consommations, de nouveaux goûts, de nouvelles esthétiques et de « nouvelles » matières premières que l'expansion mercantile faisait circuler[47], à l'image du commerce de certaines plantes industrielles : les sumacs du Douro ou le pastel et l'orseille des îles, que les industries françaises, flamandes et anglaises sollicitaient[48], ou encore le commerce de toiles et autres objets et instruments pour l'armement naval que le Moyen Âge connaissait déjà[49].

De manière significative, il y a des commerces traditionnels dans lesquels leur participation semble plus faible. Ils apparaissent rarement dans les contrats de fourniture de céréales, abondants dans les livres des conseils municipaux des villes, peut-être parce qu'il s'agissait d'un secteur trop irrégulier et risqué, et trop contrôlé par le pouvoir municipal ; en

---

47 Hilario Casado, « Redes mercantiles españolas entre Europa, África, Asia y América : el protagonismo del Altántico », dans Antonio Miguel Bernal (éd.), *Modernidad de España e integración atlántica*, Madrid, Marcial Pons, 2017, p. 613-631.

48 La valeur de ce commerce est évaluée par Jean-Philippe Priotti, « El comercio de los puertos vascos peninsulares con el noroeste europeo durante el siglo XVI », *Itsas Memoria. Revista de Estudios Marítimos del País Vasco*, 4, p. 193-206 (qui mentionne les travaux, essentiels sur ce thème, de Francis Brumont et Hilario Casado).

49 Tant des ports que de la Couronne, avec qui ces négociants et ces réseaux ont signé plusieurs contrats de fourniture navale dès le dernier quart du XVe siècle.

tant que tel, pour les réseaux étudiés, il était peu attractif ou difficile à gérer pour en tirer un bénéfice. Leur participation semble également discrète dans le secteur de la viticulture bien que nous connaissions la présence d'associés des membres du réseau dans la région du Douro[50] ; cette réalité a changé à partir du milieu du XVIIe siècle, lors de l'arrivée au Portugal de familles issues des Provinces-Unies et de Hambourg qui, à différents égards, et à différents niveaux et moments, ont semblé agir comme leurs agents[51].

Fig. 5

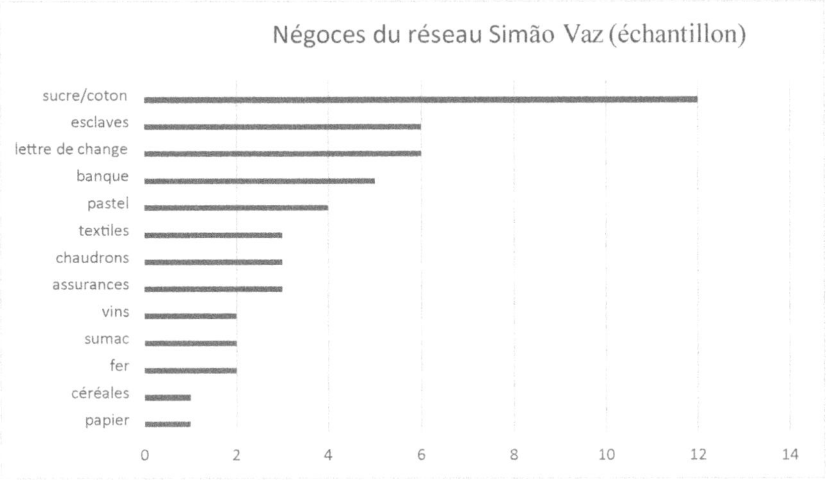

Parmi les centaines de nouvelles recueillies sur cette compagnie, j'ai sélectionné 45 documents notariaux, qui constituent un échantillon de ses négoces courants[52]. Sans surprise, cet échantillon confirme

[50] Il suffit de penser aux sumacs et aux cargaisons de mordants et de plantes tinctoriales pour Porto, commerces développés en lien avec les Pays-Bas.

[51] Il s'agit d'une période pendant laquelle de nombreux nouveaux chrétiens du royaume du Portugal (et de Porto) s'étaient déjà réfugiés à Amsterdam, fuyant l'offensive de l'Inquisition à partir de 1618.

[52] J'ai d'abord souhaité, à travers cet échantillon, montrer la richesse de la documentation notariale ; ainsi je n'ai pas exploité pour l'heure l'ensemble, riche et complexe, de lettres échangées par Vaz avec Simón Ruiz. Elle sera prise en compte dans un livre que je prépare sur Simão Vaz. J'en ai relevé près de cinquante jusqu'à présent, corpus qui doit être complété ; il existe au moins autant de lettres de change. Les lettres traitent de commerce océanique, mentionnent des voyages au Brésil, les prix du sucre

que l'Atlantique est au centre de ses attentions. En premier lieu, et en particulier, pour le sucre du Brésil. À partir de 1570, ce type de chargement domine les affrètements. Il faut expliquer que, jusqu'à cette époque, les navires transportaient principalement du bois brésil et du coton puis, à partir de cette date, le premier cesse d'être le produit-phare des exportations brésiliennes et le second perd du terrain en faveur du sucre[53]. Voilà une des principales conséquences de la découverte des potentialités de ce territoire pour cette culture et le transfert des intérêts et de la technologie du sucre de São Tomé de l'autre côté de l'Atlantique.

Les esclaves viennent ensuite, avec cinq références. Vaz s'est uni à des gens de Porto, de Lisbonne et de Castille pour ce négoce et il a suivi pour cela le modèle qui a caractérisé les Portugais qui y participaient, tantôt en achetant peu de « pièces », réparties entre plusieurs navires, tantôt en ordonnant l'achat de cent ou deux cents esclaves pour une livraison au Brésil[54]. À ce propos, Simão Vaz semble avoir continué l'action de son

---

et la possibilité de l'écouler sur les marchés, des contrats avec des ports de Galice, des Asturies, de Biscaye, de Bretagne, des Pays-Bas et de Baltique, des nouvelles sur les navigations vers l'Italie (Livourne) ainsi que les assurances sur les navires engagés dans les opérations. Elles mentionnent en outre des relations avec des négociants de Séville pour la traite des esclaves et avec des associés de Lisbonne, pour le même commerce et pour d'autres transactions tel que l'envoi de diamants d'Inde. Les correspondants évoquent de manière récurrente des transferts d'argent de Medina del Campo, Madrid, Séville et Lisbonne vers Lyon, Paris, Besançon ou Anvers (lorsque cela est possible, car les guerres et les blocus – très commentés et également relevés dans les contrats notariés – l'ont parfois empêché). Le compte de la banque Ruiz a été constamment « visité » et corrigé et a fait l'objet d'une gestion qui a été complétée par la circulation de lettres de change, gérée par le banquier castillan et ses associés. De précieuses informations personnelles – que je considère beaucoup plus intéressantes – sont mentionnées, relatives à des mariages, des fêtes, des visites et des faveurs à la famille et aux amis, à l'état de santé de ses proches, ses amis et ses connaissances ; les deux marchands partagent leurs préoccupations et font des commentaires sur la situation politique, l'éducation et l'étiquette, de manière répétée au fil du temps, ce qui contribue à fortifier les relations sociales et à établir des règles de comportement. Des informations sans prix, au fond, qui nous donnent une image saisissante du quotidien des marchands ibériques du XVIe siècle.

53 L'ananas et d'autres marchandises n'étaient pas enregistrées dans les affrètements.

54 Cet exemple est tout à fait significatif : l'opération a lieu en 1569 et semble anticiper l'essor de l'économie sucrière au Brésil, par l'achat de cent pièces d'esclaves à charger sur la nef *Santiago*, de Viana (ADP, Po 1°, 3ª sér., l. 33, f. 63-67v), et le contrat de Tristão Rodrigues Vila Real pour l'achat au Cap-Vert d'esclaves destinés à être envoyés à Bahia, quelques mois plus tard, le 9 septembre 1570 (*id.*, l. 36, f. 37-38).

père. En 1552, Henrique Gomes a tiré une lettre de change sur Tolède, à payer par « Cristóvão de Lomelim », et par « Lomelim de Ramascolos ». Le nom nous est familier : il s'agit de Génois solidement implantés en Castille, puissants, influents aussi bien dans les foires et à la Cour qu'au Conseil des Indes, finançant des négoces comme le commerce de pastel[55] et la traite d'esclaves destinés à l'Amérique[56].

Le trafic d'êtres humains d'Afrique vers les Amériques a été le grand négoce de l'époque moderne : son économie, basée sur les fabriques de sucre et les plantations, s'est développée et a dépendu de cette main-d'œuvre forcée, et tous les grands marchands se sont impliqués dans celui-ci. La nécessité a fait s'ouvrir des brèches dans les politiques restrictives des deux Couronnes, permettant la circulation d'agents et de personnes dans les deux empires. Mais parmi les marchands de Porto, aucun ne semble avoir été aussi impliqué dans ce trafic que Diogo Pereira qui, au début de sa carrière, a bénéficié du fait d'avoir appartenu à ce réseau, comme on peut le constater sur l'organigramme présenté **(fig. 5)**. Bien que l'on dise de lui qu'il est né à Pontevedra[57], comme son épouse, Filipa Nunes, je considère cette origine douteuse. Filipa Nunes est née à Porto et était la sœur de Domingos Lopes Vitória, avec qui Pereira avait une société, et ce dernier était cousin d'un autre marchand de la ville, Garcia Gomes Vitória, considéré, depuis sa plus tendre jeunesse, habitant de Porto, comme il le déclare dans son testament et comme il le déclare aussi dans tous ses procès devant les tribunaux de Castille. Il a

---

55 Felipe Ruiz Martín, *Los alumbres españoles : un índice de la coyuntura económica europea en el siglo XVI*, Madrid/Pajera, Fundación Española de Historia Moderna/ Bornova, 2005.

56 Archivo general de Indias [désormais AGI], Indiferente, leg. 423, n° 20, f. 799v-800v, « real cédula a Leonardo Lomelín, Cristóbal Lercaro y Nicolás Marín, genoveses, dándole licencia para pasar a Indias 200 esclavos negros », 1544 ; AGI, Indiferente, leg. 424, n° 22, f. 74r-75r, « real cédula dando licencia a Bartolomé Lomelin, residente en Sevilla, para llevar a Indias 100 esclavos negros, un tercio hembras, pagando solo el almojarifazgo de Sevilla, por haber ya abonado los otros derechos al cambio Hernando Ochoa », 1550 ; AGI, Justicia, leg. 1166, année 1562, Andrés Lomelin, genovés, residente en la ciudad de Sevilla, con el licenciado Maldonado, oidor que fue de la Audiencia de Santo Domingo, sobre 654 000 maravedís que le pedía, etc.

57 Baptista de Lima et Francisco Nunes Franklin, *Terras portuguesas : arquivo histórico-corográfico ou corografia histórica portuguesa*, Lisbonne, Camões, 1940, t. VIII, p. 392 (ils sont suivis par les auteurs qui étudient l'histoire de Vila do Conde). La fortune accumulée dans ces négoces, principalement dans celui des esclaves, a permis à Diogo Pereira de laisser un héritage qui a assuré la construction de la Misericórdia de Vila do Conde.

fait commerce de matériaux de construction navale pour Simão Vaz (l'un des contrats indiqués dans ce graphique a été négocié par lui à Bilbao), a approvisionné la Biscaye en morue, a vendu du sucre pour les raffineries d'Italie et d'Amsterdam (via Calais), a affermé les rentes de sel de Galice (les *alfolies*), a importé de l'argent (en barre) des Indes de Castille et s'est consacré sans relâche à la traite des esclaves. La dernière année de sa vie, en 1617, il a obtenu un *asiento* de mille esclaves des rivières de Guinée, qui devaient être remis à Carthagène des Indes par son agent Pedro Vaz de Lemos ; il n'a assisté qu'à la livraison de 125 d'entre eux[58].

Fig. 6

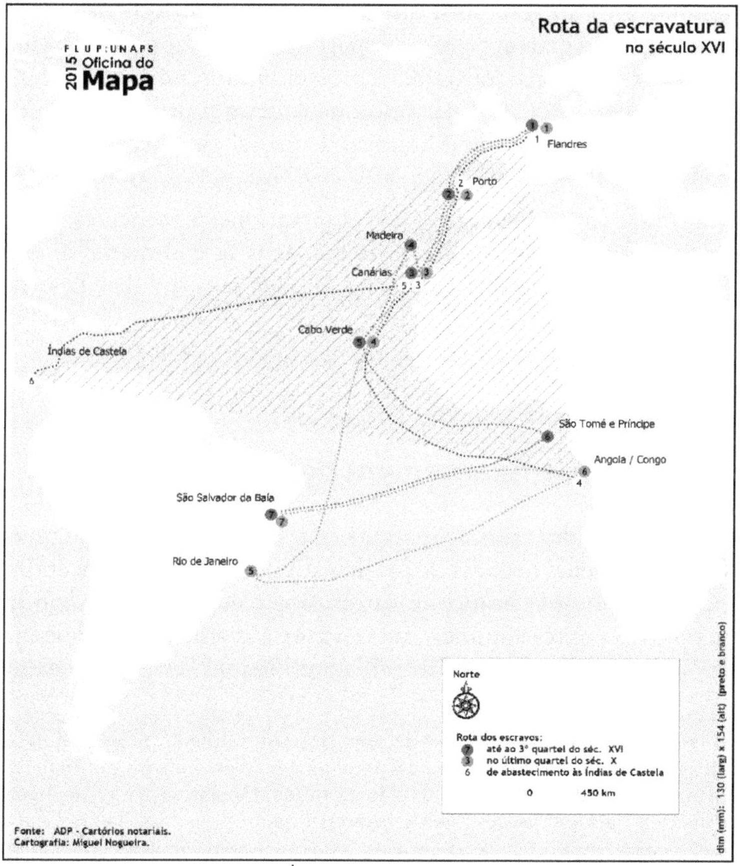

[58] AGI, Contratación, leg. 950, n° 29, 1621.

Revenons à Simão Vaz. Ses activités bancaires dessinent un cadre nouveau via la circulation des capitaux et le change par lettres, à une époque où le déplacement d'argent en dehors des frontières des royaumes était étroitement contrôlé. Dans ce domaine, les capitalistes ibériques sont tout sauf des acteurs secondaires, comme on a voulu le faire croire traditionnellement[59].

Confirmant l'articulation des économies ibériques avec le reste de l'Europe, l'envoi de marchandises du nord de l'Europe vers la Péninsule met également en évidence une carence de matériaux dans des secteurs stratégiques comme la construction navale (y compris l'insuffisance de fibres pour la corderie, quelques fois suppléée à Alicante) et la construction immobilière au Portugal, ainsi que son besoin historique de textiles de bonne qualité, qui étaient pour la plupart importés, rapportant beaucoup à ces réseaux. En sens contraire, les exportations portugaises les plus intéressantes pour eux – à l'exception de celles qui provenaient d'outre-mer – étaient le sumac du Douro et le pastel des Açores, également représentés ici.

Pour finir, ce qui confirme les observations précédentes, on peut relever une intervention moins évidente dans le commerce de vins et de céréales. Ceux que nous indiquons ici viennent des îles. Les vins de Madère, comme ceux des Canaries, approvisionnaient les navires en transit dans les ports (vins d'escale, forts, capables de supporter de longs voyages) et les céréales des Açores[60].

Les réseaux et le financement des négoces

Au sommet des préoccupations de ces marchands figurait le financement de leurs négoces. Je l'ai déjà dit : l'argent était rare et difficile à déplacer. Ainsi, pour beaucoup, la solution a été de devenir banquiers. En prêtant de petites sommes, en vendant à crédit et en couvrant des intérêts qu'ils légalisaient au titre de commissions, et en cherchant des

---

59 Tel est le cas de Virgínia Rau et de ceux qui ont étudié les négoces de l'empire portugais. Nous ne doutons pas du pouvoir des Allemands ou des Italiens, déjà mentionnés dans cet article, mais le nombre d'investisseurs et de banquiers castillans à Lisbonne au XVIe siècle impressionne.

60 Quant aux céréales des îles, bien que les actes notariaux livrent de nombreux contrats d'affrètement pour la vente et l'achat de céréales des Açores (montrant en cela que cet archipel était devenu l'un des principaux fournisseurs du Royaume), les principaux réseaux y participaient rarement.

crédits pour eux-mêmes. Dans les ports, cette ressource était essentielle. Porto a tout été sauf une place bancaire, mais certaines opérations y sont réalisées et certains marchands se sont autoproclamés banquiers. Une fois de plus, ils sont nouveaux-chrétiens.

Nous connaissons les activités bancaires de Simão Lopes et de ses fils, João et Jorge Lopes, habitant rua de Belmonte en 1576, auxquels s'est associé Sebastião de Vila Fanha pour l'expédition de bulles à Rome[61], un négoce compliqué qui était fait en collaboration avec des banquiers portugais de Rome, comme António da Fonseca et Bento Henriques, pas toujours libre de soupçons, suscitant des accusations qui se terminaient en justice[62].

De petites (?) banques liées à Simão Vaz (dans un réseau financier qui impliquait à Porto, Francisco Nunes Ximenes, à Madrid Francisco de Bobadilla, João de Mantilha et Diogo Henriques, envoyant de l'argent en Angleterre en 1597, et João Pascoal), finançant les opérations de la compagnie et, à plusieurs moments, assurant le paiement des troupes castillanes Entre-Douro-et-Minho et la Galice[63].

Actif avant 1573 et associé à cette date à Gonçalo da Costa et au licencié Miguel Vaz[64], Álvaro Eanes a eu entre les mains plus de deux mille cruzados de loyers de l'évêché de Porto et a fourni des crédits à des entreprises locales et portugaises à Rome, dans le cadre du négoce des bulles pontificales[65].

---

61 La compagnie du docteur Simão Lopes et de ses fils a accumulé des fortunes dans le commerce de pastel des Açores (ADP, Po 1°, 3ª sér., l. 30, f. 58v). Les nouveaux-chrétiens se sont intégrés à la société de Porto et, pour gagner en prestige, ont créé un couvent pour lequel ils ont déboursé la somme énorme de 14 000 cruzados, le tout avec la bénédiction des dirigeants de l'ordre franciscain et du collège jésuite de la ville (ADP, Po 1°, 3ª sér., l. 47, f. 93v *sq*).

62 Usant d'« inventions et de ruses », allèguent-ils, Bento Henriques les a accusés de fraude, en 1581, dans un document qui mentionne l'activité bancaire de leur compagnie (ADP, Po 1°, 3ª sér., l. 69, f. 72).

63 S'adaptant aux circonstances et à la manière d'atteindre la faveur de la Couronne, ce paiement – qui se répète – a des similitudes avec l'investissement que ses fils, Manuel et Henrique Gomes da Costa, réalisent au début du XVIIe siècle dans l'armement de navires pour l'Inde. Voir ADP, Po 1°, 3ª sér., l. 106, f. 72v.

64 Son fils Gabriel Eanes y a également participé. Il habitait rue de Belmonte, ce qui pourra expliquer l'association et éventuellement la parenté – avec Simão Vaz.

65 ADP, Po 1°, 3ª sér., l. 46, f. 150v *sq*.

Pour finir, Luís Mendes, également lié aux négoces avec Rome et aux crédits liés à l'obtention des bulles, a reçu en 1595 des lettres de créance pour l'archevêché de Braga de João Gomes, de Burgos, et en 1598, il a envoyé de l'argent à Medina del Campo (et à Rome) au nom de João Baptista Gallo, António de São Romão et Francisco de Ibarria, dans les deux cas associés à Simão Vaz, et recueillant des lettres apostoliques de Francisco de Strada[66] ; son fils, Manuel Nunes, a poursuivi cette activité, à laquelle il participait depuis 1600, négociant également avec Lisbonne.

La question mériterait une plus longue analyse[67]. Dès lors, et peut-être à l'exception des Lopes, aucun de ces hommes ne semble avoir été banquier à temps plein : la banque paraît compléter le négoce mercantile. Je dois dire que malgré l'importance des transactions, comme celles liées à l'obtention de bulles et les paiements de l'armée, le réseau financier de Porto fonctionnait dans une espèce de « circuit fermé », alimentant les acteurs locaux et les négoces qu'ils menaient outre-mer, ainsi que les opérations commerciales en Europe qui les soutenaient. Mais, qu'elle soit très ou peu significative, l'accumulation de capital obtenu dans le commerce a eu pour résultat une forme de financement du commerce même, ainsi qu'un avantage comparatif, parfois décisif, pour les marchands qui la contrôlait.

En définitive, nous comprenons mieux comment ces réseaux ont participé à la construction de l'économie de l'époque moderne et de quelle manière ils ont intégré les ports portugais dans ce processus. Ils se sont affirmés dès le début du XVIe siècle et, bien que nous ne sachions pas exactement l'origine du capital initial investi, ils ont pris le contrôle de secteurs clés du commerce. Cette stratégie leur garantissant le contrôle des institutions qui réglementaient le trafic apparaît évidente vus les affermages successifs des douanes du nord du Portugal, les moins contrôlées par le pouvoir central, coïncidant avec des ports qui exploitèrent eux-mêmes leur vocation atlantique.

Ces douanes ont très vite grandi en importance et en revenu ; elles témoignent de la forte implantation de ces réseaux dans les négoces

---

[66] *Ibid.*, l. 10, f. 50v.

[67] Il s'agit d'une activité pratiquement inconnue des historiens. Les sources évoquent des relations suivies avec les milieux bancaires à Lisbonne, Medina del Campo et Rome. Luís Mendes est aussi en affaires avec des marchands de Paris, de Londres et, on peut le présumer, d'Anvers, où la communauté de Porto est nombreuse. Je pense qu'il s'agit en général de questions de crédits commerciaux – hors des cas, bien documentés, relatifs à Rome.

d'outremer, à commencer par celui qui concerne les îles et la côte occidentale africaine. Ils y développèrent le commerce international de plantes tinctoriales en s'inspirant des modèles d'économie de plantation (implantés au Cap-Vert et surtout à São Tomé, puis à partir de 1560 au Brésil) et accumulèrent de grosses fortunes grâce à la traite d'esclaves destinés d'abord aux Indes de Castille et, à partir de la deuxième moitié du XVIe siècle, au Brésil.

L'économie sucrière a exigé des ressources élevées, nécessaires pour affronter des coûts de production à grande échelle, celle des plantations, un équipement industriel (pour monter des fabriques sucrières, par exemple), le paiement de la main-d'œuvre (salaires des agents et achat massif d'esclaves), des dépenses de transport et d'assurances, ainsi que pour parvenir à supporter les longues immobilisations de capital et avoir la capacité de supporter les revers commerciaux, les attaques de corsaires et les naufrages (pas aussi importants que sur la route des Indes, mais réels malgré tout), les investissements ratés, les pertes de production et les fraudes.

Ces réseaux se sont spécialisés dans le commerce et la finance, polarisant les activités de petites firmes de l'intérieur du Royaume, grâce à des partenariats renouvelés tous les ans et, à l'extérieur, et de centres commerciaux et capitalistes européens, en s'associant à des agents multinationaux, de différentes confessions et conditions, qui ont aidé à projeter leurs intérêts. Une spécialisation qui, dans le cas du commerce, ne veut pas dire une concentration sur un seul produit ou un unique secteur, car ces réseaux répartissaient leurs intérêts entre des marchandises traditionnelles de l'économie ibérique, la commercialisation du pastel à grande échelle, la vente de sucre dans toute l'Europe, le commerce des esclaves vers les Indes et le Brésil, celui, légal et illégal, d'argent et de diamants, l'importation de matériaux de construction navale, de chaudrons de Flandre, de fil du Nord, de fer de Biscaye, d'œuvres d'art et de livres, et l'achat de tissus dans tous les centres producteurs européens. Avec cela, ils ont contribué à insérer les espaces ruraux portugais (et castillans de la frontière) dans la « nouvelle économie » née des Grandes Découvertes et de l'expansion, marquées par de nouveaux goûts esthétiques, de nouvelles consommations et même par la connaissance du monde. Ils ont articulé l'économie des ports portugais avec l'Europe, en particulier les centres du Nord, mais également avec les places financières du Sud : les ports italiens et les couloirs d'accès à la Dalmatie, à Salonique et à Istanbul qui étaient au XVIIe siècle les voies de la diaspora, bien que cela ne veuille pas forcément sous-entendre un retour au judaïsme de la part de tous les nouveaux-chrétiens qui les ont utilisées, et à Rome où convergeaient une grande partie des intérêts financiers de ces réseaux.

Ils ont compris les contextes dans lesquels ils pouvaient développer leurs transactions et ont créé les bases de leur établissement dans le nord de l'Europe, suite aux persécutions de l'Inquisition après la trêve avec les Provinces-Unies (1609-1621). Certains de ceux que nous avons évoqués dans ce texte, Tristão Rodrigues Vila Real, Simão Vaz et Diogo Pereira, sont des exemples de marchands et de réseaux ayant des intérêts sur ces territoires depuis le XVIe siècle. Ils n'ont pas été seuls dans ce processus et il est impossible d'interpréter leur action sans tenir compte des limitations qui leur étaient imposées par les structures sociales, politiques et culturelles en vigueur, au Portugal, en Castille et dans d'autres États européens qu'ils ont fréquentés, mais la manière dont ils ont géré ces obstacles, le profit qu'ils ont tiré du dynamisme des ports où ils ont ancré leurs intérêts et le rôle qu'ils ont eu dans la promotion de ces mêmes ports et de leur économie à l'époque moderne méritent que nous leur consacrions un regard attentif.

Les entreprises des séfarades, Hollandais et Portugais dans l'Atlantique sud, 1590-1670

Filipa Ribeiro da Silva

Abstract

In this article, I will look into the types of cooperative relations established between Portuguese and Dutch private entrepreneurs and businessmen to develop their economic activities in the South Atlantic between the 1590s and 1670s and their contribution to the formation of the South Atlantic economy. I will start by looking at the legal framework defined by the Dutch Republic and the Iberian Crowns to regulate the participation of private actors in the South Atlantic trade and the mercantile groups investing in its different commercial branches. This is followed by the analysis of various forms of participation of private merchants in the South Atlantic trade. Here, I will look in particular at two main forms of involvement : 1) direct and indirect participation in the State-sponsored monopolies through leasing contracts, and other forms of agreement ; and 2) direct involvement in the commercial and financial organization of the South Atlantic economy.

Résumé

Cet article se propose d'examiner les différentes relations de coopération établies entre des hommes d'affaires portugais et hollandais dans le but de développer leurs activités économiques dans l'Atlantique sud entre les années 1590 et 1670, ainsi que leur contribution à la formation d'une économie de l'Atlantique sud. Nous commencerons par analyser le cadre juridique défini par la République hollandaise et les Couronnes ibériques pour réglementer la participation des entrepreneurs privés dans le commerce Atlantique sud ainsi que les groupes marchands investissant dans les différentes branches commerciales. Les différentes formes d'engagement d'hommes d'affaires dans le commerce de l'Atlantique sud seront ensuite étudiées. Deux formes de participation principales seront mises en avant lors de cette analyse : 1) la participation de manière directe et indirecte dans les monopoles soutenus par l'État à travers des contrats de sous-traitance ou d'autres formes d'accord ; et 2) la participation directe dans l'organisation commerciale et financière de l'économie de l'Atlantique sud.

L'historiographie a traditionnellement dépeint les expansions coloniales portugaise et hollandaise durant la période moderne, tant dans l'Atlantique qu'en Asie, comme étant le résultat d'affrontements entre États européens[1]. Elle a ainsi mis l'accent sur les conflits et les rivalités entre ces États et, en particulier, entre les monopoles sur le commerce colonial imposés par les Couronnes ibériques et les chartes accordées par les états généraux de la République hollandaise à la Compagnie des Indes occidentales (WIC) et à la Compagnie des Indes orientales (VOC)[2]. Cette approche est, d'une part, le résultat d'une étude biaisée des empires d'outre-mer, envisagés au prisme de la législation étatique, des normes, et des relations politiques, diplomatiques et militaires. D'autre part, elle émane d'une conception de l'expansion européenne dans l'Atlantique et en Asie comme étant des entreprises « nationales » soutenues directement et indirectement par des États européens rivaux, ayant donné naissance à des empires distincts et autonomes[3]. Au cours des dernières années, le développement de l'histoire des milieux d'affaires ainsi que l'introduction de l'analyse des réseaux sociaux dans les études historiques ont permis aux chercheurs

---

1 Charles R. Boxer, *Salvador de Sá and the struggle for Brazil and Angola, 1602-1682*, Londres, University of London, 1952 ; Pieter C. Emmer, « The First Global War : The Dutch versus Iberia in Asia, Africa and the New World, 1590-1609 », *e-JPH*, 2003, 1/1 ; *id.*, « The Struggle over sugar : The abortive Attack of the Dutch on Portugal in the South Atlantic », *Mare Liberum*, 1997, 13, p. 57-69 ; Luiz Felipe de Alencastro, *O trato dos viventes : formação do Brasil no Atlântico Sul, séculos XVI e XVII*, São Paulo, Companhia das Letras, 2000 ; Ernst van Veen et Leonard Blussé (dir.), *Rivalry and conflict. European traders and Asian trading networks in the 16th and 17th centuries*, Leyde, Research School CNWS, 2007.

2 Henk den Heijer, *De geschiedenis van de WIC*, Zutphen, Walburg Pers, 1994 ; Pieter C. Emmer, « The West India Company, 1621-1791 : Dutch or Atlantic ? », dans Leonard Blussé et Femme Gaastra (éd.), *Companies and trade : essays on overseas trading companies during the Ancien Régime*, Leyde, Leyde University Press, 1981, p. 771-795 ; Leonor Freire Costa, *O Transporte no Atlântico e a Companhia Geral do Comércio do Brasil (1580- 1663)*, Lisbonne, Comissão Nacional para as Comemorações dos Descobrimentos Portugueses, 2002, 2 vol. Sur les monopoles royaux, voir aussi Frédéric Mauro, *Portugal, o Brasil e o Atlântico (1570-1670)*, Lisbonne, Estampa, 1997, 2 vol., et Enriqueta Vila Vilar, *Hispanoamerica y el comercio de esclavos*, Séville, Escuela de Estudios Hispano-Americanos, 1977.

3 Geoffrey V. Scammel, *The World Encompassed : The First European Maritime Empires, c. 800-1650*, Cambridge, Cambridge University Press, 1981 ; *id.*, *The First Imperial Age. European Overseas Expansion, c. 1400-1715*, Cambridge, Cambridge University Press, 1989 ; James D. Tracy (dir.), *The Political Economy of Merchant Empires*, Cambridge, Cambridge University Press, 1991.

d'avoir un nouveau regard sur l'expansion maritime européenne, et de contester certaines hypothèses anciennes concernant la rivalité et les conflits entre les empires. En analysant les activités économiques menées simultanément par des groupes d'entrepreneurs privés dans les différents contextes impériaux, ce nouveau courant historiographique démontre que l'expansion outre-mer, bien que soutenue par l'État, était dans une large mesure dépendante des initiatives privées que ce soit pour le financement, le commerce ou le développement économique et la colonisation des espaces ultramarins. Ces nouvelles recherches montrent également que l'organisation de ces groupes d'entrepreneurs privés ne dépendait pas des États et qu'elle n'était pas déterminée par les normes et les intérêts coloniaux de ces États. Ces nouvelles approches soulignent que les activités de sociétés privées étaient loin d'être liées à un seul empire « national » ou aux lieux de naissance de leurs membres ou encore à leur appartenance religieuse et leurs milieux culturels. Ces groupes d'hommes d'affaires semblaient avoir été des collectifs auto-organisés, menant des activités économiques diversifiées dans les différents empires, traversant leurs frontières. Pour y parvenir, ils devaient combiner différentes formes de participation dans le commerce colonial, soit en coopération avec les détenteurs des monopoles coloniaux, soit en prenant part directement à différentes activités commerciales et financières ; ce qui les conduisait à s'opposer aux détenteurs de monopole ou à les défier[4]. Cette nouvelle approche historiographique reconnaît l'initiative privée comme ayant un rôle primordial dans le développement d'une économie mondiale durant la période moderne ainsi que dans le processus de construction d'un empire. Même si de nombreuses études ont déjà souligné le rôle des hommes d'affaires dans la dynamique impériale en Asie, il en va tout autrement pour l'Atlantique. En effet, c'est seulement au cours des dernières années que les chercheurs ont commencé à consacrer plus d'attention à l'étude de la coopération entre les hommes d'affaires de différentes confessions religieuses et cultures dans le développement de leurs activités économiques dans les divers empires, et qu'ils ont examiné les différents types de relations que ces acteurs établissaient avec les détenteurs des monopoles coloniaux dans l'Atlantique[5].

---

4 Catia Antunes, « Free Agents and Formal Institutions in the Portuguese Empire : Towards a Framework of Analysis », *Portuguese Studies*, 2012, 28/2, p. 173-185.

5 Sur le rôle des acteurs privés dans l'océan Indien, voir entre autres Sanjay Subrahmanyam, *Improvising Empire : Portuguese Trade and Settlement in the Bay of Bengal, 1500-1700*, Delhi, Oxford University Press, 1990, et James Boyajian,

Cet article se propose d'examiner les différentes relations de coopération établies entre des hommes d'affaires portugais et hollandais dans le but de développer leurs activités économiques dans l'Atlantique sud entre les années 1590 et 1670, ainsi que leur contribution à la formation d'une économie de l'Atlantique sud. Nous commencerons par analyser le cadre juridique défini par les Provinces-Unies et les Couronnes ibériques pour réglementer la participation des entrepreneurs privés au commerce de cette aire géographique, ainsi que les groupes marchands investissant dans les différentes branches commerciales. Les différentes formes d'engagement d'hommes d'affaires dans ce commerce seront ensuite étudiées. Les deux principales formes de participation à celui-ci seront envisagées lors de cette analyse : 1) la participation de manière directe et indirecte à des monopoles soutenus par l'État à travers des contrats de sous-traitance ou d'autres formes d'accord et 2) la participation directe à l'organisation commerciale et financière de l'économie de l'Atlantique sud. Avant de nous livrer à cette analyse, nous ferons quelques remarques sur la chronologie, la géographie, les critères adoptés pour la définition des types d'entreprises examinées ainsi que sur les sources utilisées.

Les bornes chronologiques choisies pour cet article couvrent les années 1590-1670. Celles-ci marquent respectivement le début et la fin des grands embargos économiques, des conflits militaires et des négociations diplomatiques entre les Provinces-Unies et les Couronnes ibériques. De surcroît, pendant ces années, les règlements du commerce colonial, les monopoles impériaux et les permissions accordées aux entrepreneurs privés des deux entités politiques étudiées ont déterminé la facilité avec laquelle les entrepreneurs privés et les négociants pouvaient prendre part au commerce dans l'Atlantique sud.

Dans la plupart des ouvrages scientifiques relatifs à l'histoire de l'Atlantique, le concept d'« Atlantique sud » est utilisé principalement pour désigner les relations, les échanges et les mouvements de personnes, de biens et d'idées entre les deux rives de l'océan Atlantique situées au sud de l'équateur, c'est-à-dire entre les régions du Brésil, de l'Uruguay et de l'Argentine, en Amérique, et les régions de l'Angola, du Congo, de la baie du Bénin et de celle du Biafra, situées sur la côte occidentale de

---

Portuguese Trade in Asia under the Habsburgs, 1580-1640, Baltimore, Johns Hopkins University Press, 1998. Sur le rôle des réseaux d'entreprises privées dans l'Atlantique, voir entre autres Xabier Lamikiz, *Trade and trust in the eighteenth century Atlantic World. Spanish merchants and their overseas networks*, Woodbridge, Rochester, The Boydell Press, 2010.

l'Afrique. Dans cette étude, nous adoptons une définition plus large de ce concept comprenant toutes les régions situées sur les rives américaines et africaines de l'Atlantique en-dessous du tropique du Cancer. En adoptant ces limites géographiques plus larges, il est possible d'intégrer une matrice complexe de la coopération entre les groupes d'hommes d'affaires engagés dans des relations d'opposition et/ou de coopération.

Le groupe d'hommes d'affaires qui est étudié dans cet article est composé de deux communautés marchandes principales, l'une basée dans la péninsule Ibérique et les empires ibériques et l'autre formée dans les Provinces-Unies. Pour chacune de ces grandes communautés, nous avons distingué deux sous-groupes. Dans le cas de la communauté ibérique, il est primordial de maintenir la distinction entre anciens et nouveaux-chrétiens (*conversos* dans le contexte espagnol) étant donné les privilèges et/ou les restrictions accordées ou imposées par les Couronnes ibériques et les tribunaux de l'Inquisition sur les activités de ces deux groupes. Quant à la communauté marchande hollandaise, nous avons séparé les marchands séfarades portugais basés dans la République de la communauté d'hommes d'affaires comprenant des Flamands, des Hollandais comme des Allemands. Cette distinction n'a pas été faite en raison des différentes culturelles et religieuses des deux sous-groupes. Le but est plutôt de mettre l'accent, d'une part, sur la façon dont les différents contextes économiques ont eu un effet sur leur participation aux activités économiques fondées sur la coopération dans le commerce de l'Atlantique sud et, d'autre part, sur le savoir-faire, les compétences et les capitaux qu'ils ont apportés dans leurs entreprises commerciales respectives. Les documents sur lesquels s'appuient l'analyse et l'argumentation proposées dans cet article ont été recueillis au cours de la dernière décennie dans des sources imprimées et celles conservées dans les archives hollandaises et portugaises. Parmi celles-ci, nous avons consulté les archives notariales des Archives de la ville d'Amsterdam (SAA), les papiers de la WIC aux Archives nationales des Pays-Bas (NA), la correspondance des représentants à l'étranger de la Couronne portugaise conservée aux Archives historiques d'outre-mer (AHU), et enfin les fonds de l'Inquisition portugaise et de la chancellerie de la Maison Royale déposées aux archives nationales de Torre do Tombo à Lisbonne (IAN/TT).

Monopoles et communautés marchandes

Au cours de l'époque moderne le cadre juridique réglementant l'engagement de négociants privés actifs au sein de la sphère d'influence des Provinces-Unies et des Couronnes de la péninsule Ibérique subit plusieurs changements. Ces derniers ont inévitablement eu un effet sur les opportunités économiques des communautés de négociants dans la République hollandaise, la péninsule Ibérique et les territoires d'outre-mer. En effet, le niveau de risque encouru dans les transactions dans l'Atlantique sud variait en fonction des changements politiques. Jusqu'en 1621, le commerce entre les Provinces-Unies, l'Afrique de l'Ouest, le Brésil, l'Amérique espagnole et les Caraïbes était ouvert à tous les entrepreneurs privés. Dans les principales villes portuaires, des hommes d'affaires utilisaient ces routes commerciales soit en s'unissant en petites sociétés ou partenariat, soit de manière indépendante. Les partenariats en question étaient souvent temporaires, pour la durée de quelques voyages. Ils s'effectuaient habituellement à petite échelle et n'incluaient que quelques marchands ainsi que des agents-comptables employés soit à bord des navires et à terre, soit à bord de postes de traite flottants ancrés à différents endroits le long des rives de l'Atlantique[6].

La République abritait alors principalement deux groupes de marchands ayant des intérêts économiques dans l'Atlantique sud : d'une part, le groupe de négociants d'origine hollandaise, flamande et allemande[7], et de l'autre les séfarades portugais établis à Amsterdam et dans d'autres villes hollandaises[8]. Le blocus d'Anvers par les insurgés

---

6 « Andreas Josua Ulsheimer's voyage of 1603-4 », dans *German sources for West African History*, éd. Adam Jones, Wiesbaden, Steiner, 1983, p. 21-29 ; « Samuel Brun's voyages of 1611-1620 », *ibid.*, p. 45-96 ; *Pieter van den Broecke's journal of voyages to Cape Verde, Guinea and Angola (1605-1612)*, éd. James D. La Fleur, Londres, Hakluyt Society, 2000, p. 28, 47 et 83-103.

7 Sur les groupes marchands de la République, consulter entre autres Cátia Antunes, *Globalisation in the Early Modern Period : the economic relationship between Amsterdam and Lisbon, 1640-1705*, Amsterdam, Aksant, 2004 ; Clé Lesger et Leo Noordegraaf (dir.), *Entrepreneurs and Entrepreneurship in Early Modern Times : merchants and industrialists within the orbit of the Dutch Staple market*, La Haye, Stichting Hollandse Historische Reeks, 1995.

8 Sur les Séfarades portugais dans la République, en Europe occidentale et dans l'Atlantique en général, voir Jonathan I. Israel, *European Jewry in the Age of mercantilism, 1550-1750*, Oxford, Clarendon Press, 1989 ; *id.*, *Diasporas within the Diaspora : Jews, Crypto-Jew, and the world maritime empires (1540-1740)*, Leyde, Brill, 2002.

hollandais avait provoqué un mouvement de migration de marchands flamands, juifs séfarades et autres négociants portugais d'Anvers vers les Provinces-Unies. Leur connaissance des circuits commerciaux portugais et espagnols, et en particulier du Brésil, de l'Afrique de l'Ouest et de l'Amérique espagnole, était d'une importance majeure pour l'expansion de la navigation et du commerce des Provinces-Unies dans l'Atlantique sud et dans les Caraïbes à partir des années 1590. Le groupe des séfarades portugais s'accrut à la fin du XVIe siècle et au XVIIe siècle en raison des persécutions des Inquisitions espagnole et portugaise en Europe comme dans les territoires d'outre-mer. De même, les marchands allemands étaient plus nombreux dès que l'on s'éloignait des zones dévastées par la guerre de Trente Ans (1618-1648).

Un premier groupe de négociants des Provinces-Unies commença ses activités économiques dans l'Atlantique sud à la fin des années 1580, investissant principalement dans le commerce du sucre brésilien, du bois brésil et des produits africains tels que l'or, l'ivoire et le cuir. Parmi eux se trouvaient Gerrit van Schoonhoven, Jan Gerritsen Meerman et Elias Trip, partenaires et actionnaires de la Compagnie hollandaise de Guinée (*Compagnie van Guinea*), ou encore Nicolaes Balestel, Philips Thijssen, la famille Papenbroeck, Hans Willemsen Elbinck, la famille Van de Venne, Leonard de Beer, Cornelis Snellincxs et Laurens Joost Baeck[9]. Le second groupe se composait de juifs séfarades portugais établis à Amsterdam et dans d'autres ports hollandais. Il semble avoir investi directement dans le commerce de l'Atlantique sud, principalement entre 1590 et 1623. Parmi eux se trouvaient Gaspar Sanches, Gaspar Nunes, Pedro Rodrigues da Veiga, Duarte Fernandes, Diogo da Silva et la famille Belmonte, pour n'en citer que quelques-uns[10]. Contrairement au premier groupe, ils combinaient des investissements dans le sucre brésilien, dans le bois brésil et dans les produits de base africains, outre la traite négrière[11]. Comme les études de Johannes Menne Postma, David Eltis, Jelmer Vos et d'autres

[9] SAA, Not. Arch. 201/137 : juillet, 1622 ; Filipa Ribeiro da Silva, *Dutch and Portuguese in Western Africa : Merchants, Companies and the Atlantic System, 1580-1674*, Leyde, Brill, 2011, chap. 7.

[10] SAA, Not. Arch. 62/206 : 22 novembre 1610 ; Not. Arch. 62/209 : 8 décembre 1610 ; Not. Arch. 160/28-29v : 4 octobre 1619.

[11] Johannes Postma, *The Dutch in the Atlantic slave trade, 1600-1815*, Cambridge, Cambridge University Press, 1990, chap. 1 ; Jelmer Vos, David Eltis et David Richardson, « The Dutch in the Atlantic World : New Perspectives from the Slave Trade with Particular Reference to the African Origins of the Traffic », dans David Eltis et David Richardson (éd.), *Extending the Frontiers : Essays on the*

l'ont démontré, la participation hollandaise à la traite négrière a été minime durant cette période ; ce sont les membres de la communauté séfarade portugaise qui organisèrent en bonne part la traite des esclaves.

Les deux groupes diffèrent par la nature des affaires dans lesquelles ils étaient impliqués. Ainsi, les marchands d'origine hollandaise, flamande et allemande semblent avoir pris part simultanément à des opérations dans la finance, l'assurance et le commerce[12]. Au début de l'engagement commercial des Hollandais dans l'Atlantique sud, soit pendant les années 1590-1623, ce groupe tenta d'accéder aux marchés de Basse-Guinée, du golfe de Guinée, ainsi qu'à ceux de Sénégambie et de l'Ouest de l'Afrique centrale, tout en concentrant au Brésil leurs opérations commerciales américaines. Pour atteindre ces objectifs, ils comptèrent, au moins en partie, sur les connaissances et les connexions des séfarades portugais et de leurs partenaires installés dans la péninsule Ibérique et dans les empires ibériques.

Les juifs séfarades portugais d'Amsterdam, en revanche, étaient à la pointe du commerce avec l'Amérique espagnole, tout en continuant à investir en Afrique de l'Ouest et au Brésil. Ils chargèrent néanmoins souvent leurs homologues hollandais, flamands et allemands de prendre en charge les risques et une partie des sommes investies dans ces entreprises. C'était une stratégie bien pensée pour répartir le risque entre différents portefeuilles d'affaires et des sous-groupes de la communauté marchande de la République. La coopération entre ces deux groupes et l'association de leur expertise commerciale était primordiale pour rendre possible leur participation dans les diverses branches commerciales de l'économie de l'Atlantique sud (notamment le commerce du sucre brésilien, du bois de teinture et la traite des esclaves).

L'octroi d'une charte par la WIC en 1621 mit fin à la période initiale de libre-échange, puisque la compagnie se voyait dès lors accorder un monopole pour l'ensemble du commerce de l'Atlantique. Dès ses débuts, des marchands d'Amsterdam et les villes portuaires du nord de la République s'opposèrent à l'établissement de la Compagnie. Ces négociants avaient en effet investi de manière conséquente dans les pêches de l'Atlantique nord, le sucre brésilien, le bois tinctorial, le commerce

---

New Transatlantic Slave Trade Database, New Haven, Yale University Press, 2008, p. 228-249.

12 SAA, Not. Arch. 258/81v : 19 mars 1613 ; Not. Arch. 317/339 : 29 mai 1615 ; Not. Arch. 127/195-196 : juillet, 1612.

du sel avec l'Amérique du sud, ainsi que dans le commerce de l'or, de l'ivoire et des esclaves africains. En raison de cette pression, les pêches de l'Atlantique nord et le commerce du sel furent détachés du monopole accordé à la compagnie peu de temps après sa création. Le commerce avec les Caraïbes, le Brésil et l'Afrique occidentale resta cependant sous son contrôle, non sans une réduction sérieuse des bénéfices à la fois de la compagnie et des négociants privés[13]. En 1623, tous les hommes d'affaires de la République ayant des intérêts dans l'Atlantique avaient été contraints de mettre un terme à leurs activités. Dans le but de contrôler les marchés précédemment dominés par des négociants privés et de consolider son contrôle sur les régions de production de sucre du Brésil et les principaux marchés d'approvisionnement africains d'or, d'ivoire et d'esclaves situés dans le golfe de Guinée, en Angola et en Sénégambie, la compagnie lança, dans les décennies qui suivirent sa création, plusieurs attaques navales contre la colonie portugaise du Brésil, les postes sur la Côte de l'Or et les colonies d'Angola et São Tomé.

La puissance navale et la force militaire n'étaient cependant pas la clé de la réussite des entreprises menées dans l'Atlantique sud. Ces succès étaient dus à l'expertise accumulée au cours de décennies d'activités économiques individuelles et collectives des Flamands, Hollandais, Allemands et séfarades portugais dans la région. Pendant les années qui suivirent la reprise des capitaineries du nord-est du Brésil, la production de sucre était en diminution, ce qui provoqua des pertes importantes pour les raffineurs de sucre de la République[14]. En outre, dans les années qui suivirent directement l'occupation du Luanda, les agents de la compagnie ne parvinrent pas à assurer un approvisionnement régulier de main d'œuvre esclave dans la ville, et encore moins au Brésil hollandais[15]. Afin d'atténuer ses pertes après 1638, la Compagnie fut contrainte de réadmettre les négociants privés de la République dans le commerce de l'Atlantique sud en octroyant aux actionnaires l'autorisation de participer au commerce avec le Brésil et les Caraïbes. En 1647, la compagnie dut

---

13 Ernest van den Boogaart et Pieter C. Emmer, « The Dutch participation in the Atlantic Slave Trade, 1596-1650 », dans Henry A. Gemery et Jan S. Hogenborn (éd.), *The Uncommon market : Essays in the economic history of the Atlantic slave trade*, Londres/New York/San Francisco, Academic Press, 1979, p. 353-375.

14 Christopher Ebert, *Between empires : Brazilian sugar in the early Atlantic economy, 1550-1630*, Leyde, Brill, 2008.

15 Klaas Ratelband, *Nederlanders in West-Afrika (1600-1650) : Angola, Kongo en São Tomé*, Zutphen,Walburg Pers, 2000.

également se résoudre à accepter d'ouvrir la traite négrière d'Angola à destination du Brésil, des Caraïbes et de l'Amérique espagnole à des entrepreneurs privés de la République. Enfin, en 1648, le commerce avec l'Amérique du Nord, y compris la traite des esclaves, fut ouvert aux marchands privés de la République. La seule branche commerciale restée sous le monopole de la compagnie était le commerce de l'or[16]. Un nombre croissant de marchands d'origine flamande, hollandaise et allemande, ainsi que des étrangers venant d'autres régions, coopérèrent par conséquent avec la WIC, tandis que d'autres continuèrent à mettre en place des stratégies pour poursuivre leurs activités en dehors de son contrôle.

Les négociants eurent recours à deux grandes stratégies pour faire face à la WIC. Beaucoup essayèrent de trouver des moyens de coopérer avec la compagnie[17] en fournissant des services en matière de financement, d'assurances et de transport maritime, tandis que d'autres choisirent de contester le monopole de la WIC en utilisant des passeports de villes non-hollandaises. Les seconds conseillaient à leurs capitaines de partir de ports situés en dehors de la République et recommandaient à leurs subrécargues de faire leur commerce dans des zones situées hors de la juridiction de la WIC[18]. En revanche, les séfarades portugais d'Amsterdam ne figuraient plus comme étant directement engagés dans le commerce de l'Atlantique sud, ni dans le commerce avec le Brésil, ni dans la traite négrière. Dans les sources, ils sont mentionnés principalement en tant qu'acheteurs et détenteurs d'actions de la WIC, et plus particulièrement de la Chambre d'Amsterdam[19]. Ces actions étaient la plupart du temps achetées auprès de courtiers hollandais et non directement à la bourse[20]. Leur participation dans le commerce de l'Atlantique sud était maintenue en partie grâce à

16 Cornelis Goslinga, *The Dutch in the Caribbean and on the Wild Coast, 1580-1680*, Assen, Van Gorcum, 1990, p. 110.

17 SAA, Not. Arch., 2757A/153 : 9 avril 1661 ; Not. Arch., 2757A/149 : 9 avril 1661.

18 SAA, Not. Arch., 2757A/153 : 9 avril 1661 ; Not. Arch., 2757A/149 : 9 avril 1661 ; Not. Arch., 420/536 : 20 décembre 1639 ; Not. Arch., 1690/599 : 16 avril 1648.

19 SAA, Not. Arch. 2188A/134 : 23 février 1649 ; Not. Arch. 876/24v-25 : 11 février 1650 ; Not. Arch. 2189A/364 : 11 mai 1650 ; Not. Arch. 2189B/940 : 21 octobre 1650 ; Not. Arch. 2189B/954 : 27 octobre 1650.

20 SAA, Not. Arch. 2189B/662 : 26 août 1650 ; Not. Arch. 2189B/688 : 27 août 1650 ; Not. Arch. 2189B/706 : 31 août 1650 ; Not. Arch. 2189B/709 : 31 août 1650.

leurs relations avec les juifs séfarades et les planteurs hollandais installés aux Antilles et dans la Guyane hollandaise. Ainsi, au fil du temps, les séfarades commencèrent à être impliqués indirectement dans le commerce de l'Atlantique sud, principalement à travers la finance, tandis que les négociants privés hollandais, flamands et allemands figurèrent au premier rang des marchands impliqués dans les affaires commerciales des différentes régions de l'Atlantique sud, telles que la Côte de l'Or, le Río de La Plata, le Brésil, Curaçao, le Suriname et l'Amérique espagnole.

À partir des années 1650, la WIC est de plus en plus reléguée au rôle de contrôle et de maintien des bastions hollandais dans l'Atlantique sud, tandis que les négociants privés de la République prennent en charge les principales entreprises maritimes et commerciales sur de nombreux marchés. En Afrique occidentale, les marchés les plus importants se trouvaient dans la baie du Bénin et celle du Biafra, en Afrique centrale et occidentale (Loango et Congo), tandis qu'aux Amériques, ce sont les colonies européennes des Caraïbes, des Antilles hollandaises, les Guyanes et l'Amérique espagnole qui devinrent les principaux marchés d'échange.

En ce sens, nous soutenons qu'avec le temps un changement s'est opéré dans le rôle joué par les deux groupes de négociants de la République dans leurs activités économiques de coopération dans l'Atlantique sud. Alors que le premier groupe (Flamands, Hollandais, Allemands et autres étrangers) passa des activités financières et d'assurances à un engagement direct dans les entreprises commerciales de l'Atlantique sud, les séfarades portugais semblent avoir suivi le chemin inverse. Cependant, ce fut leur collaboration et l'échange de leur savoir-faire et de leur expertise dans le domaine de la finance, de l'assurance, de l'organisation commerciale ainsi que du fonctionnement des marchés qui facilitèrent l'expansion croissante et l'intégration des économies de l'Atlantique sud.

La faillite de la première WIC en 1674 et le processus menant à l'octroi d'une nouvelle charte par une deuxième compagnie de commerce du même nom n'amena pas de changements majeurs dans ce fonctionnement. Bien que la deuxième WIC détînt un monopole nominal sur le commerce hollandais de l'Atlantique, ainsi que l'autorité administrative, financière et militaire pour faire respecter ce monopole, la plupart du temps, le commerce d'outre-mer et l'armement étaient aux mains d'entrepreneurs privés et des hommes d'affaires de la République. Avec le temps, la seconde compagnie devint elle aussi une organisation administrative et militaire en charge de l'entretien et de l'administration des postes aux

Caraïbes et en Afrique de l'Ouest, tandis que les entrepreneurs privés furent les principaux acteurs du commerce à longue distance.

Le commerce impérial portugais avec l'Afrique de l'Ouest était sous monopole de la Couronne portugaise depuis le milieu du XVe siècle[21]. Cependant, le monopole royal n'était pas complètement fermé à l'entreprenariat privé. Dès la fin du XVe siècle, des négociants privés avaient obtenu des permissions pour participer au commerce de certaines régions d'outre-mer et de produits coloniaux spécifiques. Au début des années 1500, la Couronne commença à sous-traiter la gestion directe des différents monopoles à des entrepreneurs privés[22]. Entre les années 1530 et 1640, cela devint pratique courante. Les différents monopoles, c'est-à-dire ceux du Cap-Vert et de Guinée, de São Tomé et d'Angola, étaient sous-traités à des entrepreneurs privés ou traitants (*contratadores*)[23].

Les entrepreneurs étaient autorisés à faire du commerce et à placer leurs propres facteurs et agents dans les différentes régions. Ils pouvaient aussi accorder des permissions de se livrer au commerce (*avenças*) à d'autres négociants privés. Ces licences commerciales étaient des contrats autorisant le titulaire (*avençador*) à exporter une certaine quantité d'un produit donné vers une zone géographique spécifique. L'entrepreneur ou ses agents pouvaient vendre les permissions de commerce au Portugal ou dans l'Atlantique. Afin d'éviter les pertes, les négociants étaient autorisés à demander des garanties (*fiança*) avant de délivrer la permission finale.

Le bois de teinture brésilien était sous monopole royal et ceux qui étaient intéressés par son exploitation étaient obligés d'obtenir le contrat de sous-traitance du monopole ou des permissions de commerce des

21 Jill Dias, « As primeiras penetrações portuguesas em África », dans Luís de Albuquerque (dir.), *Portugal no Mundo*, Lisbonne, Alfa, 1989, t. I, 281-298, ici p. 285 ; Marília Lopes, « A exploração económica da Guiné e de Cabo Verde », dans *ibid.*, p. 250-263, ici p. 252.

22 Joseph Bato' Ora Ballong-Wen-Mewuda, « A instalação de fortalezas na costa Africana : Os casos de Arguim e da Mina. Comércio e contactos culturais », *ibid.*, t. II, p. 137-149.

23 José Gonçalves Salvador, *Os magnatas do tráfico negreiro (séculos XVI e XVII)*, São Paulo, Livraria Pioneira, 1981 ; Cristina Maria Seuanes Serafim, *As Ilhas de São Tomé no século XVII*, Lisbonne, Centro de Historia de Além-mar, 2000, p. 140-141, table 15 ; Maria Manuel Torrão, « Rotas comerciais, agentes económicos e meios de pagamento », dans Maria Emília Madeira Santos (dir.), *História Geral de Cabo Verde*, Lisbonne/Praia, Centro de Estudos de História e Cartografia Antiga/Instituto Nacional da Cultura de Cabo Verde, 1995, t. II, p. 60-94.

détenteurs de celui-ci. Le sucre brésilien, en revanche, n'était pas compris dans le monopole royal. Les importations de sucre étaient réglementées par la Couronne au Portugal et, plus généralement en Europe, par la définition des taxes imposées à l'importation au Portugal et aux réexportations vers l'Europe du Nord. En résumé, le sucre brésilien ne pouvait pas être importé directement dans les ports d'Europe du Nord sans escale dans un port portugais, où le sucre était pesé et soumis à une taxe dans les établissements douaniers (*alfândegas*).

Dès qu'a débuté le commerce portugais dans l'Atlantique sud, la communauté marchande montra un grand intérêt pour ses différentes branches, comme détentrice soit de contrats de sous-traitance, soit de permissions. Cette communauté négociante basée à Lisbonne fut formée (la plupart du temps) de Portugais et d'étrangers, les premiers étant divisés entre anciens et nouveaux-chrétiens, les seconds principalement représentés par des Italiens, des Flamands et des Allemands. Leonor Costa Freire atteste que les monopoles royaux furent adjugés à un nombre restreint de familles marchandes[24]. Jusqu'au milieu des années 1620, ce groupe de familles apparaît régulièrement en tant que détenteurs de contrats de monopole de la Couronne portugaise pour l'ensemble de l'Atlantique sud, tandis que les marchands étrangers étaient plutôt intéressés par le monopole sur le bois brésil et les importations de sucre, du fait de la demande des marchés de consommation d'Europe du Nord et des besoins de l'industrie textile italienne[25].

Pendant l'Union ibérique (1580-1640), les monopoles royaux portugais étaient répartis depuis Madrid. Le transfert de Lisbonne à Madrid força les communautés marchandes à déménager ou à expédier leurs agents dans la capitale des Habsbourg[26]. Plusieurs négociants

---

24 Leonor Freire Costa, *Impérios e grupos mercantis. Entre o Oriente e o Atlântico (século XVII)*, Lisbonne, Livros Horizonte, 2002.

25 Parmi ceux-ci citons Cornelis Snellincx, agent du *contratador* du monopole sur le bois de teinture brésilien – João Nunes Correia – en 1601. Voir SAA, Not. Arch. 34/115-116 : 8 décembre 1601 ; Not. Arch. 98/28-28v [s. d.] ; Christopher Ebert, « Dutch Trade with Brazil before the Dutch West Indian Campagny, 1587-1621 », dans Johannes Postma et Victor Enthoven (dir.), *Riches from Atlantic Commerce. Dutch Transatlantic Trade and Shipping, 1585-1817*, Leyde, Brill, 2003, p. 49-76 ; Frédéric Mauro, *Portugal, o Brasil e o Atlântico*, *op. cit.*, t. I, p. 215- 218 ; José Gonçalves Salvador, *Os Magnatas*, *op. cit.*, p. 15, 19-29, 32-35 et 39-48.

26 Pour plus d'information concernant le rôle des banquiers portugais à la cour des Habsbourg, voir James C. Boyajian, *Portuguese Bankers at the Court of Spain, 1626-1650*, New Brunswick, Rutgers University Press, 1983.

virent dans cette décision une occasion de se livrer à la sous-traitance des monopoles coloniaux espagnols. D'un point de vue commercial, le monopole de la fourniture de main-d'œuvre esclave de l'Amérique espagnole (*asiento de negros*) était l'un des plus attractifs. Le contrat pour la fourniture de main-d'œuvre esclave aux colonies espagnoles d'Amérique existait depuis les années 1540, mais les étrangers n'avaient jamais été autorisés à y participer. Dans les années 1580, la donne changea, avec les réformes de Philippe II. Ainsi, à l'époque de l'Union, les entrepreneurs portugais ayant les contrats de monopole portugais sur le commerce de l'Afrique de l'Ouest, en particulier la traite des esclaves, devinrent également les premiers traitants de l'*asiento* espagnol. Entre 1586 et 1640, les hommes d'affaires portugais monopolisèrent le système de contrats des deux empires ibériques dans l'Atlantique, tout en gardant leur accès privilégié à la flotte marchande espagnole, ce qui leur permit de disposer d'une plus grande capacité de transport[27].

Dans les années 1630 et 1640, les conflits dans l'Atlantique contribuèrent à la perturbation du système de sous-traitance de monopoles coloniaux ibériques et des réseaux d'affaires. D'une part, les attaques navales de la WIC contre les flottes espagnole et portugaise, la menace militaire et la conquête des possessions portugaises dans la région qui s'ensuivit, entravèrent les activités des deux groupes de négociants privés ainsi que des Couronnes ibériques elles-mêmes. D'autre part, l'occupation hollandaise du Brésil et de l'Angola perturba les rapports de force entre les communautés de marchands basés dans la péninsule Ibérique, en Europe et dans les colonies de l'Atlantique sud. À partir des années 1600, il y eut de plus en plus de marchands portugais vivant dans les communautés des postes de traite et des colonies d'Afrique de l'Ouest[28] et du Brésil[29]. Ces communautés étaient en plein essor, notamment grâce

---

[27] Maria Manuel Torrão, « Formas de participação dos portugueses no comércio de escravos com as Índias de Castela : abastecimento e transporte », dans *II Reunião Internacional de História de África. A dimensão atlântica da África. Rio de Janeiro, 30 de Outubro a 1 de Novembro de 1996*, São Paulo, Universidade de São Paulo, 1997, p. 203-222.

[28] Isabel Castro Henriques, « O Ciclo do açúcar em São Tomé nos séculos XV e XVI », dans Luís de Albuquerque, *Portugal no Mundo*, *op. cit.*, t. I, p. 269 ; *Id.*, « A colonização de São Tomé », *ibid.*, p. 174 ; Maria Manuel Torrão, « Colonização de Cabo Verde : meios e objectivos », *ibid.*, p. 165-166.

[29] Gustavo Acioli Lopes, Negócio da Costa da Mina e Comércio Atlântico : Tabaco, Açúcar, Ouro e Tráfico de Escravos : Pernambuco (1654-1760), thèse de doctorat de l'Université de São Paulo, 2008, p. 176 ; Pierre Verger, *Fluxo e Refluxo do Tráfico*

aux privilèges commerciaux accordés par la Couronne portugaise, par les nobles de ces colonies bénéficiant de privilèges (*capitães-donatários*) ou par les colons. La séparation des économies du Brésil et de l'Angola pendant l'occupation hollandaise, ainsi que les pressions sur les secteurs productifs et soumis aux monopoles commerciaux, contribuèrent à accroître l'autonomie de ces communautés par rapport au Portugal et la promotion de leurs propres intérêts et stratégies d'investissement, indépendamment des normes économiques royales pour l'Atlantique sud. Même si les communautés marchandes de l'Atlantique sud continuèrent d'investir dans les monopoles de la Couronne portugaise, avec le temps, les négociants au Brésil et en Angola donnèrent la priorité aux affaires de l'Atlantique sud, contribuant ainsi à la consolidation de ce que l'on appelle le « complexe Brésil-Angola » et à la division de l'Atlantique en deux systèmes. Leur puissance économique et leur influence politique devinrent encore plus visibles dans la deuxième moitié du XVIIe siècle[30].

Un autre phénomène a perturbé les activités des différents groupes d'hommes d'affaire de la péninsule Ibérique, des empires et de leurs associés : la persécution de certaines familles de nouveaux-chrétiens et de leurs réseaux commerciaux et financiers par les Inquisitions ibériques, probablement soutenues par la Couronne espagnole, qui souhaitait contrôler les foyers d'agitation politique[31]. La situation empira en 1640 après la proclamation de l'indépendance du Portugal, lorsque les Portugais commencèrent une guerre d'indépendance contre l'empire des Habsbourg (de 1640 à 1668). Les marchands portugais perdirent leur accès aux ports, aux flottes et aux colonies américaines de la monarchie espagnole. Ils abandonnèrent le contrat d'exportation d'esclaves africains vers l'Amérique espagnole. En outre, l'Espagne imposa un embargo sur les

---

de Escravos entre os Golfo de Benin e a Bahia de Todos os Santos : dos séculos XVII a XIX, Salvador, Editora Corrupio, 1997 ; Manolo Florentino, *Em costas negras. Uma história do tráfico entre a África e o Rio de Janeiro*, São Paulo, Companhia das Letras, 1997.

30 Ce type de division n'était pas connu aux XVIe et XVIIe siècles, étant donné les transactions intenses entre l'Europe, l'Afrique de l'Ouest, le Brésil, l'Amérique espagnole et les Caraïbes. Voir Luiz Felipe de Alencastro, « The Economic Network of Portugal's Atlantic World », dans Francisco Bethencourt et Diogo Ramada Curto (éd.), *Portuguese Oceanic Expansion, 1400-1800*, Cambridge, Cambridge University Press, 2007, p. 109-136, aux p. 118-119.

31 Daviken Studnicki-Gizbert, *A Nation upon the Ocean Sea : Portugal's Atlantic Diaspora and the crisis of the Spanish Empire, 1492-1640*, New York, Oxford University Press, 2007.

navires portugais dans ses ports européens et américains. Par conséquent, pendant des décennies, les colonies espagnoles d'Amérique furent privées d'un approvisionnement régulier de main d'œuvre esclave, ce qui entrava leurs économies coloniales. Ce problème ne fut que partiellement résolu par la sous-traitance de l'*asiento* espagnol au partenariat privé de Grillo et Lomellini de 1662 à 1669, qui s'avéra être une réussite grâce aux contacts des deux associés avec les négociants des Provinces-Unies qui coopéraient avec la WIC.

Au cours du XVIIe siècle, la réussite commerciale de la VOC en Asie, les succès militaires de la WIC dans l'Atlantique et les exploits des compagnies à charte soutenues par d'autres États d'Europe du Nord renforcèrent l'idée selon laquelle cette nouvelle forme d'organisation commerciale et financière était plus efficace que le système de sous-traitance des monopoles. Par conséquent, au milieu du XVIIe siècle, le rôle joué par les entrepreneurs privés dans les monopoles coloniaux portugais fut endossé par plusieurs compagnies commerciales créées par la Couronne portugaise avec des droits de monopole du commerce avec le Brésil et l'Afrique de l'Ouest[32]. La Compagnie du Brésil, qui avait obtenu une charte en 1649 du roi Jean IV (1640- 1656) lui accordant le monopole du commerce avec le Brésil, était l'une des compagnies de commerce les plus importantes de l'économie de l'Atlantique sud au XVIIe siècle. Le principal objectif était de promouvoir un redressement commercial et de garantir la protection navale des flottes opérant dans ces circuits intercontinentaux[33]. Ce nouveau cadre n'eut guère d'impact sur les opportunités offertes aux entrepreneurs privés, car ils continuèrent à coopérer avec les détenteurs des monopoles ou à les défier, comme ils l'avaient fait auparavant. En outre, le plus souvent, ces activités économiques impliquaient des négociants de différences communautés marchandes, entre autres des Hollandais et des Portugais, et parfois leurs connexions s'étendaient à des groupes d'affaires actifs en Angleterre, dans les établissements anglais de l'Atlantique, ainsi qu'aux Pays-Bas méridionaux et dans plusieurs villes italiennes.

---

[32] Leonor Freire Costa, *O Transporte no Atlântico*, *op. cit.*, t. I, chap. 1 et 2.

[33] David Grant Smith, « Old Christian Merchants and the Foundation of the Brazil Company, 1649 », *The Hispanic American Historical Review*, 1974/2, p. 233-259.

La participation du secteur privé au commerce de l'Atlantique sud

Au cours de l'époque moderne, des communautés marchandes variées participèrent à l'avantageux et florissant commerce de l'Atlantique sud. Pour cela, leurs membres durent trouver un équilibre entre différents types de relations de coopération, soit en participant aux monopoles des Couronnes ibériques et de la WIC, soit en s'engageant dans des opérations financières, entreprises d'assurance et des affaires commerciales du secteur privé. Dans les deux cas, la participation des négociants au commerce pouvait être directe et/ou indirecte. Nous allons à présent analyser les modalités d'une coopération directe et indirecte dans les monopoles ibériques et la WIC, en prenant pour référence le cas de la traite transatlantique.

La participation du secteur privé aux monopoles

La guerre entre l'empire des Habsbourg et les Provinces-Unies jusqu'en 1648 contraignit les marchands des Provinces-Unies à éviter les ports espagnols et portugais. Il était par conséquent difficile pour ces négociants de prendre part au commerce colonial ibérique. Cependant, les marchands étaient résolus à participer à des activités commerciales sous monopole royal, parmi celles-ci la traite négrière dans les empires portugais et espagnol. Dès les années 1610, les hommes d'affaires trouvèrent un moyen de participer indirectement aux échanges ibériques en fournissant du crédit et/ou des assurances à des négociants installés aux Provinces-Unies et dans la péninsule Ibérique. Ils assurèrent des navires engagés dans la traite d'esclaves entre l'Angola et l'Amérique espagnole, ce qui leur garantissait une pénétration indirecte et simultanée dans les monopoles portugais et espagnol de la traite d'esclaves. D'autres membres de la communauté négociante hollandaise trouvèrent des moyens directs de participer aux monopoles portugais et espagnol de la traite grâce à leurs contacts au Portugal, en Espagne et en Amérique espagnole[34].

[34] SAA, Not. Arch. 258/81 : 19 March 1613 ; Not. Arch. 254/188-188v : 22 mai 1614 ; Not. Arch. 146/199v-200v : 23 février 1617 ; Not. Arch. 646A/394 : 28 mars 1623. Sur la traite négrière dans les empires Ibériques, voir Linda A. Newson et Susie Minchin, *From capture to sale : the Portuguese slave trade to Spanish South America in the early seventeenth century*, Leyde, Brill, 2007.

La participation simultanée aux divers monopoles de la traite négrière et leur interpénétration n'étaient pas un phénomène exclusif des monopoles ibériques pendant l'Union. Dans les années 1650-1670, les marchands des Provinces-Unies, avec l'appui d'hommes d'affaires installés ailleurs, trouvèrent des moyens de participer directement au monopole de la WIC sur la traite négrière, tout en pénétrant indirectement l'*asiento* espagnol[35]. Par exemple, en 1656, Henrico Mathias, un marchand d'origine allemande basé à Amsterdam, signa un accord avec les administrateurs de la WIC pour la fourniture d'esclaves à Curaçao. L'accord fut fait au nom de Jacinto Vasques, négociant à Séville probablement impliqué dans l'*asiento* espagnol[36]. L'année suivante, Edward Man et Isaac van Beeck reçurent un autre contingent d'esclaves africains transportés à bord du navire *Den Coninck Salomon*, également affrété par Henrico Matias au nom de la WIC[37].

Les marchands portugais d'Amsterdam participèrent au monopole de la traite négrière imposé par la WIC. En 1661, António Luís, un marchand portugais d'Amsterdam signa un contrat de fret avec Claes Pieters Booschieter et Pieter Honting, administrateurs de la Chambre de Frise occidentale et du Quartier Nord de la WIC, pour un voyage concernant la traite d'esclaves. Le *Saint-Jacob* devait naviguer entre les Pays-Bas et la Guinée (probablement la Côte de l'Or) pour aller chercher des esclaves[38]. Pendant les années 1660 et 1670, Francisco Ferroni, un marchand florentin, joua un rôle important dans ce processus de participation du secteur privé aux monopoles de la traite de la monarchie espagnole et de la WIC. Ferroni était un négociant établi à Amsterdam ainsi qu'un propriétaire de navires. Mais surtout, il était le représentant de Domingo Grillo et Ambrogio Lomellini, détenteurs de l'*asiento* espagnol entre 1662 et 1669[39]. À ce titre, Ferroni s'assurait une participation directe à l'entreprise, et ce sont ses contacts qui permirent aux marchands anglais de prendre part à ce commerce. En 1664, Ferroni accorda une

---

35 Cátia Antunes et Filipa Ribeiro da Silva, « Amsterdam Merchants in the Slave Trade and African Commerce, 1580s-1670s », *Tijdschrift voor Economisch en Sociale Geschiedenis*, 2012/4, p. 3-30.

36 SAA, Not. Arch. 2117/losse stukken/90 : 13 novembre 1656.

37 SAA, Not. Arch. 2118/137 : 1er août 1657.

38 SAA, Not. Arch. 211/666 : 25 octobre 1661.

39 Sur l'*asiento* de Grillo et Lomellini, voir Marisa Vega Franco, *El tráfico de esclavos con America. Asientos de Grillo y Lomelín, 1663-1674*, Séville, Escuela de Estudios Hispano-Americanos, 1984.

procuration à Martin Noel, marchand de Londres et investisseur dans la Compagnie Royale des Aventuriers d'Angleterre. Noel était autorisé à signer un contrat avec les agents de Grillo et Lomellini à la Barbade pour la fourniture de 600 à 1 000 « Indiens noirs ou Maures » aux Indes occidentales espagnoles[40]. Étant donné les liens entre Noel et la Compagnie Royale anglaise, ainsi que l'implication des agents de Grillo et Lomellini à la Barbade, il est plus que probable que les esclaves mentionnés dans le contrat devaient être transportés d'un port négrier anglais en Afrique de l'Ouest à la Barbade, puis réexportés aux Antilles espagnoles. À la fin des années 1660, Ferroni avait conclu un autre accord avec Grillo et Lomellini pour fournir des esclaves à Carthagène. Cette fois, Ferroni était directement impliqué dans les opérations de traite d'esclaves avec les *asentistas* puisqu'il était également resté en relation avec la WIC pour les esclaves qui devaient être importés via Curaçao. En 1669, pour remplir son obligation dans cette affaire, Ferroni arma le *Santa Catarina.* Commandé par le capitaine Anthony Collombij, le navire devait naviguer entre les Provinces-Unies, Ardres (aujourd'hui Allada, dans le golfe du Bénin) et Curaçao. Quatre cent vingt esclaves arrivèrent dans l'île, où ils furent revendus à un marchand de Carthagène, certainement l'agent de Grillo et Lomellini[41]. L'entreprise entière semble avoir été mise en place sous la surveillance de la WIC, puisque la compagnie avait des responsables à la fois à Ardres et à Curaçao. Ferroni devait très probablement respecter et payer les 2,5 % de droits commerciaux perçus par la WIC (*handelsrecognitien*).

Grillo et Lomellini firent également appel à Balthasar et Joseph Coijmans, marchands de la République, pour négocier leur participation directe à l'*asiento*, à travers leur représentant à Madrid, Jeremias van Collen de Jonge[42]. Ces deux marchands continuèrent à participer à la traite pendant la gestion de l'*asiento* espagnol par le Portugais António Garcia (1670-1675). Leur participation était garantie à la fois indirectement, par le biais de contrats avec les administrateurs de la WIC pour transporter des esclaves à Curaçao, et directement, à travers des accords avec le détenteur de l'*asiento*. En 1674, les administrateurs de la WIC, de la chambre d'Amsterdam, avec la permission de l'*asentista*, signèrent un contrat avec

40 SAA, Not. Arch. 1148/205 : 12 mars 1664.

41 SAA, Not. Arch. 2231/82-89 : 9 septembre 1669.

42 SAA, Not. Arch. 3678A/172 : 4 novembre 1669 ; Not. Arch. 3678A/176 : 4 novembre 1669.

Balthasar et Joseph Coijmans, pour transporter des esclaves jusqu'à l'île de Curaçao. Pendant une période de cinq ans, les marchands devaient livrer 4 000 esclaves par an. Comme garantie, ils étaient censés déposer 100 000 florins. Plusieurs autres contrats ont suivi dans les années 1670 et 1680[43]. Avec ce système d'accords entre les négociants privés, la WIC et les *asentistas*, il était possible pour ces derniers de garantir leur participation simultanée dans le monopole de la traite de la WIC et l'*asiento*.

Les opérations décrites ci-dessus illustrent clairement la manière dont les négociants privés prenaient part à des activités commerciales placées sous monopole d'État et sous le monopole de compagnies de commerce soutenues par l'État et participaient à plusieurs d'entre eux simultanément.

La participation directe des acteurs privés au commerce de l'Atlantique sud

Les marchands privés combinaient souvent une participation directe et indirecte dans les monopoles de la WIC et des Couronnes ibériques dans l'Atlantique sud. Le commerce du sucre brésilien illustre parfaitement ce phénomène et nous permet de comprendre cette participation directe des négociants privés dans cette économie. Cet engagement pouvait prendre plusieurs formes, notamment une offre d'assurance et de crédit à d'autres marchands actifs dans ce commerce ou l'implication directe dans l'organisation commerciale de la transaction.

Pendant la plus grande partie de l'époque moderne, Amsterdam a été le principal marché de l'assurance en Europe et le plus grand centre économique du monde[44]. Il n'est donc pas surprenant de constater que les entrepreneurs privés installés dans les Provinces-Unies apparaissent aussi comme les principaux pourvoyeurs d'assurance pour le commerce du sucre brésilien. En assurant les risques pour les navires et les cargaisons, ces hommes d'affaires trouvèrent un moyen de participer à ce commerce et d'en tirer des bénéfices. Ils assurèrent les navires et les cargaisons pour

---

43 SAA, Not. Arch. 3221/675 : 27 avril 1675 ; Not. Arch. 3221/685-687 : 27 avril 1675 ; Not. Arch. 3221/695-698 : 27 avril 1675 ; Not. Arch. 3223/300 : 15 novembre 1675.

44 Jan de Vries et A. van der Woude, *The first modern economy : Success, Failure and Perseverance of the Dutch Economy, 1500-1815*, Cambridge, Cambridge University Press, 1997.

les membres de la communauté marchande de la République[45]. De même, les assureurs hollandais assurèrent les risques pour les négociants étrangers par le biais de leurs représentants à Amsterdam. Les marchands étrangers, portugais ou autres, engagés dans le commerce du sucre brésilien eurent fréquemment recours à eux. Jusqu'au milieu du XVIIe siècle, les séfarades portugais d'Amsterdam semblent avoir été des intermédiaires obligés de ces groupes marchands actifs dans le commerce avec le Portugal et les empires ibériques, pour assurer leurs entreprises commerciales dans l'Atlantique sud, que ce soit pour le sucre brésilien[46] ou d'autres branches commerciales[47].

Dans les années 1590, lorsque les marchands des Provinces-Unies commencèrent à investir dans le commerce de l'Atlantique sud, y compris dans le sucre brésilien, ils eurent également recours à d'autres instruments financiers pour obtenir du crédit. Les prêts figuraient parmi les plus courants : lettres de change, prêts à la grosse aventure et crédit commercial. Les hommes d'affaires de la République offraient des prêts conjointement à d'autres formes de crédit pour les négociants en sucre, et ils utilisèrent ces moyens pour participer et tirer profit de ce commerce. En 1595, par exemple, Hans de Schot, marchand et *burger* à Amsterdam, accorda un prêt (*obligatie*) de 184 livres flamandes à David Muijts & Pauwel pour l'importation de 79 boîtes de sucre (*kisten suiker*) de Laureus Janzs, de Bahia à Amsterdam. Le prêt devait être payé le 20 Juin 1596[48]. Ce mécanisme était utilisé non seulement dans le commerce du sucre brésilien, mais aussi dans d'autres secteurs commerciaux de l'Atlantique sud[49].

Les prêts à la grosse aventure – contrats qui combinent crédit et assurance – étaient aussi un mécanisme utilisé habituellement pour financer et s'assurer simultanément des parts dans le commerce du sucre. En 1600, Pieter Gosse (probablement Pedro Goes) et Manuel de Sá, capitaines du navire *Saint Franciscus*, de 50 *last*[50], obtinrent un prêt à la grosse aventure de 40 livres flamandes de Duarte Fernandes, Pieter Belten (Beltgens) et Hans van Uffelen, avec pour garantie leur navire, la cargaison

---

45 SAA, Not. Arch. 210/93-04v : 9 juin 1611.

46 SAA, Not. Arch. 378/317 : 19 mai 1615.

47 SAA, Not. Arch. 127/195-196 : 6 juillet 1612.

48 SAA, Not. Arch. 49/2 : 8 décembre 1595.

49 SAA, Not. Arch. 97/76 : 8 mai 1604 ; Not. Arch. 102/212 : 9 mars 1606.

50 Une *last* vaut deux tonnes.

de retour et la valeur de leur partenariat (*gereedschap*). Le navire devait suivre l'itinéraire Flessingue-Madère-Bahia, tandis que le voyage de retour devait être fait soit via un port portugais ou directement à Amsterdam, ou encore via un autre port en Europe du Nord, probablement dans la mer Baltique. Le prêt à la grosse aventure devait être payé 8 à 14 jours après l'arrivée du navire en Europe avec 50 % d'intérêt. Duarte Fernandes devait recevoir 20 livres flamandes, Belten et Van Uffelen 10 chacun[51].

Compte tenu des restrictions imposées par la Couronne portugaise à l'importation directe de sucre brésilien et de bois de teinture sur les marchés d'Europe du Nord, les négociants installés dans des centres économiques comme Anvers, Bruges, Hambourg et Amsterdam offrirent également des crédits commerciaux à des marchands portugais résidant dans divers ports portugais pour garantir leur participation[52]. Par conséquent, une partie du commerce portugais du sucre et du bois de teinture de Lisbonne et d'autres ports de l'Atlantique nord portugais, tels que Porto et Viana, furent, de même, indirectement financés par des hommes d'affaires basés à Amsterdam, par le biais de leurs agents locaux. En 1621, par exemple, les agents de Hillebrant den Otter et Laurens Joosten Baeck à Viana, c'est-à-dire Floris den Otter et Cipriane Joosten Baeck, fournirent un crédit commercial de marchandises à Francisco Maciel Consuentia, également de Viana. Consuentia devait voyager de Viana à Pernambouc à bord du *Den Engel Gabriel*, dont le capitaine, Damião de Barros, était également originaire de Viana.

La coopération entre les membres des communautés hollandaise et portugaise était primordiale pour l'organisation du commerce du sucre. Cette coopération était nécessaire pour maximiser des liaisons entre les centres de production et les marchés de consommation. Jusque dans les années 1650, la plupart des points de vente de la production de sucre étaient situés dans l'Atlantique sud et étaient dans la sphère politique et économique des Habsbourg, alors que les principaux marchés de consommation étaient situés en Europe du Nord, que ce soit dans les Provinces-Unies ou dans les régions voisines, telles que les villes hanséatiques de la Baltique, les villes allemandes de la région rhénane, les centres urbains du sud des Pays-Bas, la France ou l'Angleterre[53]. Le

---

51 SAA, Not. Arch. 85/193-193v : 21 mars 1600 ; Not. Arch. 85/193 : 29 mars 1600.

52 Christopher Ebert, *Between Empires, op. cit.*, chap. 2 à 6.

53 *Ibid.*

savoir-faire des groupes négociants de ces deux espaces était fondamental pour le développement du commerce. Le transfert des marchands installés à Anvers (Flamands et juifs séfarades portugais ou étrangers) à Amsterdam a nettement favorisé l'engagement croissant des marchands des Provinces-Unies dans le commerce du sucre brésilien. Combinés aux services en matière d'assurance, de participation financière et de transport maritime que les marchands de la République pouvaient fournir, cet afflux de connaissances dans le commerce du sucre était essentiel pour renforcer la participation des groupes mercantiles d'Amsterdam et d'autres villes de la République telles que Rotterdam, Delft, Middelburg et Flessingue.

Il n'est donc pas surprenant que, dans les premières années de leur participation au commerce de l'Atlantique sud, les marchands installés dans la République s'appuyaient en partie sur diverses formes de collaboration et/ou de partenariat avec les négociants qui avaient l'expérience du commerce colonial ibérique, comme ce fut le cas des Flamands et des juifs séfarades portugais[54]. La coopération dans l'organisation du commerce du sucre apparaît également dans le choix des partenaires commerciaux – agents, subrécargues, facteurs et avocats. Lucas van de Venne et Leonard de Beer, marchands flamands basés à Amsterdam, actifs dans le commerce du sucre brésilien et dans le commerce de produits de base africains durant la première moitié du XVIIe siècle, illustrent bien ce phénomène. Ils comptaient sur leurs liens avec les séfarades portugais aux Provinces-Unies et avec d'autres Portugais en Angola et au Brésil pour organiser leur participation dans le commerce de l'Atlantique sud. Dans les Provinces-Unies, ils étaient associés à plusieurs juifs séfarades portugais, tels que Bartolomeu Rodrigues de Molina et Jorge Veiga Peres. Le premier était leur contact pour le transport de marchandises de troc des Provinces-Unies en Afrique de l'Ouest, tandis que le second était un maillon important dans le secteur du sucre et du bois de teinture brésiliens. Pour le commerce en Angola, au Congo et au Loango, le contact principal était le négociant portugais Gonçalo da Costa, un résident du Luanda. Pour faire des affaires en son nom à Bahia, Lucas van de Venne avait donné une procuration et un crédit commercial à Francisco Pereira, orfèvre et habitant de Bahia. Pour la poursuite de l'entreprise, Van de Venne et ses associés avaient donné une procuration à Lambert Hustaert, marchand à Lisbonne, qui se chargeait de payer les lettres de change émises par

54 *Ibid.* ; SAA, Not. Arch. 646B/1149 : 21 mars 1625.

leurs agents à Luanda et à Bahia pour le commerce de bois de teinture brésilien[55].

Cette étude démontre que les membres des communautés de négociants hollandais et portugais au Portugal, aux Provinces-Unies ou ailleurs en Europe ont uni leurs forces avec des partenaires au Brésil et en Angola prenant part à l'économie de l'Atlantique sud. En combinant leur expertise d'affaires, ces marchands ont réussi à pénétrer simultanément les monopoles des Couronnes ibériques et de la WIC, dans plusieurs branches commerciales, indépendamment du fait qu'ils étaient soumis à des contraintes monopolistiques, ce qui a contribué au développement et à la consolidation de l'économie de l'Atlantique sud. Leur engagement dans cette région montre que les économies coloniales européennes étaient loin d'être « nationales » ou autonomes et qu'elles étaient encore moins le résultat de politiques centralisées pour lutter contre la rivalité commerciale entre États européens.

---

55 SAA, Not. Arch. 376/114-115 : 6 mars 1613 ; Not. Arch. 381/110 : 10 mars 1616 ; Not. Arch. 381/114 : 10 mars, 1618 ; Not. Arch. 126/222 : 25 avril 1612 ; Not. Arch. 645B/1520 : 6 mai 1621.

A Broker in a Hostile Setting : Alexandre Bergeret and his Mail Order Company in Paris and Vienna in the Seventeenth Century

Veronika Hyden-Hanscho

Abstract

This article examines the trading activities of Alexandre Bergeret in Paris and Vienna in the second half of the seventeenth century. Trading connections between Paris and Vienna did not flourish due to the political antagonism between the ruling Houses of Habsburg and Bourbon. Although not formally a classical merchant, Bergeret provided the Austrian nobility with French luxuries and textiles for 37 years by sending deliveries of merchandise on a mail order basis. By this time, French luxuries were very fashionable, but hardly available in Vienna. Alexandre Bergeret filled this market niche. This article deals with Bergeret's hybrid occupational identity. His commercial undertakings and his biography will be assessed, against various overlapping occupations, such as that of merchant, broker and agent, within the context of the modern trade in luxury goods. Of the three different models of early modern occupations, that of the agent, arising from the model of early modern patronage and clientelism, is the least applicable. Bergeret earned his living as a merchant and fulfilled the task of broker, according to social network theory, because of his connectivity and the bridging functions he performed in a hostile political setting.

Résumé

Cet article est consacré aux activités de commerce d'Alexandre Bergeret entre Paris et Vienne dans la deuxième moitié du XVIIe siècle. En raison de l'antagonisme entre les maisons régnantes des Bourbon et des Habsbourg, des liens commerciaux entre Paris et Vienne ne prospéraient guère. Alexandre Bergeret n'était pas à proprement parler un marchand de formation ni reconnu comme un membre de la communauté marchande, quand bien même pendant 37 ans il a fourni la noblesse autrichienne en produits de luxe français, notamment des habits, des étoffes, des objets d'arts, etc., grâce à la vente par correspondance. Dans la deuxième moitié du XVIIe siècle, les produits de luxe français étaient très à la mode à Vienne, mais il était difficile de se les procurer, et Alexandre

Bergeret saisit l'occasion de prendre pied dans ce créneau du marché. Cet article traite de l'identité professionnelle hybride de Bergeret. Ses relations d'affaires et sa biographie sont évaluées dans le cadre des diverses professions et fonctions du commerce des produits de luxe à l'époque moderne, qui se chevauchent, à savoir des marchands, des *brokers* et des agents. De ces trois modes d'activité, c'est la figure de l'agent, emprunté à la théorie du clientélisme aux temps modernes, qui convient le moins. Bergeret gagne sa vie grâce à la vente par correspondance, tel un marchand, et remplit le rôle d'un *broker*, conformément à l'approche de l'analyse des réseaux sociaux, de par capacité à relier les réseaux entre eux et sa fonction d'intermédiaire dans un contexte d'hostilité politique.

Alexandre Bergeret (1640-1717), the son of a butcher from Burgundy, the third of eight children, had an interesting career : He served as a valet to foreign ambassadors in Paris. He offered his services to the court and to important French nobles with his commission businesses and he entered the household of the French dauphine, as a valet, in 1680. Bergeret's most important business connections were his commissions for the Austrian noble Ferdinand Bonaventura of Harrach in Vienna. For 37 years Bergeret provided Harrach with luxuries, mostly textiles and clothing from Paris, on the basis of a mail order company although French products were taxed in Vienna with bans on imports. Bergeret invested the surplus of his income in properties, bonds and on the credit market and, advanced in age, he settled in the countryside acquiring several manors and estates in the Île-de-France. When Bergeret died in 1717, he left an estimated total property of 4 million pounds to his heirs. Such a career certainly deserves to be called successful and it demonstrates upward mobility in early modern French society. Whereas the social dimension of this case study is obvious, the economic and occupational position of Bergeret and his economic undertakings, are not.

The occupational identity of merchants seems to be defined easily by their economic activity. Occupational training, keeping a shop, membership in a guild, local supporters or customers and citizenship are normally the most important criteria. Alexandre Bergeret did basically what merchants do. He earned his living by serving his customers. He sold commodities and sent them over long distances from Paris to Vienna. Nevertheless, there is no sign that he was ever trained as a merchant, that he was a member of a merchant guild or bestowed with royal privilege. Alexandre Bergeret was certainly not a typical merchant or salesman and his career does not fit in with common paradigms of early modern trade. It is the aim of this article to scrutinize Alexandre

Bergeret's career and his mail order deliveries to Vienna in respect of his occupational identity and to assess the characteristics of his commercial undertakings against various resembling and overlapping roles within the early modern trade in luxury goods. *Marchand-mercier*, agents and brokers performed the duties of merchants regarless of their professional training. The terms agent and broker describe roles of early modern trade and communication, the first connected to early modern patronage and clientelism, the latter to social network theory.

If someone was accepted as a merchant in the early modern period it did not only depend on their training, their membership of the guild or citizenship. As Tamar Herzog found out, distinguishing a merchant hinged on individual circumstances of acceptance. Other characteristics like having a shop, local networks of customers and supporters opened the occupation of merchant to artisans, soldiers and sailors. To be accepted as a merchant was also a question of power, inclusion, exclusion and the negotiation of rights and privileges[1]. The occupational identity of a merchant is constituted by both the self-perception of a person as a merchant and acceptance by the group[2]. Neither evidence of Bergeret's self-perception nor that of the Parisian merchants about him have lived long enough to be analysed. This lack of evidence, which is typical, has to be compensated for by scrutinising the merchant's business correspondence. Business letters were more than bilateral agreements. They followed a customary etiquette, represented the merchant's principal channel of communication and included private statements[3]. It is the challenge of the archival analysis to screen Bergeret's letters for indicators of his occupational self-perception. The luxury trade in France was highly controlled and operated by the *marchands-merciers*, officially recognised as a corporation since 1613. Established in and around the rue Saint-Honoré in Paris, the *marchands-merciers* formed an occupational group

1 Tamar Herzog, « Merchants and Citizens : On the Making and Un-making of Merchants in Early Modern Spain and Spanish America », *The Journal of European Economic History*, 2013, 42/1, p. 137-163.

2 Laurence Fontaine, « A Reflection on the Concept of Social Identity : Migrant Merchants in Early Modern Europe », *East Central Europe*, juin 2007, 34/1, p. 267-268 ; on the concept and the term identity see Rogers Brubaker and Frederick Cooper, « Beyond 'identity' », *Theory and Society*, 2000, 29, p. 1-47.

3 Francesca Trivellato, « Images and Self-Images of Sephardic Merchants in Early Modern Europe and the Mediterranean », in Margaret C. Jacob and Catherine Secretan (dir.) *The Self-Perception of Early Modern Capitalists*, New York, Palgrave Macmillan, 2008, p. 49-74, here p. 52-53.

with a clear merchant identity[4]. Edme-François Gersaint (1694-1750) was probably the most famous and successful *marchand-mercier* with a career comparable to that of Alexandre Bergeret[5]. His biography will serve as a point of comparison.

The early modern agent has become a new explanatory model for a group of people who helped early modern collectors, nobles and monarchs to realise the purchase of their art objects as well as luxury and representative goods. Agents represented their patrons or clients and managed the actual work of searching, acquisition and transfer of arts, luxuries and representative items. The term is derived from the model of patronage and clientelism and should shed more light on the activities of the agents and less on the patron-client relationship[6]. Besides products, agents distributed and intermediated information, services and influence. They filled the gap between their patron and the client. Social and organisational skills, languages, mobility and stamina belonged to the profile of an agent and were more important than his occupational training, as agents often switched tasks and duties on behalf of their commissioners. Merchants, artisans, artists as well as diplomats and scholars could perform the function of an agent. Developing relationships over a long time and reciprocity characterise the relation between an agent and his purchaser. Yet, according to Marika Keblusek, early modern agents definitely possessed a self-perception, obvious for instance through their use of the complimentary close « your humble servant » in their correspondence[7]. Recently, a lot of case studies on early modern agents have enhanced their profile[8]. Merchants in particular

4 Carolyn Sargentson, « The manufacture and marketing of luxury goods : the marchands merciers of late 17th-and 18th-century Paris », in Robert Fox and Anthony Turner (dir.), *Luxury Trades and Consumerism in Ancien Régime Paris*, Aldershot/Brookfield/Singapore/Sydney, Ashgate, 1998, p. 99-137.

5 Guillaume Glorieux, *À l'enseigne de Gersaint : Edme-François Gersaint, marchand d'art sur le Pont Notre- Dame, 1694-1750*, Seyssel, Champ Vallon, 2002.

6 Marika Keblusek, « Introduction : Double Agents in Early Modern Europe », in Marika Keblusek and Badeloch Vera Noldus (dir.), *Double Agents : Cultural and Political Brokerage in Early Modern Europe*, Leiden, Brill, 2011, p. 3-9.

7 Marika Keblusek, « Introduction. Profiling the Early Modern Agent », in Hans Cools, Marika Keblusek and Badeloch Noldus (dir.), *Your Humble Servant : Agents in Early Modern Europe*, Hilversum, Uitgeverij Verloren, 2006, p. 9-15.

8 Mark Häberlein and Christof Jeggle (dir.), *Materielle Grundlagen der Diplomatie. Schenken, Sammeln und Verhandeln in Spätmittelalter und Früher Neuzeit*,

acted as cultural entrepreneurs for financially powerful clients in the early modern market of arts and luxuries. Their networks and versatility made up for special knowledge in arts and sciences[9]. However, the mediating activities of the Bavarian long-term envoy Martin Mayr, who supplied Prince-elector Maximilian Emanuel of Bavaria with luxury products, particularly clothing transferred from Paris to Munich, provide a comparative example for Alexandre Bergeret's businesses[10].

Agents certainly played a central role in early modern luxury markets. In literature, their role is metaphorically compared with the strategic place of brokers in networks of social relations. Albeit, according to social network theory, the concept of a broker includes many more abilities and capabilities and needs to be thought of in a much wider context of bridging gaps or structural holes. Networks have become an increasingly popular term in historical research. Due to its growing metaphorical use in all human sciences, the term suffers from vagueness and arbitrariness and is often used to characterise social relations which are hard to define. According to network theory, a broker is a node, able to link together two networks which would otherwise never meet. The broker is the bridge between two entities. He is able to control the flow of information, resources and products at his discretion. A broker may not be aware of his connectivity function, nevertheless his position as a key player provides an increase in personal social capital[11]. Alexandre Bergeret's economic undertakings fit in with the most important criteria which define a network, such as the voluntary participation of the members in the network, flat hierarchies, no memberships or organisations, a common goal and deducing advantages from the network relations for

---

Konstanz, München, UVK Verlagsgesellschaft, 2013 ; Marika Keblusek and Badeloch Noldus (dir.), *Double Agents, op. cit. ;* Hans Cools, Marika Keblusek and Badeloch Noldus (dir.), *Your Humble Servant, op. cit.*

9 Marika Keblusek, « Mercator sapiens : Merchants as Cultural Entrepreneurs », in *Double Agents, op. cit.*, p. 95-109.

10 Corinne Thépaut-Cabasset, « Diplomatische Agenten und der europäische Luxuswarenhandel im späten 17. Jahrhundert », in Mark Häberlein and Christof Jeggle (dir.), *Materielle Grundlagen der Diplomatie, op. cit.*, p. 157-174.

11 Janet C. Long, Frances C. Cunningham and Jeffrey Braithwaite, « Bridges, Brokers and Boundary Spanners in Collaborative Networks : A Systematic Review », *BMC Health Services Research*, 2013, 13/4, p. 1-13, here p. 1- 2 ; Ronald S. Burt, « Structural Holes and Good Ideas », *American Journal of Sociology*, 2004, 110/2, p. 351-356.

the members of the network[12]. Therefore, at the bottom of this article, all available data about Alexandre Bergeret and his economic undertakings have been submitted for an ego network analysis which allows judgment of the position of Alexandre Bergeret and whether he acted as a broker or not. In contrast to socio-centric networks, egocentric networks focus on a particular person, the ego, and his connections. Ego networks are underrepresented in research because many of the calculated measures, such as density and centrality, are not valid due to the imbalance of the ego's data[13]. Nevertheless, the egocentric approach enables analysis of the embeddedness and the connectivity of a particular agent such as Alexandre Bergeret[14].

Merchant, agent or broker, Alexandre Bergeret fulfilled more than one duty and performed more than one occupation. His biography will show an example of occupational hybridity. There are four parts to the story : the Habsburg-Bourbon antagonism as the hostile setting of Bergeret's commercial undertakings, the relationship between Bergeret and his customer, the Count Harrach, the range of goods and profits and the functioning of Bergeret's mail order business. Simultaneously, I will evaluate these findings against common paradigms of merchants, agents and brokers to find similarities and differences. Bergeret's correspondence is the most important source for the evaluation of his significance in business as well as for network analysis. The only available correspondence is the collection of 855 letters which Bergeret sent to his most important customer, Count Harrach, in Vienna[15]. The connection lasted for

12 Mike Burkhardt, « Networks as Social Structures in Late Medieval and Early Modern Towns : A Theoretical Approach to Historical Network Analysis », in Andrea Caracausi and Christof Jeggle (dir.), *Commercial Networks and European Cities, 1400-1800*, London, Brookfield, Pickering & Chatto, 2014, p. 13-45.

13 John Scott, *Social Network Analysis*, 3^d^ ed., Los Angeles, London, New Delhi, Singapore, Washington DC, Sage, 2013, p. 69-74. For a bibliographical overview on historical network analysis, see http://historicalnetworkresearch.org/resources/bibliography/ (05.01.2016).

14 For more detail, see Veronika Hyden-Hanscho, « Ego-Netzwerke zwischen Paris und Wien. Kulturvermittlung im 17. Jahrhundert am Fall Bergeret », *Österreichische Zeitschrift für Geschichtswissenschaften*, 2012, 23/1, p. 72-98 ; Rainer Diaz-Bone, *Ego-zentrierte Netzwerkanalyse und familiale Beziehungssysteme*, Wiesbaden, Deutscher Universitäts-Verlag, 1997.

15 Österreichisches Staatsarchiv [hereinafter ÖstA], Allgemeines Verwaltungsarchiv [hereinafter AVA], Harrach 217 and 218, correspondence Bergeret (hereafter Bergeret).

37 years, from 1669 to Harrach's death in 1706. Although it is known that Bergeret had business relationships with other Viennese nobles, no other correspondence has been found so far. Bergeret's family left some evidence in French archives[16]. His children's and grand- children's lives are better documented. Unfortunately the original material has nothing to say on Bergeret's businesses. The implementation of the network analysis has been realised by using cytoscape as the platform for complex network analysis and the visualisation environment[17].

Habsburg-Bourbon Antagonism. The hostile setting

For more than 200 years, the ruling Houses of Habsburg and Bourbon struggled against each other for political, economic and cultural hegemony in Europe. In the sixteenth century France and Spain were the two major players. The Bourbons suffered from the Habsburg encirclement of Spain, Italy, the Americas and the Holy Roman Empire. In the course of the seventeenth century the antagonism affected more and more Vienna because the Spanish Habsburgs lacked a male successor. The Viennese Habsburgs, as well as the Bourbons, maintained marriage alliances with the Spanish Habsburgs and both hoped to prevail against the other in the fight for the Spanish crown. Vienna and Madrid were bound together by family ties. Intermarriage between the Spanish and the Viennese line was very common and was decisive in respect of political cooperation between Madrid and Vienna until 1715. When Louis XIV married the first-born infanta Maria Theresa, daughter of Philipp IV, who should have married emperor Leopold I to strengthen the Habsburg ties between Madrid and Vienna, the good practice of intermarriage of the Habsburgs was undermined. France secured her claims to the Spanish Succession through this very important marriage and intensified the offensive policy against Vienna. France came into the Thirty Years' War against the emperor just to lengthen the war and to weaken the emperor and the Holy Roman Empire. Louis XIV supported the Ottoman Empire, which besieged Vienna in 1683. In the Wars of the Reunions France conquered western parts of the Holy Roman Empire

16 Frédéric Chappey and Florence Jakubowicz (dir.), *Fragonard et le voyage en Italie 1773-1774. Les Bergeret, une famille de mécènes*, Somogy, Paris, 2001.

17 Paul Shannon, Andrew Markiel, Owen Ozier *et al.*, « Cytoscape : A Software Environment for Integrated Models of Biomolecular Interaction Networks », *Genome Research*, 1 november 2003, 13/11, p. 2498-2504.

along the Rhine. The political antagonism was accompanied by cultural opposition, nonexistent economic relations and personal hatred between Louis XIV and Leopold I.

The Viennese court was used to give attention to Madrid not only in politics, but also in culture and representation (to look into the politics, culture and representation of Madrid). The Spanish-Italian fashion was very common in Vienna and furthermore Spanish fashion formed an integral part of Viennese ceremony. At the Viennese court it was obligatory for gentlemen to wear the black Spanish coat dress. Special forms of these Spanish clothes were used for all forms of courtly festivities. Soft and subdued colours, like black with silver and gold, were generally used in Spanish fashion and the garments were very close-fitting and corseted, even for men. French fashion, in contrast, consisted of bright, luminous and shimmering colours and were overloaded with laces, ribbons and embroidery. With the French success in politics and warfare Louis XIV began to develop his own culture of representation and fashion played a decisive role. He demonstrated his cultural hegemony ostentatiously and exported his model of representation all over Europe through publicity and propaganda. Louis XIV disseminated copper engravings, society journals such as the *Mercure Galant*, and fashion dolls at the European courts[18]. However, the court of Vienna resisted much longer than any other German territory in adapting to the new French style. Emperor Leopold I issued several bans on imports of French luxuries and textiles until the Spanish War of Succession, renewed each time Austria was at war with France. From 1642 the import of foreign luxuries was highly taxed[19]. In 1674, Leopold I enacted a total import ban on all French goods for Vienna, as well as Lower and Upper Austria, whereas the import of comparable luxury goods from Italy, the Dutch States-General and Switzerland, mostly brocade, canvas, satin and ribbons remained legal. Leopold ordered inspections of the stores and stocks, examinations of the merchants' books and correspondence in suspected cases, as well as confiscations and harsh penalties in cases of contraband[20]. In 1702, he renewed the ban on French imports and extended it to include the circulation of correspondence and bills of exchange with France[21].

18 William H. Sewell, « The Empire of Fashion and the Rise of Capitalism in Eighteenth-Century France », *Past & Present*, 2010, 206/1, p. 81-120.

19 Wiener Stadt- und Landesarchiv [hereinafter WstLA], Patente 408/1644.

20 WStLA, Patente 659/1674.

21 WStLA, Patente 913/1702.

Although such import bans were seldom effective, Alexandre Bergeret was privately accused of contraband by a secretary, when he tried to sell French clothes and haberdashery to Viennese nobles in 1676[22]. This example illustrates the importance of the Habsburg-Bourbon antagonism as an obstacle to trade and the need for a broker, who was able to use networks which could circumvent bans on imports and other barriers.

In the early modern period, economic relations between foreign courts and the court nobility were often induced through the intermediation of ambassadors and envoys. Examples exist for the import of luxuries from France to Bavaria, Sweden and Brandenburg-Ansbach. Long-term diplomats and their connections formed the basis for economic transfers and it was this particular setting which made diplomats act as agents. They used their networks in Paris and their long-term client relationship with the monarch at home for the intermediation of luxury goods. The Bavarian agent and envoy, Martin Mayr, who organised luxury imports from 1673 to 1689 for Maximilian II Emanuel, Elector of Bavaria, is an example with a crucial difference. Mayr was supported by the goodwill, help and network of the dauphine who was the Elector's sister[23]. This kind of intermediation pattern did not work in the French-Austrian context, because Vienna never sent long-term diplomats to Paris, so they never built up an efficient network. Between the Thirty Years' War and the War of the Spanish Succession, Vienna never dispatched an ambassador of high social rank to Paris, who stayed longer than two years at the French court. Secretaries or residents without social standing represented the emperor and very often Leopold I broke off diplomatic relations with Louis XIV, so that, for more than ten years, the emperor was not represented in Paris[24]. The common patron client relationship between monarchs and diplomats did not work ; on the contrary, to bridge the gap between Vienna and Paris, a broker was necessary.

---

22 ÖStA, AVA, Harrach 217, Bergeret, 20th September 1676, and Harrach 350, 2nd and 28th December 1676.

23 Corinne Thépaut-Cabasset, « Diplomatische Agenten und der europäische Luxuswarenhandel », *op. cit.* ; Martin Pozsgai, « Die Gesandten am französischen Hof als Kunstagenten. Daniel Cronström aus Schweden und Ernst Ludwig Carl aus Brandenburg-Ansbach », in *Materielle Grundlagen der Diplomatie, op. cit.*, p. 175-192.

24 Klaus Müller, *Das kaiserliche Gesandtschaftswesen im Jahrhundert nach dem Westfälischen Frieden (1648-1740)*, Bonn, Röhrscheid, 1976, p. 60-75 and 123.

Harrach and Bergeret : a good match

In 1669, Leopold I sent Ferdinand Bonaventura, Count Harrach, as extraordinary ambassador to Paris. Louis XIV had asked Leopold I to become godparent to his second son and as the Sun King and the emperor were brothers-in-law, Leopold could not refuse and sent Count Harrach to represent him at the child's christening[25]. Apart from this diplomatic and representative mission in Paris, Harrach was concerned with Spanish politics in order to maintain the Habsburg ties between Madrid and Vienna. Twice he was imperial ambassador in Madrid and twice he fulfilled extraordinary missions in Madrid, in 1661 and 1665. In 1662 in Madrid, he married the daughter of the imperial ambassador to Spain, Johanna Theresia, Countess Lamberg, who was brought up in Spain. Harrach was later one of the most influential and powerful players at the Viennese court. He was personal advisor and Lord Chamberlain of the emperor[26]. However, Harrach spent two months in Paris, in 1669, with lots of representative duties. Apart from the christening, he participated in audiences, festivities, hunts and games. In order to stick to the rules of the French court and to appear properly in French fashion, he needed a valet or someone who was able to introduce him to French courtly life. This person was Alexandre Bergeret.

Unfortunately, there is little available information about Bergeret's early life until he met Count Harrach. Bergeret was born in 1640 as Pierre-Alexandre Bergeret in Saulieu, a small town in Burgundy, the third of eight children of a butcher and meat trader. He must have come to Paris to improve his chances. There is no verified information about his education or training, but it is very likely that he undertook an apprenticeship as a barber or surgeon, because, in the winter of 1670-1671, he stayed in the house of a famous surgeon called Chevaillier and followed his dissections and autopsies[27]. It was not unusual for middle class royal valets to come from the background of barber, surgeon or

25 ÖStA, AVA, Harrach 677, Karl Biographica, Instruktion für die Länderreise, and Harrach 334, Frankreich 1664-1669 ; ÖStA, Haus- Hof- und Staatsarchiv, Staatenabteilung Frankreich, Berichte 24, Harrach an Leopold I. 1669, f. 1r-3v.

26 Katrin Keller and Alessandro Catalano (dir.), *Die Diarien und Tagzettel des Kardinals Ernst Adalbert von Harrach (1598-1667)*, Vienna, Köln, Weimar, Böhlau, 2010, t. VII/1, p. 187-188.

27 ÖStA, AVA, Harrach 217, Bergeret, 4th November 1670.

tailor[28]. When Bergeret entered into the service of Count Harrach, he was already settled in Paris and experienced in the role of valet. He had advised other foreign ambassadors in Paris and offered services and trades on a commission basis to the court and to nobles. He had a network of good connections to French noble families like the Béthune, Guitry and Gramont and to servants in charge at the court, like the royal tailor, the royal upholsterer and the royal saddler[29]. Bergeret's early life has nothing in common with the careers of other merchants. Gersaint, the most famous *marchand-mercier*, was descended from a traditional merchant family with origins in Burgundy, but already settled down in Paris a generation earlier. Gersaint experienced a classical training under a merchant, married a merchant's daughter and earned his first occupational experiences selling pictures under the financial patronage of his aunt[30]. There is no hint that Bergeret kept a shop and it is more likely that he switched between duties as valet, his advisory activities and his commission businesses without fixed engagement, in his early years.

Count Harrach was politically anti-French, but culturally he was very enthusiastic about everything French. He understood perfectly well that the French representative culture was the new way of living and he wanted to participate in Vienna in this new pan-European lifestyle. A few months after Harrach's return to Vienna, Bergeret started corresponding with Harrach. He informed him about news in fashion, lifestyle, interior design, furnishing and curiosities and sent goods on commission to Vienna. This kind of economic relationship lasted for 37 years. It was fundamentally based on trust and mutual recognition. Without exception, Harrach always followed Bergeret's advice in any question of style, fashion and household, even if he risked conflicts with his wife, who was more critical of Bergeret and of her husband's preferences for French culture. In the first years Bergeret worked very closely with Harrach. Twice he travelled to Vienna to serve Harrach in 1671 and in 1677-1678 to observe personally the deliveries of his goods[31]. In 1673, Bergeret travelled to Madrid to provide Harrach with French luxuries

28 Mathieu da Vinha, *Les valets de chambre de Louis XIV*, Paris, Perrin, 2009, p. 227-233.

29 ÖStA, AVA, Harrach 217, Bergeret, 1669-1671, 11th August 1673, 23rd August and 6th September 1676.

30 Guillaume Glorieux, *À l'enseigne de Gersaint*, *op. cit.*, p. 15-46.

31 ÖStA, AVA, Harrach 217, Bergeret, 25th December 1670, 2nd February 1671, 23rd August 1676-17th February 1678.

in Spain, since Harrach was imperial ambassador over there[32]. All these activities (and trust as a commercial value) qualify Bergeret's undertakings as merchant business.

In 1677, Bergeret clearly planned to enter fully into the service of Harrach and to move into Harrach's household in Vienna. But Harrach's wife never approved this and Bergeret would not have been able to accept a role which was subservient to the Countess or to the other servants in Vienna. Regularly he was in conflict with Countess Harrach or with the servants in Harrach's household during his second stay at Vienna[33]. This plan, however, is an indication that Harrach and Bergeret were connected through a patron-client relationship and that Bergeret worked as agent for Harrach. Bergeret always used the complimentary close « *le très humble très obéisant et fidèle serviteur* », which is similar to what Marika Keblusek detected as a feature of the early modern agents' self-perception. It is debateable, if baroque valedictions, which were always very submissive and circumlocutory, serve meaningfully as reliable indications for the characterisation of agents. Bergeret certainly had a patron-client relationship with Harrach, until he decided not to enter into Harrach's household, but to return to Paris in 1678. Bergeret benefited from his journeys to Vienna. He started a huge social network in Vienna within the Viennese court nobility, with court officials and bankers. He realised that Harrach's connections in Vienna were much more interesting for his future than to serve the count and that his migration into Harrach's household would turn out to be a dead-end job. In 1678, Bergeret freed himself from Harrach's patronage, settled down in Paris and married. For the next thirty years, Bergeret stayed in Paris promoting and expanding his commercial undertakings. Harrach's connections in Vienna gave him the opportunity to meet the most important noble families, the majority of whom became his customers later on. The most influential and economically powerful families, such as the Lambergs, the Waldsteins, the Dietrichsteins, the Schwarzenbergs, the Trautsons, the Hoyos and the Sinzendorfs ordered luxuries from Bergeret in Paris[34]. On the other hand, he permanently expanded his network in Paris amongst the royal artisans, valets, merchants and artists. He intermediated, for instance,

---

32 ÖStA, AVA, Harrach 217, Bergeret, 23rd October-12th November 1673.

33 ÖStA, AVA, Harrach 217, Bergeret, 4th February and 4th March 1677 ; ÖStA, AVA, Harrach 350, Tagzettel Johanna Theresia, 3rd and 28th December 1676, 29th September and 4th November 1677.

34 ÖStA, AVA, Harrach, Bergeret, 167-1706.

that Harrach ordered a portrait at the famous Hyacinthe Rigaud in 1698 and therefore sat in the portrayer's studio in Paris on his travel from Spain to Vienna[35]. In 1680, Bergeret became valet to the French dauphine. This institutionalised Bergeret's connections to the court in Versailles[36]. The Viennese court nobility and French court artisans were two groups who would geographically and politically never meet. Thanks to Bergeret's connectivity function as broker, transfers of information, goods and services from Paris to Vienna were made possible and Bergeret decided how the information was managed. The following network visualisation demonstrates Bergeret's broker capabilities. Bergeret knew a lot of members of French court society in Versailles (grey nodes) and had personal access to the royal family from the beginning of his mail order business.

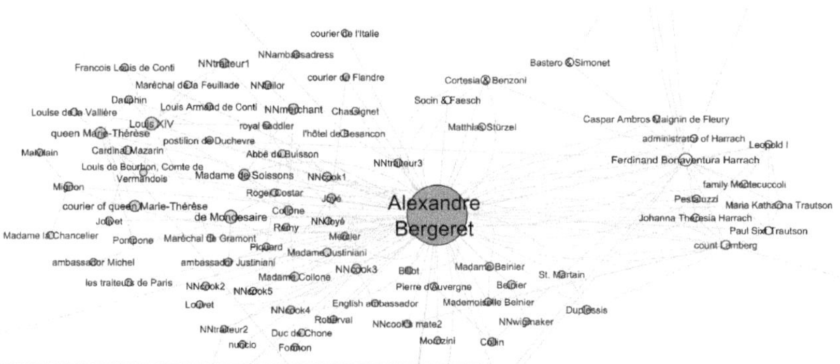

Alexandre Bergeret's connectivity function as broker, subnetwork, 1673-1676

Bergeret's career, apart from his mail order company, was likewise impressive. He married Marie Jamin, daughter of a royal counsellor and provincial treasurer of war tax with a substantial dowry of £25 000 and a residential property worth £20 000. Bergeret's father-in-law was involved in banking operations[37]. This marriage introduced Bergeret to new connections and businesses within the orbit of financial offices and tax farms with risky, short-term loans for the French crown. Even before his marriage, but afterwards in a much wider context, Bergeret invested his money into loans, bonds, real estate and tax farming. In 1678, for

[35] ÖStA, AVA, Harrach, Handschriften 134, p. 464 and 475.

[36] ÖStA, AVA, Harrach 217, Bergeret, 19th April 1680.

[37] ÖStA, AVA, Harrach 217, Bergeret, 2 December 1678.

example, he invested capital of £14 000 into the Rentes sur l'Hôtel de Ville in Paris. After his wedding, Bergeret sought to obtain a valet's position at the court of Louis XIV in Versailles in order to expand his connections to the court as well as to demonstrate his social mobility. His efforts resulted in his appointment to the position of valet to the French dauphine in 1680. For ten years he was part of the royal household and after the dauphine's death, in 1690, he obtained the position of gentleman of the falconry which granted him the privilege of bearing arms[38]. To express his social mobility, he bought manors, farms and estates at l'Isle-Adam and Nogent in the surrounds of Paris, which belonged previously to the Conti family. In l'Isle-Adam, Bergeret donated an altar and a tapestry for the parish, where he built a crypt for his family. His children were lawyers, were employed in the administration of finances and became noblemen. Bergeret's fortune at the time of his death was estimated to be four million pounds, probably, for the most part, investments in private incomes, loans and credit[39]. The second half of Bergeret's life resembles a very common pattern amongst wealthy merchants who had ambitions to climb the social ladder and leave the risks of commerce behind. Reinvestment of money in loans, credit, bonds, properties, real estate and public office in finance and administration were the most common ways to start upward mobility[40]. Such careers were not common under early modern agents.

Goods and profits of Bergeret's business

Correspondence formed the basis of Bergeret's mail order business and fulfilled several functions. First, Bergeret engaged in information management. He informed Harrach about the newest trends in fashion, crafts and art handicraft, and reported new developments and preferences in fashion and lifestyle at the court. This information management was very important because it demonstrated Bergeret's abilities, his knowledge and connections to the French court. For the Austrian nobility, it was very

---

38 Nicolas Besongne, *L'État de la France*, Paris, Charles Osmont, 1702, p. 622.

39 René Botto, « Les Bergeret, grands propriétaires terriens à L'Isle-Adam de 1687-1803 », in *Fragonard et le voyage en Italie 1773-1774, op. cit.*, p. 77-86, here p. 77-78 ; Josée Geninet, « Les Bergeret à L'Isle-Adam et dans ses environs », in *ibid.*, here p. 87-88.

40 James R. Farr, *The Work of France : Labor and Culture in Early Modern Times, 1350-1800*, Lanham/Boulder/New York/Toronto/Plymouth UK, Rowman & Littlefield, 2008, p. 117-122.

important to have an informant in Paris who was well-briefed about the court's newest developments in fashion and who gave the right advice. The second function was that Bergeret gave lots of advice about what to buy and order or whom to engage. Bergeret had a holistic approach to cultural management. He provided the information, the advice and the products, all in one. For instance, he was instructed to hire high potential manpower for Harrach. Bergeret engaged a French *maître de cuisine* and a French *pâtissier* from Paris for the Viennese household of Harrach[41]. The third function was to inform the customers about their orders and the details of their consignments. Bergeret reported what he had sent in which amounts, how it was packaged and by which route the delivery would be made. The Bavarian agent and envoy Martin Mayr did comparable work, from 1673 to 1689, for Maximilian II Emanuel. However, communication and information management are criteria used, not only to define early modern agents, but were distinctive for merchants as well. The merchants' correspondence always contained political, military or harvest news, lists of prices, exchange rates and other important contextual counsel[42].

The range of Bergeret's goods was wide and wholly representative of French culture. The most important part was, of course, fashion. Bergeret sent ready-made fashion sets called « *habit* » to Vienna. The fashion set consisted of coats, suits called « *justaucorps* », vests, shirts, trousers, stockings, gloves and beaver hats. But he also sent every part of the set separately according to the orders received. It was the same for lady's fashion. Sometimes he sent more fashion items than ordered on a commission basis. Fabrics, textiles and haberdashery like ribbons, laces, embroideries and buttons completed the fashion sets. The second important group of goods was cosmetics and hairstyles, especially wigs and put up hairstyles for women. But there were also perfumes, pomades, ointments, make-up and powder. The third important part of Bergeret's consignments consisted of printed matter like journals, books, engravings, maps and plans. French journals of social life played a decisive role in enabling Bergeret's customers to form opinions. The *Mercure Galant* or the *Gazette* informed not only about social events at the court in Versailles, but served essentially as a medium of French propaganda on fashion because, within these journals, copper engravings

---

41 ÖStA, AVA, Harrach 217, Bergeret, 23rd August-28th September 1676.

42 James R. Farr, *The Work of France*, *op. cit.*, p. 115.

on fashion were published and society reports always carried important information on fashion. Count Harrach, for example, regularly received the *Mercure Galant* via Bergeret. The fourth part of Bergeret's deliveries were curiosities like furnishings, tapestries (Gobelins) or clocks. And the last part consisted of pomp carriages. Curiosities and carriages were ordered infrequently and rather seldom, because they were very expensive.

Concerning the range of goods, Bergeret's assortment resembles very much the lists of products that the Bavarian agent Martin Mayr sent to Munich. By contrast, Parisian *marchands-merciers* occupationally did the same, but they seldom sold such a variety of goods. The seventeenth century Parisian luxury market was highly diversified and split into nearly 20 sub-groups of merchants, specialising in a certain branch of goods, such as textiles, accessories, arts, etc.[43] Gersaint who sold a relatively big variety of goods concentrated on selling fine arts, paintings, engravings, books and all sorts of furnishings and decorative objects, but no textiles, fashions or cosmetics[44]. If Bergeret had belonged to the *marchands-merciers*' corporation with strict terms of admission, he would not have considered moving into Harrach's Viennese household. On the other hand, the *marchands-merciers*' duty was to act as intermediary in respect of trends and fashions between the craftsmen and the customers[45]. They had no workshop, but made the final arrangements such as the combination and the embellishment of goods, as did Bergeret by correspondence, without a shop.

One of the most important questions for distinguishing Bergeret's occupational identity is, whether Bergeret's mail order business was his principal occupation and if he could live on its income. The volume of sales and profit of Bergeret's mail order company is difficult to estimate, as there are only a few bills available in Bergeret's correspondence to Harrach. First of all, Bergeret never mentioned that he was economically engaged aside from his mail order business and his duties for the dauphine. There is no hint that he ever earned his living by doing other activities than by commission and the provision of valet services. Bergeret's volume of sales

43 Pierre Vidal and Léon Duru, *Histoire de la corporation des marchands merciers, grossiers, jouailliers. Le troisième des six corps des marchands de la ville de Paris*, Paris, Champion, 1911, p. 67-95.

44 Guillaume Glorieux, *À l'enseigne de Gersaint*, *op. cit.*, p. 142-170.

45 Carolyn Sargentson, «The manufacture and marketing of luxury goods », *op. cit.*, p. 101-104.

varied considerably. He sent invoices to Harrach periodically, every half year. The value of the goods he sent regularly, like fashion sets, textiles, wigs, books and journals was between 280 and 1 442 Viennese guilders[46]. Harrach invested approximately 876 guilders, per year, on average. Over 35 years, the regularly investments of Harrach amounted to some 30 000 Viennese guilders (60 000 pounds). Additionally, there were special orders like pomp carriages or service parts for carriages, which cost up to 3 000 guilders[47], and there were special orders for special events. In 1699, Harrach ordered from Bergeret the whole wardrobe for his family for the celebration of the wedding of Joseph I[48] and in 1701 he did the same for the wedding of his daughter[49]. Both consignments lack price information. In 1678, for instance, Bergeret reported an income of 1 500 pounds resulting from the last few transactions with Harrach[50]. Harrach was not the only customer in Vienna. Other families made orders as well, for example the Dietrichstein and the Longueval, who had about 6 000 Viennese guilders (12 000 livres) in outstanding debts with Bergeret in 1703[51]. Serious estimations about the volume of his trade are not possible. However, conservatively estimated, Bergeret's transactions in Vienna must have surpassed by far the threshold of 100 000 Viennese guilders (200 000 pounds). Apart from the business, which Bergeret had within France and probably into German territories, this was a considerable business and not a job on the side or a hobby. Bergeret subsisted on supplying goods by mail order and the resulting profit was the basis for his later fortune. Outstanding debts and very bad payment morale are problems typical of the patron-client relationship, which early modern agents had to face[52]. Bergeret rarely had such problems. The outstanding Longueval's debt occurred due to Longueval's sudden death. Harrach always paid Bergeret regularly : in 37 years, Bergeret complained only once of an outstanding remuneration. This is one further indication that Bergeret was not a typical agent, but a merchant. Altogether, the duties of

46 ÖStA, AVA, Harrach 217 and 218, Bergeret, 17th February 1679, 28th April 1679 and 21st September 1701.

47 ÖStA, AVA, Harrach 217, Bergeret, 11th August 1673.

48 ÖStA, AVA, Harrach, Handschriften 134, p. 465.

49 ÖStA, AVA, Harrach 218, Bergeret, 21st June 1701.

50 ÖStA, AVA, Harrach 217, Bergeret, 2nd December 1678.

51 ÖStA, AVA, Harrach 218, Bergeret, 7th March 1702, 19th March 1703.

52 Marika Keblusek, « Introduction : Double Agents in Early Modern Europe », *op. cit.*, p. 5.

merchants in the early modern period, such as assorting goods, refining, quality management, transfer and transport as well as intermediation between producers and consumers[53], were all more or less part of Bergeret's commercial undertakings.

How the mail order company was run : Bergeret's geographical network

Bergeret had to rise to two important challenges to run his mail order business. He had to coordinate the acquisition and stocking of the ordered goods and he had to organise the transport from Paris to Vienna. About the organisation of his business in Paris, there is little information. Most probably Bergeret had no particular shop or staff, but worked as a one man company. Some goods such as French journals were sent regularly every quarter to Vienna. When Bergeret could not take care personally of the dispatch, he instructed his wife to fulfill this task[54]. Before his wedding, Bergeret transported three deliveries of goods personally to Vienna and Madrid. After his wedding, he involved the family of his wife in his activities. Bergeret's brother-in-law was entrusted with the transport of goods to Vienna[55]. The involvement of the family was common within early modern merchants' businesses in France as most companies were family businesses[56]. Besides that, Bergeret used other connections in Paris for his benefit. Jean-Baptiste Benier and his sister[57] worked for Harrach, in the name of Bergeret, and Bergeret cooperated with a merchant named Bonnaire in connection with the commission of a representative carriage for Count Longueval[58]. Anyway, Bergeret always tried to defend his commissions against potential competitors. Power and control can be measured in ego-networks through the

---

53 Alexander Engel, « Homo oeconomicus trifft ehrbaren Kaufmann. Theoretische Dimensionen und historische Spezifität kaufmännischen Handelns », in Mark Häberlein and Christof Jeggle (dir.), *Praktiken des Handels : Geschäfte und soziale Beziehungen europäischer Kaufleute in Mittelalter und früher Neuzeit*, Konstanz, UVK, 2010, p. 163-164.

54 ÖStA, AVA, Harrach 217, Bergeret, 26th April 1680.

55 ÖStA, AVA, Harrach 217, Bergeret, 28th April and 11th September 1679.

56 James R. Farr, *The Work of France*, *op. cit.*, p. 114.

57 ÖStA, AVA, Harrach 216, correspondence Jean-Baptiste Beinier and Madame Beinier.

58 ÖStA, AVA, Harrach 218, Bergeret, 15th February and 28th June 1694.

clustering coefficient, which shows if the ego's connections were able to build clusters among themselves[59]. Bergeret's clustering coefficient during the second half of the seventeenth century was continually very small. This means, that Bergeret knew how to control his network. He did not allow, for instance, the Benier siblings to get commissions directly from Harrach. Furthermore, he plotted against his competitors in order to protect his market leadership. He prevented a meeting between Harrach and Madame Benier in Paris and interfered in Bonnaire's commissions with Austrian nobles.

For the transport of the regularly sent goods, Bergeret normally used the infrastructure of the imperial post of the Holy Roman Empire organised by the Thurn and Taxis. Since 1660 the sending of letters and parcels between France and Brussels was regulated by contract[60]. From Brussels, the Thurn and Taxis post had a permanent link to Vienna via Innsbruck. Bergeret's correspondence as well as books and smaller parcels took this route via Brussels. It was very helpful that Joseph de Chaumont, the secretary of the Thurn and Taxis post in Brussels, was concerned with the delivery of the diplomatic correspondence of Harrach and therefore, Bergeret profited from the diplomatic network and infrastructure of his most important customer. Moreover, Bergeret used the networks of other imperial ambassadors as well. Lots of his customers, like Gottlieb Amadeus, Count Windischgrätz, Harrach himself or Prince Schwarzenberg, were ambassadors and often passed through Paris, thanks to their passports. The transport of their belongings and personal effects was undertaken for free. On their way, when they passed through Paris, the ambassadors obtained from Bergeret several packages with goods, not only for their own use, but also for distribution to other nobles in Vienna[61]. This was an alternative possibility for Bergeret to overcome the vast geographical distances between Paris and Vienna and to evade the import bans in Austria, which normally prevented the import of French luxuries. In this case, the customers themselves were responsible for the supply, which was clever, but not unusual for diplomats. In particular, in the first years of the War of the Spanish Succession, when the regular post services via Brussels

---

59 Duncan J. Watts and Steven H. Strogatz, « Collective dynamics of "small-world" networks », *Nature*, 1998, 393/6684, p. 440-442.

60 Wolfgang Behringer, *Thurn und Taxis. Die Geschichte ihrer Post und ihrer Unternehmen*, München, Piper, 1990, p. 106.

61 ÖStA, AVA, Harrach 217, Bergeret, 30th January 1671, 11th August 1673, 12th September 1702.

broke down, this kind of transport ensured that Bergerets deliveries safely found their way to Vienna until the correspondence between Bergeret and Harrach was interrupted in 1703 because of the war.

Bales of textiles and pieces of cloth as well as cosmetics and the bulky representative carriages did not go via Brussels, but directly from Paris to Vienna via Strasburg and down the Danube. Along the usual route, Bergeret had, in every strategically and geographically important town or post station, a person of trust, who received the packages of goods and ensured that they were delivered safely according to Bergeret's advice and orders. In Strasburg, which was the nodal point of external tariffs for merchandise from France, Hann, Schüsse and the banking house Kornmann organised the imports into the Empire. In Ulm, Matthias Stürzel, merchant and city councillor[62], helped with the embarkation of the merchandise on the Danube, and Bergeret had someone in Nuremberg who did the same. To avoid customs duty, it was usefull to take the route situated on the left bank of the Rhine via Basel and Schaffhausen. In Basel, the Faesch and Socins took care of the merchandise, the latter was a family of innkeepers, notaries and bankers[63]. In Schaffhausen, Jean Hurter and someone called Bär looked after Bergeret's orders. The following map will demonstrate how Bergeret's mail order company and his banking network functioned.

[62] Stefan Lang, *Stadtarchiv Ulm. Familienarchiv Schermar. Akten*, Ulm, 2009, p. 4.

[63] Fränzi Jenny, *Buurget, Saaresyy und Meeriaa. Alteingesessene Basler Familien und ihre Geschichte*, Basel, Jenny und Gugger, 2004, p. 33 and 71.

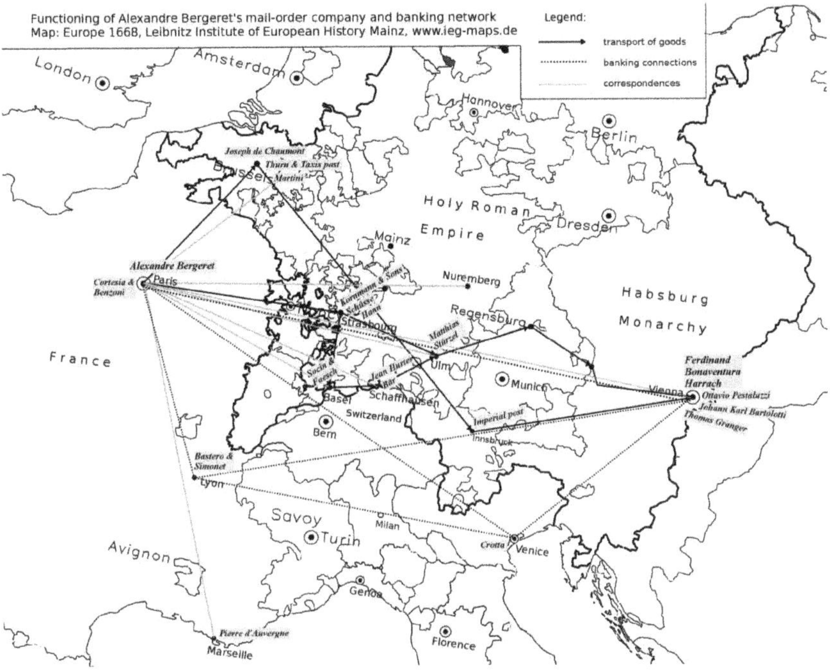

Bergeret had an effective network of bankers in France, Vienna, Italy and Germany, who guaranteed his affairs, creditworthiness and financial standing. The French capital market was divided into French financiers in Paris, who prefinanced the State revenues, and Italian merchant bankers in Lyon, who serviced the international trade and bill of exchange transactions[64]. For his business operations, Bergeret was linked to Italian merchant bankers, because he needed their expertise and connections to take over his bills of exchange. Connections to French financiers arose from Bergeret's marriage to Marie Jamin, but there is no evidence that the connections of his father-in-law ever mattered within Bergeret's commission businesses. Bergeret worked together with the Italian bankers, Cortesia and Benzoni, in Paris, who were experienced in prefinancing trade delegations[65]. They had partners in Lyon, the bankers,

64 James B. Collins, *The State in Early Modern France*, 2d ed., Cambridge, New York, Cambridge University Press, 2009, p. 21.

65 Ségolène de Dainville, « Maison, dépenses et ressources d'un Nonce en France sous Louis XIV, d'après les papiers du Cardinal Fabrizio Spada », *Mélanges d'archéologie et d'histoire*, 1970, 82, p. 919-970.

Bastero, from Turin, and Simonet, with whom Bergeret had cooperated since 1673. On their recommendation, Bergeret also employed another Italian banker's services[66]. Crotta, from Bergamo and Venice, cared for the imperial diplomatic correspondence between Madrid and Vienna from 1662 to 1673 and was certainly in contact with Harrach[67]. Likewise, bankers with Italian origins were responsible for Bergeret's financial operations in Vienna. The Pestaluzzi banking company had a huge network with branches in Vienna, Augsburg, Nuremberg, Venice, Milan, Florence and Lyon. They were at the service of the emperor from the beginning of the seventeenth century and prefinanced lots of imperial embassies such as the delegations of Harrach[68]. The Viennese branch of the Pestaluzzi company played a decisive role for the functioning of Bergeret's company because almost all transactions with Viennese nobles were carried out via the Pestaluzzi bank[69]. Bergeret's connection to the Viennese banker, Johann Karl Bartolotti, also resulted from Pestaluzzi's intermediation. Only the Lutheran bankers, Pierre Kornmann and Sons in Strasbourg, did not belong to the Italian banking community.

This article examines the case of Alexandre Bergeret and his mail order company in Paris and Vienna in the seventeenth century and the question of Bergeret's occupational identity. His biography and businesses were evaluated in respect of three different models of early modern occupations and trades, specifically merchants, agents and brokers. Although Bergeret never experienced training as a merchant, nor was he a member of a merchants' corporation, he fulfilled all the other functions of the merchant's occupation, which was not restricted to members of a corporation. His business was based on trust. He occupationally advised his customers, sold products and he worked together with Italian merchant-bankers. Correspondence with his customers was tipical of merchant's correspondence. Bergeret made his living out of these businesses, which formed his principal occupation

66 ÖStA, AVA, Harrach 217, Bergeret, 30th January 1671, 8th September 1673, 20th and 28th September 1676, 13th May and 1st July 1677.

67 *Privatbriefe Kaiser Leopold I. an den Grafen Pötting, 1662-1673*, ed. Alfred Francis Pribram and Moriz Landwehr von Pragenau, Wien, C. Gerold, 1903, t. I, p. 64 and 352.

68 F. Peters Lambert, *Der Handel Nürnbergs am Anfang des dreißigjährigen Krieges. Strukturkomponenten, Unternehmen und Unternehmer*, Stuttgart, Steiner, 1994, p. 179-184.

69 ÖStA, AVA, Harrach 217, Bergeret, 15th April 1677, and Harrach 218, 12th January 1699.

and he did what wealthy merchants do : he reinvested his money on the capital market. Merchants could assume functions in special contexts, which departed far from their traditional tasks. Bergeret certainly was more than a merchant. He acted as intermediary between the Viennese nobility and French artisans and filled a gap between Paris and Vienna, which politically, economically and culturally genuinely existed. His bridging capacities and his social capital suggest that the network based model of a broker better fits Bergeret's activities than the model of early modern agent. When Bergeret broke off his patron-client relationship with Harrach, he definitely redefined himself and realigned his businesses on a more occupational level. We cannot accurately reconstruct Bergeret's self-perception, but he certainly had a hybrid occupational identity. Use of a commission basis became more and more common in seventeenth-century trade and seems to have been the only way of overcoming the structural hole between Paris and Vienna. Bergeret's mail order company is the only large scale business connection in between the two political antagonists. There were only a few French merchants working in Vienna, whose position and market share are not comparable to those of Bergeret or their Italian competitors.

A Cosmobile Identity : Vincent Nolte (1779-1856), an Early Modern Global Player, Speculator and Artist

Margrit SCHULTE-BEERBÜHL

Abstract

Vincent Nolte, merchant and bankrupt, was a global player who lived in the Old as well as in the New World. For some time he moved among the elite of European merchant-bankers. He was drawn into the big speculation crisis of the early 19th century and went bankrupt several times. The paper deals with his perceptions and identity taking up the concept of cosmobility.

Résumé

Vincent Nolte, marchand et banqueroutier, fut un acteur global qui vécut aussi bien sur le Vieux continent qu'au Nouveau Monde. À un certain moment, il appartint même à l'élite des marchands-banquiers européens. Au début du XIXe siècle, suite à de grandes spéculations en temps de crise, il fit plusieurs banqueroutes. L'article examine la question des perceptions et son identité à travers le concept de cosmobilité.

Mass migration and increased global mobility after World War II have challenged the conventional notions of belonging, identity and nationality. Today we encounter daily people of different cultures and languages on travels, at work, or living next to each other. Moreover, an increasing number of people work at various places around the world. These encounters and experiences influence actions and perceptions of our self and others.

In the following I will start with a few and short remarks on the contemporary concepts of identity before turning to Vincent Nolte, his life and the question of his identity and belonging.

Concepts of identity

The omnipresence of cultural diversity has produced a new academic interest in the question of identity, and the question how foreign encounters or life in a foreign environment with different cultures and customs affect identity and self-perception. Concepts of multiple, hybrid, global or hyphenated identities are widely discussed in various academic disciplines. In the context of this paper only a few aspects will be dealt with. Especially in Britain, research among today's ethnic communities, which is based on oral history methods, has revealed the complexities of dual and transnational identities. In the case of non-European immigrants of former colonies living in Britain, they developed new hyphenated identities as British-Asians, which emerged – as Panikos Panayi and others have highlighted – as a result of discrimination[1]. Others, like Françoise Lionnet, have highlighted that encounters with foreign cultures have led to a reconfiguration of culture and identities, which she termed a '*cultural métissage*' and created complex or hybrid identities[2]. The *cultural métissage*, which we find especially among ethnic communities with migrants not only of the first but also the second or third generation are grounded in the memory of the land of birth or that of their forefathers and on the locality of the host country they are living or born in[3].

Besides the complex identities within ethnic communities historical research has also turned its attention to the high increase in mobility, that is to the frequent travelers or global players who work and live in the most diverse places in the world. Nowadays, biographies multiply of people who within one generation or over several generations changed places of residence several times. Here one of the central questions discussed is to what extent a feeling of belonging to a specific country or

1 Panikos Panayi, *An Immigration History of Britain. Multicultural Racism since 1800*, Harlow, Pearson, 2010, p. 180 f. His chapter on « ethnicity, identity, and Britishness » gives a valuable overview over the recent discussion on migrants' identities in Britain ; see also Paul Spickard, *Almost All Aliens. Immigration, Race and Colonialism in American History and Identity*, London/New York, Routledge, 2007, esp. p. 20-25.

2 Françoise Lionnet, « Logiques métisses : cultural Appropriations and Postcolonial Representations », in *Id.*, *Postcolonial Representations : women, Literature, Identity*, Ithaca/London, Cornell University Press, 1995, p. 1-21, here p. 7.

3 See also Anne-Marie Fortier, *Migrant Belongings. Memory, Space, Identity*, New York/Oxford, Berg, 2000, p. 157.

region still matters to these people. Contemporary oral research suggests that over time they developed a global or cosmopolitan identity without any specific attachment to the place or country of birth[4]. The notion of a 'rootless' cosmopolitanism has, however, been contested. Researchers like Kwame Anthony Appiah or Sidney Tarrow have pointed out that cosmopolitanism is not void of local or cultural belongings[5]. Individuals move within several social and cultural contexts, which have repercussions on identities and shape perceptions, but they keep relational links with their own societies. They remain « cosmopolitan patriots » or « rooted cosmopolitans »[6]. Given the diverse contexts and cultures within which mobile individuals or « global players » move, Sarah Panter and other scholars have developed the concept of « cosmobilities » for individuals and groups that move spatially, socially and culturally between various regions and contexts[7]. This term seems particularly suitable for dealing with biographies of highly mobile individuals. The concept of hybrid identities has predominantly been developed for members of contemporary ethnic communities, whose identities are shaped between the world of origin or that of their forefathers and the present residence. Cosmobiles have also acquired a certain mixed identity, which is however more complex comprising more than two cultures and not primarily

---

4 See A. James Hammerton, « 'I'm a citizen of the world' : late twentieth-century British emigration and global identities – the end of the 'British World'? », in Kent Fedorowich and Andrew S. Thompson (dir.), *Empire, migration and identity in the British world*, Manchester, Manchester University Press 2013, p. 232-246 ; Stuart Hall, « Political Belonging in a World of Multiple Identities », in Stephen Vertovec and Robin Cohen(dir.), *Conceiving Cosmopolitanism*, Oxford/New York/Oakland, Oxford University Press, 2002, p. 25-31 ; Jonathan Friedman, *Cultural Identity and Global Process*, London, Sage publications, 1994, p. 204.

5 See introduction by Sarah Panter, Johannes Paulmann and Margit Szöllösi-Janze, « Mobility and Biography : Methodological Challenges and Perspectives », in Sarah Panter (dir.), *Mobility and Biography*, publ. in *Jahrbuch für Europäische Geschichte/ European History Yearbook*, 2015, 16, p. 1-14.

6 Sidney Tarrow, « Rooted Cosmopolitans and Transnational Activists », in Sidney Tarrow (dir.), *Strangers at the Gates. Movements and States in Contentious Politics*, Cambridge, Cambridge University Press, 2012, p. 181-199 (http ://government.arts.cornell.edu/assets/faculty/docs/tarrow/rooted_cosmopolitans.pdf. Accessed 16.2.16) ; see also Kwame Anthony Appiah, « Cosmopolitan Patriots », *Critical Inquiries*, 1997, 23, p. 617-639.

7 Sarah Panter, Johannes Paulmann and Margit Szöllösi-Janze, « Mobility and Biography », *op. cit.*, p. 8 ; for the role of space see also Seyla Benhabib, Ian Shapiro and Danilo Petranović (eds.), *Identities, Affiliations, and Allegiances*, Cambridge, Cambridge University Press, 2007, p. 4.

based on race. Thus, I prefer the term cosmobile for analyzing the identity of Vincent Nolte.

Cosmobility and a respective « rooted » cosmopolitanism are no new phenomena. Unlike the old historical literature which considered the pre-modern society as a static and immobile world because more than 90% were tied to the soil, within the last few decades research on the early modern world has revealed the widespread mobility among all classes from the lowest to the highest. Early modern people on the move did not only overcome long distances but also created far reaching networks that in some cases almost reached global dimensions.

Such cosmobile biographies are not a new phenomenon. The religious wars on the continent of the sixteenth and seventeenth centuries caused early waves of mass migration. Furthermore the discovery of the New World and new routes contributed to the increase of long-distance trade and spread of international social and economic networks. Mobility was not confined within these networks but also stretched beyond. Through activities and mobility people on the one hand transported not only goods, but also information, cultural traditions and ideas to distant places while they on the other hand brought back home new and unknown goods, information and ideas that affected perceptions and outlook even of those who had stayed at home. Among those highly mobile groups of the early modern period that especially stand out are the merchants who began to build an early modern world trade. Moreover a cosmopolitan outlook spread in the age of enlightenment.

Vincent Nolte, who lived in the transitional period between the pre-modern and modern world, was one of those mobile merchants who today we would call a frequent traveler and global player. During his lifetime he moved and lived in various localities in the Old and New Worlds. He spoke four languages fluently. His mobility makes it intriguing to ask about the influence of the diverse social, cultural and situational contexts in which he lived and how his experiences in various countries shaped his outlook, influenced his loyalties and notion of self-perception or identity.

Furthermore, sociological concepts of identity point out that not only space makes up identities, but that they are socially produced between people and within social relations. Sociologists like Ulrich Beck or Steven Vertovec do not regard identity as something invariably fixed, but embedded in a variety of social relations which change over time. They also highlight that an individual cannot be attributed to just one self-contained identity. People move among several groups, such as family, work, city, etc., and the varying attachments confer collective identities of belonging to an occupational or a national group. Some of those collective identities are exclusive like sex or colour, i.e. they cannot be changed – apart from a few exceptions nowadays –, while others like nationality or religion can change or interact. Ludger Pries has drawn attention to the complexity of such collective identities. He emphasizes that they consist of different layers, which may converge or diverge[8].

In dealing with identities of past persons, such as that of Vincent Nolte, historians encounter a couple of methodological problems. One of the first and foremost problems is the availability of sources. Any analysis of an individual of past centuries exclusively relies on written sources, their volume and information value. Cosmobile individuals often result in a further research problem. Sources are often scattered in private and public archives across countries.

Furthermore biographies are reconstructed or 'made up' on the remains of surviving source material and turned into a story. If autobiographies are available as in the case of Vincent Nolte, additional aspects have to be taken into account. Autobiographies construct an imagined self-perception or rather how the author wanted readers to perceive him. In Vincent Nolte's case we have to keep in mind that he wrote his book for commercial purposes and thus presents an image of himself of which he thought he could increase the interest of the readers[9].

Furthermore his autobiography may be ranged among the vast literature of manuals which were published in increasing numbers from the early seventeenth century onwards. They were designed for the use by the merchants and belonged to those popular aesthetical narratives which pursued educational purposes. They aimed at supplying merchants with information and advice in order to guide them safely through the vagaries of commercial life[10].

---

8 Ludger Pries, « Ambiguities of global and transnational collective identities », *Global Networks*, 2013, 13, p. 22-40, here p. 23 f.

9 Vincent Nolte, *The Memoirs of Vincent Nolte. Reminiscences in the Period of Anthony Adverse or Fifty Years in Both Hemispheres,* transl. Burton Rascoe, New York, G. H. Watt, 1934.

10 I would like to thank Jochen Hoock for referring me to this aspect. See his « Du récit pratique à la fiction romanesque. Le cas des manuels à l'usage des marchands », https :/hal.archives-ouvertes.fr/hal-01079472, submitted 2 November 2014.

Biographies and autobiographies are usually written either about famous and successful individuals or written by them. Vincent Nolte's autobiography belongs to those exceptional and rare writings, which tell the story of a loser, who for some time moved amongst the highest ranks of commercial society but plummeted down the social ladder. His autobiography was to warn the reader of the dangers of speculation and carelessness in commercial life.

In this contribution I discuss the influence of mobility on his identity but also the question of how cultural and social experiences in foreign environments affected it.

Vincent Nolte : his life

Vincent Nolte was born in 1779 in Livorno to parents who came from Hamburg. In 1789 his parents moved back to Hamburg. He did not stay long in the Hanseatic town. His father sent him back to Livorno where he started as an apprentice in the mercantile house of his uncle, who had taken over the firm of his own father. When Napoleon occupied Livorno in 1796 many foreign merchant houses were forced to close their doors and Vincent returned to Hamburg to finish his apprenticeship.

Lacking prospects of occupational advancement due to the economic depression following the Hamburg speculation crisis of 1799 and the occupation of the city by the Danish in 1801 he left Hamburg and started as an employee in the mercantile house of A.M. Labouchère & Troteau in Nantes. He did not stay long there, but became involved in probably the biggest undercover operation during the Napoleonic Wars. His involvement in that undercover operation became decisive for his future life.

This undercover operation, which is known as the Hope-Baring Operation, resulted from the treaty between Napoleon and the Spanish Empire in 1803[11]. According to the treaty Spain was to pay six million

---

11 For the Hope & Baring operation see more explicitly Adrian Pearce, *British Trade with Spanish America (1763-1808)*, Liverpool, Liverpool University Press 2007, p. 190-220, and *Id.*, « The Hope-Barings Contract : Finance and Trade Between Europe and the Americas, 1805-1808 », *English Historical Review*, 2009, 124, p. 1324-1352 ; and also Margrit Schulte Beerbühl, *Vincent Nolte : Global Player and Bankrupt Entrepreneur (1779-1856)*, http://immigrantentrepreneurship.org/entry.php?rec=17, accessed 16.2.2016.

francs per month in subsidies to Napoleon. As Spain was depleted of cash and silver, it had to turn to its silver reserves in colonial Mexico. However, as the British navy ruled the Atlantic, Spain saw no possibility to fulfill its obligations. Napoleon, who was in need of money to finance the preparation for an assault on Britain in 1804, turned to the French banker Gabriel Ouvrard, from whom the idea of the undercover operation originated.

The operation was organized by an international consortium of French, Dutch, German, American and British merchants and bankers. It was headed by the two leading bankers of the time, Hope & Co. in Amsterdam and the Barings in London. They were related by marriage. The whole operation was sanctioned by the British government[12]. To keep it secret and safeguard it, the operation was directed via the neutral United States, where ships and papers were to change flags and certificates of origin.

Nolte, who was working in the Nantese house of the younger brother of Pierre César Labouchère, one of the heads of Hope & Co., was sent to New Orleans to overview the transport of silver and goods between Vera Cruz and New York, while other partners were stationed in New York and Vera Cruz. During the following years the whole group made extraordinary profit and Nolte also had his share of this. The operation came to an end in 1808, when Mexico separated from Spain, following the decision of Napoleon to install his brother Joseph there. In 1809 Nolte returned to Europe for a short time, only to go back to New Orleans in 1812. With the financial help of the Barings he established himself as a cotton merchant.

After the end of the Napoleonic wars, New Orleans experienced a phenomenal growth and became the leading global cotton export market. Nolte rode on that wave to become one of the top cotton merchants. During his commercial journeys in Europe in the following ten years, between 1816 and 1825, he traded with leading merchant bankers in France such as the Hottingueurs, Jacques Lafitte and others.

---

12 The primary motive of the British government to support the plan was to open new markets for British goods in view of the loss of European markets. See Adrian Pearce, *British Trade, op. cit.*, p. 204, and Marten Buist, *Ad Spes non Fracta. Hope & Co. 1770-1815*, The Hague, Martinus Nijhoff 1974, p. 290 f. See also Nolte on the motives of the British government to support the plan (Vincent Nolte, *Memoirs, op. cit.*, p. 77 f.).

Nolte's early involvement in the big enterprises of the Barings and Hope & Co. and his meteoric rise as a cotton exporter resulted in him disregarding the risks of financial markets and the cotton trade. In 1817-1818 he stayed at Paris while negotiations of the European bankers with the French government were going on to save France from bankruptcy. The conclusion of the financial negotiations turned out to be very profitable for the banking consortium. During these negotiations Nolte had only been a spectator, however, when the next negotiations started in 1824 for converting the national debt, he no longer remained aloof. According to Philip Ziegler, the author of the Baring Bank biography, a « speculation mania » on foreign funds emerged across Europe in the early 1820s[13].

At that time Nolte was in Paris and was frequently conversing with Alexander Baring. He invested a large sum in the hope of participating in the projected profits. Negotiations were led by the Barings and Laffite. Two factors probably induced Nolte to buy shares : firstly it seems likely that he was infected the widespread speculation fever and secondly his unconditional trust in the financial skill and reputation of the Barings additionally induced him to do this[14]. However, he did not take into consideration the competitiveness of the financial market and personal rivalries among the financial elite. Relations with the Rothschilds had become bitter since the first negotiations regarding the French loan in 1818, because they did not feel adequately involved in the business[15]. Annoyed about their exclusion from the negotiations they outmaneuvered the Baring Consortium in 1824. Only a day after the Barings had issued 5% consoles, the Rothschilds issued 3% consoles, which resulted in a loss for the Barings[16]. Alexander Barings advised Nolte to sell his papers as soon as possible and mentioned that it would be easier to endure a small loss than a great one. Nolte did not follow his advice[17].

---

13 Philip Ziegler, *The Sixth Great Power. Barings, 1762-1929*, London, Collins, 1988, p. 97.

14 For relations to the Barings see below.

15 On the growing rivalries between the Rothschilds and Barings see Philip Ziegler, *Sixth Great Power. Barings, op. cit.*, p. 82-99.

16 *Ibid.* ; see also Nolte's description of the events in his *Memoirs, op. cit.*, p. 305 f.

17 The surviving records do not allow any more precise information about the volume of his losses and the effect on his economic situation, but his losses must have been high.

Speculation was not only confined to investments in foreign funds, but also extended to cotton. Demand for cotton was booming in 1824. When Nolte passed Liverpool on his way home to New Orleans, expectations of surging prices was running high. This induced Nolte to order a large amount of cotton bales. Signs of an impending burst of the cotton bubble were either not foreseeable, or he chose to ignore them.

After his return to New Orleans he also began to invest heavily in land and in the expansion of his cotton mill. Within a very short period he bought land for more than $72 000 in the summer of 1825, completely unaware of the outbreak of a severe crisis in Britain.

The cotton market was very volatile and carried considerable risks on both sides of the Atlantic depending on the yearly crops and the export market. When the speculation bubble in cotton burst, thousands of mercantile houses went bankrupt in Britain and in the USA. Nolte was also drawn into the crisis and declared bankruptcy early in 1826. He wound up his business in New Orleans over the following few years and left the USA in 1829 to start a new career in France.

Hopes of establishing a new house in Marseille were soon dashed by the 1830 July Revolution. In France, Nolte had accepted the offer of an Irish-French bank and trading company, Daly & Co., to open a branch office in Marseille. Credit from the Barings and Sillem, who was a partner in Hope & Co. in Amsterdam, allowed him to establish himself as co-partner in Marseille.

Nolte evidently let himself be blinded by the apparent good name of Daly & Co., yet the firm's capital reserves, which consisted primarily of deposits from Irish Catholics in Paris, were insufficient. When the July Revolution of 1830 broke out in France, these depositors pulled their money out of the bank and Daly & Co. had to declare bankruptcy. Since Daly had not yet paid his share of the founding capital for the Marseille branch, Nolte's plan failed because he did not have enough capital to keep the firm afloat on his own. After this failure he started a career as supplier of used arms for the French army in Paris. Being a friend of General Lafayette, who he had met in Paris in 1824 for the first time and later on accompanied him for some time during his farewell journey in the United States, Nolte experienced a few successful years until the General's death in 1834.

During these years he was so unknowingly involved in a conspiracy against Louis-Philippe, the *Roi Citoyen*, but was able to extricate himself from suspicion. After Lafayette's death and a change in the French ministry of war, his relations with the ministry worsened and he suffered heavy financial losses due to intrigues. After a few more unsuccessful adventures he decided to return to the USA, which he regarded as 'his land of hope', to start again in the cotton trade.

He arrived in New Orleans again in 1838, shortly after another severe speculation bubble had forced many American banking houses to close doors. During 1838 trade showed some signs of recovery, but it was only a pseudo recovery : the problems that had led to the crisis of 1837 were not solved. Nicholas Biddle, the director of the Second Bank of the United States, whom Nolte knew from his former stay in the United States and whom he met again shortly after his arrival in New York in 1838, promised to help him financially through the branch of his Bank in New Orleans[18].

Encouraged by old, but false friends, Nolte embarked on buying cotton bales in huge amounts without actually having any money. Expecting demand in England to rise rapidly, Nolte proceeded in buying at a frantic pace. « The more I bought so », he later remarked, « the more was offered and when I said I must refuse from want of money, I was told to take the cotton and pay for it when I got my returns »[19]. In addition, two banks offered him advances for bills of ladings as well as insurance policies. This enabled him to give advances without having any capital. Within two months, more than 37 000 bales of cotton passed through

18 Nicholas Biddle became president of the Second Bank of the United States in 1825. He served as an important contact for the Barings as they sought to expand their American business (Ralph W. Hidy, *The House of Baring in American Trade and Finance : English Merchant Bankers at Work 1763-1861*, Cambridge Mass., Havard University Press, 1949, p. 102). The cooperation between the Barings and Biddle did not always go smoothly, but the Barings had him to thank for their elevation as the leading Anglo-American bank. They ended their cooperation with Biddle in the crisis of 1837, after the Barings called in a loan on his bank for which he had insufficient funds (*ibid.*, p. 240). Biddle declined to renew his financial relationship with the Barings because he wanted to open a branch office of his own in London, which he did in November 1837. At the same time, he opened a trading company in Liverpool under the name Humphrey & Biddle. The main customer in France was Hottinguer in Le Havre. This group tried in the following period to gain a central position in the cotton market. The crisis of 1837 did not have a major impact on the Barings because they had reduced their liabilities at the right time and increased their liquidity. In the immediate aftermath of the crisis, they continued their conservative investment policy and were not entirely surprised by the second crisis in 1839.

19 Vincent Nolte, *Memoirs*, *op. cit.*, p. 431.

his hands, which, according to his own calculations at an expected price of $40 per bale, should have brought him a total of $1 444 000[20].

However, the crisis appeared again in spring 1839, which resulted in bankruptcy again. Pursued by his creditors he left the USA. It was the last time he saw America. Back in Europe, he went to Italy with the hope of starting again. Without money and credit, the only option he had, was to start again as an employee. However, his advanced age made it difficult to find a place in a mercantile house as the owners preferred young men.

In Italy he experienced one of the most dreadful times of his life. In Venice, looking in vain for a new occupation, he even considered suicide. He finally found a position as clerk for foreign correspondence in a British merchant house in Trieste. That house had also been drawn into the American banking and cotton crisis of 1837 and was only saved from bankruptcy by credit from the Barings.[21] Nolte was sent by the British house to Odessa in order to collect outstanding debts. After his return to Trieste he found a new job in a German trading house. On account of « difference of character and mercantile views » he left the firm after two years. His trading career ended with the dismissal from the firm.

A man of many talents

Nolte was a man of many talents and interests. In his youth he had already written satirical sketches and painted. In Paris he entertained close contacts to theatrical and artistic circles. There he became friend with the painter Paul Delaroche (1797-1856) and later in Venice with the painter Friedrich von Nerly (1808-1878). After the end of his commercial career he started to write books about the economy, first in Trieste and later on in Hamburg, where he also wrote his autobiography. He arrived in Hamburg shortly before the 1848 Revolution. There he was offered a job as editor of the liberal newspaper *Der Freihafen*. By his own account, he was dismissed after eleven issues because he was accused of harboring liberal-democratic ideas.

---

20 *Ibid.*, p. 432. Approximately 36 million dollars in 2011.

21 For the difficulties of the English house in Trieste see Baring Archive London, HC 12, part 2 : Grant.

« The go-ahead »

Given his high mobility and his many interests and skills, a categorization of his identity is not easy. According to his passport he was an American from 1810s onwards. America was not only his legal home it had shaped his perceptions and cultural belongings. The American way of life and particularly New Orleans had left a deep mark on his attitudes and behaviour. Nolte's brother Hermann, who lived in Mexico, described the American businessmen as « go-aheads knock me downs »[22]. Similarly, the American historian Scott Sandage characterized the American businessmen of the nineteenth century as « go-aheads » in his study on « Born Losers » referring to the disposition of American businessmen to take great risks[23]. To some extent Nolte belonged to the American « go-aheads ». Like many speculators of his era, he let himself get financially overstretched by betting on anticipated profits from the booming American cotton market and failed to notice, or chose to overlook, the dangers of speculation. The « real merchant », as Nolte remarks in his autobiography, distinguishes himself from a wholesale tradesman (even if the latter had far-reaching international trade relations) by his « speculative spirit » : « It is the speculative spirit alone which marks the real merchant »[24].

It was the « magic power » of speculation that seduced him, as he later on remarked, that caused him to disregard the elementary rules of trade established by previous generations[25]. Economic research on financial speculation bubbles have highlighted the irrational behavior of speculators, who in overheated economic boom periods exhibit a « mania » or « irrational exuberance »[26]. Nolte like many other businessmen of his time belonged to this category of individuals.

---

22 Hermann Nolte Mexico to Vincent Nolte, 1 December 1850, Staatsarchiv Hamburg, 622-1/73.

23 Scott A. Sandage, *Born Losers : A History of Failure in America,* Cambridge, Harvard University Press, 2005, p. 72.

24 Vincent Nolte, *Memoirs, op. cit.*, p. 312.

25 « My business tendencies were for large speculations […]. To descend from this to the elementary rules of our mercantile fathers, to accumulate and keep together small gains […] were almost impossible for me. Not that the progress was too slow, but that small gains closed the doors upon all great combinations […]. Great affairs exercised a magic power over me, and therein lay their charms for me » (Vincent Nolte, *Memoirs, op. cit.*, p. 349).

26 Charles P. Kindleberger, *Manias, Panics and Crashes. A History of Financial Crises,* London 1978 ; Edward Chancellor, *Devil Take the Hindmost. A History of Financial*

The tragedy of Nolte's life lay to some extent in his « go-ahead » character and disregard of the conservative and prudent mercantile policy of his forefathers :

> My business tendencies were for large speculations [...] To descend from this to the elementary rules of our mercantile fathers, to accumulate and keep together small gains [...] were almost impossible for me. Not that the progress was too slow, but that small gains closed the doors upon all great combinations [...]. Great affairs exercised a magic power over me, and therein lay their charms for me[27].

Looking back at his financial losses and failures Nolte remarked « in all matters of business, a merchant should never neglect to study and examine diligently all circumstances connected nearly or distantly with the subject [...]. I failed [...] because I had neglected to be vigilant »[28].

More particularly, New Orleans exercised a great and lasting influence on his life. Life in that city differed from the rest of the USA. Both contemporaries and historians describe New Orleans « as a unique city, as a « queer place » with a « confused mixture, a shapeless composition of people of all countries and of all professions. Creoles of the country, French, Spanish, English, Americans, Germans, Italians, etc. : a veritable tower of Babel »[29]. Many associated New Orleans with violence, rowdiness, illegal pleasures and immorality. Nolte himself thought of the city as a « rendezvous of all sorts of rogues and rabble »[30].

During his stay in the city he got twice involved in duels and his participation in a horse race left him permanently disabled. Furthermore, he participated in several pamphlet wars. The first pamphlet war (in 1815) ended with a vicious assault on him, which left him unconscious. The second time he wrote a satirical portrayal on General Jackson and his supporters, when they visited New Orleans on the presidential campaign 1829. Although Jackson emerged from the Battle of New Orleans as national hero, he permanently upset many New Orleans' residents because he refused to recognize the ceasefire with the British in 1815 and continued

---

Speculation, New York, Plume book 1999 ; Robert J. Shiller, *Irrational Exuberance*, Princeton, Princetown university Press, 2000.

27 Vincent Nolte, *Memoirs*, *op. cit.*, p. 348 f.

28 *Ibid.*, p. 311.

29 Joseph G. Tregle Jr., *Louisiana in the Age of Jackson. A Clash of Cultures and Personalities*, Baton Rouge, Louisiana State University Press, 1999, p. 21.

30 Vincent Nolte, *Memoirs*, *op. cit.*, p. 88.

to exercise martial law. Moreover, he had confiscated goods belonging to Nolte, for which he had refused an adequate compensation. Nolte's satire induced Jackson's supporters to attack him in his own house. He only survived by drawing a pistol and fleeing. The reason for his departure for Europe in 1829 was not his bankruptcy but his fear of another attack by Jackson's henchmen.

Despite his proness to speculation, his dealings in business were to some extent shaped by conservative European and Hanseatic codes of behaviour that of the « honest trader » (« Ehrbarer Kaufmann »). Reliability, loyalty, and a frivolous – almost naïve – trust in the straightforwardness and uprightness of his business associates determined his actions. These characteristics allowed Nolte to return to New Orleans after his first failure and made it possible for him to be selected as the syndic in his bankruptcy proceedings. The lasting support of the Barings can, to a large degree, be attributed to his « honesty ». These characteristics led the American historian John Garretson to the conclusion that Nolte's judgement reflected « the application of European standards of behavior to business life in New Orleans ».

Having seen so many countries and having met such a broad mixture of people, customs and languages, Hamburg, the home of his parents and part of his youth, seemed to him strange, when he came back in 1848. He felt « a stranger to everything but the basin of the Alster »[31], not only because of the rebuilding of the city after the big fire of 1842, but also because of its inhabitants and the former friends of his youth. He described them as « of antiquated behind- the-age people. […] Forty-five years were between those days and these and I expected to see some trace of progress in those faces ; but no ! I can write it as truth, they are today what they ever were »[32]. On the other hand Hanseatic inhabitants were willing to employ him as writer. They paid him for several publications, which earned him at least a limited income during the last years of his life. His autobiography is remarkably silent about the last unfortunate decade of his life, so much so that we do not know whether he changed his attitude towards Hamburg and its inhabitants.

While in Hamburg editing the « Freihafen » he wrote a critical article about Radetzky's victory at Custozza and about Wrangels's horrors in the war. Nolte's remarks in the context of the Italians struggle for

---

31 *Ibid.*, p. 478.

32 *Ibid.*

independence reveals what he felt for Italy the country of his birth. In another context he spoke of Italy as his « second fatherland »[33].

From the 1830s onward his home address was Paris and he died in Paris in 1856. Yet we know very little about his feelings towards Paris or France. His wife and children had been there all the time. She was born in France, but had left France with her parents for America in 1789. Nolte met her in New Orleans and married her there at the height of his career in 1820. The few glimpses we get of his relation with his wife reveals a great affection for her, although she was much younger than him. His wife evidently enjoyed living in Paris which she considered to be her home and evidently refused to leave[34]. She did not see him frequently and there was a period of six years when the couple had not seen each other. It seems likely that he kept his home in Paris only for the sake of his wife and children. With regard to his wife and children, Gertrude Stein's well-known statement about her transnational belonging, « America is my country and Paris is my hometown », may to some extent apply to Nolte, although he was not born in the United States[35].

Overall, Nolte only had a few happy years in France. When he was a well-to-do army contractor, he enjoyed living and moving in artistic circles. However, dark moments increasingly shrouded the remainder of his life in France. Schemes and bribery in the army business were widespread and he felt a great aversion to these forms of dealings. Besides being pushed out of trade by intrigues, he suffered not only impoverishment but also from the death of three of his five children. In all, he remained conspicuously silent about his feelings for France.

A cosmobile identity

As to the question of his belonging and identity, Nolte mentions in his autobiography that the principle of a trader was that « commercial interest [is] the first principle and patriotism merely secondary ». That was certainly also true for Nolte. Moreover, he was born in the age of enlightenment, in which ideas of cosmopolitanism of « being citizens

---

33 *Ibid.*, p. 372 : « born in the second fatherland of art ».

34 *Ibid.*, p. 200, 423 : « at the end of her visit to London Vincent remarked : her strongest desires were to get back [...] and breath again the air of Paris ».

35 Gertrude Stein, *An American and France* [1936], quoted after Kwame Anthony Appiah, « Cosmopolitan Patriots », *op. cit.*, p. 618.

of the world » ranked high in Europe. In 1811, on a journey from Philadelphia to New Orleans, Nolte met John James Audubon (1785-1851), the well-known French-American ornithologist. In a conversation about feelings of belonging, Audubon remarked that he felt « somewhat cosmopolitan : I belong to every country »[36]. Nolte attributes these remarks to Audubon in his autobiography, but one cannot avoid the impression that he thought of himself as being a cosmopolitan. At least Audubon's biographer Richard Rhodes attributes this characteristic to Nolte[37].

Loss of work and commercial options as well as loss of friends have an impact on identities and may lead to identity discrepancies and create strain[38]. His life and work in France as an army trader not only resulted in the loss of money and job but also in the loss of close friends. Yet we get only few glimpses of his distress and despair. When he went bankrupt the first time he wrote : « It was a heartrending destruction of all that had made my life happy and gratified my ambition »[39]. At the end of his career as army contractor he was left with nothing. Moreover, the arms trade had alienated him from his former business associates : « If old business relations had given a right to friendship, yet my army contract business had separated me from my old acquaintances, and I had, literally, no one to whom I could turn »[40]. Nolte's professional group identity was shaped by his early commercial career which was embedded in a powerful network of the leading bankers of his time. In the 1830s he lost the connection to this network.

Identity and self-perception are also shaped by family networks. Nolte's family network also failed. He was born in a well-established and respectable Hanseatic merchant family. Many merchants in Hamburg suffered during the continental blockade and had to close their business. Nolte's father had to wind up his business in 1810-1811 and Nolte supported his parents financially until their deaths in the early 1820s. He had ten siblings[41]. Two brothers (only one of whom survived past the

36 Vincent Nolte, *Memoirs, op. cit.*, p. 177.

37 Richard Rhodes, *John James Audubon : The Making of an American*, New York, A. A. Knopf, 2014, p. 35.

38 Dawn Norris, « Identity as chronic strain and coping Strategy in the job Loss process » [2012], http://drum.lib.umd.edu/handle/1903/13138 accessed 16.2.2016.

39 Vincent Nolte, *Memoirs, op. cit.*, p. 329.

40 Vincent Nolte, *Memoirs, op. cit.*, p. 388-390.

41 On the siblings, see Staatsarchiv Hamburg, 622-1/73.

age of two) and two sisters were born in Livorno. Two more brothers and four sisters were later born in Hamburg. Except for a casual remark on his brother Heinrich Gustav, who Vincent visited in Italy in the 1830s, there are no references to the other siblings[42]. Hermann, another brother, settled in Mexico about 1825[43]. He was also drawn into the 1825 crisis, but evidently recovered later on, for he supported Vincent and his family during the last years[44]. His youngest brother, Ernst Ferdinand, became a well-known botanist in Germany, but Ferdinand's records do not provide any information about his relationship with his parents and siblings[45]. Overall, the family network did not work either – with the exception of his Mexican brother –, although he also found it increasingly difficult to send Vincent money.

Decisive and shaping were Vincent's relationship with the Barings. They date back to his father's schooldays. He and Francis Baring visited the same school in Exeter and later on were close friends and business partners. In the time Vincent Nolte's father was running business in Livorno the Barings were one of his many customers. Business and personal relations were continued in the next generation. Vincent's connection with the Barings and especially with Alexander Baring, were very close in the beginning. His friendship became a solace in the grim moments of Vincent's life :

> The repeated proofs which he [Alexander Baring] has given me, since this commencement of our acquaintance, during a long lifetime, the hearty cordiality with which he has always received me, and his special preference, with which he clung to me, belong to the most agreeable recollections of my career, and in my days of trail I have never looked back

42 Heinrich Gustav was born in Livorno in 1781. He succeeded in his uncle's business in Livorno until his bankruptcy in the 1830s. He returned in his later years to the German lands, dying in Kiel in 1860.

43 Hermann was born in 1789 in Hamburg. He opened a mercantile house in Mexico with the financial support of the Baring family shortly before the great financial and speculative crisis of 1825 ; he also acquired two silver mines.

44 Hermann Nolte to Vincent Nolte, 1 December 1850 and 1 August 1851, Staatsarchiv Hamburg, 622-1/73.

45 In the records he left there is no information at all to his parents or his siblings (Ernst Wunschmann, « Nolte, Ernst Ferdinand », in *Allgemeine Deutsche Biographie*, 1886, 23, p. 760-762 (http://www.deutsche-biographie.de/pnd117040835.html?anchor=adb). His biographer, Heinrich Gustav Reichenbach, mentions Ferdinand's parents and Vincent only briefly (*Ernst Ferdinand Nolte, ein Hamburger Botaniker*, Hamburg, Meissner, 1881, p. 1).

> upon them without a sense of supreme gratification, that refreshed and steeled my courage for new struggles[46].

However, the Barings stopped helping him financially and ties loosened when he became an army contractor. They evidently continued to provide him with advice and letters of recommendation. Some letters that Nolte wrote to Thomas Barings have survived. However, we do not have any information on the Barings's affection for Nolte.

Besides the loss of his social and financial networks, the tragedy of his life may also be attributed to the fact that he actually wanted to become a painter. When he was in Livorno at his uncle's firm in the 1790s he wrote to his father in this regard, but his father repressed his wish. Later on in Paris at the time he met Paul Delaroche and moved within artistic circles he remarked :

> I visited him [Paul Delaroche] often, talked with him for hours, envied his quiet, self-contained life, when I contrasted it with my troublous existence, and looked back to the time when my own taste called me to become a painter, and promised me greater plenty of happiness and usefulness then my pen-strifes and accountings had ever won[47].

When the commercial network did not longer work for Nolte, the network of painters and German publishers supported him temporarily by providing emotional and limited financial help during his later years. His only lasting emotional backing was probably his wife and children.

In conclusion, Nolte's remarks and activities reveal a multi-talented man with a multifaceted identity. He became an American officially but not only with a passport, rather the American way of life made a deep impression on him. Throughout his later life he longed to go back to the States. In commercial affairs he was an American « go-ahead » revealing features of « irrational exuberance » that characterize speculators in economic boom periods.

His life was torn between the requirements and needs of a merchant's business on the one hand and the frustrated career as a painter on the other hand. His perceptions and belongings had moulded his artistic inclinations, his mercantile education and commercial and social

46 Vincent Nolte, *Memoirs, op. cit.*, p. 160.

47 *Ibid.*, p. 376.

experiences in the most diverse parts of world and his social decline. He had met people of different social classes, colours, languages, religions and customs. He negotiated his way through the most diverse and foreign situations. His biography and identity defies a simple categorization. Born in the age of an enlightened cosmopolitanism he can be perceived as having a « rooted » cosmobile identity or being a « citizen of the world ».

Notices biographiques

Amândio Barros enseigne à l'Instituto politécnico de Porto. Spécialiste d'histoire maritime et économique, il étude les réseaux de marchands de Porto et leurs commerces en Europe et dans le monde, la cartographie marine, ainsi que la construction navale, la navigation océanique et la protection des côtes.

Bastien Carpentier est docteur en Histoire moderne de l'Université Littoral Côte d'Opale à Boulogne-sur-Mer. Ses recherches portent sur les réseaux d'entrepreneurs de guerre et sur leur rôle dans les rapports politiques hispano-génois ainsi que dans la formation de lobbys guerriers en Méditerranée au XVIe siècle. Il a publié récemment « Bénéficier des distances. Gênes, les Doria et la circulation des nouvelles de guerre entre Istanbul et Madrid (1584-1602) », dans Emilio Sola Castaño et Gennaro Varriale (dir.), *Detrás de las apariencias. Información y espionaje (siglos XVI-XVII)*, Alcalá de Henares, Universidad de Alcalá, 2015, p. 175-192. Il est aussi co-auteur, avec Jean-Philippe Priotti, de « La forge instable d'une domination. Les Doria, Gênes et la Monarchie Hispanique (1560-1606) », dans Jean-Philippe Priotti (dir.), *Identités et territoires dans les mondes hispaniques (XVIe-XXe siècle)*, Rennes, Presses universitaires de Rennes, 2015, p. 75-96 ; ainsi que d'une série de notices biographiques sur les Doria, publiées dans l'ouvrage de Gilbert Buti et Philippe Hrodej (dir.), *Dictionnaire des corsaires et des pirates*, Paris, CNRS, 2013, p. 214-223, 315-318. Ses articles « Dominer les mers, fédérer au-delà des frontières. L'arsenal de Gênes entre la République et la Monarchie Hispanique (1528-1606) », et « La fábrica de las identidades compuestas. Oficios de armadas y construcción de redes clientelares entre Madrid y Génova (1560-1600) », sont sous presse. Sa thèse réalisée sous la direction de Jean-Philippe Priotti, a porté sur *L'économie politique de la guerre. Giovanni Andrea Doria, la république de Gênes et la monarchie hispanique (1560-1606)*.

José Manuel Díaz Blanco es doctor en Historia y profesor-investigador en la Universidad de Sevilla. Está especializado en el estudio de las relaciones entre Castilla y la América virreinal, con especial atención a la influencia que las guerras europeas del siglo XVII ejercieron sobre los vínculos hispano-americanos. Sus estudios sobre la Carrera de Indias están enfocados prioritariamente desde la óptica política-institucional y fiscal. En esta línea puede destacarse entre sus publicaciones el libro *Así trocaste tu gloria. Guerra y comercio colonial en la España del siglo XVII* (2012).

Guillaume Garner est maître de conférences en histoire moderne à l'ENS Lyon et chercheur à l'UMR 5190 Laboratoire de recherche historique Rhône-Alpes (LARHRA). Il a également été chercheur à la Mission Historique Française en Allemagne (Göttingen) et à l'Institut français d'histoire en Allemagne (Francfort-sur-le-Main). Ses travaux portent sur l'histoire des discours et des savoirs économiques en Allemagne au XVIIIe siècle, sur la régulation économique au XVIIIe siècle, sur l'historiographie du marché et du capitalisme et, notamment dans le cadre du projet ANR « Privilèges », sur les privilèges économiques en Allemagne à l'époque moderne. Principales publications : *État, économie et territoire en Allemagne. L'espace dans le caméralisme et l'économie politique (1740-1820)*, Paris, éditions de l'EHESS, 2005 ; Guillaume Garner et Matthias Middell (dir.), *Aufbruch zur Weltwirtschaft. Braudel wiedergelesen*, Leipzig, Leipziger Universitätsverlag, 2012 ; Guillaume Garner (dir.), *Die Ökonomie des Privilegs, Westeuropa 16.-19. Jahrhundert. L'économie du privilège, Europe occidentale XVIe-XIXe siècles*, Francfort-sur-le-Main, Klostermann, 2016.

Veronika Hyden-Hanscho is a post-doc research assistant at the Institute for Modern and Contemporary Historical Research at the Austrian Academy of Sciences in Vienna. She earned her PhD at the University of Graz examining cultural transfers from France to the Viennese court in the seventeenth and eighteenth centuries. The resulting monograph about travellers, migrants and cultural managers as intermediaries between Paris and Vienna was published in 2013.

Yves Junot, maître de conférences en histoire moderne à l'Université de Valenciennes et du Hainaut-Cambrésis, a publié en 2009 *Les Bourgeois de Valenciennes. Anatomie d'une élite dans la ville (1500-1630)*, ouvrage qui interroge la dynamique sociale et les recompositions économiques et identitaires au siècle des guerres civiles dans une ville de textile et de négoce des Pays-Bas espagnols. Ses recherches actuelles portent sur les circulations, migrations et exils de part et d'autre des frontières de la monarchie hispanique (sous l'angle de la projection politique et des pratiques d'identification de leurs acteurs en temps de guerre et de paix), et sur les pratiques locales des groupes d'intérêts dans la pacification des anciens Pays-Bas. Il a codirigé en 2014 *L'identité au pluriel. Jeux et enjeux des appartenances autour des anciens Pays-Bas XIVe-XVIIIe siècles.* Il coordonne avec Violet Soen (KU Leuven) le nœud « Bourgogne-Flandres » de Red Columnaria (Réseau thématique de recherche sur les frontières des monarchies ibériques, XVIe-XVIIIe siècles) et prépare l'édition d'un ouvrage collectif intitulé *Confisquer, restituer, redistribuer dans les monarchies habsbourgeoises*. Pour plus d'informations : http://www.univ-valenciennes.fr/CALHISTE/membres/junot_yves.

Sylvain Lloret. ATER à l'université Caen-Normandie depuis septembre 2017, ancien membre scientifique de la Casa de Velázquez, Sylvain Lloret prépare une thèse de doctorat en histoire moderne à l'université Paris-Sorbonne sous la direction du professeur Lucien Bély. Son travail s'inscrit dans le champ de l'histoire des relations internationales, des pratiques diplomatiques et des consuls. Il porte sur l'agent général de la Marine et du Commerce de France à Madrid entre 1702 et 1793.

Ancien membre de la Casa de Velázquez, **Jean-Philippe Priotti** est maître de conférences à l'université du Littoral-Côte d'Opale et rattaché au laboratoire HLLI (Histoire, Langues, Littératures et Interculturel, EA 4030). Il étudie les dynamiques commerciales et militaires entre les différentes composantes territoriales de la monarchie hispanique (Jean-Philippe Priotti (éd.), *Identités et territoires dans les mondes hispaniques, XVIe-XXe siècles*, Rennes, Presses Universitaires de Rennes, 2015, et Jean-Philippe Priotti et Michel Bertrand (éd.), *Circulations maritimes : l'Espagne et son empire*, Rennes, Presses Universitaires de Rennes, 2011). Ses recherches portent également sur les relations culturelles entre la France et l'Amérique (José Contel et Jean-Philippe Priotti (éd.), *Ernest Hamy, du Muséum à l'Amérique. Logiques d'une réussite intellectuelle*, Villeneuve d'Ascq, Presses du Septentrion, 2018).

Filipa Ribeiro da Silva (1974) is currently Senior Researcher at the International Institute of Social History, in Amsterdam. She studied History at the NOVA University of Lisbon (BA Honours, 1996; MA 2001) and Leiden University (PhD, 2009). She has specialised in Social and Economic History, with a focus on Portuguese and Dutch overseas presence and interactions with Atlantic Africa. Between 2009 and 2012 Filipa was a Post-doctoral Fellow at the Wilberforce Institute for the study of Slavery and Emancipation (WISE) at the University of Hull, UK and at the International Institute of Social History (IISH) in Amsterdam, where she worked on the EURESCL Project, the Clio-Infra Project and the Global Collaboratory for the History of Labour Relations, 1500-2000. While between 2013 and 2015, Filipa was Assistant Professor at the University of Macau, SAR China. Filipa's current research interests focus on the history of Population, Labour, Migration and Trade in Sub-Saharan Africa during the pre-colonial and colonial periods. Together with several colleagues, she is also working with shifts in patterns of crime and punishment in Atlantic Africa, the Portuguese Empire and Portugal based on Inquisition archival materials.

Margrit Schulte-Beerbühl is professor at the department of historical studies II (modern history) at the Heinrich Heine University of Düsseldorf. She was a research fellow at the German Historical Institute Washington in 2011/12 and at the excellence cluster LOEWE-Schwerpunkt : "Außergerichtliche und gerichtliche Konfliktlösung" at the Goethe-Universität/Max Planck Institute, Frankfurt/Main 2013/14 and fellow at the Historische Kolleg München in 2015/16. She has published widely in the fields of Anglo-German social and economic relations, merchant networks, British naturalization policy and history of consumption. Her publications include : *Deutsche Kaufleute in London : Welthandel und Einbürgerung 1660-1818*, München, 2007 (abridged English translation : *The Forgotten Majority : German Merchants in London, Naturalization, and Global Trade 1660-1818*, New York, 2015) ; with Stefan Manz and John Davis (eds.), *Transnational Networks. German Migrants in the British Empire, 1670-1914*, Leiden, 2012 ; with Albrecht Cordes (eds.), *Dealing with economic failure. Between Norm and Practice (15th to 21st century)*, Frankfurt am Main, 2016 ; online publication : "Vincent Nolte: Global Player and Bankrupt", *Immigrant Entrepreneurship. German-American Business Biographies since 1720*, online (www.immigrantentrepreneurship.org). She is currently working on a project on "Speculations bubbles in eighteenth-century Europe".

Collection

Histoire des mondes modernes

Depuis le début des années 2000, les historiographies nationales, en particulier dans les pays francophones, éprouvent un double mouvement. À l'élargissement des horizons géographiques, et à l'émergence de l'histoire globale, sensibles pour toutes les périodes, répond souvent une tendance à l'hyper-spécialisation des thématiques et des champs disciplinaires. Ces tendances rendent d'autant plus nécessaires l'existence de lieux institutionnels ou éditoriaux où se construise le dialogue entre les différentes communautés d'historiens ainsi qu'avec les sciences de l'érudition et les sciences sociales.

La collection « Histoire des mondes modernes » aspire à être un tel lieu. Elle souhaite accueillir des travaux historiques couvrant un spectre chronologique large, de la fin du Moyen Âge au XXe siècle. Particulièrement intéressée par les États européens et par l'Europe, à une période charnière de sa constitution en espace diplomatique, économique et culturel, elle se veut aussi ouverte à l'histoire des espaces colonisés par les Européens ainsi qu'à celle des autres Empires mondiaux. Sensible aux orientations de l'histoire globale et de l'histoire comparée, elle entend accueillir l'ensemble des thématiques historiques actuelles sans aucune restriction – histoire politique, religieuse, économique, sociale, culturelle, ou de genre – et apportera une attention particulière aux interfaces pluridisciplinaires, en particulier avec les études spatiales, le droit ou la science politique.

Les ouvrages proposés pourront être aussi bien des monographies, issues ou non de travaux académiques, que des essais, des commentaires de sources historiques, ou des livres collectifs. Cette dernière forme d'écriture, qui associe autour d'un thème ou d'un objet historique commun des chercheur-e-s venu-e-s de pays, de traditions historiographiques, ou de disciplines différentes, est, en effet, l'une des plus à même d'assurer le dialogue placé au cœur de cette collection. Elle est, par ailleurs, servie par la tradition des éditions Peter Lang de publier des ouvrages où voisinent des langues différentes, en particulier le français et l'anglais.

Dans la collection

Vol. 1 – Guido Alfani, Vincent Gourdon, Isabelle Robin (dir.), *Le parrainage en Europe et en Amérique. Pratiques de longue durée (XVIe-XXIe siècle)*, 2015.

Vol. 2 – Stéphane Jettot & Marie Lezowski (dir./eds.), *L'entreprise généalogique. Pratiques sociales et imaginaires en Europe (XVe-XIXe siècles) / The Genealogical Enterprise. Social Practices and Collective Imagination in Europe (15th–20th century)*, 2016.

Vol. 3 – Gregorio Salinero & Miguel Ángel Melón Jiménez (dir.), *Le temps des listes. Représenter, savoir et croire à l'époque moderne*, 2018.

Vol. 4 – Jean-Philippe Priotti & Bertrand Haan (dir.), *Une Europe des affaires (XVIe-XVIIIe siècles). Mobilités, échanges et identités*, 2018.

www.peterlang.com

www.ingramcontent.com/pod-product-compliance
Ingram Content Group UK Ltd.
Pitfield, Milton Keynes, MK11 3LW, UK
UKHW021922290926
8980IPUK00016B/1404

9 782807 608252